# Perfekt wohnen und einrichten

PAPILLON
Un bonheur insoutenable
The Two Mrs Grenvilles
LE GREC

# PERFEKT WOHNEN UND EINRICHTEN

## *1000 Design-Ideen für Ihr Zuhause*

STEWART WALTON

Übertragen aus dem Englischen von
Jutta Fanurakis, Siglinde Summerer und Gerda Kurz

BUSSE SEEWALD

# Vorwort

*Perfekt wohnen und einrichten wurde konzipiert als einzigartige Ideen- und Inspirationsquelle, als Goldmine praktischer Ratschläge. Mit diesem Buch als Rüstzeug sollte der Leser in der Lage sein, sein Heim völlig umzugestalten oder – ein wenig bescheidener – einem einzelnen Raum ein neues Gesicht zu geben. Zumindest aber wird er in die Lage versetzt, die Vorzüge seines Heimes gebührend zur Geltung zu bringen und die Nachteile zu kaschieren.*

*Ich habe dieses Buch mit einem Team von Mitarbeitern verfaßt, von denen jeder auf seinem Gebiet ein anerkannter Fachmann ist. Wir haben alle zusammen versucht, jedem Geschmack, jedem Budget und jedem Grad von fachmännischem Wissen gerecht zu werden, wir wollten handfeste, praktische Informationen geben und Anleitungen, die Schritt für Schritt beschrieben werden und leicht nachzuvollziehen sind; spezielle Techniken wurden gerahmt, Tips und Gestaltungsideen sind am äußeren Seitenrand aufgeführt. Bestimmt gibt es für jeden etwas Neues auszuprobieren, ganz gleich wieviel Erfahrung er auf diesem oder jenem Gebiet bereits gesammelt hat.*

*Mein wichtigstes Anliegen ist, daß dieses Buch dem Leser die Freude am Entwerfen und die Befriedigung über eine gelungene Dekoration vermitteln kann. Sein Sie mutig, lassen Sie sich auf das Abenteuer ein, und Sie werden selbst überrascht sein, wieviel Ihnen gelingt – und vergessen Sie nicht, daß sich die meisten Fehler korrigieren lassen. Probieren Sie Farbkombinationen aus, an die Sie sich bisher nicht herangewagt haben; kombinieren Sie verschiedene Texturen. Wenn Sie bisher eher kühle Farben und ein modernes Ambiente bevorzugt haben, versuchen Sie einmal, einen kleinen Raum in einem warmen, opulenten Stil zu dekorieren und schauen Sie, wie Ihnen das gefällt. Kaufen Sie ein kleines Objekt oder ein Accessoire, das Ihnen besonders gut gefällt, obwohl Sie noch gar nicht wissen, wo es hinpaßt, und machen Sie es zum Mittelpunkt einer Dekoration. Und sein Sie sich immer dessen bewußt, daß Sie sich am wohlsten in einem Heim fühlen, das Ihre eigene Persönlichkeit widerspiegelt.*

---

## Die Verfasser

**Jill Blake,** die Verfasserin des Kapitels *Die Räume,* ist eine renommierte Journalistin, deren Beiträge über Innendekoration in vielen bekannten Fachzeitschriften veröffentlicht wurden. Sie ist Autorin und Co-Autorin einer Anzahl von Büchern, unter anderem von *The Book of House Style* und *Furnishing Details.* Sie war als Farbberaterin für mehrere Firmen, darunter Berger Paint, tätig und unterrichtet an einem Londoner Designercollege für Innenausstattung.

**Barbara Chandler,** Verfasserin des Kapitels *Architekturstile,* schreibt seit fast dreißig Jahren Artikel über Design und Innenausstattung. Sie ist ständige Mitarbeiterin der Zeitschrift *Ideal Home* und des *London Evening Standard,* außerdem hat sie für den *Daily Telegraph* und die *Sunday Times* geschrieben. Sie ist Autorin mehrerer Bücher, macht Rundfunk- und Fernsehsendungen und lehrt an der Regent Academy Design und Innenausstattung.

**Jennifer Jones** ist die Verfasserin des Kapitels *Der letzte Schliff.* Sie arbeitet freiberuflich als Lektorin und Autorin, ihre Spezialgebiete sind Design, Innenausstattung, Handwerk, Gartengestaltung und Kochen. Im Laufe der Zeit hat sie, zusammen mit anderen Autoren, eine Anzahl Bücher verfaßt, darunter mit Rosie Fisher *Decorating Children's Rooms,* mit Patricia Seligman *Painting Murals* und zusammen mit Jane Churchill *The Collins Book of Soft Furnishings.*

**Mike Lawrence,** der Verfasser des Kapitels *Raumgestaltung,* schreibt seit mehr als zwanzig Jahren über Holzverarbeitung und ist ständiger Mitarbeiter aller wichtigen Do-it-yourself-Zeitschriften. Er ist Autor und Co-Autor von mehr als vierzig Büchern, war Herausgeber von drei namhaften Do-it-yourself-Veröffentlichungen und beantwortet seit sieben Jahren Fragen in lokalen Radiostationen.

**Maggie Stevenson** ist Verfasserin des Kapitels *Raumgestaltung mit Textilien.* Sie war mehrere Jahre für die Zeitschrift *Woman and Home* als Redakteurin im Ressort »Home« tätig und war dort für Handwerk und Innenausstattung zuständig. Heute arbeitet sie als freie Journalistin, sie schreibt regelmäßig für *Family Circle, Homes and Ideas* und einige andere Frauenzeitschriften. Sie ist Verfasserin des Buches *Kitchen and Bathroom Ideas.*

# Inhalt

# ARCHITEKTURSTILE

*Das heutige Innenausstattungsdesign greift häufig auf bereits Dagewesenes zurück: Ein Blick auf eine beliebige Tapeten- und Stoffkollektion von heute zeigt Einflüsse der verschiedensten Stilrichtungen – sei es Gotik, Neoklassizismus oder Art Nouveau. Abgesehen davon, daß das Erkennen dieser optischen Bezüge an sich anregend ist, hat es in den letzten Jahren durch den Trend, Besitztümer in ihrem Originalstil zu restaurieren, eine neue Bedeutung gewonnen. Jede bedeutende architektonische Stilepoche setzt Materialien, Raum und Proportionen auf ihre eigene Art und Weise ein. Es ist wichtig, ein wenig darüber zu wissen, wenn Sie ein altes Haus oder eine alte Wohnung neu ausstatten.*

*Ein Haus muß stilistisch nicht lupenrein oder besonders prachtvoll sein, um eine liebevolle Restaurierung in seinem Originalstil zu rechtfertigen. Viele bescheidene Häuser aus den zwanziger und dreißiger Jahren, die später in den fünfziger und sechziger Jahren »modernisiert« wurden, können enorm gewinnen, wenn man sie so gestaltet, daß ihr Aussehen in die Epoche paßt, in der sie gebaut wurden. Das Ausmaß der Restaurierung reicht von der einfachen Maßnahme, ein passendes Farbkonzept für Malerarbeiten und Stoffmuster von Vorhängen auszuwählen bis zu der umfassenderen Maßnahme, architektonische Eigenheiten wie Sockelleisten, Bilderleisten, Türen, Türbeschläge und Fenster neu zu gestalten. Wenn es sich um ausgesprochen »historische« Stile handelt, muß vielleicht ein Kamin installiert, Gesimse und Wandvertäfelungen ersetzt und doppelt verglaste Fenster durch altmodische Schiebefenster und Sprossenfenster ausgetauscht werden. Wenn Zeit und Geld begrenzt sind, sollte man sich darauf beschränken, das allgemeine Erscheinungsbild einer Stilepoche durch die Ausstattung darzustellen – und das läßt sich auf ganz einfache Art und Weise erreichen, wie die folgenden Seiten zeigen.*

LINKS: *Durch die Exzesse des Art Nouveau um die Jahrhundertwende erhielten Gebäude kurvenreiche Fassaden mit gewundenem Schmiedeeisendekor. In Paris, Wien und Barcelona kann man noch heute einige Beispiele sehen. Diese Fassade (links) mit ihren bunten, asymmetrischen Feldern und den verschnörkelten Schmiedeeisengittern schuf ein Jahrhundert später Friedensreich Hundertwasser. Es ist kaum zu übersehen, daß er für seine abenteuerlichen Kreationen einige Ideen des Art Nouveau aufgegriffen hat.*

RECHTS: *Diese klassisch inspirierten, dekorativen Kragsteine aus Stuck, bekannt als Corbels, erinnern an den normannischen Stil, sie gehören zu einem Haus aus dem achtzehnten Jahrhundert.*

# Frühe Stilepochen

*Die ersten bekannten Beispiele von Bauten, die man als Architektur bezeichnen kann, datieren um 3000–1200 v. Chr., der Entstehungszeit der frühen Kulturen des Mittleren Ostens. In ihren von Mauern umgebenen Städten gab es terrassenförmige Tempeltürme – eine Idee, die die alten Ägypter mit ihren Pyramiden, Gräbern und Tempeln fortsetzten. Aber erst die Griechen entwickelten die Architektur zur Kunstform: Die Prinzipien der griechischen Klassik, ihre Formen und Ornamente – die die Römer später modifizierten – hinterließen der Nachwelt ein Erbe, das die gesamte westliche Architektur beeinflußt hat. Die Bauten der Griechen und Römer haben unzählige Architektur- und Ausstattungsstile in der ganzen Welt inspiriert. Die griechische Klassik sollte in dieser oder jener Form noch jahrhundertelang immer wieder neu belebt werden, während das von den Römern geschaffene Gewölbe zur Gotik führte, deren Höhepunkte man in vielen europäischen Kathedralen bewundern kann.*

*Die Ruinen dieses griechischen Tempels zeigen die perfekten Proportionen griechischer Baukunst, das Zusammenwirken von Tragen und Lasten und die Harmonie des Gebäudes mit der Landschaft.*

***Das klassische Erbe***

Die Bedeutung der Architektur der griechischen Klassik, die ihren Höhepunkt um die Mitte des fünften Jahrhunderts v. Chr. erreichte, lag nicht in der Vielfalt und der Komplexität der Formen, sondern in ihrer Einfachheit: Die Grundkonstruktion beruhte auf Säulen als tragenden Elementen und auf waagerechten Balken, Stein- oder Marmorgebälk als lastenden Elementen. Die große Leistung der Griechen bestand darin, der Welt zu zeigen, wie sich Schönheit mit durchdachter Linienführung und Ausgewogenheit der Proportionen erreichen läßt. Sie zeigten der Welt, daß ein Gebäude ein eigenständiges, harmonisches Kunstwerk sein kann und nicht nur eine schützende Unterkunft vor der Gewalt der Elemente, ein Ort der Andacht oder ein Handelsplatz. Bei der Errichtung wichtiger, griechischer Bauten wie Tempel, spielten die Lage und die Beziehung zur Landschaft eine große Rolle, außerdem mußte das Gebäude von viel freiem Raum umgeben sein. Der berühmteste griechische Tempelbau ist das Parthenon auf der Akropolis.

Die Römer übernahmen die wichtigsten griechischen Stilelemente, führten aber neue Elemente ein: sie waren die ersten, die Ziegel und Zement für die Konstruktion neuer architektonischer Elemente wie Kuppeln, Bögen und Gewölbe verwendeten. Diese Technik versetzte sie in die Lage, vier- und fünfstöckig zu bauen im Gegensatz zu den Griechen, die nur ein- und zweistöckige Gebäude konstruierten. Das Resultat waren eindrucksvolle, architektonische Schaustücke wie das Colosseum und das Pantheon in Rom und Aquädukte wie dasjenige bei Nîmes in Südfrankreich. Die Römer veränderten den klassischen griechischen Baustil durch eine dekorativere Gestaltung und eine reichere Ornamentierung, was sich in späteren klassizistischen Stilrichtungen widerspiegeln sollte.

### *Die Klassik und die Renaissance*

Im Mittelalter wurde die Formsprache der Klassik fast gänzlich ad acta gelegt, erst in der Renaissance, die ihren Höhepunkt im sechzehnten Jahrhundert in Italien erreichte, wurde sie wiederentdeckt und breitete sich über ganz Europa aus. Im Zuge dieser Wiederbelebung wurde auch die römische Version der griechischen Säulenordnungen (Regeln für die Proportion und Dekoration von Säulen und Gebälk an Gebäuden) übernommen und wurde zum wichtigsten Element der Baukunst. Die spätere Wiederbelebung der Klassik, der »Klassizismus« des späten achtzehnten Jahrhunderts, bevorzugte die griechische Klassik, während der Neoklassizismus des neunzehnten Jahrhunderts sich beider Varianten bediente und mit Proportionen und Details recht willkürlich umging.

### *Die Gotik*

Der gotischen Architektur, die von Ende des zwölften Jahrhunderts bis Mitte des sechzehnten Jahrhunderts in ganz Europa *en vogue* war, verdanken wir das Rippengewölbe, den Spitzbogen und die Strebepfeilerkonstruktion, wodurch sich dicke, tragende Mauern erübrigten und man die Gebäude höher als je zuvor bauen konnte. Die Kathedralen von Reims (1211) und Chartres (1260) waren Höhepunkte der Gotik. Noch heute, einige Jahrhunderte später, spürt man in diesen Gebäuden das erregende Gefühl, das die in gewaltige Höhen aufsteigenden Raumvolumina vermitteln.

Das Spiel von Licht und Schatten, gerahmt von Spitzbögen, wurde zum wichtigen Element der Gotik, deren Dekor durch das filigrane Maßwerk – die geometrisch »gezirkelten« Dekors – zunehmend ornamentaler wurde.

*Der elegante, gotische Spitzbogen hat die Architektur, die Möbelgestaltung und sogar Tapeten- und Stoffmuster einiger Neogotikstile inspiriert. Hier bildet er den oberen Abschluß eines weißen Fensters mit Dreipaß- und Vierpaßmaßwerk, das an die prächtigen Buntglasfenster mittelalterlicher Kathedralen erinnert. Der Querbehang folgt dem grazilen Schwung des Bogens.*

OBEN: *Die klassisch inspirierten Arbeiten des großen britischen Architekten und Innenausstatters Robert Adam kann man noch heute in vielen der großen englischen Landhäuser bewundern.*

# DAS SIEBZEHNTE JAHRHUNDERT

Diese prächtige Fassade mit der offenen Loggia gehört zu einem italienischen Barockpalast. Die Symmetrie der gegenläufigen Treppe mit den schweren Balustern ist zugleich würdevoll und dramatisch.

*Der wichtigste Architekturstil des siebzehnten Jahrhunderts war der Barock, der über die klassischen Formen der Renaissance beliebig verfügte und einen opulenten Stil schuf, für den die großzügige Verwendung von Kurvierungen und extravagantem Dekor charakteristisch war. Der Stil entstand zwar in Italien zu Beginn des Jahrhunderts, setzte sich aber hauptsächlich in Frankreich während der Regentschaft des Sonnenkönigs Ludwig XIV. durch, der den Bau des prächtigen Schlosses von Versailles veranlaßte.*
*Im siebzehnten Jahrhundert gab es viele Änderungen in der Innenarchitektur und der Innenausstattung. Gegen Ende des Jahrhunderts wurden die Häuser zwar noch immer prächtig dekoriert, entwickelten sich aber zu allererst zu Behausungen für die Menschen, die darin lebten, Komfort und Zweckmäßigkeit traten mehr und mehr in den Vordergrund.*

### Der italienische Barock

Der Barock begann in Italien als Stil der Päpste – vom Vatikan und von Rom aus griff er langsam auf andere italienische Städte über und beeinflußte auch die Paläste großer Familien wie die Medici. Es handelte sich vorwiegend um einen Stil für öffentliche Repräsentation, weniger um ein intimes Arrangement für das Privatleben. Barocke Ausstattungen lieferten den verschwenderischen Rahmen für die eleganten, gesellschaftlichen Zusammenkünfte der Reichen, die privaten Räume waren im Vergleich dazu häufig dürftig und armselig ausgestattet.

Die beiden großen italienischen Architekten des Barock waren Bernini (1598–1680), vor allem bekannt durch seine Kolonnaden auf dem Petersplatz und seine römischen Brunnen, und Borromini (1599–1667), der viel dazu beigetragen hat, Rom in eine barocke Stadt zu verwandeln. Diese beiden, zusammen mit anderen Architekten des Barock in ganz Europa verwendeten weiterhin die klassischen Säulenordnungen als Architekturelemente und als Dekoration, hielten sich aber

OBEN: *Fachwerkhäuser mit ihren sichtbaren Holzbalken sind noch heute in vielen Teilen Nordeuropas zu finden. Ihr attraktiver Stil kommt auch in der Gestaltung der Räume durch die freiliegenden Deckenbalken, die Fußböden aus schlichten Holzplanken und die Rauhputzwände zum Ausdruck.*

RECHTS: *Marmor war bei den Architekten des Barock sehr beliebt, besonders in Italien, wo ihnen eine Vielfalt von Farben und Texturen zur Gestaltung von Säulen, Wandverkleidungen und Mosaikfußböden zur Verfügung stand.*

nicht an die sonstigen Vorgaben der Klassik. Entsprechend dem barocken Lebensgefühl hielt man sich nicht an strenge Regeln – Hauptsache prächtig. Kurvierte Säulenreihen verbanden kühn kurvierte Bodenflächen, Wände und Decken miteinander und verliehen den Interieurs Vitalität, Bewegung und dramatisches Flair. Möbel wurden in die Gesamtwirkung einbezogen. Zum erstenmal wurden Möbel, einschließlich Stühle, kleine Tische und Betten für jeden Raum speziell entworfen. Im Barock häufte sich Dekor neben Dekor, mit prächtigen Fresken, Gemälden und Skulpturen, die jeden Zwischenraum zwischen üppig dekorierten Pfeilern und Gebälk füllten, und sich in den Fresken der Deckengewölbe wiederholten. Dennoch wirkte das Interieur als Ganzes, dank des vollendeten Gespürs für Proportionen und Ausgewogenheit.

### *Frankreich*

Die Franzosen entwickelten eine eigene Version des Barock; eine elegante, luxuriöse Variante des Klassizismus, die im Laufe der Zeit immer dekorativer wurde. Ein großer Protagonist dieses Stils war der außerordentlich produktive Architekt François Mansart, der 1598 den ersten Auftrag für den Bau eines Privathauses in Paris erhielt. Bei der Ausstattung der Interieurs verließ er sich auf die klare Schönheit klassischer Formen.

Mit dem Architekten Charles Le Brun erreichte der »klassische Barock« seinen Höhepunkt. Er kreierte den Louis-XIV.-Stil, der seine höchste Vollendung in den berühmten Appartements im Schloß von Versailles fand (1671–1681). Ludwig XIV. selbst war an der Ausstattung seines Palastes sehr interessiert und gründete die Gobelinmanufaktur, die vor allem die königlichen Residenzen beliefern sollte. Farbige Mamorböden und -wände, gemusterter Samt in Flaschengrün und Purpurrot, Fontänen, Deckengewölbe mit illusionistischer Deckenmalerei, prächtig gerahmte Gemälde, verspiegelte Wände, mit Goldfäden durchzogene Tapisserien, und Möbel aus reinem Silber gehörten zur Ausstattung von Interieurs, die unglaublichen Reichtum und Glanz ausstrahlten. Wegen seiner bis ins kleinste Detail geplanten Innenausstattung kann man Le Brun als den ersten professionellen Innenausstatter der Welt bezeichnen.

### *England*

Der Barock ging auch an England nicht vorüber, wie man an den großen Pfeilern und Kuppeln von Christopher Wrens St. Paul's Cathedral sehen kann. Andere englische Architekten wie Hawksmoor und Sir John Vanbrugh, der auch an dem theatralischen Entwurf von Blenheim Castle mitarbeitete, nahmen das Thema auf. Der englische Barock erreichte nie die Pracht des kontinentalen Stils, er zeigte sich vor allem in prächtigen Stukkaturen und Holzschnitzereien.

# AUSSTATTUNGSIDEEN IM STIL DES SIEBZEHNTEN JAHRHUNDERTS

*Fensterläden aus Holz sind eine frühe Form der Fensterverkleidung, sie waren besonders im siebzehnten Jahrhundert sehr beliebt. In Nordeuropa wurden sie im Innern des Hauses angebracht, um vor Kälte und grellem Sonnenlicht zu schützen. In den mediterranen Ländern schmücken sie noch heute die Fassaden der Häuser. Sie schützen die Privatsphäre, sorgen für Sicherheit, bewahren die Wärme des Hauses im Winter und spenden Schatten im Sommer.*

**Holzvertäfelungen** für Interieurs waren sehr beliebt, entweder aus naturfarbenem Holz – Eiche, Kastanie oder Walnuß – oder mit weißem, hellgrünem oder blaßblauem Anstrich. Zusätzlich dekorierte man die Wände mit Wolltapisserien. Später wurde die Kombination von Holz und Wandbehängen allerdings durch die Bemalung von Wänden und Decken ersetzt, wobei die Wandbemalungen häufig Marmor, Schildpatt oder Lapislazuli vortäuschen sollten.

**Fußböden** bestanden gewöhnlich aus blankgescheuerten Dielen, die meist mit Binsenmatten belegt waren. Auch Parkettböden kamen in Mode; in Frankreich verwendete man gern Rautenmuster und belegte den Boden mit persischen und türkischen Teppichen oder Produkten der Savonnerie. In Deutschland und Skandinavien bevorzugte man Holzböden mit reichem Einlegedekor, die häufig zum Schutz mit Stroh bedeckt wurde.

**Fenster** mit Holzsprossen waren eine erhebliche Verbesserung im Vergleich zu den bleiverglasten Exemplaren früherer Epochen. Schiebefenster tauchten um 1640 zuerst in Paris auf. Fensterläden variierten in der Form: in den Niederlanden blieb der obere Teil des Fensters frei. Die Fenster blieben meist vorhanglos, erst gegen Ende des Jahrhunderts verkleidete man sie mit einem Vorhangpaar.

**Spiegel und Kerzen.** Große Spiegelglasscheiben kamen erst gegen Ende des Jahrhunderts auf, bis dahin mußte man sich mit einer Reihe kleinerer Spiegel begnügen, die den Raum optisch erweiterten und das Licht vervielfältigten. An Kerzen wurde nicht gespart: Kerzenleuchter gab es in den verschiedensten Formen, auch große Kandelaber, die auf dem Boden standen, Wandappliken und niedrig hängende Kronleuchter. Kerzenleuchter waren aus Messing, bescheidenere aus Zinn, später aus Silber.

**Möbel.** In den meisten Ländern verwendete man Eichenholz, aus dem man hohe, rechteckige Schränke mit grobem Schnitzdekor herstellte; erst gegen Ende des Jahrhunderts kamen Möbel aus Nußholz, teils mit Intarsiendekor, in Mode, die jedoch großen Häusern vorbehalten waren. Die Füße hoher Lehnstühle endeten in Voluten oder gedrehten Gerstenähren, die Bekrönung der Rückenlehne war mit Schnitzdekor geschmückt und der Sitz war aus Rohrgeflecht oder mit Samt bezogen. Louis-XIV.-Möbel mit Schnitzdekor und Vergoldungen in schweren, klobigen Formen waren in ganz Europa beliebt.

*OBEN: Dieses Detail einer Wanddekoration stammt aus einem italienischen Herzogspalast des siebzehnten Jahrhunderts. Es zeigt, daß man schon damals kostbare Materialien wie Marmor durch Farbeffekte imitiert hat. Ein Trend, der noch heute lebendig ist und aus dem sich eine Vorliebe für spezielle Farbeffekte entwickelt hat.*

*RECHTS: Die Schlafzimmer des siebzehnten Jahrhunderts waren kalt und zugig. Um die Schlafenden abzuschirmen und vor Zugluft zu schützen, umgab man das Bett mit schweren Bettvorhängen, die an zwei Pfosten am Fußende des Bettes und am Kopfbrett befestigt waren und dem Schlafenden Geborgenheit vermittelten.*

***Den Stil rekonstruieren***

*Für die Wände könnte man Eichenvertäfelungen mit Wolltapisserien oder Damastbehängen wählen, aber auch dekorative Farbeffekte wie zum Beispiel eine Marmorierung, oder eine Tapete, deren Muster einem authentischen Stoffmuster des siebzehnten Jahrhunderts nachempfunden ist. Auch Tapeten, Paneele oder Wandschirme mit orientalischen Mustern wären passende Wandverkleidungen.*

*Authentische Fensterverkleidungen lassen sich rekonstruieren: zum Beispiel seidene Raffrollos, die man mit Hilfe von Kordeln rauf- und runterlassen kann, oder Lamellenjalousien mit Holzlamellen. Passende Stoffe mit jakobäischen Flammenmustern aus schweren Baumwoll- oder Leinenstoffen, gewebt oder bedruckt, Stoffe mit Krüwellstickerei oder Samte und Seidenstoffe in ausgeblichenen Farben. Zum französischen Barockstil passen eher Seide, Damast und Moiré oder – in weniger formellen Interieurs – indischer Kaliko-»Chintz«.*

*Fußböden: Fertigparkett- und andere Bodenbeläge aus Holz sind im Handel erhältlich. Weitere Beläge sind nicht unbedingt erforderlich, aber indische oder persische Teppiche sind eine attraktive Ergänzung für Holzböden. Eine andere Möglichkeit wäre, vorhandene Holzböden abzuschleifen und zu versiegeln und mit einem Teppich aus Naturfasern zu kombinieren.*

*Möbel: Möbel aus dem sechzehnten Jahrhundert sind rar und sehr teuer, aber Nachahmungen gibt es reichlich. Zu den besonders beliebten Reproduktionen in England und Amerika gehören der Refektoriumstisch mit einer Platte aus Holzplanken, einer Zarge, die mit einem Ornamentenfries dekoriert ist, und dessen etwas klobige Beine durch Stege verbunden sind; der Gate-leg-Tisch (ausklappbarer Tisch mit ausschwenkbaren Beinen); Kommoden und Ausziehtische.*

# DAS ACHTZEHNTE JAHRHUNDERT

*Im achtzehnten Jahrhundert gab es zwei wichtige architektonische Stilrichtungen: das Rokoko, ein Stil, der sich durch Leichtigkeit und Eleganz auszeichnete, und der Palladianismus, der auf die Werke des venetianischen Architekten Andrea Palladio aus dem sechzehnten Jahrhundert zurückging, und dessen Interpretationen der klassischen, römischen Architektur einen starken Einfluß auf die Architektur in ganz Europa hatte. Der Palladianismus faßte Fuß in England, wo er die Grundlage für den georgianischen Stil schuf, und dehnte seinen Einfluß von England nach Amerika aus. Mitte des achtzehnten Jahrhunderts wich der Palladianismus dem Klassizismus – eine Bezeichnung, die man für viele internationale Stilvarianten verwendete, die aber in der Praxis stark voneinander abwichen. Allen gemeinsam jedoch war das Ziel, die Kunst der antiken Welt nachzuahmen oder sie zumindest wiederaufleben zu lassen, ob griechisch, römisch oder eine Mischung aus beidem.*

### Das Rokoko

Das Rokoko (vom französischen *rocaille*, Grottenwerk aus Muscheln und Steinen, und *coquille*, Muschel) nahm seinen Anfang in Frankreich, als Reaktion auf die Exzesse der Endphase des Louis-XIV.-Barock. Bei diesem neuen Stil wurde das betont Formale durch Intimität, Eleganz und Bequemlichkeit ersetzt, wie man an Mansarts Château du Val bei Paris sehen kann, das 1674 errichtet wurde und aus einem einstöckigen Pavillon mit kleinen Räumen besteht. Allmählich setzte sich dieser neue Stil – den man ironisch als

*Das elegante Amerika hat zu Beginn des neunzehnten Jahrhunderts den Klassizismus mit Begeisterung aufgenommen. Das Resultat war ein leichter, graziöser Ausstattungsstil mit hell bemalten oder tapezierten Wänden und schlichten Profilleisten aus Holz oder Stuck. Die drapierten Stoffbahnen, die die Fenster schmücken, sind typisch für das Streben nach Leichtigkeit und Eleganz.*

*Der Palladianismus nahm sich die italienische Architektur zum Vorbild. Für den idealen Bau gab es strenge Regeln – ausgewogene Proportionen und Symmetrie waren oberstes Gebot. Das bezog sich auch auf Säulen, Portalrahmungen, Dreiecksgiebel und Pilaster, wie die nebenstehende Abbildung zeigt.*

»Anti-Barock« bezeichnete – bei allen wichtigen Bauten in Frankreich durch, sogar im Schloß von Versailles (1735). Das Rokoko erreichte seinen Höhepunkt während der Regentschaft von Louis XV. und breitete sich, von Frankreich ausgehend, fast über ganz Europa aus – außer England, wo noch immer der Palladianismus vorherrschte.

***Der Palladianismus***

Während der Regierungszeit von Queen Anne, zu Beginn des achtzehnten Jahrhunderts, waren die Innenausstattungen elegant und leicht. Die Einrichtungsgegenstände waren von schlichter Eleganz, die handwerkliche Verarbeitung war erstklassig, die Materialien hochwertig. Stühle, Tische und Sofas standen auf geschweiften Beinen mit Klauenfüßen, und es entstanden völlig neue Möbeltypen, zum Beispiel Tische, die speziell für das Speisezimmer entworfen wurden. Der Queen-Anne-Stil wurde in den Vereinigten Staaten mit Begeisterung aufgenommen, wo er sich länger hielt als in England. Der Stil variierte je nach Region, ebenso die Hölzer: Mahagoni und Walnuß herrschten in Rhode Island vor, Kirsche in Connecticut und Ahorn und Esche im Hudson Valley. New York hielt an seiner holländischen Tradition fest: Man verwendete handbemalte Delfter Kacheln für Kamine, und die Möbel wurden in holländischer Manier bemalt.

Während der georgianischen Epoche, die 1714 mit der Thronbesteigung von Georg I. begann, wurde der Queen-Anne-Stil vom Palladianismus abgelöst. Hauptsächlich wegen des Einflusses eines Architekten, nämlich des Earl of Burlington, der 1715 von einer Italienreise zurückgekehrt war und zahlreiche Architekturzeichnungen von Palladio mitgebracht hatte. Nach diesen Zeichnungen entwarf er Bauten im Stil von Palladio wie Chiswick House im westlichen Teil von London, in dem er seine Kunst- und Skulpturensammlung unterbrachte. Der Stil, der an einen griechischen Tempel erinnert, wurde überall kopiert.

Zwischen 1720 und 1760 entstanden zahlreiche Landhäuser im Stil von Palladios Villen, mit rechteckigem Grundriß. Das Äußere war zurückhaltend, symmetrisch und würdevoll; im Gegensatz dazu war die Innenausstattung meist prächtig. Auch die Terrassen, die in den Straßen und auf den Plätzen eleganter, englischer Kurorte wie Tunbridge Wells und Bath angelegt wurden, erinnerten in ihren Dimensionen und Details an palladianische Villen. Viele amerikanische Ge-

***Andrea Palladio und Inigo Jones***

*Andrea Palladio (1508–1580) war ein italienischer Architekt, dessen Arbeiten und Bücher in viele Sprachen übersetzt wurden und die Baukunst zahlreicher Länder beeinflußte, zu seinen Lebzeiten und danach. Palladios Stil basierte auf seinen profunden Kenntnissen der klassischen, römischen Architektur, er perfektionierte ihn durch die sorgfältig konstruierte Symmetrie von Stufen, Säulen, Sockeln, Bögen und Kuppeln seiner Profanbauten, die allgemein als Villen bekannt sind. Die berühmteste ist die Villa Capra (die Rotunde) bei Vicenza.*

*Inigo Jones (1573–1652) wurde stark von Palladio beeinflußt; im Grunde war er der erste englische Architekt, der die reinen, klassischen Formen der Renaissance verwendete. Leider sind nur wenige seiner Bauten erhalten. Zu ihnen gehört Banqueting House in Whitehall, London (1619–1622), und das Queen's House in Greenwich (1616–1635).*

bäude aus dem achtzehnten Jahrhundert spiegeln die einfachen, klassischen Formen palladianischer Idealvorstellungen wider. Das älteste Gebäude dieser Art ist Drayton Hall bei Charleston (1738–1742).

***Die Epoche von Mitte des achtzehnten bis Mitte des neunzehnten Jahrhunderts***

In England erreichte der Klassizismus seinen Höhepunkt mit der Innenausstattung von Robert Adam (1728–1792) und der Architektur von John Nash (1752–1835), Londons schöpferischstem Städteplaner, der die im Halbkreis (»Crescent«) angeordneten palastartigen Privathäuser mit Säulen und Stuckfassaden schuf.

***Der Klassizismus***

Der Klassizismus war der erste international gültige Stil, der sich von Frankreich nach England, Italien, Spanien, Deutschland, Rußland, Schweden Dänemark und schließlich nach Amerika ausbreitete, wo er mit besonderer Begeisterung nach der Unabhängigkeitserklärung akzeptiert wurde.

**Das Frankreich des achtzehnten Jahrhunderts – eine Reaktion auf das Rokoko.** In der zweiten Hälfte des achtzehnten Jahrhunderts setzte in Frankreich als Reaktion auf die verschnörkelten Formen des Rokoko (das nunmehr als »lächerlich« und »entartet« bezeichnet wurde) der Klassizismus ein, der dazu führte, daß geradlinige Türen, Fenster, Paneele und Spiegel, kombiniert mit Friesen und Säulen, wieder in der Gunst des Publikums stiegen. Kränze, Bänder, Festons, Lorbeer, Akanthus und Trophäen wurden zu beliebten, dekorativen Motiven. Ange-Jacques Gabriel (1698–1782), Erster Architekt von Ludwig XV. in Versailles, schuf kleine Räume von großer Eleganz und Zurückhaltung.

**Das England des achtzehnten Jahrhunderts: der Adam-Stil.** Die berühmte Firma der vier Brüder Adam war in der zweiten Hälfte des achtzehnten Jahrhunderts in Großbritannien tätig. Nach einer dreijährigen *Grand tour* durch Europa kehrte Robert Adam 1758 nach England zurück und arbeitete mit seinem Bruder James daran, den vorherrschenden, »römisch« geprägten Palladianismus mit Elementen des französischen Klassizismus anzureichern. Robert entwickelte sich zum innovativsten und einflußreichsten der Brüder. Sein Stil war leicht und elegant, er verwendete klassische Proportionen und Dekorationen, um Interieurs mit »Bewegung« (sein erklärtes Ziel) zu kreieren, wie er sie in Syon House und Osterly House bei London schuf.

Der Adam-Stil umfaßte nicht nur die Umgestaltung der Räume, sondern die Erneuerung der gesamten Einrichtung, einschließlich der Polstermöbel und der Fensterdekorationen. Für Robert Adam war der Architekt gleichzeitig Innenausstatter *par excellence*.

*Der Empirestil verdankt seinen Namen und seine Inspiration dem französischen »Empereur« Napoleon und seinen Siegen in Ägypten zu Beginn des neunzehnten Jahrhunderts. Die Wände wurden in kräftigen, klaren Farben bemalt und der Dekor bestand, wie hier, meist aus klassischen Motiven. Die Möbel waren einfach in der Form, aber schwer und gut proportioniert und aus schön gemaserten Hölzern. Die Bilderrahmen, aus dem gleichen Holz wie die Möbel, sind hier mit kleinen, dunklen Quadraten an den Ecken geschmückt – ein charakteristisches Detail der Zeit.*

**Das England des Regency: die Wiederbelebung der griechischen Antike.** Gegen Ende des achtzehnten Jahrhunderts begannen viele Architekten, über die Bauten des alten Rom hinwegzuschauen und sich auf die Reinheit der Formen des antiken Griechenland zurückzubesinnen. Das Resultat war ein strengerer, klassischer Baustil: die Fassaden wurden glatter, die Säulen kürzer und stämmiger und das Gebälk schwerer. Das Innere der Häuser wurde intimer und weniger formell. Die Wände der kleinen, hellen Räume waren in klaren, hellen Farben gestrichen und mit schmalen Friesen versehen, die niedrigen Decken waren höchstens mit einer Stuckgirlande dekoriert, von der ein Kronleuchter herabhing. Die Möbel wurden schlichter, die Betonung lag auf der Form.

**Das Frankreich des neunzehnten Jahrhunderts: das Empire.** Die französischen Interieurs des frühen neunzehnten Jahrhunderts strahlten Siegerpose aus, an ihnen

ließen sich die Siege von Kaiser Napoleon ablesen. Der klassische Einfluß war noch immer dominierend. Die Möbel waren mit Goldbronzebeschlägen dekoriert. Schimmernde Seide in sonnigem Gelb, leuchtendem Grün, Purpurrot oder Königsblau war über Wände und Decken drapiert und gespannt, und die Interieurs wirkten wie prächtige Armeezelte. Da Napoleon Ägypten erobert hatte, schmückten Sphingen, Obelisken, geflügelte Löwen und andere beliebte Motive die Armlehnen der Stühle und die Beine der Tische.

**Deutschland und Österreich im neunzehnten Jahrhundert: das Biedermeier.** Im neunzehnten Jahrhundert blieb in Deutschland und Österreich in bürgerlichen Wohnungen der klassische Einfluß erhalten, wobei allerdings die häufig überzogene Grandeur des französischen Empire vermieden wurde. »Papa Biedermeier« (zusammengesetzt aus »bieder« und »Meier«, dem gebräuchlichsten deutschen Nachnamen) war eine Figur der politischen Satire des frühen neunzehnten Jahrhunderts, dessen Name man für einen einfachen, gefälligen Wohnstil übernahm, der bequem und gemütlich war. Niedrige Möbel aus Nußholz oder Obsthölzern auf Parkettböden oder gefirnisten Holzdielen und Reihen von Bildern in einfachen Profilrahmen waren charakteristisch für die Ausstattung.

**Der Klassizismus in Amerika.** Ein frühes Beispiel wiederbelebter griechischer Klassik in Amerika ist Latrobe's Doric Bank of Pennsylvania (1799–1801). Der Klassizismus war in den Hauptstädten vieler amerikanischer Bundesstaaten in den zwanziger und dreißiger Jahren des neunzehnten Jahrhunderts sehr beliebt, ein Stil, in dem auch das Capitol in Washington erbaut wurde. Das gilt auch für eine Anzahl großer Privathäuser in New York und den Neu-England-Staaten. Die Treppen wurden graziöser, waren leicht und kurviert und hatten zierliche, elegante Geländer.

*Der Empirestil bediente sich klassischer Motive wie dieser moderne Stoff mit seinem Vasen-, Säulen- und Karyatidendekor. Die Mäanderbordüre auf den gelben Polstern (Gelb und Gold waren sehr beliebte Farben im Empire) unterstreicht die klassische Note.*

# AUSSTATTUNGSIDEEN IM STIL DES ACHTZEHNTEN JAHRHUNDERTS

*»Schmucklos und einfach« war das Motto der Shaker, das noch heute in manchen ländlichen Gegenden Amerikas Gültigkeit hat. Typische Merkmale dieses Interieurs sind die rein funktionelle Ausstattung, das naturfarbene Holz, die glatten Oberflächen und die dunkel gebeizten Holzplanken des Fußbodens.*

**Holzvertäfelungen** waren zu Beginn des Jahrhunderts wegen ihrer optischen Wirkung und ihrer Wärme sehr beliebt. Kiefernholz wurde dunkel gestrichen oder gebeizt, um dekorativere, dunkle Hölzer vorzutäuschen. Die Wandvertäfelungen wurden in drei Teile eingeteilt (Sockelzone oder Lamperie; Füllung; Fries), dazu gehörten häufig Säulen, Bogennischen, Schränke und Kamine.

**Wände.** Farbe kam mehr und mehr in Mode. Die für den englischen georgianischen Stil typischen Farben waren kräftig und dunkel, aber die hellen Farben, die Robert Adam eingeführt hatte (Rosa, helles Blau, Grau und das beliebte »Adamgrün«) und die als Hintergrund für den weißen Stuckdekor wie Festons und Faltenbögen, Fruchtkörbe, Figuren aus der klassischen Antike und geflügelte Greife dienten, wurden zunehmend beliebter. Die Wände vieler georgianischer Stadthäuser wurden mit Leimfarbe gestrichen und mit einer transparenten, opalisierenden Lasur überzogen, um Marmor oder edle Hölzer vorzutäuschen. In größeren Häusern bevorzugte man zu Beginn des Jahrhunderts stoffbezogene Wände, wobei kleinere Räume später mit bedruckten Tapeten tapeziert wurden: Flocktapeten, eine Imitation geschnittener, italienischer Samte, kamen um 1730 auf den Markt. Handbemalte Luxustapeten mit orientalischen Szenen, die blühende Sträucher und exotische Vögel in satten, warmen Farben darstellten, wurden aus China importiert. In Amerika waren seit 1750 Schablonenmuster die beliebteste Wanddekoration.

**Fenster.** Gut proportionierte Räume wurden durch große Schiebefenster erhellt, die man entweder mit Fensterläden verschloß oder mit Stoffdraperien verkleidete, die von Seide und Brokatstoffen bis zu einfachen Baumwolldrucken reichten. Im gleichen Jahrhundert kamen auch die geblümten, in England hergestellten Chintze auf. In Frankreich wurde seit 1760 *Toile de Jouy* hergestellt – ein dekorativer Stoff mit einfarbigen Motiven, pastorale Szenen darstellend, auf weißem oder hellem Grund. Im achtzehnten Jahrhundert kam die Mode auf, für Fensterverkleidungen und Wandbespannungen den gleichen Stoff zu verwenden; etwas später wurden auch die Polstermöbel mit einbezogen.

**Fußböden.** In Frankreich wurden nach wie vor Parkettböden verwendet. In England bevorzugte man Böden aus einfachen Eichendielen; und um 1750 kamen Teppichböden in Mode.

*Dieses hochformatige, in kleine Scheiben unterteilte Schiebefenster ist ein liebenswürdiges Vermächtnis des georgianischen Stils. Bodenlange Vorhänge aus einfachem Baumwollstoff, die mit Ringen an einer schlichten Gardinenstange befestigt sind, betonen die klassische Note.*

### *Ausstattungsideen – angelehnt an den Stil des achtzehnten Jahrhunderts*

*Wand- und Deckenpaneele lassen sich mit Profilleisten, ja sogar mit Tapetenbordüren vortäuschen. Tapeten als Trompe-l'œil-Dekorationen – mit Pilastern, Nischen, Balustraden oder auch delikateren Motiven wie Girlanden, Bändern und Schleifen – kann man direkt auf die Wand kleben. Man kann die Wand auch horizontal mit einer kräftigen Profilleiste in Höhe der Sockelzone aufteilen, eine breite Tapetenbordüre darüberkleben und die Fläche darunter mit gebrochenen Farbeffekten wie gezogenen Lasuren oder wolkigen Farbeffekten dekorieren, die mit Hilfe der Schwammtechnik oder der Wickeltechnik zustande kommen.*

*Mit dunkel getönten Farben wie Brauntönen, schlammigem Oliv und Grautönen, ergänzt durch gebrochenes Weiß, kann man ein Interieur im frühgeorgianischen Stil reproduzieren. Farbwäschen mit Pastelltönen wie Grün, Blau, Rosa und Grau, kombiniert mit weißem Holzwerk und gerahmten Paneelen, erwecken den Eindruck eines Raumes im Adam-Stil. Auch marmorierte oder antikisierte Oberflächen wären passend für diese Epoche.*

*Die Fußbodengestaltung reicht von kahlen Holzdielen – gebeizt und vielleicht mit Polyurethanfirnis versiegelt – bis zu Parkett in geometrischen Mustern oder Vinylfußbodenfliesen mit Marmor- oder Natursteineffekt. Auch ein Fußboden aus bemalten oder gebeizten Holzdielen mit einem Teppich in der Mitte wäre passend für diese Zeit.*

*Große Fenster oder Schiebefenster können mit Fensterläden versehen werden oder mit Rollos, Vorhängen oder Raffrollos (aus einem einzigen Stück Stoff, das mit Hilfe von Kordeln und Zugvorrichtungen in einen Querbehang verwandelt wird). Wenn Sie einen klassizistischen Look anstreben, arbeiten Sie eine Schabracke aus geschnittenem und vergoldetem Holz. Sollten Sie einen Raum im georgianischen Stil anstreben, befestigen Sie bodenlange Vorhänge mit Ringen an Messingstangen oder nehmen Sie zwei Seitenschals und vervollständigen Sie die Dekoration mit einem drapierten Querbehang mit lose fallenden Enden. Authentische Stoffe sind Damast und Samt oder grobere Baumwolldrucke, Chintze oder Toile de Jouy. Passend zu den letzteren werden häufig Tapeten im gleichen Muster angeboten – was typisch für den Ausstattungsstil dieser Epoche war. Auch in sich gemusterter Damast für Vorhänge und Polsterbezüge wäre ein authentischer Dekorationsstoff.*

*Den letzten Schliff geben große Spiegel, die das Licht reflektieren und den Raum optisch vergrößern; schön wäre ein Rahmen mit Muscheldekor oder klassischen Motiven. Besonders authentisch wirkt ein Spiegel über dem Kamin oder zwischen zwei Fenstern.*

*Die Beleuchtung müßte subtil und gedämpft sein. Kerzen sollten in georgianischen Kerzenleuchtern aus Silber, Nußholz oder Mahagoni stecken. Eine andere Möglichkeit wären hohe, mehrarmige Kerzenleuchter auf dem Speisezimmertisch oder vor einem Spiegel, der das Licht vervielfacht. Eine authentische Atmosphäre im Stil des achtzehnten Jahrhunderts verträgt keine elektrische Beleuchtung, das Licht wäre zu hell.*

# DAS NEUNZEHNTE JAHRHUNDERT

*Mit allerlei Krimskram vollgestellte Räume, die viel Wärme ausstrahlten, waren charakteristisch für den viktorianischen Geschmack. Hier eine Rekonstruktion, ganz in Rot gehalten, mit prächtig gemusterter Tapete, üppig gepolsterten Sitzmöbeln und weichen Teppichen. Jede freie Fläche – vom Fußboden bis zum Kaminsims und bis zur Oberfläche des Aufsatzsekretärs – alles ist vollgestellt mit Nippes und Objekten.*

*Das neunzehnte Jahrhundert war eine Zeit des konstanten Wechsels, was die Innenausstattung betrifft. Der Klassizismus wurde abgelöst durch eine freiere, weniger formale Auffassung: Architekten und Innenausstatter plünderten gründlich und hemmungslos die Vergangenheit, um sich Ideen für ihre Ausstattungen anzueignen. Königin Viktoria ließ auf der Insel Wight Osborne House im Stil einer toskanischen Villa errichten, aber in Balmoral bevorzugte sie den schottischen Baronial Style. Napoleon III. wählte für Pierrefonds eine gotische Ausstattung und für den Louvre eine barocke. Die explosionsartig wachsende Massenproduktion machte es möglich, daß diese »Stile«, die bisher das Privileg der Reichen waren, nun auch für den gewöhnlichen Bürger verfügbar waren – allerdings nicht immer ganz authentisch. Von den vielen historischen Stilen, die in dieser Epoche des Historismus als Inspirationsquellen dienten und häufig auch als »Neo-Stile« reproduziert wurden, erwiesen sich einige als besonders beliebt.*

**Chinoiserien.** Die ersten europäischen Interpretationen chinesischer Kunst erschienen im siebzehnten Jahrhundert – aber erst gegen Ende des achtzehnten und zu Beginn des neunzehnten Jahrhunderts tauchten sie in den Ausstattungen eleganter Interieurs auf. Motive wie Pagoden, Drachen und Lotusblüten wurden für Stuck- und Schnitzdekor, Tapeten, Möbel (zum Beispiel bei »chinesischem Chippendale«), Textilien und Porzellan verwendet.

Ganze Räume wurden mit Chinoiserien dekoriert, vor allem elegante Damenschlafzimmer. Das berühmteste Beispiel ist der Royal Pavillon in Brighton (1815–1820) des Prinzen von Wales. Zu dieser Zeit waren die Chinoiserien, im Vergleich zu den früheren, phantasievollen und delikateren Versionen, bereits stark vergröbert. Um 1760 verbreitete sich die Chinoiseriemode auch in den Vereinigten Staaten, ein Beispiel dafür ist Gunston Hall, Virginia.

**Die »Gotik« und die Neogotik-Stile.** »Gotik« bedeutet in der englischen Kunstlandschaft die Wiederbelebung verschnörkelter, mittelalterlicher Stilarten, die sich gegen Ende des achtzehnten Jahrhunderts in England als Alternative zu den strengeren Halbkreisformen und geraden Linien des Palladianismus entwickelten. Horace Walpoles Strawberry-Hill-Gotik, der er sich beim Bau seiner Villa in Twickenham bei London bediente, war eine phantasievolle Interpretation mit Spitzbögen, Rippengewölben, schlanken Pfeilern und dreigeteilten Maßwerkfenstern.

Einige andere englische Architekten übernahmen diesen Stil wegen seiner romantischen, pittoresken Effekte. Die Formen gingen zwar auf die gotische Architektur des Kontinents zurück, aber die Proportionen und die Atmosphäre waren sehr verschieden von jenen der großen mittelalterlichen Kathedralen. Aber all das änderte sich in den vierziger Jahren des neunzehnten Jahrhunderts, als sich eine echte Wiederbelebung der Gotik auf ernsthafte, historische Recherchen stützte und man statt Eisen und Stuck Stein verwendete. Das bekannteste Beispiel ist das House of Parliament in London, das von Sir Charles Barry und A. W. Pugin nach dem Brand von 1834 im Stil der »Perpendicular Gothic« rekonstruiert wurde. Die viktorianische »Hochgotik« erreichte ihren Höhepunkt zwischen 1855 und 1885, sie wurde vorwiegend beim Bau von Rathäusern, Hotels, Universitäten und Schulen, Landsitzen und Bahnhöfen eingesetzt.

**Der viktorianische Eklektizismus.** Die viktorianische Epoche war die Zeit des Eklektizismus, in der man in bürgerlichen Häusern die verschiedensten Stile willkürlich kombinierte und das Ganze mit unzähligen Mustern und satten Farben für die Wanddekoration und mit üppigen Draperien für die Fenster vervollständigte. Die Räume wurden vollgestopft mit Möbeln; Lehnstühle und Sofas waren gut gefedert und weich gepolstert, die Polsterung war mit tief eingezogenen Knöpfen versehen. Die Wände bedeckten Bilder und Miniaturen, und alle verfügbaren Flächen waren mit Nippes (Keramikvasen und -figuren, Glasstürzen, muschelverzierten Kästchen, Lampen und Souvenirs) vollgestellt.

Der explosionsartige Anstieg der Massenproduktion durch die Verbesserung der Produktionstechniken wurde in der »Great Exhibition of the Works of Industry of All Nations«, der Weltausstellung von 1851, gefeiert, die in einem speziell dafür errichteten Gebäude aus Glas und Metall, dem

OBEN LINKS: *Sattes chinesisches Rot war gegen Ende des achtzehnten und zu Beginn des neunzehnten Jahrhunderts in Europa sehr beliebt, als Chinoiserien in Mode kamen und der chinesische Stil selbst Möbelentwerfer wie Thomas Chippendale beeinflußte. Auch heute kann man mit diesem Rot (ohne hohe Kosten) einen tristen Raum behaglich gestalten, die Wirkung einer hohen Decke mindern und einen würdigen Hintergrund für Graphiken und Fotos kreieren.*

OBEN RECHTS: *Die Verbindung von satten Farben mit Gold und heraldischen Emblemen ist ein Merkmal der Neogotik des neunzehnten Jahrhunderts. Der Spitzbogen wurde von der Architektur wie von der Möbelproduktion als Schmuckelement wiederbelebt.*

*Die Arts-and-Crafts-Bewegung des späten neunzehnten Jahrhunderts erklärte den klaustrophobisch vollgestopften Räumen und den grellen Farben der viktorianischen Epoche den Krieg. Das war der Beginn einer neuen Ausstattungsphilosophie, die einfache Ausstattungen und übersichtlich gestaltete Interieurs forderte und die noch heute gültig ist. Durch den einheitlich weißen Anstrich von Wänden, Decken, Tür, Kamin und Holzwerk, der mit dem naturfarbenen Holz des Fußbodens kontrastiert, erhielt dieser traditionelle Treppenaufgang ein modernes Flair.*

Kristallpalast, im Hyde Park in London stattfand. Die Massenproduktion ermöglichte viel mehr Menschen, eine dekorative Innenausstattung für ihr Heim zu erwerben, und das Leben wurde dadurch für viele komfortabler und angenehmer. Leider triumphierte die Neuheit häufig über Schönheit. Es gab wenige echte stilistische Neuerungen, die stilistische Gestaltung beschränkte sich auf ein Potpourri von Formen und Motiven vergangener Stile.

**Die »Arts-and-Crafts«-Bewegung.** Gegen die ständig steigende Massenproduktion formierte sich eine Protestbewegung. Der stilbildende Designer William Morris (1834–1896) – der die im Kristallpalast ausgestellten Produkte als »Tonnen über Tonnen von unaussprechlichem Schrott« bezeichnete – wurde zum Anführer einer Gruppe von Architekten und Künstlern, die vom Verfall des Geschmacks angewidert, den vollgestopften viktorianischen Interieurs den Krieg erklärten. Ihr Ziel war die Wiederbelebung des Handwerks, und das Resultat war ein schlichter Ausstattungs- und Möbelstil, der auf bürgerliche Ansprüche zugeschnitten war. Das Red House, das Morris 1859 für sich und seine Familie in Bexleyheath bei London baute, war der Beginn des neuen Stils.

Morris and Company, eine Firma, die 1861 gegründet wurde, stellte Möbel, Teppiche, Tapeten und Raumtextilien in traditioneller, handwerklicher Arbeit her. Die Produkte genügten höchsten Qualitätsansprüchen, hielten sich aber an einfache, schnörkellose Formen. Die berühmte goldene Regel von Morris lautete: »Ihr sollt nichts im Haus haben, von dem ihr nicht wißt, daß es nützlich ist oder glaubt, daß es schön ist.« Die Raumausstattungen von Morris wurden mit großer Sorgfalt entworfen, ihr Stil, der mit einem Verlust an Bequemlichkeit einherging, war würdevoll und etwas trist. Die Möbel für den täglichen Gebrauch waren einfach und von Hand gearbeitet; typische Beispiele sind die Sitzbank aus Eiche und der Stuhl mit Binsensitz. Gegen Ende des Jahrhunderts hatte sich die Bewegung auch in den Vereinigten Staaten durchgesetzt, dort bezeichnete man den Stil als »Craftsman style« (Handwerkerstil), er wurde von dem Entwerfer Gustav Stickley übernommen.

**Die Wiederbelebung des Queen-Anne-Stils** um 1860 war gekennzeichnet durch weiß gestrichene Schiebefenster, schnörkelige Giebel, schmucke Balkone und Backsteindekor, wie ihn der Architekt Norman Shaw bei der Gestaltung seiner Gartenvorstadt Bedford Park im Westen Londons umsetzte. In den siebziger Jahren des neunzehnten Jahrhunderts hatte der Queen-Anne-Stil auch in den Vereinigten Staaten Fuß gefaßt.

**Art Nouveau.** Der Stil mit den gewundenen Linien entwickelte sich aus der »Arts-and-Crafts«-Bewegung. Er tauchte zuerst bei Buchillustrationen, Glasartikeln, Textilien und Möbeln auf. Vorbild für die betont kurvierte Linienführung waren rankende Pflanzen, wehendes Haar, bewegte Wellen und Flammen; die Quellen des neuen Stils können bis auf die Asymmetrie des Rokoko im frühen achtzehnten Jahrhundert zurückgeführt werden. Komplette Fassaden und Innenausstattungen wurden um ein komplexes Zusammenspiel organischer Formen und wellenförmiger Linien herum geschaffen. Die Bezeichnung, unter der der Stil bekannt wurde, stammt von einem Ladengeschäft in Paris, das 1895 eröffnet wurde, »La Maison de l'Art Nouveau«, dort war man bestrebt, »Modernes« zu verkaufen.

Der *Art Nouveau* verbreitete sich in ganz Europa. In Brüssel schuf Victor Horta (1861–1947) einige der berühmtesten Art Nouveau-Ausstattungen, die besonders durch die verschlungenen, gewundenen Linien des Schmiedeeisendekors bekannt wurden. Horta hat alle Details selbst entwor-

fen, von den Türgriffen bis zu den Buntglasscheiben. In Frankreich sprach man vom »Style Guimard«, nach Henri Guimard (1867–1942), der die berühmten Eingänge der Pariser Metro entworfen hat. In Spanien war es Antoni Gaudí (1852–1926), der den Stil bei seinen Bauten in und um Barcelona bis ins Bizarre verwandelte. In England produzierte Liberty's Regent Street Tapeten und Textilien im »modernen Stil«.

Der schottische Architekt Charles Rennie Mackintosh (1868–1928) war es, der eine zurückhaltende, verfeinerte, britische Version des *Art Nouveau* entwickelte. Charakteristisch für seinen Stil waren die gelängten Formen und die Pastelltöne. In Mackintoshs Interieurs herrschten Gittermuster vor, sie wurden überragt von leicht kurvierten, vertikalen Linien, die in stilisierten Blütenblättern endeten. Dieses Design beherrschte auch die Möbel. Charakteristisch für Mackintoshs Stil war auch, daß Fenster und Türen ungerahmt und in Nischen eingelassen waren, um die kompakte Masse des Raumes zu betonen. Der Gesamteindruck war viereckig und karg im Vergleich zu den gewundenen, exzessiven Formen, die im übrigen Europa vorherrschten.

Die zurückhaltenden, senkrechten Linien von Mackintosh waren vom österreichischen Sezessionsstil beeinflußt. Zu den Künstlern dieser Gruppe gehörten Otto Wagner, Joseph Olbrich und Joseph Hoffmann. Sie lehnten die verschlungenen Exzesse der Belgier und Franzosen ab und propagierten einen strengeren Stil, der von den in Edelsteinfarben funkelnden Gemälden von Gustav Klimt (1862–1918) beeinflußt wurde.

OBEN LINKS: *Charakteristisch für den Art Nouveau der Jahrhundertwende waren die fließenden Linien, die gewundenen, vegetabilen Formen nachempfunden waren. Der Einfluß dieses Stils reichte von architektonischen Details, wie beim Majolikadekor dieser Wiener Fassade, bis zu den Formen von Türklinken und Zierschilden im Innern des Hauses.*

OBEN RECHTS: *Die schlanken, hohen Möbel mit ihrer streng geometrischen Formensprache sind charakteristisch für die Entwürfe des schottischen Architekten Charles Rennie Mackintosh und seiner Frau Margaret, die ebenfalls zu den Art-Nouveau-Künstlern zählen.*

# AUSSTATTUNGSIDEEN IM STIL DES NEUNZEHNTEN JAHRHUNDERTS

*Eine schlanke Gardinenstange nebst Ringen aus Messing, wie man sie im neunzehnten Jahrhundert liebte, ist noch immer recht wirkungsvoll als Halterung für einen Vorhang, besonders wenn es sich um einen schweren, weichen Stoff mit gutem Fall handelt. Ein kleines Fenster bekommt mehr Gewicht, wenn man die Stange hoch über dem Fenster anbringt und sie an beiden Seiten weit überstehen läßt.*

Zu Beginn des Jahrhunderts wirkten die Innenausstattungen hell und freundlich: helles, leuchtendes Gelb, Grün und Scharlachrot waren allgemein beliebt, dazu helle Vorhänge mit Streifen- oder Streublümchenmustern aus Leinen, Seide oder Chintz, in großzügigen Bögen zurückgebunden, um viel Licht durch die großen Fenster hereinzulassen.

**Englische Regency-Möbel** waren niedrig und langgestreckt, die Formen einfach und gediegen, mit gelegentlichen Kannelierungen und Sitzen aus geflochtenem Rohr. Typisch waren die säbelförmig geschwungenen Stuhlbeine. Ägyptische Motive wie Lotosblätter, geflügelte Scheiben und Sphingen waren charakteristisch für den Regency-Stil.

**Im französischen Empirestil** verwendete man Stoff in rauhen Mengen, Räume wurden mit Stoffkaskaden gefüllt. Betten und Fenster wurden mit reichen Draperien dekoriert, sogar Stuhlbeine und -rücken waren mit Festons geschmückt. Die Räume wurden mit Stoffdrapierungen in Zelte verwandelt.

**Die überladenen Interieurs im viktorianischen Stil** (oder Unstil, wie man ihn schon damals bezeichnete) in der zweiten Hälfte des Jahrhunderts waren die Wohnzimmer mit Möbeln und dekorativen Objekten inklusive Bildern und Souvenirs vollgestopft. Die Muster der Teppiche, Tapeten und Dekorationsstoffe im gleichen Raum waren meist völlig verschieden voneinander. Nach der Jahrhundertmitte kam es vor, daß ein einziges Haus in mehreren Stilarten ausgestattet war: »Gotisch« oder Tudor im Speisezimmer und in der Bibliothek; und Neo-Rokoko in Räumen mit eher femininem Charakter wie Gesellschaftszimmer und Boudoirs.

Zu Beginn des neunzehnten Jahrhunderts wurde die Herstellungsmethode für Tapeten in kontinuierlichen Rollen patentiert, und in den vierziger Jahren begann die Massenproduktion. Die Qualität reichte von einfachen Mustern auf einfarbigem Grund bis zu schimmernden Satintapeten, feinen Flocktapeten und Tapeten mit szenischen Motiven, bei denen die Franzosen führend waren.

In viktorianischer Zeit betrachtete man eine Wand als drei separate Elemente: vom Fußboden bis zur Sockelleiste; von der Sockelleiste bis zur Höhe der Bilderleiste oder der Türrahmen; von der Höhe der Türrahmen bis zur Decke, einschließlich des Karnies. Die Sockelleiste war eine wichtige, horizontale Trennlinie rund um den unteren Teil des Raumes. Man bemalte sie in dunklen Tönen und versiegelte die Oberfläche. Über dieser Zone bildete eine reich gemusterte Tapete den Untergrund für eine Unzahl von goldgerahmten Bildern und Spiegeln. Weiße Decken waren aus der Mode gekommen, dunkle Farben sorgten für ein intimeres Ambiente. Außerdem waren sie praktischer: sie verbargen die Rußflecken die die Gas- und Öllampen verursachten.

**Fußbodenbeläge** für Eingangshallen und Veranden waren meist Fliesen mit eingebrannten Mustern aus verschiedenfarbigem Ton. Die »Arts-and-Crafts«-Bewegung propagierte gefirniste Holzböden aus Eichendielen. Mit der Erfindung des mechanischen Webstuhls um die Mitte des neunzehnten Jahrhunderts begann die Massenproduktion von Axminster-Teppichen.

**Fenster.** Rollos – reich verziert mit aufgemalten Motiven, Web- oder Druckmustern – waren allgemein beliebt, dennoch gewannen Vorhänge mehr und mehr an Eigenständigkeit. Die neuen Jacquard-Webstühle produzierten reich gemusterte und texturierte Dekorationsstoffe aus Damast und Brokat. Textilien wurden mit zunehmender Begeisterung eingesetzt – nicht nur als Fensterdekorationen, man behängte jede nur denkbare Fläche – von großen Schreibtischen und Pianos bis zu Beistelltischen – mit fransenborten- und quastengeschmückten Decken. Im Schlafzimmer wurde die Stoffmenge allerdings reduziert, da neue Hygieneregeln eine ungehinderte Luftzirkulation forderten.

**Möbel.** In der viktorianischen Epoche perfektionierte man die Kunst, bequeme Sitzmöbel herzustellen. Sofas und Sessel wurden mit Sprungfedern ausgestattet; die üppigen Polsterungen wurden mit eingezogenen Knöpfen gearbeitet, wie beim »Chesterfield«-Sofa, damit die Füllungen nicht verrutschten. Die gerundeten Stuhlrücken verlängerten sich zu Armstützen; typisch ist der Speisezimmerstuhl mit Ballonrücken und gepolstertem Sitz. Die »Wohnzimmergarnitur« – Vorläufer der dreiteiligen Sitzgarnitur – kam in Mode.

Eine Alternative zu dem kuscheligen Durcheinander lieferte der »Baronial Gothic Revival«-Stil – eine Kreuzung aus »Baronial style« und der romantischen, englischen Variante der Neogotik – mit bleigefaßten Buntglasscheiben, Eichenholzpaneelen mit Faltwerkfüllungen und Tapeten mit dunklen, goldgehöhten Mustern und bunten Farbtupfern, dazu gebeizte, jakobäische Möbel mit Paneelen und reichem Schnitzdekor.

William Morris hat eine reiche Sammlung schwungvoller Tapeten- und Stoffmuster mit Blüten-, Früchte- und Tiermotiven hinterlassen. Sie wurden mit stumpfen Farben aus pflanzlichen Farbstoffen im Handdruckverfahren auf Stoffe und Tapeten aufgebracht. Wenn Sie einen »Art-and-Crafts«-Look nachahmen möchten, verkleiden Sie die Wände mit Profilholzpaneelen bis in Schulterhöhe. Als Abschluß kann ein Regalbrett dienen, auf dem Sie eine Sammlung schöner Platten zur Schau stellen könnten.

### *Ausstattungsideen im Stil des neunzehnten Jahrhunderts*

*In Anbetracht der vielen verschiedenen Stilrichtungen dieser Epoche müssen Sie sich entscheiden, ob Sie sich an einen bestimmten Stil – den viktorianischen, Regency oder Neogotik – halten wollen oder ob Sie sich für einen Stilmix entschließen und kombinieren, was Ihnen am besten gefällt.*

***Wände.*** *Regencywände sollten mit Friesen aus klassischen Motiven wie griechischen Vasen, Festons und Früchtekörben dekoriert werden. Ein viktorianischer Look erfordert ein plastisches Gesims und eine Deckenrose mit floralen oder Blattmotiven. Eine Sockelleiste ist kein Muß, dafür aber eine Bilderleiste, die die Wand in Dreiviertelhöhe unterbricht.*

***Anstrichfarben.*** *Vielerlei Farben sind möglich, je nachdem welchen Stil Sie darstellen möchten. Dunkle Rot- und Brauntöne waren in der viktorianischen Epoche besonders beliebt; die »Arts-and-Crafts«-Bewegung bevorzugte hellere, natürliche Farbtöne. Dazu passen cremefarbig gestrichenes Holzwerk und Wände in Kontrastfarben wie Dunkelblau und Braun oder Gold und Grün. Nach edwardianischem Geschmack wären Weiß und Pastelltöne, kombiniert mit weiß oder cremefarbig gestrichenem Holzwerk und Kombinationen von weichen Rosa- und Blautönen vor einem Hintergrund von weiß oder grau gestrichenen Wänden.*

***Fußböden.*** *Geflieste Böden sind praktisch für stark strapazierte Böden bei Veranda, Diele und Küche; heutzutage gibt es authentische Kopien von Fliesen mit eingebrannten Mustern aus verschiedenfarbigem Ton. Für die übrigen Räume sind versiegelte Holzdielen und Teppichböden akzeptabel. In viktorianischem Geschmack ausgestattete Schlafzimmer können ohne Teppiche auskommen.*

***Vorhänge*** *im Überfluß sind das Richtige, auch als Portieren. In der viktorianischen Epoche waren sie dunkel, mit Fransen oder Quasten versehen und mit einem kunstvoll verzierten Querbehang versehen. Sie sollten von leichten, lichtdurchlässigen Gardinen aus Spitze oder anderen hauchdünnen Stoffen ergänzt werden.*

***Accessoires*** *dürfen nach viktorianischem Geschmack reichlich verwendet werden. Die mehrteilige Stellwand war eine viktorianische Idee, sie ist noch immer angebracht, wenn man eine Raumecke mit geheimnisvoller Atmosphäre gestalten will. Sehr beliebt waren auch Massen von Grünpflanzen auf reich verzierten Blumenständern, und besonders Farne. Hohe Palmen und Aspidistras mit glänzenden Blättern, bekannt als Fleischerpalmen, wurden einzeln in Jardinieren präsentiert und dienten als Blickpunkt des Raumes.*

# DAS ZWANZIGSTE JAHRHUNDERT

*Das zwanzigste Jahrhundert ist eine Zeit der schnellen Wechsel, zwei Weltkriege und riesige Fortschritte in der Technologie haben dazu beigetragen. Vor zweihundert Jahren hat es Jahrzehnte gedauert, bis sich ein Stil in allen Teilen Europas und jenseits des Ozeans bis in die Neue Welt verbreitet hatte. Infolgedessen kommen und gehen Ausstattungstrends fast genauso schnell wie die Mode. Da wir uns nicht leisten können, unsere Raumausstattungen alle zehn Jahre zu erneuern, bleibt es nicht aus, daß sich die Stile überschneiden, häufig sogar im gleichen Heim.*

***Die Moderne***

Als Reaktion auf das Übermaß an Dekor und Verzierungen zu Beginn des neunzehnten Jahrhunderts reagierten einige europäische Architekten mit der Entwicklung eines Architekturstils, bei dem die Betonung auf Raum, Proportion und glatten Flächen lag. In Frankreich wurde die Moderne angeführt von Le Corbusier (1887–1965), dessen Buch *Vers une Architecture* 1923 erschien. Darin legte er seine »fünf Punkte für eine neue Architektur« dar: »Piloti« (Pfeiler oder Stützen, die ein Bauwerk tragen, das dadurch erst im ersten Stockwerk beginnt); horizontale Fensterreihen; Wohneinheiten mit freiem Grundriß; glatte Fassaden; flache Dächer.

In den Vereinigten Staaten entwickelte Frank Lloyd Wright (1867–1959) seine niedrigen, großflächigen Häuser, eine Architektur, die die Tendenz hatte, »sich von innen nach außen zu entwickeln, in Harmonie mit den Bedingungen ihres »Seins«. Seine berühmten »Prärie-Häuser« in der Nähe von Chicago wirkten erschreckend kahl, er kombinierte unverputzte Ziegelwände mit sorgfältig ausgewählten Hölzern; die Interieurs waren sparsam möbliert, wirkten aber dennoch einladend.

**Das Bauhaus.** In der Tätigkeit des Bauhauses, einer Designerschule, die 1919 in Weimar gegründet worden war, fanden die Bestrebungen der Moderne ihren stärksten Ausdruck. Unter Walter Gropius (1883–1969), seinem späteren Leiter, vereinigte die Schule Unterricht in Kunst, Architektur und Industriedesign. Die Architekturentwürfe, die aus dem Bauhaus hervorgingen, wirkten kastenartig: sie hatten flache Dächer und die Fassaden wurden lediglich durch die kräftigen vertikalen und horizontalen Linien der großen, metallgerahmten Fenster unterbrochen, die viel Licht einließen.

Modernität, Funktionalität und Hygiene waren die wesentlichen Merkmale des neuen Stils. Weiß war die bevorzugte Wandfarbe, die Wände hatten weder Fußleisten noch Bilderleisten, es waren glatte, freie Flächen. Die Türen hatten keine Füllungen, sie wurden mit einem glatten Sperrholzblatt verkleidet. Eine Vielzahl von Einbaumöbeln in Wohnräumen, Schlafräumen und Küchen sorgte für klare Linienführung. Das Design von Möbeln und Raumausstattun-

*Der skandinavische Stil des zwanzigsten Jahrhunderts ist eine subtile Mischung aus Volkskunst und rustikalem Idiom. Seine Merkmale sind helle Hölzer, einfache Formen und kühle Blau- und Grüntöne.*

gen beschränkte sich auf ein Minimum; die Stahlrohrstühle von Designern wie Marcel Breuer waren ein wesentlicher Beitrag zu den klaren Linien der Klassischen Moderne.

**De Stijl.** In Holland hatte sich die Gruppe De Stijl (Der Stil), die ihren Namen mit dem Titel einer Avantgardezeitschrift gemeinsam hatte, ebenfalls vorgenommen, mit den vergangenen Formen zu brechen und ein Design zu entwickeln, das ins zwanzigste Jahrhundert führte. Ihr Anführer, Gerrit Rietveld (1888–1964), war ein Konstruktivist, dessen Designstil auf abstrakten, viereckigen Formen und den Primärfarben Rot, Blau und Gelb beruhte. Sein berühmtestes Gebäude war das Schroeder-Haus in Utrecht; die Flächen waren schmucklos und plattenartig, es gab keine Gesimse, weder an Wänden noch an Decken, die einzige Unterbrechung waren die kontinuierlichen Bänder der metallgerahmten Fenster.

**Art Déco.** Die Gegenbewegung zur Schmucklosigkeit der Klassischen Moderne war der glamouröse Art Déco, der seinen Namen der Exposition des Arts Décoratifs verdankte, die 1925 in Paris stattfand. Er wurde in den zwanziger und dreißiger Jahren in Europa und Amerika zum Modestil. Das Charakteristische des neuen Stils waren geometrische Formen, Kreise und Halbkreise, Dreiecke, Achtecke und Würfel – sie erschienen als Motive auf Teppichen, Tapeten, Fliesen und Stoffen, ihre Formen dienten als Vorbilder für die Gestaltung von Geschirr, Gebrauchsgegenständen für die Küche, von Möbeln, Kopfteilen von Betten, Kaminen, Spiegeln, elektrischen Öfen, Beleuchtungskörpern und Radios. Andere typische Motive waren der Sonnenaufgang, stilisierte Bäume, Blüten, Fächer, Fontänen und exotische Raubtiere. Weitere Anregungen kamen aus der Welt der Azteken (wie der getreppte Tempelturm) und aus der Welt des alten Ägypten (nach der Öffnung von Tut-ench-Amuns Grab 1922).

Dieser im wesentlichen exotische Stil eignete sich vor allem für Luxushotels, Bars und Restaurants, Transatlantikdampfer, Filmtheater und Filmausstattungen. Designer verwirklichten die flüssig gezeichneten Kurven von Art-Déco-Artefakten in einer Vielfalt von Materialien, ihre Opulenz kam besonders gut in hellen Hölzern (Walnuß, helle Eiche, Sykomore), Leder, Marmor und Glas zum Ausdruck. Chrom wurde für alle möglichen Gebrauchsgegenstände und Armaturen verwendet, und die neuen Kunststoffe, zum Beispiel Bakelit, die ebenfalls hart und glänzend waren, trugen zum vielfältigen Erscheinungsbild der Gegenstände bei. Dieser Materialmix wurde vor Hintergründen in gebrochenem Weiß, Creme oder Beige und pfirsichfarbenen oder nilgrünen Stoffen zur Geltung gebracht. Farbtupfer in Orange, Smaragdgrün, Kornblumenblau und Scharlachrot wurden von den extravaganten Kostümen inspiriert, die Diaghilev

*Dieses Speisezimmer enthält alle Charakteristiken des Art Déco: einen Speisezimmertisch nebst Stühlen aus Nußholz mit dem »Zikkurat«-Dekor babylonischer Tempel an den Beinen; ein Büffet, ebenfalls aus Nußholz, mit abgerundeten Ecken und dem gleichen Dekor; die Skulptur einer hingelagerten Figur; das geometrische Design des Wandspiegels und der Deckenleuchte aus Glas und Chrom. Das dunkle Holz kommt besonders gut vor den einfarbigen, hellen Wänden zur Geltung.*

vor dem Ersten Weltkrieg für seine Pariser Ballets russes entwerfen ließ.

In den Vereinigten Staaten erhielt die neue Stilrichtung die Bezeichnung Stromlinie, und die schnittige Linienführung von Lokomotiven und Eisenbahnwaggons wiederholte sich an Haushaltsgegenständen wie Kühlschränken und Staubsaugern, aber auch an vielstöckigen, öffentlichen Gebäuden. Die schnittige Stromlinienform dominierte diesseits und jenseits des Atlantik.

***Zeitgenössische Stilrichtungen***

Der Zweite Weltkrieg setzte neuen Entwicklungen in Design und Architektur ein jähes Ende, während die Sperrholztechnologie, angetrieben von der Entwicklung des Flugzeugdesigns, sich weiterentwickelte. Mit dem Festival von Great Britain von 1951 wurde das Ende der strickten Sparsamkeit der Nachkriegsjahre gefeiert, und der Stil, der sich in den fünfziger und sechziger Jahren entwickelte, war unkompliziert, bunt und »zeitgemäß«. Die Ausstellung hatte acht Millionen Besucher, sie übte einen enormen Einfluß auf die Stilentwicklung aus. Von da an wurden Beton, Glas und Stahl für Gebäude wie die Royal Festival Hall verwendet, die noch heute auf dem Südufer der Themse in London steht.

Im Dome of Discovery waren große Modelle von Molekülen aus Kugeln und Stahlrohr ausgestellt. Sie inspirierten das Design von Stühlen und Couchtischen mit eckigen Stahlrohrbeinen, die auf kleinen, bunten Plastikkugeln standen.

Die Raumausstattungen blieben weiterhin verhältnismäßig schlicht (keine Bilderleisten, kurze Vorhänge, die bis zum Fensterbrett reichten und schmale Fußleisten), aber Farbe und Komfort schlichen sich langsam durch moderne Versionen von Ohrensesseln, Standardlampen, weichen Teppichen und Kissen wieder ein. Der Teppichboden wurde zum neuen Luxus.

**High-Tech.** High-Tech ist eher ein Architekturtrend als ein spezifischer Stil, er wurde in den siebziger Jahren von englischen Architekten wie Richard Rogers und Norman Foster entwickelt, die bei ihren Bauten die Konstruktionsmerkmale und die Technologie stilistisch sehr wirkungsvoll einsetzten. Der Metallrahmen und die Einzelheiten der Versorgungstechnik wie Rohre, Leitungen und Fahrstühle werden durch die Fassade hindurch oder vor einer glatten, wasserdichten »Haut«, meist aus Glas, sichtbar gemacht. Berühmte Beispiele sind Fosters Sainsbury Centre der Universität von Norwich (1977) und Rogers Centre Pompidou in Paris vom gleichen Jahr.

Die High-Tech-Architektur hatte auch Einfluß auf die Gestaltung von Interieurs, die durch ihren Mangel an Zufluchtsmöglichkeiten fast brutal wirkten. Rohre, Leitungen, Heizungs- und Sanitärinstallationen – alles wurde absichtlich freigelegt.

*UNTEN: Moderne Interieurs wirken eher durch Raum und Licht als durch Farben und Muster, bei denen man sich sehr zurückhält. Naturstoffe wie die Schieferplatten des Fußbodens werden wegen ihrer Textur und ihrer Schönheit geschätzt. Es wird weder versucht, das Skelett des Gebäudes zu verstecken noch die elektrischen Leitungen oder die Halterungen der Lampen.*

*RECHTS: Der Stil der fünfziger und sechziger Jahre wirkte leicht, funktionell und sachlich. Beachten Sie die spitzen Metallfüße des Tisches und der Stühle und die lebhafte Farbe der Wand im Hintergrund mit dem geometrischen, gelben Pfeilmotiv. Die geformten Sitzschalen der Stühle und die Tischplatte wurden aus neuen Kunststoffen gefertigt.*

# Ausstattungsideen im Stil des zwanzigsten Jahrhunderts

*Das klare Licht des Südens bringt die schöne Textur der unglasierten Terrakottaziegel, aus denen die Bögen geformt sind, und der unverkleideten Steinwand zur Geltung. Wenn Sie diesen Ausstattungsstil in den Norden exportieren, sollten Sie ihn mit viel naturfarbenem Holz und Textilien in Creme- und Terrakottatönen anreichern.*

Die Innenarchitektur des zwanzigsten Jahrhunderts unterscheidet zwischen »integriertem« und »überlagertem« Design. Das integrierte Design ist Aufgabe des Architekten: die von ihm ausgewählten Formen und Texturen sollen in den meisten Fällen Bestandteile des Raumes bleiben. Mit den Worten des Architekten Frank Lloyd Wright: »Es ist unmöglich, das Gebäude als eine Sache zu betrachten und die Ausstattung als eine andere.« Das überlagerte Design ist das Werk des Innenausstatters oder des Hausbewohners. Innenausstattungen sind also flexibel und leicht zu ändern (mit Hilfe von Tapeten, Stoff und Farbe), je nach dem Diktat des jeweilig aktuellen Wohnstils.

Im Laufe der Zeit haben sich nüchternere Ausstattungskonzepte für Interieurs allgemein durchgesetzt. Die Gründe hierfür wurden meist ebenso von ökonomischen wie von ästhetischen Gesichtspunkten diktiert: Der Preisdruck bei Baugrundstücken und auf die privaten Budgets hat zu kleineren, niedrigeren Räumen geführt, die sorgfältige Planung erfordern, um den vielfältigen Anforderungen des Familienlebens genügen zu können. Es ist billiger, einen einfachen Raum ohne plastische Details wie Profile, Ornamente oder Paneele zu bauen: Die glatten Türen sind jetzt zum Beispiel allgemein üblich. Moderne Räume wurden auf glatte Decken- und Fußbodenflächen und Wandflächen reduziert.

Dennoch hat der moderne Wohnstil mit seinen neutralen Farben, einfachen Formen und harten Materialien dem Geschmack der Massen nie entsprochen. Mit der typischen Kastenform des zwanzigsten Jahrhundert konfrontiert, haben Hausbewohner meist Mittel und Wege gefunden, den Raum mit Hilfe von satten Latexfarben, farblich abgestimmten Tapeten und Dekorationsstoffen, texturierten oder gemusterten Teppichen und verschwenderischen Fensterdekorationen farbiger und dekorativer zu gestalten.

Die Planung der Räume, ja sogar der Stil der Häuser selbst wurde durch die modernen Technologien beeinflußt: das Telefon, das Fernsehen, die HiFi-Anlage, den Kühlschrank, die Mikrowelle – alles Erfindungen des zwanzigsten Jahrhunderts. Die Beleuchtung ist ein wichtiges Element, um Atmosphäre zu schaffen; die funktionelle Beleuchtung ist eine sorgfältig berechnete Angelegenheit. Auch die Einbauküchen sind ein modernes Phänomen. Schon 1922 hat Marcel Breuer vom Bauhaus die erste Einbauküche entworfen, bei der alles hinter einheitlichen Schranktüren verborgen war.

Das zwanzigste Jahrhundert zeichnet sich durch die Entdeckung neuer Materialien für das Heim aus: Kunststoffe werden für nahezu alles verwendet, vom Telefon und Fußbodenbelag bis zum Fensterrahmen; synthetische Fasern werden für Teppiche, Vorhänge und Tischtücher verwendet. Neue Materialien können auch eine eigenständige Wirkung haben. Das Überangebot an synthetisch hergestellten Materialien hat die Aufmerksamkeit wieder mehr auf Naturstoffe wie Holz, Wolle und Seide gelenkt. Das »natürliche Aussehen« hat in der letzten Dekade des zwanzigsten Jahrhunderts einen starken Einfluß auf das Design gehabt.

### *Die Wahl des Stils*

Jetzt, da sich das zwanzigste Jahrhundert seinem Ende nähert, ist Freiheit des Stils für die Raumausstattung genauso aktuell wie für die Kleidung. Man hat die Wahl zwischen unzähligen »Looks«.

**Der englische Landhausstil** hat sich im Laufe vieler Jahrhunderte entwickelt, es ist ein Stil, der heutzutage Innenausstatter in ganz Europa und in den Vereinigten Staaten inspiriert. Die Betonung liegt auf unkonventioneller Gran-

*Der einladende, zwanglose Stil dieses Cottage ist überall beliebt. Besonders angebracht ist er für niedrige Räume ohne architektonische Details. Bringen Sie den Garten in den Raum mit geblümten Stoffen und echten Blumen, die aus Krügen und Schalen quellen. Die Oberflächengestaltung der Möbel und des Fußbodens ist einfach und kunstlos.*

*Die natürlichen Texturen und die glatten Flächen dieses harmonisch wirkenden Raumes sind im wesentlichen japanisch mit Betonung auf Minimalismus, bei dem man alles Unnötige weggelassen hat. Die Shoji-Stellwand mit ihren disziplinierten Quadraten aus transparentem Papier sorgt für weiches, gefiltertes Licht.*

deur und Bequemlichkeit, das Ziel ist, ein warmes, einladendes Ambiente zu schaffen. Der englische Landhausstil eignet sich am besten für große Räume: Anklänge an historische Stilrichtungen wie plastisch gestaltete Fenster- und Türrahmen sind ebenso passend wie ein traditioneller Kamin nebst Kaminsims. Holzscheite zu verbrennen, ist nicht sehr praktisch, man kann statt dessen einen Kamin mit Gasfeuerung installieren lassen oder Kohlen auf einen traditionellen Grill legen.

Die Muster sind vorwiegend floral, mit großformatigen Motiven, sie basieren auf einem reichen Schatz an archivierten Mustern aus dem achtzehnten und neunzehnten Jahrhundert. Sie werden für Tapetenmuster und die dazu passenden Chintzstoffe verwendet, die sich für Vorhänge, Polstermöbel, lose Polsterbezüge, Bettdecken und Bettverkleidungen eignen. Eine typische Farbzusammenstellung ist Rosa mit Weiß oder Creme und Tupfern von Grün, aber Farbkonzepte können auch auf Blau und Gelb oder Gold- und Brauntönen aufgebaut sein.

Fensterausstattungen sind sehr wichtig: Stoffe werden generös zu bodenlangen Vorhängen verarbeitet. Die Fußböden sollten warm und weich sein; ein Teppichbelag wäre ideal, vielleicht in Uni, ergänzt durch einzelne Teppiche.

**Der Cottagelook** ist in einer Großstadtküche ebenso zu finden wie in einem ländlichen Wohnzimmer; er paßt am besten zu kleinen Räumen mit niedriger Decke ohne dekorative, architektonische Details wie Deckenrosen oder plastisches Gesims. Ideal sind Dachgeschoßräume mit abgeschrägter Decke und interessanten Nischen. Zum Cottagelook passen gebeizte oder ungebeizte, naturfarbene Hölzer für Möbel und Fußbodendielen, die mit Sandpapier geschliffen und gebeizt oder gefirnist werden. Holz kann auch in Form von Wandvertäfelungen und Deckenbalken vorkommen und in der Küche für Einbaumöbel oder Arbeitsplatten. Die Möbel, Wände oder Wandvertäfelungen können durch »Pickling« (Bleichen) oder mit einer leichten Farbwäsche getüncht und »antikisiert« werden.

Die meisten Naturstoffe wie Holz, Stein, Schiefer, Binsen, Schilfrohr, Wolle oder Baumwolle sind stilgerecht. Vermeiden Sie moderne Materialien wie Rauchglas oder Chromstahl und Materialien mit großem Anspruch wie Marmor, Seide und Brokat. Geeignete Polsterstoffe sind Jute, Gingham und leichte Baumwolle mit floralen Mustern auf cremefarbenem oder weißem Grund, eventuell kombiniert mit weißer oder cremefarbener Spitze. Patchwork auf Kissen oder Bettdecken sorgt für belebende Farbtupfer.

Wände kann man einfach mit stumpfer Latexfarbe in Weiß oder Creme anstreichen oder mit einer Streublümchentapete tapezieren. Vor diesem Hintergrund könnten Sie als Kontrast klare Farben wie Delphinblau, Blattgrün oder Pfingstrose verwenden: die Farben, die man in einem sommerlichen Blumenbeet findet, könnten als Anregung dienen.

**Fernost.** Der japanische Wohnstil ist delikat, raffiniert einfach und sparsam in der Ausstattung. Die wenigen Objekte, die verwendet werden, sind funktionell oder dekorativ, sie werden mit großer Sorgfalt plaziert, Symmetrie wird vermieden.

Das Innen und das Außen sind durch Schiebetüren mit Paneelen aus *Shoji*-Papier verbunden, so kann das Haus zum Garten geöffnet werden und gleichzeitig wird das Tageslicht, das durch das *Shoji*-Papier in den Rahmen gefiltert wird, maximal genutzt. Die Japaner schlafen auf ihren süß duftenden, mit elastischen Matten belegten *Tatami*-Böden. Am Tage rollen sie ihre Futon-Matratzen aus Baumwolle zusammen und räumen sie beiseite. Große Räume können mit Hilfe von Schiebewänden im Nu in mehrere Schlafzimmer aufgeteilt werden.

Für eine westliche Adaption des japanischen Wohnstils eignen sich weiße oder cremefarbene Stoffe aus Naturfasern mit ein paar Tupfern Schwarz und Rot und grünen Pflanzen. Als Betten verwendet man Futons aus Baumwolle auf Holzrahmen, die man am Tage in Sitzbänke verwandeln kann. Ergänzt wird das Ganze durch schöne Stellschirme, Fußbodenkissen und niedrige Tische mit Porzellan und Schalen aus Japanlack in Rot und Schwarz.

**Der amerikanische Country Look.** Die frühen amerikanischen Siedler brachten die Volkskunst ihrer europäischen Heimatländer mit nach Amerika über den Atlantik, wo sich die Stile im Laufe der Zeit zu einem rustikalen, typisch amerikanischen Country Look – einem unkonventionellen und völlig unpretentiösen Wohnstil – vermischten. Zu diesem weltweit beliebten Wohnstil gehören Shaker-Möbel ebenso wie Amish Quilts, Fleckenteppiche und Schablonenmalerei. »Was ihr auch immer herstellt, es soll einfach und schlicht und dauerhaft sein«, sagte Mutter Ann Lee von der Shaker-Sekte.

Die Schreiner nahmen sich die Möbel aus den englischen und holländischen Provinzen zum Vorbild, mußten aber häufig mit groben Hölzern arbeiten. Sie bemalten sie, damit sie kostbarer aussahen. Klobige Küchen- und Kleiderschränke, Stühle mit Binsensitzen, hölzerne Sitzbänke und Schaukelstühle – alles das gehört zum rustikalen, amerikanischen Wohnstil. Die Farben sind gedämpft, die rauhen, selbstgesponnenen Stoffe beschränken sich auf die typischen Farbtöne pflanzlicher Farbstoffe; die Malerfarben aus Erdpigmenten und Buttermilch, die sogenannten Buttermilchfarben, sind noch heute erhältlich. Es sind stark deckende, stumpfe Farben, die die frühen Siedler für ihre selbst entworfenen Schablonenmuster verwendeten. Sie sind noch heute erhältlich, man verwendet sie vor allem zum Bemalen von Möbeln und Holzwerk. Sie kontrastieren wirkungsvoll mit cremefarbenen Wänden, die mit Schablonenmalerei dekoriert sind.

Ein paar leuchtende Farbtupfer liefern die Patchworkaccessoires und Teppiche, die ursprünglich aus gesammelten Stoffresten angefertigt wurden. Man kann die Stoffreste auf einem Grundgewebe aus Jute befestigen (die frühen Siedler hätten einen Sack genommen) oder sie flechten und zu ovalen oder runden Scheiben zusammenrollen.

**Der minimalistische Wohnstil,** den hauptsächlich Architekten und Designer bevorzugen, beruft sich auf die modernistischen Tendenzen aus der Zeit vor dem Zweiten Weltkrieg. Er ist betont karg und frei von allem Entbehrlichen. »Weniger ist mehr«, sagte der Architekt Mies van der Rohe.

*Die frühen europäischen Siedler Nordamerikas entwickelten eine Volkskunst, die wir heute als* American Country-Stil *bezeichnen und für den der rustikale Schaukelstuhl und die übrigen Möbel, die Flickenteppiche, das Quilt auf dem Bett, die Holzplanken des Fußbodens, die freiliegenden Deckenbalken und die schlichte, zwanglose Atmosphäre charakteristisch sind.*

Minimalistische Interieurs wirken streng und geradlinig, weiche Materialien werden vermieden. An Naturstoffen verwendet man Holz, Leder und Stein und an industriell gefertigten Materialien Linoleum, Kunststoff und Chromstahl. Die Wirkung des Raumes geht von der Wirkung dieser Materialien und ihrer Umrisse im Raum aus. Der minimalistische Look duldet keine Muster, er bevorzugt unbunte und neutrale Farben wie Schwarz, Weiß, Creme, Hafer und Grau. Weiche Oberflächen wie Teppiche werden vermieden, statt dessen gibt es Keramik- oder Vinylfliesen. Einfache Rollos oder Lamellenjalousien ersetzen die Vorhänge.

# DIE RÄUME

*Die Planung einer Innenausstattung sollte immer von den Gegebenheiten eines Raums selbst ausgehen, bei der Überlegung, wie man ihn nutzen will. Jeder kann lernen, sein eigener Innenausstatter zu sein – sein Heim so zu gestalten, daß es dem eigenen Lebensstil, dem eigenen Geschmack und den Erfordernissen des Familienlebens entspricht. Bei einem guten Ausstattungskonzept geht es eigentlich um nichts anderes, als eine behagliche Umgebung und ein gut funktionierendes Heim zu schaffen, in dem es sich angenehm leben läßt und jeder Raum so konzipiert ist, daß er den Zweck erfüllt, für den er bestimmt ist. Die Planung, wie der verfügbare Raum genutzt werden soll, ist ein wesentlicher Bestandteil des Gestaltungsprozesses; es sollte Ihr erster Schritt sein, lange bevor Sie über Farbkonzepte, Stoffe oder Möbel nachdenken. Die Grundform und die Größe des Raumes sowie seine Lage und die Menge an Tageslicht, die er bekommt, sind Faktoren, die die Wahl der Farben und der Ausstattung mitbestimmen. Wenn ein Raum irgendwelche besonderen Merkmale hat, könnte das der Ausgangspunkt für Ihr Ausstattungskonzept sein: Sie könnten zum Beispiel die Ausstattung im Stil einer bestimmten Epoche erforderlich machen. Auch andere architektonische Gegebenheiten des Raumes sollten berücksichtigt werden – man kann sie entweder betonen und sie bewußt als Gestaltungselemente einsetzen oder man kann sie verdecken und verkleiden, aber ignorieren sollte man sie nie.*

LINKS: *Wenn man Räume plant, muß man zuerst an ihre Nutzung denken. Bei diesem modernen Wohnzimmer liegt die Betonung auf Bequemlichkeit und Entspannung, daher beherrschen das Sofa und die generösen Sessel die Szene. In die Nische wurden ein Unterschrank und ein Regal eingebaut, und die hohe Aufsatzkommode wurde im gleichen Ton wie die Wände bemalt, um ihr das Dominierende zu nehmen. Bodenlange Vorhänge und ein heller Fußboden lassen den Raum größer erscheinen. Die honigfarbenen Holzdielen und der Sisalteppich stehlen dem frischen Farbkonzept aus Blau und cremigem Gelb nicht die Schau.*

RECHTS: *Kinderzimmer für Babys und Kleinkinder sollten nicht überdekoriert werden, denn die Spielsachen und die sonstige Ausrüstung der Kinder sorgen immer für eine lebhafte Umgebung und reichlich Farbe. Hier wurde die Holzverkleidung mit schablonierten Tiermotiven dekoriert, die sich – mit Stoffarben aufgemalt – auf den weißen Baumwollvorhängen wiederholen.*

# RAUMPLANUNG

*Bevor Sie beginnen, über Stil nachzudenken, über Farbkonzepte, Raumtextilien oder Fußbodengestaltung und Wanddekoration, sollten Sie einen Grundplan für das ganze Haus entwerfen, selbst wenn Sie die Räume nicht auf einmal umgestalten. Alle größeren, strukturellen Veränderungen, zum Beispiel das Einreißen oder Einziehen von Wänden, die Installation von Heizungen und das Verlegen von Rohren oder Leitungen muß von Anfang an berücksichtigt werden, damit sie vorgenommen werden können, bevor Sie mit irgendwelchen Neuausstattungen beginnen.*

### Einen Plan machen

Man sollte einen Raum immer entsprechend seiner Hauptnutzung planen, so daß die Möbel, die sonstigen Einrichtungsgegenstände und mögliche Installationen bequem in den zur Verfügung stehenden Platz hineinpassen: Man muß im Raum herumlaufen können, Türen und Schubladen müssen sich bequem öffnen lassen und Ausrüstungsgegenstände und Möbel müssen sich effizient nutzen lassen. Wenn die Plazierung dieser Gegenstände feststeht, kann man die Installierung der Beleuchtung, der Steckdosen, Rohrleitungen und sonstigen Versorgungstechniken organisieren (für diese Arbeiten brauchen Sie einen erfahrenen Elektriker oder Installateur).

Am besten läßt sich feststellen, wie alles in den Raum paßt, wenn man einen maßstabgetreuen Grundriß des Raumes auf Millimeterpapier zeichnet. Nehmen Sie genau Maß, vergessen Sie auch nicht die Nischen oder irgendwelche ungeschickten Winkel maßstabgetreu einzutragen: Normalerweise arbeitet man mit einem Maßstab von 1:25 oder 1:50. Verwenden Sie ein Stahlbandmaß, da beschichtete textile Zentimetermaße sich leicht in die Länge ziehen.

Ebenso hilfreich wie der Grundriß ist ein Wandaufriß. Sie zeichnen ihn genau wie den Grundriß mit allen strukturellen Gegebenheiten wie Türen, Fenster und Kamin maßstabgetreu. Zeichnen Sie die Positionen von bereits existierenden Heizkörpern, Beleuchtungskörpern, elektrischen Anschlüssen und Versorgungsrohren ein und auch in welche Richtung sich die Türen öffnen lassen. So können Sie besser einschätzen, wie die Möbel in den Raum passen – ob einzelne Stücke unter Fensterbänke oder Regalbretter passen oder in Nischen – und sich dann entscheiden, wo neue Wandbeleuchtungen installiert werden sollen. Die Maße der Fenster helfen Ihnen beim Entwurf von Vorhängen oder Rollos und beim Errechnen, wieviel Stoff und wieviel Tapete Sie brauchen.

Schneiden Sie maßstabgetreue Vorlagen aller Möbel und

*Bevor Sie beginnen, über den Einrichtungsstil, die Farbkonzepte, die Raumtextilien oder die Fußboden- und Wanddekorationen nachzudenken, sollten Sie einen Grundplan für das ganze Haus ausarbeiten – obwohl Sie vielleicht vorhatten, einen Raum nach dem anderen zu entwerfen und einzurichten. Alle größeren, strukturellen Veränderungen, bei denen Wände abgerissen oder hochgezogen werden müssen, alle Installationsarbeiten, die Verlegung von Heizungsrohren oder elektrischen Leitungen – müssen von Anfang an geplant werden, damit diese Arbeiten erledigt werden können, bevor Sie mit der Ausstattung beginnen.*

Ausstattungsgegenstände aus. Die bereits existierenden Gegenstände können Sie zu Hause ausmessen, die neuen im Geschäft oder nach den Maßen, die im Katalog angegeben sind. Schieben Sie die Muster solange auf dem Plan hin und her, bis Sie mit der Plazierung zufrieden sind, dann zeichnen Sie die Positionen ein, oder kleben die Vorlagen auf den Grundriß.

### *Ein Konzept erarbeiten*

Alle Räume haben drei Hauptflächen — den Fußboden, die Wände und die Decke. Es gibt vielleicht auch noch andere dominierende Elemente wie die Einbauten und die Arbeitsplatten in der Küche; die Polsterungen von Sofas und Stühlen im Wohnzimmer; die Bettdecken im Schlafzimmer; die Sanitäranlagen im Bad. Auch Fensterverkleidungen können wichtige Gestaltungsmerkmale eines Raumes sein. Das Format der Muster und die Intensität der Farben von Stoffen, Tapeten und Fußbodenbelägen müssen stets die richtige Relation zu der Fläche haben, für die sie bestimmt sind. Auffallende Muster und kräftige Farben wirken am besten auf großflächigen Wänden und Fußböden, ausladenden Möbeln und Fenstern; kleingemusterte Materialien und helle Farben eignen sich für kleinere Boden- und Wandflächen und Accessoires.

Nehmen Sie Ihren Grundriß mit, wenn Sie sich in den Geschäften umschauen. Ein Konzept kann nur realisiert werden, wenn man mit tatsächlich zur Verfügung stehenden Stoffen, Tapeten, Farben usw. arbeitet. Wenn sich Ihre Ideen verfestigt haben, bitten Sie um Muster von Stoffen, Fußbodenfliesen, Teppichen und Tapeten; nehmen Sie sie mit nach Hause und probieren Sie sie bei Tageslicht und bei künstlicher Beleuchtung aus. Versuchen Sie, möglichst große Muster zu bekommen, besonders wenn die Motive großformatig sind: Manchmal kann man sich auch ein Stück Stoff, ein größeres Teppichmuster, ein Musterbuch für Tapeten oder einen kleinen Vorhang vom Lieferanten ausleihen und ein paar Tage lang behalten, bevor man die Materialien bestellt. Sie könnten auch eine kleine Dose Farbe für den Wandanstrich oder Beize für den Fußboden kaufen. Tragen Sie die Farbe auf ein Stück Papier, Pappe oder Holz auf. Wenn keine kleinen Probedosen erhältlich sind, kaufen Sie die kleinste Dose, um die Farbe auszuprobieren.

Schauen Sie sich alle Muster an Ort und Stelle an. Bei Mustern, die eine ganze Tapetenbreite oder Stoffbreite einnehmen, versuchen Sie wenigstens zwei Breiten nebeneinanderzuhalten, damit sie die vollständige Wirkung sehen können. Es gibt kleinformatige Muster, und helle Farben, die bis zur Unsichtbarkeit verblassen, wenn man sie in großen Mengen einsetzt. Lassen Sie die Muster ein paar Tage lang im Raum und schauen Sie sie sich mehrmals an. Wenn Sie mit dem Konzept zufrieden sind, berechnen Sie die Materialmenge.

### *In Auftrag geben oder selbst arbeiten*

Wenn viele Arbeiten erledigt werden müssen, hilft ein Zeitplan. Die strukturellen Arbeiten sollten zuerst erledigt werden: Das Verlegen von elektrischen Leitungen und Rohren und die Maurerarbeiten. Wenn Sie das ganze Haus in Angriff nehmen, arbeiten Sie von oben nach unten und von hinten nach vorn. Danach folgen die Vorbereitungen für die Dekorationsarbeiten. Zuerst muß der neue Fußboden gelegt werden, damit man mit dem Verlegen der Fliesen beginnen kann. Wenn Sie Stauraum oder Einbaumöbel einbauen, die bemalt werden müssen, sollte das zwischen dem Voranstrich und dem Schlußanstrich des übrigen Holzwerks im Raum geschehen, damit alles gleichzeitig gestrichen werden kann. Wenn die Teppiche verlegt sind, die Vorhänge und Rollos angebracht, haben Sie nur noch das Vergnügen, die Accessoires und den letzten Schliff hinzuzufügen.

*Dieses formell ausgestattete Wohnzimmer ist auf Symmetrie ausgerichtet – mit identischen Sofas auf jeder Seite des Fensters. Die pompöse Fensterdekoration kann mit den marmorierten Wandpaneelen mithalten. Die Marmorierung besteht aus speziellen Farbeffekten, die mit Akribie geplant und fachmännisch aufgetragen wurden. Die opulenten Stoffe, die warmen Farben und der satte Mahagoniton des Parketts bestimmen die Atmosphäre des Raumes.*

# DIE KÜCHENPLANUNG

Diese Küche, die einer Kombüse gleicht, ist ein großartiges Beispiel von optimaler Raumnutzung auf kleinstem Raum. Durch das schwarzweiße Farbkonzept wirkt die Ausstattung besonders clean und übersichtlich. Das schräg verlegte Karomuster des Fußbodenbelages macht den Raum breiter, während das senkrechte Streifenmuster an der Schmalseite einen starken Akzent setzt und den Raum höher erscheinen läßt. Die in die Decke eingelassenen Deckenstrahler und die Leuchtröhren unter den Wandschränken leuchten die Küche vollkommen aus.

*Größe und Form der Küche spielen keine Rolle, wichtig ist nur, daß sie so geplant wird, daß ihr volles Potential ausgenutzt werden kann. Die Planung muß so angelegt sein, daß die Bewegungen beim Zubereiten der Mahlzeiten, beim Kochen, Anrichten und Abwaschen möglichst ökonomisch und effizient sind. Es sollte genügend praktischer Stauraum vorhanden sein und Geräte, die Ihren Bedürfnissen entsprechen; Beleuchtung und Belüftung müssen ausreichend sein, die Arbeitsflächen und der Boden müssen praktisch und leicht zu reinigen sein. Die Linien, die auf dem Grundriß zwischen den drei Bereichen Spüle, Herd und Kühlschrank gezogen sind, nennt man Arbeitsdreieck. Die Seiten des Arbeitsdreiecks sollten mindestens 3 Meter lang sein, damit man beim Kochen nicht in eine Ecke eingeklemmt ist, und nicht länger als 6 Meter, damit nicht jede Arbeit zu einer Wanderung wird. Die Seiten des Dreiecks sollten nicht von Türen unterbrochen werden.*

**Das Layout**

*1) Wie Sie die Arbeitsbereiche in Ihrer Küche plazieren, hängt im wesentlichen von der Größe und der Form des Raumes ab – denn Sie bestimmen, wie das Arbeitsdreieck eingepaßt wird. Auf kleinem Raum wird das Ganze darauf hinauslaufen, daß alle wichtigen Arbeitszentren an einer Wand aufgestellt werden.*

*Das nennt man eine einzeilige Küche (die man meist dann verwendet, wenn man den Kochbereich hinter der geschlossenen Tür verbergen will).*

### *Separate Bereiche*

Wenn die Küche groß genug ist, sollte man sie in verschiedene »Zonen« einteilen oder sie in diverse Bereiche unterteilen – den Arbeitsbereich, den Eßbereich und einen praktischen Bereich für sonstige Haushaltsgeräte, Putzzeug und anderes.

**Der Arbeitsbereich** umfaßt Arbeitsplatten zum Zubereiten von Speisen; Stauraum für trockene und verderbliche Lebensmittel und Konservendosen; den Herd (Backofen und Kochplatten) und den Kühlschrank; Stauraum für Kochtöpfe, Pfannen und Kasserollen; eine Arbeitsplatte zum Anrichten; und eine Spüle. In dieser Zone befindet sich das Arbeitsdreieck.

**Ein Eßbereich** hängt von dem zur Verfügung stehenden Platz ab – in einer großen, rationell eingerichteten Küche läßt sich ein separater Eßbereich arrangieren – man könnte ihn durch Unterschränke mit einer Arbeitsplatte zum Anrichten der Speisen vom Arbeitsbereich trennen. In einer weniger durchgestylten Küche ohne Einbauschränke könnte ein großer Tisch mit geschrubbter Platte zum Anrichten der Speisen und zum Essen dienen. Eine Frühstücksbar mit Hockern wäre eine Alternative, auch ein kleiner platzsparender runder Tisch mit zusammenklappbaren Stühlen; der Tisch könnte ebenfalls zusammenklappbar sein oder man könnte ihn an die Wand hängen, wenn er nicht gebraucht wird.

**Ein separater Wirtschaftsbereich** sollte die Waschmaschine und den Trockner, die Bügelausrüstung und den Putzschrank umfassen. Wenn genügend Platz vorhanden ist, könnte man noch eine Extraspüle mit Tropfbrett und Stauraum für langfristige Eßwaren und einen Tiefkühler unterbringen.

### *Beginnen Sie am Anfang*

Bevor Sie sich überlegen können wie Sie das Arbeitsdreieck am besten einteilen, sollten Sie Ihre Hausaufgaben erledigen. Setzen Sie sich hin und machen Sie eine Liste von allen Dingen, die Sie an Ihrer jetzigen Küche mögen – oder nicht mögen – und wenn nötig, halten Sie eine Familienkonferenz ab. Dann fügen Sie Ihrer Liste alles hinzu, was Sie zusätzlich in Ihrer Küche haben möchten. Denken Sie darüber nach, wie Sie kochen möchten und versuchen Sie, genau zu planen, was Sie sich für Ihren Arbeitsbereich wünschen – vielleicht eine Mikrowelle; einen freistehenden Herd oder einen Einbaubackofen und separate Kochplatten; eine Kühl- und Gefrierkombination; oder einen Geschirrspüler. Denken Sie auch an eine hitzebeständige Platte neben dem Herd, auf der man heiße Töpfe abstellen kann.

Der nächste Schritt wäre: Schauräume besuchen und Kataloge und Literatur sammeln, damit Sie sich eine etwas genauere Vorstellung von dem machen können, was Sie möchten; und außerdem finden Sie dort alle wichtigen Angaben über Schränke, Herde, Geräte und sonstigem Zubehör. Sie können genau sehen, was Sie auf dem vorhandenen Platz unterbringen können und was nicht. Zeichnen Sie sich einen maßstabgetreuen Grundriß und schauen Sie, was wo hinpassen würde. Das kann nicht schaden, auch wenn Sie beabsichtigen, Fachleute für Einbauküchen und professionelle Küchenplaner zu Rate zu ziehen. In diesem Stadium der Planung sollten Sie auch alle nicht unbedingt erforderlichen Gerätschaften, Einbauteile oder Ausrüstungsgegenstände in Betracht ziehen, die Sie erst später anschaffen möchten, zum Beispiel einen Geschirrspüler. Es ist besser, Sie planen das schon jetzt ein, reservieren den geeigneten Platz dafür und lassen die erforderlichen, elektrischen Leitungen oder Rohre verlegen – zu einem Zeitpunkt, da die übrigen strukturellen Arbeiten sowieso erledigt werden müssen.

### *Safety first*

*Unfälle können selbst in einer vorbildlich geführten Küche vorkommen, sorgen Sie also dafür, daß die Ihre so sicher wie möglich ist.*

- *Kontrollieren Sie, ob die Arbeitsplatten, die Spüle und der Herd ausreichend beleuchtet sind.*
- *Achten Sie auf die Höhe von Arbeitsplatten, Gerätschaften und Stauraum, so daß Sie arbeiten können ohne sich zu strecken oder sich herunterzubeugen.*
- *Bewahren Sie toxische Substanzen wie Putzmittel sehr hoch auf, außerhalb der Reichweite von Kindern, in einem abschließbaren Schrank. Füllen Sie niemals Gifte oder Reinigungsflüssigkeiten in andere Behälter ab, besonders in solche, die normalerweise für Nahrungsmittel oder Getränke bestimmt sind. Behandeln Sie Plastikbeutel mit der gleichen Vorsicht.*
- *Lassen Sie Ihre Geräte regelmäßig überprüfen; wenn Sie ganz sicher sein wollen, daß Sie die Zeit nicht versäumen, können Sie auch Wartungsverträge abschließen.*

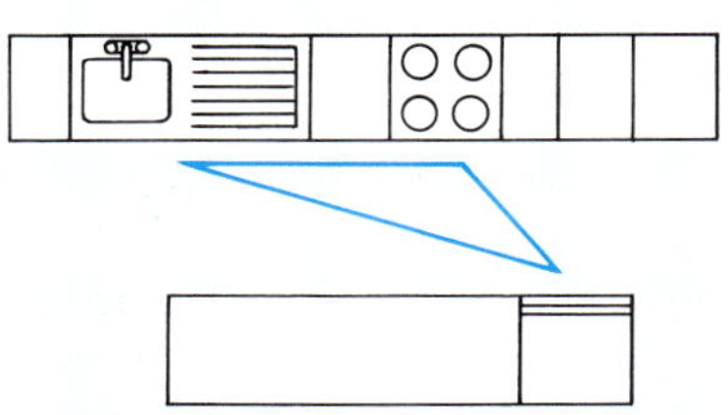

*2) Für eine lange, schmale Küche eignet sich der Kombüsetyp (Schiffsküche) am besten.*

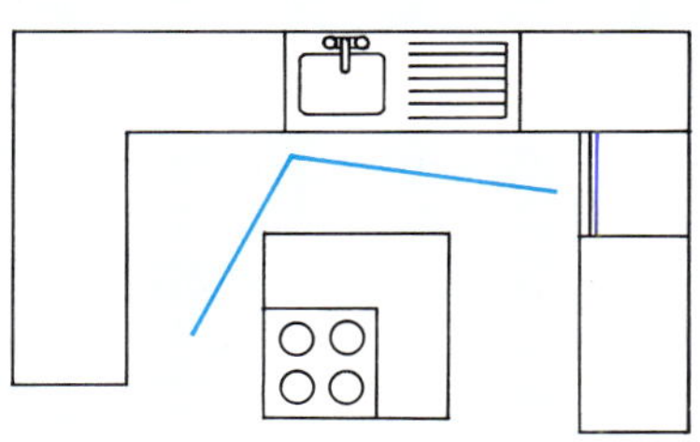

*3) Bei der Inselküche werden Herd und Arbeitsplatte separat in der Mitte des Raumes plaziert, Spüle, Kühlschrank und Einbauschränke rund herum entlang den Wänden.*

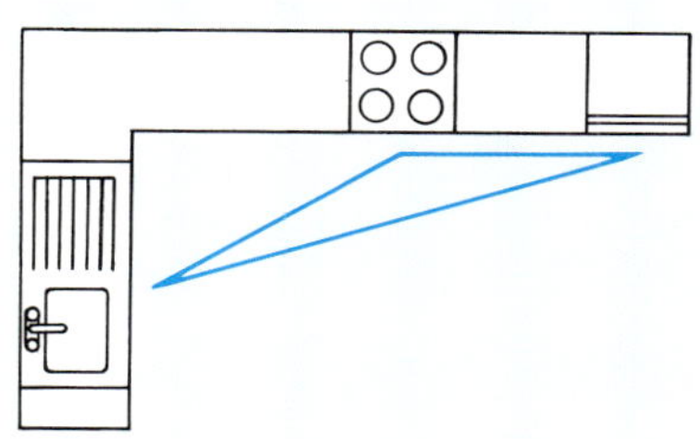

*4) In einer geräumigen, rechteckigen Küche kann man die Arbeitszentren L-förmig anordnen, so daß die Einbauten zwei Wände einnehmen; ein U-förmiges Arrangement würde drei Wände einnehmen.*

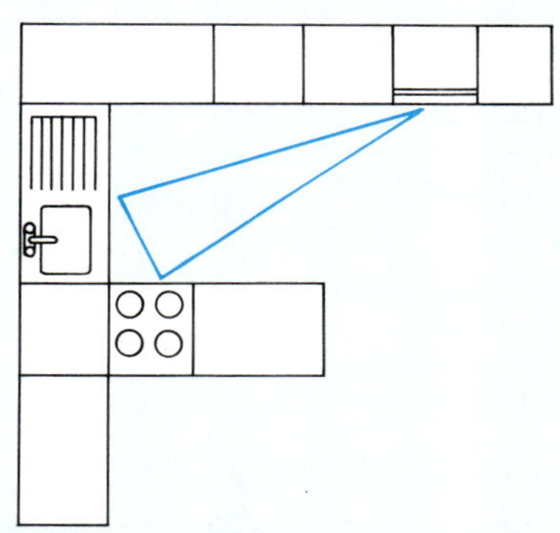

*5) Wenn man sehr viel Raum zur Verfügung hat, kann das Layout F-förmig arrangiert werden (separater Eßbereich).*

***Safety first***

❍ *Scharfe Werkzeuge und Messer auf einem speziellen magnetischen Ständer oder in einem Messerblock aufbewahren – heben Sie sie nicht, kreuz und quer durcheinander, zuunterst in der Küchenschublade auf.*

❍ *Achten Sie darauf, daß die Kochplatten sich nicht unter einem Fenster befinden, dessen Vorhänge Feuer fangen könnten oder in einer Position, daß Sie sich über die Platten lehnen müssen, um das Fenster zu öffnen.*

❍ *Niemals einen Herd direkt neben eine Tür plazieren, weil man die Pfannen an ihren langen Stielen leicht herunterreißen könnte.*

❍ *Spüle und Herd nie auf engem Raum gegenüber plazieren; der Weg von der Spüle zum Herd darf nicht durch eine Tür behindert werden.*

❍ *Hängeschränke sollten nicht zu tief angebracht werden. Sie sollten immer über einem Unterschrank, einem Tisch oder einem Gerät hängen, damit niemand mit dem Kopf dagegenlaufen kann.*

❍ *Elektrokabel sollten nicht locker über der Spüle hängen oder in unmittelbarer Nähe herumliegen.*

❍ *Wählen Sie einen rutschfesten Bodenbelag und sorgen Sie dafür, daß er nicht zur Stolperfalle wird, besonders in der Nähe von Spülen, Geräten und Türen.*

❍ *Scharfe Ecken von Einbauschränken oder Arbeitsflächen können Beulen verursachen, verwenden Sie abgerundete Ecken bei nachträglich angebrachten Arbeitsplatten.*

❍ *Trotz bester, moderner Isolierung, plazieren Sie niemals den Herd oder Backofen neben den Kühlschrank.*

❍ *Wenn kleine Kinder im Hause sind, bringen Sie ein Schutzgeländer auf dem Herd an, damit niemand die Pfannen herunterziehen kann. Bei Geräten, die heiß werden, sollten Sie für sich selbst aufrollende Elektrokabel sorgen; die Tischdecke darf niemals am Boden schleifen; verwenden Sie Spezialdeckel oder falsche Stecker, um die Steckdosen zu schließen.*

❍ *Sorgen Sie dafür, daß ein Erste-Hilfe-Kasten für Brand- und Schnittwunden oder Verbrühungen immer griffbereit ist.*

*Der nostalgische, altmodische Look dieses Raumes hat alle Elemente einer traditionellen, fast spartanisch ausgestatteten Küche. Der Betonboden wurde mit einem wiederkehrenden Muster schabloniert; die Erdfarben harmonieren perfekt mit dem warmen Cremeton der Wände.*

***Einbau oder nicht?***

Eine sehr wichtige Entscheidung in diesem frühen Stadium ist, ob Sie sich für eine Einbauküche entscheiden oder nicht. Küchen werden schon lange als durchgestylte Einheiten angeboten und als Ganzes eingebaut mit vorfabrizierten, aufeinander abgestimmten Teilen. Aber inzwischen hat sich ein wachsender Trend zur nicht eingebauten Küche durchgesetzt, die mit separaten (und zum Teil völlig verschiedenen), freistehenden Möbeln ausgestattet wird. Kiefer ist das meist verwendete Holz, und mit speziellen Farbeffekten lassen sich Kiefernholzmöbel attraktiver gestalten. Während eine Einbauküche raumsparend und übersichtlich ist, wirkt eine nicht eingebaute Küche behaglicher und wärmer. Außerdem ist sie flexibler, denn man kann die Möbel gelegentlich auswechseln. Das Nicht-Einbaumodell funktioniert am besten in einer vielseitig genutzten, unkonventionellen Küche, die Mittelpunkt des Familienlebens ist; aber dazu braucht man einen wenigstens mittelgroßen Raum. Ein altmodischer Herd könnte den Mittelpunkt bilden, dazu paßt am besten eine rustikale Ausstattung. Zum Mobiliar könnte ein alter, dekorativer Kohlentrog gehören, ein Tellerregal und ein Regal für Lebensmittel, ein transportabler Fleischblock, ein großer Tisch in der Mitte, eine altmodische Spüle mit separatem Trockenständer – vielleicht sogar eine Sitzbank aus Holz oder ein Schaukelstuhl, falls Platz genug vorhanden ist. Passende Accessoires zur rustikalen Ausstattung wären ein Rollenzug oder eine Aufhängevorrichtung zum Trocknen an der Decke.

***Die dritte Dimension?***

Maßstabgetreue Grundrisse geben Auskunft, was man auf der Bodenfläche unterbringen kann. Man muß aber auch dreidimensional denken und den Raum über Augenhöhe ausnutzen. Wenn es Ihnen um praktische Lösungen auf dieser Ebene geht, müssen Sie einen Wandaufriß mit allen wichtigen strukturellen Merkmalen wie Türen, Fenster, Kamine, Rohre usw. an der Wand einzeichnen. Daraus ergibt sich, wie die Einbauteile und Geräte an die Wand passen und wo Rohre und elektrische Leitungen verlegt werden müssen. Am Aufriß kann man auch überprüfen, ob die geplante Fensterdekoration ins Bild paßt.

# KÜCHENKONZEPTE

*Die Stimmung einer Küche ist genauso vielfältig wie die der übrigen Wohnräume. Es spielt aber keine Rolle, ob Sie das traditionelle Herzstück-des-Heims-Ambiente oder das Image eines modernen Kontrollzentrums des Hauses anstreben – die Küche muß in jedem Fall gut durchorganisiert werden, sie muß sicher, hygienisch und gut beleuchtet sein, und alle Arbeitsflächen müssen aus strapazierfähigem und leicht zu reinigendem Material sein.*

***Praktische Überlegungen***

Die Grundausstattung und die Wahl der Schränke, Geräte und des sonstigen Zubehörs sowie die Wahl der Farben, Muster und Texturen – das alles hängt davon ab, wie Sie und Ihre Familie die Küche nutzen und für wie viele Personen gekocht wird. Aber die Umstände können sich ändern. Aus dem Kochen für zwei kann in verhältnismäßig kurzer Zeit die Verpflegung einer wachsenden Familie werden. Der zur Verfügung stehende Raum und Ihr Budget geben natürlich vor, was möglich ist und was nicht. Außerdem müssen Sie den allgemeinen Zustand Ihrer jetzigen Küche und der vorhandenen Einbauten überprüfen, bevor Sie sich entschließen, ob Sie sie behalten und ergänzen oder ausrangieren wollen – oder ob Sie sie einfach tarnen wollen.

Die Frage, wieviel Tageslicht die Küche bekommt und zu welcher Tageszeit und das Problem der Belüftung und der Kondensation müssen unbedingt überprüft werden. Wenn die Küche zu wenig Tageslicht hat, könnte ein größeres Fenster oder eine durchbrochene Tür Abhilfe schaffen. Belüftungs- und Kondensationsprobleme könnten gelöst werden durch den Einbau eines starken Abluftventilators oder einer Klimaanlage, durch Verbesserung der Heizung und/oder durch Einfügen einer Feuchtigkeitsisolierschicht in das Mauerwerk. Probleme, die die Baustruktur betreffen, sowie das Verlegen von elektrischen Leitungen oder Rohren müssen zuerst erledigt werden; ziehen Sie besser einen Fachmann zu Rate.

***Elegante Oberflächen***

Sobald Sie die Situation überblicken, Fehler und Probleme, aber auch die guten Seiten und Vorteile aufgelistet und Ihren Plan aufgestellt haben, können Sie beginnen, über Stile und Farbkonzepte und über die Gestaltung von Arbeitsflächen, Wänden und Fußböden nachzudenken. In der Küche müssen alle Oberflächen praktisch sein; sie sollten abwaschbar (in einigen Fällen auch abschraubbar), aber nicht unbedingt karg und aseptisch sein, sie dürfen durchaus elegant sein.

*In dieser traditionellen ländlichen Küche wurde das einfache Spülbecken aus rostfreiem Stahl in eine Arbeitsplatte nebst Abtropfplatte aus altem Holz eingebaut. Um die Oberfläche leichter reinigen zu können und sie schmutzabweisend zu machen, wurde die Platte mit mehreren Schichten Firnis versiegelt. Die Schiene über dem Herd ist eine ausgezeichnete Aufbewahrungsmöglichkeit für Kochutensilien.*

*Das L-förmige Layout und die Einbauschränke machen das Beste aus dem verfügbaren Raum. Der Hocker steht bereit für eine schnelle Zwischenmahlzeit in der Küche. Die Lamellenjalousie ist eine praktische Lösung für die Küche; sie filtert das Licht und kann leicht gereinigt werden.*

**Einbauschränke und Arbeitsplatten** sind vor allem eine Frage des persönlichen Geschmacks und des Budgets, sollten aber auch zum Stil der Küche passen. Ob Sie warm getöntes Holz oder eine glänzende Kunststoffbeschichtung wählen – wichtig ist, daß sich Türen und Schubladen leicht öffnen lassen, daß es keine ungeschickten Verriegelungen oder Griffe gibt, an denen man sich wehtut, und daß sie sich leicht reinigen lassen – innen und außen.

**Arbeitsplatten** müssen auf die Einbauschränke abgestimmt sein, die sie verbinden, und auf Ihre Kochgewohnheiten; jemand, der regelmäßig bäckt, wird sich wahrscheinlich einen Marmorblock in die Arbeitsplatte einbauen lassen. Wählen Sie nahtlose Arbeitsplatten, die hygienisch sind und sich leicht reinigen lassen. Üblich sind Kunststoffbeschichtungen mit abgerundeten Ecken. Sie sollten sich aber auch über die ungewöhnlichen Möglichkeiten informieren, zum Beispiel über Keramikfliesen, Marmor, Granit oder auf Harz basierende Kunststoffe wie Corian, die zu einer kontinuierlichen Arbeitsplatte, einschließlich Vertiefung für die Spüle, geformt werden können. Einige dieser Materialien sind schwer und es kann sein, daß der Korpus verstärkt werden muß, falls Sie die Platte auf einen bereits existierenden Unterschrank legen möchten. Wenn Sie die Oberfläche verfliesen möchten, benutzen Sie einen säureresistenten und flüssigkeitsabweisenden Fugenfüller, denn die Platte kommt ständig mit Kochflüssigkeiten in Berührung und muß hygienisch einwandfrei zu reinigen sein.

**Die Spüle** muß nicht unbedingt ihren konventionellen Platz vor dem Fenster haben (was die Verlegung der Rohre erleichtert); wenn außerdem ein Geschirrspüler vorhanden ist und Sie daher weniger Zeit mit Abwaschen verbringen müssen, halten Sie das sicherlich für eine Fehlplanung und möchten statt dessen den Platz vor dem Fenster lieber für die Zubereitung der Speisen nutzen. Und außerdem muß die Spüle auch nicht unbedingt aus rostfreiem Stahl sein, vor allem, weil dieses Material nicht in jedes Küchenkonzept paßt. Emaillierte Waschbecken mit Ablaufflächen werden in vielerlei Formen und Farben hergestellt, auch als Eckmodelle. Die altmodische Belfast- oder Butlerspüle ist besonders tief und praktisch, besonders wenn Sie einen eigenen Gemüsegarten haben oder Ihre Blumen aus dem eigenen Garten beziehen. Kombiniert mit einem Tellerregal an der Wand, wo die Teller trocknen können, kommen die praktischen Ideen eines vergangenen Zeitalters wieder zu Ehren.

**Der Fußboden** muß heruntergefallene Essensreste und Fettspritzer aushalten, aber auch die Spuren schmutziger Schuhe, und deshalb ist ein abwaschbarer Bodenbelag äußerst wichtig. Außerdem muß er rutschfest sein – also prüfen Sie, wie sich die angebotene Ware bei Nässe verhält. Wenn Sie glücklicher Besitzer eines Steinplattenbodens sind, reißen Sie die Platte nicht heraus, sondern restaurieren und versiegeln Sie sie. Keramik- und Steinfliesen sind sehr robust und leicht zu pflegen, aber sie sind hart für die Füße, und wenn etwas herunterfällt, geht es meist zu Bruch. Hier kann man Abhilfe schaffen und Matten legen – nur nicht unmittelbar vor dem Herd oder der Spüle.

Wenn Sie einen elastischeren Bodenbelag vorziehen, informieren Sie sich über die elastisch abgefederten Vinylbeläge, Vinylfliesen, Korkfliesen (die versiegelt werden müssen, da Kork sonst Feuchtigkeit aufnimmt und sich ausdehnt) und Linoleum (das geschnitten und zu interessanten Mustern komponiert werden kann). Gummi hat zur Zeit ein Comeback als Bodenbelag für die Küche. Vermeiden sollten Sie allerdings die genoppten Varianten, da sie schlecht zu reinigen sind. Es gibt auch spezielle Küchenteppiche, bei denen die Faserbüschel in eine Schaumstofflage gepreßt sind, die mit dem Grundmaterial verklebt ist (was unmittelbar vor der Spüle oder dem Herd nicht sehr praktisch ist); in Form von Teppichfliesen ist ein solcher Belag praktischer, weil man die Fliesen herausnehmen und waschen oder nach Bedarf einzeln auswechseln kann. Außerdem lassen sich mit Fliesen interessante Muster mit relativ wenig Geld gestalten.

**Wände** müssen ebenfalls Spritzer vertragen können und abwaschbar sein. Man kann sie rund um den Herd, die Spüle und oberhalb der Arbeitsplatten verfliesen – total verflieste Küchenwände sehen nach Labor aus. Außerdem gibt es abwaschbare Vinyltapeten (andere abwaschbare Tapeten eignen sich nicht, da man sie nur mit dem Schwamm abwaschen darf), Holzverkleidungen (müssen nach dem Beizen oder Anstreichen mit Firnis versiegelt werden) und speziell für Küche und Bad geeignete Wandfarbe. Hochglanzfarbe, die man gewöhnlich für Holzwerk und Heizkörper verwendet, kann Kondensation hervorrufen, wogegen Eggshellfarbe (matte Farbe auf Ölbasis) sich gut eignet. Manchmal ist eine Kombination von verschiedenen Wandverkleidungen die beste Wahl, vorausgesetzt man wählt sie aus einer farblich koordinierten Kollektion oder aus der gleichen Farbpalette aus. Es gibt auch Keramik- und Vinylfliesen und darauf abgestimmte Wandfarben zu kaufen.

**Fensterverkleidungen** sollten in erster Linie praktisch sein. Kurze, leicht gekräuselte Vorhänge aus einem waschbaren Stoff oder abwaschbare Rollos und maßgeschneiderte Faltrollos sorgen für absolute Diskretion, ohne das Tageslicht auszuschließen. Lamellenjalousien passen in eine moderne Küche, sind aber schwer zu reinigen; die vertikale Variante ist

***Kreative Gestaltungsideen***

- *Wenn Sie eine Küche geerbt haben und können sich aus finanziellen Gründen nicht leisten, etwas daran zu verändern, können sie Ihren persönlichen Geschmack dadurch zum Ausdruck bringen, daß sie preiswerte Accessoires und Akzente hinzufügen – ein neues Rollo; neue Türklinken oder -knöpfe; Kochutensilien, die an einer Kette hängen; eine Ansammlung von Porzellanobjekten auf einem Regal.*
- *Wenn Sie die Arbeitsplatten verfliesen: säurebeständigen, flüssigkeitsabweisenden Fugenfüller verwenden.*
- *Das Aussehen verfliester Wandflächen läßt sich durch einen andersfarbigen Fugenfüller total verändern. Verwenden Sie eine leuchtende Primärfarbe, einen dunklen Farbton oder eine Farbe aus dem Muster der Fliesen. Farbigen Fugenfüller gibt es in jedem Do-it-yourself-Geschäft. Sie können den weißen Standard-Fugenfüller auch selbst mit Posterfarbe oder Acrylfarbe tönen.*
- *Spendieren Sie Ihrer Küche ein zweites Leben, indem Sie die Front von Schubladen und Türen ändern. Sie können die Folien als Fertigprodukt kaufen (wenn die Standardgrößen für Ihre Schränke passend sind) oder sie nach Maß anfertigen lassen, eine andere Möglichkeit wäre selbstklebendes Material.*
- *Verkleiden Sie schadhafte Küchenwände (oder beschädigte Fliesen) mit einer Holzvertäfelung mit Nut- und Federverbindungen. Befestigen Sie sie mit unsichtbaren Nägeln an Holzlatten, die an die Wand geschraubt werden (die alten Fliesen nicht entfernen). Mit Farbe oder Beize tönen und mit Polyurethanfirnis versiegeln.*
- *Offene Regalbretter mit einem Springrollo versehen, um das Durcheinander zu verdecken.*
- *Wenn Sie eine einheitlich gestylte Küche möchten, verstecken Sie den Kühlschrank, den Gefrierschrank und den Geschirrspüler hinter integrierten Türen, die zum Rest der Kücheneinrichtung passen.*

*RECHTS: Diese multifunktionale Küche ist einfach, aber stilvoll ausgestattet. Der helle, cremefarbene Anstrich bringt Licht in die dunkelsten Ecken des Raumes. Der runde Tisch nutzt den Platz im Erker optimal; der appetitlich weiß gedeckte Tisch beherrscht die Szene.*

*GANZ RECHTS: Die Serviceinsel in der Mitte des Raumes ist das Herzstück dieser funktionell eingerichteten Küche. Sie beherbergt Spüle und Geschirrspüler und trennt Koch- und Eßbereich. Rostfreier Stahl, der hier für alle Oberflächen, einschließlich der Einbauschränke und des Herdes verwendet wurde, ist das adäquate Material für diese ultramoderne Küche. In die Decke eingelassene Deckenstrahler über der Insel sorgen für diskrete Beleuchtung.*

**Kreative Gestaltungsideen**

- *Wenn Ihre Küche Mittelpunkt des Familienlebens ist, sollte dort auch der Platz für die Pinnwand der Familie sein – wo Daten angekündigt werden und an Verabredungen erinnert wird; wo man Einkaufslisten und Reinigungsquittungen anpinnt. Lassen Sie genug Platz für Zeichnungen und lassen Sie den Künstlern in der Familie freien Raum.*
- *Verlegen Sie den Fliesenboden in interessanten Mustern – umranden Sie die Arbeitsbereiche oder den Eßbereich; kreieren Sie ein Streifenmuster quer über den Boden, ein Rautenmuster oder ein Dreieck, das von einer Ecke zur anderen reicht. Ähnliche Effekte lassen sich auch mit Wandfliesen kreieren.*
- *Versuchen Sie, falls die Küche groß genug ist, einen gemütlichen Platz zum Sitzen einzurichten: mit einem Schaukelstuhl, einem Korbstuhl oder einem Stuhl mit Binsensitz; einer Sitzbank mit losen Kissen oder einer Couch mit abnehmbarem Bezug.*
- *Wählen Sie praktische Vorhänge für die Fenster ohne Rüschen oder Schleifen, die bis ins Spülbecken herunterhängen oder über die Arbeitsplatte schleifen; Rollos sind eine kluge Wahl für die Küche.*

in dieser Hinsicht praktischer. Vorhänge über eine Spüle oder einen Herd hin- und herzuziehen, gefährdet die Sicherheit; Raffrollos wirken albern in der Küche, außerdem sammelt sich in den Faltenbögen Schmutz und Kondenswasser.

**Farbkonzepte** können entspannend sein oder anregend, aber auch sie müssen auf den allgemeinen Stil des Hauses abgestimmt werden. Im allgemeinen sollte man auf Arbeitsplatten oder kleinen Wandflächen kräftige Farben und Muster vermeiden, sie bekämpfen sich oder wirken unruhig. In einer Küche, die sich aufheizt (wenn Herd, Waschmaschine und Trockner gleichzeitig laufen) kann ein Farbkonzept aus kühlen Farben wie Blau-, Grau- oder Grüntönen, recht angenehm sein – man kann es jederzeit mit interessanten Akzenten und Accessoires würzen. Ein neutraleres Farbkonzept paßt gut in eine rustikale Küche mit Wänden in Creme oder Buttermilch und naturfarbenen Korkfliesen auf dem Boden. Für einen dunklen Raum eignen sich Pastellfarben oder Eiscremefarben – Zitronensorbet, zuckriges Rosa, Pistazie, gefrostete Limone, Aprikose oder Pfirsich – die den Raum in helles, weiches Licht tauchen. Rot ist eine schwierige Farbe für die Hauptwand der Küche – es kann das Aussehen der Lebensmittel beeinflussen (Fleisch würde aus-

sehen, als sei es nicht fertig gekocht). Aber als Akzentfarbe auf der Vorderseite der Türen oder Farbe für Sitzkissen, Vorhänge, Rollos und Tischdecken wäre es eine freundliche Ergänzung des Farbkonzepts.

***Beleuchtung und elektrische Anschlüsse***

Elektrische Leitungen und Steckdosen müssen in der Nähe von Herd, Kühlschrank, Geschirrspüler und sonstigen elektrischen Geräten (siehe Die Planung der Küche Seite 38) plaziert werden. Lassen Sie immer doppelt so viele Steckdosen legen wie erforderlich (Doppelsteckdosen).

Sorgen Sie für eine gute Beleuchtung des Arbeitsplatzes am Herd, am Backofen und an der Spüle und über allen Arbeitsplatten; sie müssen gut beleuchtet sein, ohne daß das Licht blendet. Das kann man entweder durch Leuchtröhren erreichen, die durch die Hängeschränke verdeckt werden, durch Deckenstrahler oder kleine Spots, die auf einer Schiene montiert sind; zentral angebrachte Kaltlichtröhren könnten für die Küche zu kalt wirken. Beleuchten Sie tiefe Geschirrschränke und Vorratsräume von innen; am besten wäre natürlich eine Beleuchtung, die sich einschaltet, wenn die Tür geöffnet wird. (Zu Küchenbeleuchtung siehe Seite 228.)

***Platzsparende Ideen***

- *In einer kleinen Küche kann man herausziehbare oder herunterklappbare Bügel- und Arbeitsflächen installieren. Verwenden Sie Klappstühle, die Sie vor der Wand stapeln können, wenn sie nicht gebraucht werden.*
- *Eine Frühstücksbar mit Hockern als adäquate Eßecke in einer kleinen Küche.*
- *Wenn sehr wenig Platz vorhanden ist, ist auch eine Platte zum Herausziehen oder Herunterklappen ausreichend für einen Imbiß für eine oder zwei Personen.*
- *Stellen Sie tiefe Körbe (kaufen Sie Picknickkörbe und entfernen Sie die Deckel) auf Rollen auf den Schrankboden zum Aufbewahren von Früchten und Gemüsen.*
- *Übereinandergeschichtete Drahtkörbe, Drahtschubladen oder -karussells für ungünstige Ecken schaffen übersichtlichen Stauraum in Schränken, Kühlschränken und Gefrierschränken.*
- *Drahtgestelle zum Stapeln, Schubladen und drehbare Tabletts an den Ecken erleichtern die Übersicht bei Schränken, Kühlschränken und Gefrierschränken.*
- *Praktisch sind auch Schränke mit herausziehbaren, maßgeschneiderten Drahtkörben, herausziehbaren Fächern und tiefen Behältern. In Schränken ohne Innenausstattung stapelt man einfach Plastiktabletts übereinander.*
- *Nutzen Sie den Raum auf der Rückseite von Schranktüren maximal – bringen Sie schmale Bretter für Flaschen und Gewürze, Haken für Werkzeuge, Taschen oder Klammern und sichere Halterungen für Bürsten und Besen an.*
- *Installieren Sie auf den Schrankboden ein quadratisches Netz von Plastikstäben, die von Wand zu Wand reichen und zum Aufbewahren von Flaschen dienen, so daß jede Flasche ihren individuellen Ständer hat.*


VERGLEICHE AUCH DIE SEITEN:

| | |
|---|---|
| FARBE VERSTEHEN LERNEN | 84 |
| TAPETENARTEN | 114 |
| WANDFLIESEN VERLEGEN | 134 |
| FUSSBODENBELÄGE | 140 |
| ZUSCHNITT VON SPRINGROLLOS | 186 |
| BELEUCHTUNGSARTEN | 226 |

# WOHNRÄUME

*Der Wohnraum ist notgedrungen meist der vielseitigste Raum des Hauses. Man kann ihn auf vielerlei Art und Weise einrichten und ausstatten, je nach den Erfordernissen des Familienlebens und des Lebensstils. Es kann ein stilvoll ausgestatteter Raum sein, in dem sich nur Erwachsene entspannen und unterhalten oder ein lebhaftes Zentrum der verschiedensten Aktivitäten, in dem sich Fernseher, HiFi-Anlage, Klavier, Computer, Kinderspielzeug und Unterhaltungsspiele gegenseitig den Raum streitig machen und Aufmerksamkeit fordern. Es gibt auch Wohnräume, die zwei oder mehreren Zwecken dienen, die Arbeitszimmer und häusliches Büro mit Familienaktivitäten verbinden. Möblierung, Beleuchtung und Materialien müssen sorgfältig ausgewählt werden, sie müssen der Funktion des Raumes genügen, den Wohnstil ausdrücken.*

***Praktisches Planen***

Die meisten Wohnräume, besonders diejenigen, die multifunktional sind, leiden an Platzmangel. Daher sollten Sie gleich zu Anfang alle Aktivitäten auflisten, die in diesem Raum stattfinden sollen. Bedenken Sie, welche möglichen Wechsel in der Familiensituation eintreten könnten: daß Kinder das Haus verlassen und ins Internat oder ins College gehen; daß ein neues Baby ankommt; daß ein älterer Verwandter in den Haushalt aufgenommen wird; daß ein neuer Job viele Einladungen von Geschäftsfreunden erfordert oder daß Sie teilweise zu Hause arbeiten werden und ein neues Arbeitszimmer brauchen.

Versuchen Sie, objektiv zu sein. Schauen Sie sich den Wohnraum mit neuen Augen an, bedenken Sie die Größe, die Form, die Lage und den architektonischen Stil des Raumes und wieviel Tageslicht er bekommt. Überprüfen Sie die existierenden Möbel kritisch und beurteilen Sie, ob sie genügend Stauraum bieten, bequem genug sind und den Anforderungen noch genügen. Entscheiden Sie sich, was ersetzt und was erneuert werden muß, aber vergessen Sie dabei nicht, was Sie sich leisten können – das bedeutet, Sie müssen von Anfang an mit einem realistischen Budget arbeiten.

Messen Sie den Raum genau aus und zeichnen Sie einen maßstabgetreuen Grundriß (siehe Seite 36). Zeichnen Sie auch den Grundriß der Möbel maßstabgetreu auf und schneiden Sie die Modelle aus, damit Sie die Plazierung im Raum auf dem Grundriß ausprobieren können. Vergessen Sie nicht, genügend Platz für geöffnete Türen und Schubladen zu lassen und vermeiden Sie, andere Möbelstücke zu nahe an Einbauschränken, Geschirrschränken oder Anrichten zu plazieren, weil sie dann schwer zugänglich sind. Lassen Sie genügend freien Raum, damit man sich im Zimmer frei bewegen und es leicht reinigen kann. Plazieren Sie die Polstermöbel nicht zu dicht am Kamin, damit sie nicht versengt werden.

*In diesem rustikalen Interieur mit dem neutralen Farbkonzept setzen Formen und Texturen die Akzente. Der Boden aus unglasierten Terrakottafliesen und das gebleichte Holz der Deckenbalken und des Türrahmens wirken durch ihre natürliche Schönheit, während die Sessel mit den losen Bezügen und die honigfarbenen Tonkrüge durch ihre interessanten Formen faszinieren. Die Atmosphäre des Raumes ist entspannt und wirkt einladend an heißen Sommertagen; im Winter könnte man wärmere Akzente hinzufügen.*

Ihre Planung verschafft Ihnen einen Überblick, was Sie in den Raum hineinbekommen – und was nicht. Der Plan wird Ihnen auch helfen, Ihr Budget in Ordnung zu halten – nehmen Sie verschiedene Farben für ihre maßstabgetreuen Modelle. So kann eine Farbe lebenswichtige Dinge, die andere mögliche Anschaffungen und die dritte Luxus, der auf später verschoben werden muß, bedeuten. Sie können also auf einen Blick sehen, was Sie zuerst kaufen müssen.

***Ein Ausstattungskonzept wählen***

Beginnen Sie Ihre Planung damit, einen interessanten Rahmen für den Raum zu entwerfen. Wählen Sie die Wandverkleidungen, den Fußbodenbelag und die Fensterdekorationen sorgfältig aus, um eine entspannte Atmosphäre zu schaffen, ohne daß das Ganze zu glatt oder zu langweilig wird. In einem Raum, der viel benutzt wird, müssen die Materialien wegen ihrer Haltbarkeit und ihrer pflegeleichten Eigenschaften ausgewählt werden; die Möbel müssen funktionell und behaglich sein und in einem angemessenen Größenverhältnis zum Raum stehen – große, hohe Stücke eignen sich für geräumige Zimmer und niedrige, zierliche Möbel für kleinere Räume. Ein bestimmter historischer Stil kann elegant sein, vor allem wenn er mit dem architektonischen Charakter des Hauses übereinstimmt, aber eine zu rigide Festlegung auf einen Stil, bei dem alle Stücke stimmig sind, kann schließlich wie der Schauraum eines Möbelgeschäftes aussehen.

**Der Fußboden.** Beginnen Sie mit dem Fußboden, denn er ist ein wichtiger Faktor bei der Gestaltung des Wohnraums. In einem Familienwohnzimmer wird er am meisten beansprucht, er muß wahrscheinlich mehrere Neuausstattungen überdauern und muß daher besonders robust sein. Und bei der Farbwahl sollte man bedenken, daß der Fußboden mit allen anderen Flächen Verbindung hat – die Wände schließen direkt an, die Fußleisten grenzen ihn ein, einige der Dekorationsstoffe berühren ihn direkt, und Sofas, Sessel und andere Möbel stehen auf dem Boden. Ein auffallendes Muster oder eine kräftige Farbe könnten leicht dominierend

*Die Atmosphäre dieses gemütlichen Wohnzimmers verdankt ihr ländliches Flair den traditionellen Möbeln, dem floral gemusterten Chintz und dem sanften Farbkonzept aus Creme- und hellen Blautönen.*

**Kreative Gestaltungsideen**

*❍ Verändern Sie Ihr Wohnzimmer je nach Jahreszeit. Wechseln Sie die Farben, die Stoffe, die Accessoires und die Plazierung der Möbel. Plazieren Sie die Sitzmöbel im Sommer mit Blick zum Garten und arrangieren Sie sie im Winter vor dem Kamin; wählen Sie gemusterte Baumwoll- oder Chintzvorhänge im Sommer und ersetzen Sie sie durch schwere Samt- oder Tweedvorhänge im Herbst; ziehen Sie im Sommer Hussen in hellen Farben über Sofas und Sessel; wählen Sie für die Accessoires kühle Farben im Sommer und warme Farben im Winter.*

*❍ Verwandeln Sie ein sonniges Erkerfenster in einen Mini-Wintergarten – setzen Sie doppelverglaste Fenster ein, wählen Sie Korbstühle und -tische mit Glasplatten; stellen Sie jede Menge Grünpflanzen auf den Tisch und beleuchten Sie ihn von unten; hängen Sie Körbe mit rankenden Pflanzen über den Tisch und verteilen Sie Palmen in Übertöpfen oder Fleischerpalmen (aspidistras) auf Blumenständern.*

*❍ Ein Stilmix bei Polstermöbeln belebt die Wirkung und sorgt für ein behagliches Ambiente. Kombinieren Sie zum Beispiel ein Knowle-Sofa mit zwei bequemen Korbsesseln mit weichen Kissen oder ein Chesterfield-Sofa mit einem Schaukelstuhl aus verformtem Rundholz und zwei Ohrensesseln.*

*❍ Wenn ein langes, schmales Wohnzimmer breiter wirken soll, teilt man es in »Zonen« ein. Plazieren Sie zwei Sofas mit einem Couchtisch in der Mitte im rechten Winkel zu einer der langen Wände; stellen Sie auf die Rückseite eines der Sofas einen Sofatisch oder eine Anrichte, die dem Eßbereich zugewandt ist.*

*❍ In einem quadratischen Wohnzimmer arrangiert man die Sitzgruppe am besten in L- oder in U-Form, die der Konversation dienlicher ist.*

*❍ Um die Aufmerksamkeit auf die Fenster im Wohnzimmer zu lenken, wählen Sie eine Dekoration, die farblich mit der umgebenden Wand kontrastiert; wenn die Fenster mit dem Hintergrund verschmelzen sollen, wählen Sie einfache Rollos oder Vorhänge in der Farbe der Wand.*

*Der Reiz dieses modernen Interieurs liegt in dem dramatischen Farbkontrast von Orange und Schwarz, der den Raum beherrscht, und in dem Kontrast zwischen den geradlinigen, plumpen Sesseln und den geschwungenen Linien des Tisches und der Vase, der zusätzliche Spannung in den Raum bringt.*

wirken, andrerseits ist ein sehr blasser Teppich mit feiner Textur unpraktisch für ein Familienwohnzimmer; hier wäre ein Kompromiß angebracht.

Wenn Sie einen Teppichboden verlegen wollen, wählen Sie die beste Qualität, die Ihr Budget verträgt, mit hartgezwirntem, kurzem, geschnittenen oder ungeschnittenen Flor. Ein langer, luxuriöser Flor eignet sich besser für Böden, die weniger malträtiert werden. Ein mittlerer Farbton und ein einfaches Muster sind nicht nur praktischer, es läßt sich auch einfacher damit leben – es sei denn, Sie möchten den Raum in einem bestimmten Stil einrichten, der ein authentisches Muster verlangt. Es gibt aber noch viele andere Möglichkeiten, den Boden zu gestalten, von abgezogenen und versiegelten oder gebeizten Holzdielen bis zu einem bemalten oder mit Schablonenmustern dekorierten Holzboden. Es gibt Fertigparkettböden im Schiffsbodendesign und im Mosaikdesign; versiegelte Korkfliesen; Linoleum (mit dem man interessante Muster verlegen kann); Seegras-, Sisal- und Binsenmatten. All diese Böden lassen sich mit einem Teppich im Sitzbereich, vor dem Sofa oder den Stühlen weicher gestalten. Achten Sie darauf, daß der Teppich rutschfest ist, indem Sie auf die Unterseite eine entsprechende Unterlage kleben.

**Die Decke** wird häufig nicht als Ausstattungselement angesehen und risikolos weiß gestrichen; aber genauso gut kann man sie als wichtiges Dekorationselement betrachten und in einer aufregenden Farbe streichen und Karnies, Deckenrose und Deckenbalken durch eine Kontrastfarbe hervorheben oder sie als Balken kennzeichnen. Diese Ideen hängen allerdings von der Höhe des Raumes ab, denn sie lassen die Decke niedriger erscheinen, besonders wenn sich die Farbe der Decke auf dem Fußboden wiederholt. Wenn Sie »das Dach heben« wollen, wählen Sie für die Decke die gleiche Farbe oder einen helleren Ton als für die Wände oder die Tapete.

**Die Wände.** Die Wohnzimmerwände können eine große Fläche einnehmen – sie stellen eine Art großer, leerer Leinwand dar, für die man sich etwas ganz Neues einfallen lassen kann. Dabei darf man natürlich nicht vergessen, daß eine allzu kühne Dekoration nicht unbedingt entspannend wirkt. Hohe, weite Wandflächen kann man reduzieren, indem man die Wand in drei waagerechte Zonen unterteilt: die Sockelzone, die mit einer Leiste abschließt; die Füllung (die mit der Bilderleiste abschließt) und den Fries (den Teil

über der Bilderleiste). Niedrige, schmale Wände vergrößert man visuell durch vertikale Teilungslinien wie breite Streifen oder vorgetäuschte Paneele. Glatte Wände sind auch ein perfekter Hintergrund für eine besondere Bilder- oder Graphiksammlung oder für Wandbehänge, die die Aufmerksamkeit auf sich ziehen und dem Raum einen persönlichen Touch geben.

Die meisten Wände bestehen nicht aus einer ununterbrochenen, flachen Fläche ohne Unterbrechungen, sie haben meist Hebungen und Senkungen wie Nischen oder Alkoven oder sie werden von Kaminen, Fenstern, Türen, Einbauschränken oder Regalen unterbrochen. Einerseits gewinnt der Raum dadurch an Ausdruck, andrerseits kann die einheitliche Wirkung des Raumes verlorengehen. Sie müs-

*In diesem einladenden Wohnraum im edwardianischen Stil sind Eßbereich und Wohnbereich sorgfältig voneinander getrennt. Hinter der L-förmig angeordneten Sitzgruppe vor dem Kamin steht ein runder Tisch zur beliebigen Verfügung. Die Fensterdekoration ist minimal – Rollos aus transparentem Stoff und Fensterläden im Innern des Raumes – so daß die Form der Fenster optimal zur Geltung kommt. Der blankgescheuerte Holzboden und die cremefarbenen Wände liefern den neutralen Hintergrund für farbige Akzente und Accessoires, die viel dekorative Freiheit erlauben. Die Nische neben dem Marmorkamin mit ihrer schönen Holzverkleidung beherbergt die Bücher.*

***Kreative Gestaltungsideen***

- *In einem Wohnzimmer mit Doppelfunktion, das gleichzeitig als Speisezimmer dient, lassen sich die beiden Bereiche durch einen Wechsel in der Fußbodengestaltung trennen. Holz, Vinyl oder Linoleum eignen sich für einen leicht zu reinigenden Eßbereich, während ein Teppich, Sisal- oder Binsenmatten oder auch ein Volkskunstteppich den Wohnbereich kennzeichnen.*
- *Trennen Sie den Wohnbereich vom Eßbereich durch Lamellenjalousien – sie sind leichter als Türen und nehmen weniger Platz ein.*
- *Wenn ein kleiner Wohnraum größer wirken soll, streichen Sie die Fußleiste in der gleichen Farbe wie den Fußboden, wählen Sie für die Bezüge der Polstermöbel die gleiche Farbe wie für den Teppich und wählen Sie als Sitzgelegenheiten eine flexible Wohnlandschaft mit Einzelelementen, die sich beliebig zusammensetzen lassen.*
- *Wenn es sich um einen niedrigen Wohnraum handelt, werfen Sie Licht an die Decke und verwenden Sie als Wandleuchten montierte Deckenfluter. Plazieren Sie sie nicht zu hoch an der Wand.*
- *Lenken Sie die Aufmerksamkeit auf einen schönen Kamin, indem Sie die umgebende Wand in einer Kontrastfarbe streichen. Einen häßlichen Kamin kann man durch die gleiche Farbe wie die Wand fast verschwinden lassen.*
- *Verkleiden Sie unansehnliche Heizkörper oder verstecken Sie sie hinter Gitterwerk aus Metall oder Rohrgeflecht.*
- *Verwenden Sie antike Stoffe für Kissenbezüge und Tischtücher. Fragile Stücke kann man mit einem netzartigen Gewebe unterlegen und als Bild rahmen oder auf eine Tischplatte legen und mit einer Glasplatte schützen.*
- *Einen schäbigen Sessel können Sie mit einem schönen, gehäkelten Schal aufpeppen oder ihn vollkommen in ein buntes Laken oder ein Stück gemusterten Stoff wickeln.*
- *Erfinden Sie ein »Muster« aus interessanten Bildern oder Graphiken in verschiedenen Größen und Formen für eine kahle Wand.*

***Kreative Gestaltungsideen***

❍ *Eine sehr ausgefallene Wanddekoration – gestalten Sie die Wand wie ein Kupferstichkabinett aus dem achtzehnten Jahrhundert: Kleben Sie Découpagen oder Graphiken an die Wand und verbinden sie mit Drapierungen, Schleifen, Festons oder Girlanden, die ebenfalls an die Wand geklebt werden. Sie können fertige Garnituren kaufen, aber natürlich auch Ihre eigenen Ideen verwirklichen oder Schablonen verwenden.*

❍ *Für die Beleuchtung einer Bilderwand verwenden Sie Deckenstrahler oder tauchen Sie die Wand in eine Flut von Licht.*

❍ *Recht effektvoll kann eine glatte Wand wirken, wenn Sie sie mit Paneelen aus Perlstabprofilen garnieren und die Füllungen abweichend von der Wanddekoration gestalten.*

❍ *Machen Sie die Wand eines kleinen, quadratischen Wohnraums zum Blickpunkt: Installieren Sie Regale und/oder Einbauschränke, lassen Sie die Mitte frei für den Fernseher, eine Skulptur oder ein wichtiges Gemälde.*

❍ *Testen Sie Ihr Dekorationskonzept. Sammeln Sie Proben aller in Frage kommenden Wandverkleidungen, Stoffe und Fußbodenbeläge und schauen Sie sie sich bei Tageslicht und bei künstlicher Beleuchtung an; probieren Sie auch die Malerfarben aus, indem Sie eine Probe auf ein Stück weißes Papier auftragen.*

❍ *Verwenden Sie eine harmonische Farbkombination, die entweder auf verschiedenen Tönen der gleichen Farbe basiert (monochromatisch) oder auf Farben, die im Farbkreis nebeneinanderliegen (zum Beispiel Gelb, Gelbgrün, Grün), um eine entspannende Atmosphäre zu schaffen.*

❍ *Verwenden Sie Komplementärfarben, die sich im Farbkreis gegenüberliegen (zum Beispiel Pink und Grün; Flieder und Gold; Türkis und Terrakotta). Variieren Sie die Farbtöne, um die größtmögliche Wirkung zu erzielen.*

***Anordnung der Sitzmöbel***

Die Sitzmöbel im Wohnzimmer sollten so angeordnet werden, daß eine Unterhaltung in Gang kommen kann und die Sitzenden sich einander zuwenden können. Im Winter möchten Sie sich vielleicht am offenen Kamin wärmen, möchten Fernsehen oder Musik hören und im Sommer so sitzen, daß Sie den Garten sehen.

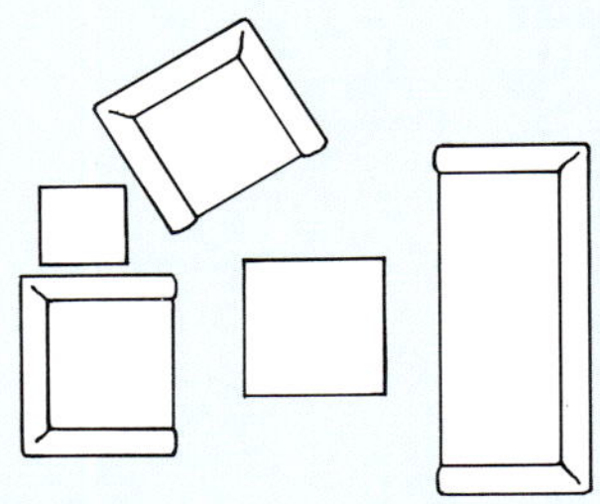

Zwei- oder dreisitzige Sofas oder eine Kombination aus Sofas und Sesseln bilden Sitzgruppen. Es gibt viele Möglichkeiten, die Sitzmöbel zu arrangieren, je nach Form und Größe des Raumes. Die ersten zwei Möglichkeiten eignen sich für einen verhältnismäßig kleinen Raum oder für eine Hälfte eines Wohnzimmers mit Doppelfunktion.

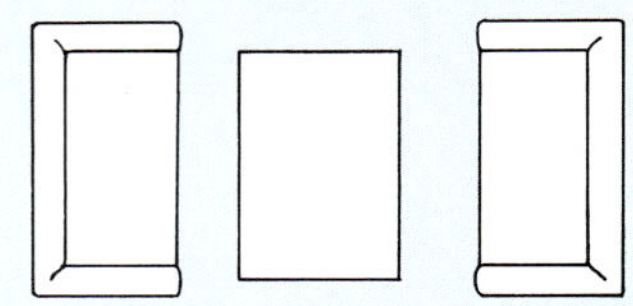

Zwei Sofas oder ein Sofa und mehrere Sessel kann man so anordnen, daß sie sich gegenüberstehen, mit einem Tisch dazwischen.

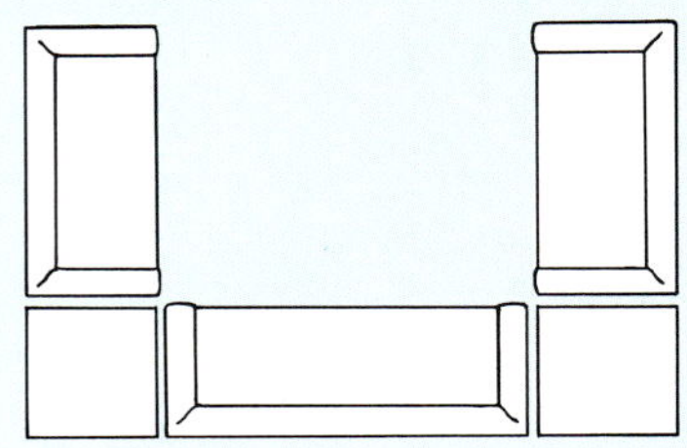

Ein Arrangement in U-Form ist großzügiger, man hat mehr Bewegungsfreiheit, aber es nimmt viel Platz weg.

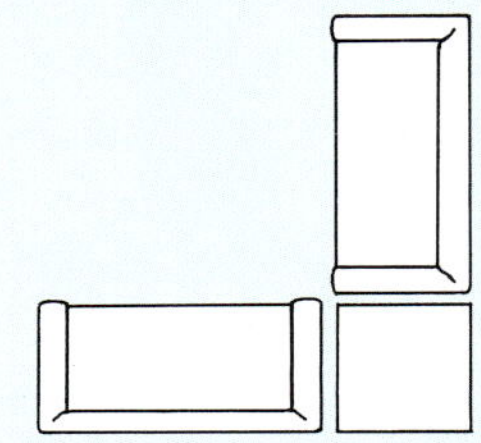

Eine Anordnung in L-Form läßt sich gut in einer Ecke unterbringen, es kann aber auch als Raumteiler in einem multifunktionalen Raum mit mehreren Funktionen dienen.

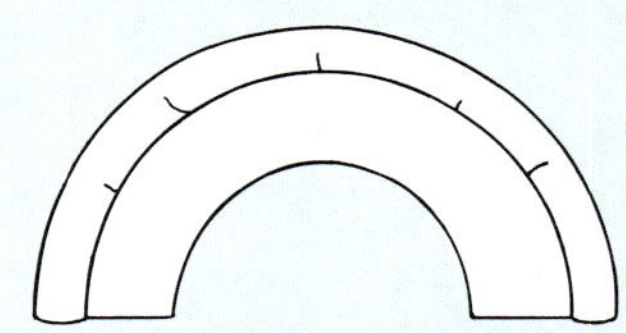

Es gibt Räume, in denen halbkreisförmige Sitzelemente durch ihre kontrastierende Form besonders effektvoll sind. Dafür braucht man viel Platz, und außerdem paßt die runde Form nicht überall.

sen sich entscheiden, ob Sie versuchen wollen, alles unter einen Hut zu bringen.

**Die Fenster** sind ein wesentlicher Bestandteil der Raumarchitektur. Wenn Sie attraktiv gestaltet sind, sollten Sie die Aufmerksamkeit entweder durch eine einfache Dekoration auf sie lenken, so daß ihre Form und ihr Stil zur Geltung kommen oder durch eine extravagante Dekoration, die mit dem umgebenden Wandbereich kontrastiert. Unscheinbare Fenster oder verschieden gestaltete Fenster an der gleichen Wand könnten Sie durch eine übergreifende Dekoration zu einer Einheit zusammenfassen oder sie mit einfachen Rollos oder Vorhängen dekorieren, so daß sie mit dem Hintergrund verschmelzen. Wenn Sie eine häßliche Aussicht oder langweilige Fensterformen überspielen möchten, ließe sich mit einer opulenten Fensterverkleidung ein Blickpunkt schaffen und gleichzeitig die Aussicht verbergen.

***Die Wahl der Möbel***

Polstermöbel sind wichtige Ausstattungselemente, die die Atmosphäre eines Wohnzimmers entscheidend beeinflussen können. Beim Kauf neuer Polstermöbel gibt es einige Kriterien zu beachten. Man kauft sie je nach ihrer Bequemlichkeit, Füllung, Stoffart oder Pflegeleichtigkeit. Auch Form, Größe und Proportionen sind wichtige Kriterien. Große Sofas und Wohnlandschaften gibt es in allerlei interessanten Formen und mit den verschiedensten Texturen; durch kühn gemusterte Stoffe oder leuchtende Farben verleihen sie einem großen Wohnzimmer eine zusätzliche Dimension. In einem kleinen Raum wären sie zu dominierend, hier hält man sich besser an einfachere Formen und unauffällige Bezugstoffe. Streifen und Karos können einen neutralen Hintergrund abgeben und dennoch Akzente setzen; außerdem lassen sie sich gut mit einfarbigen Stoffen, floralen und geometrischen Dessins kombinieren.

Wenn Sie verschiedenen Sitzmöbeln, die sie bereits besitzen, ein einheitliches Gesicht geben wollen, beziehen Sie sie mit dem gleichen Stoff oder wählen Sie aufeinander abgestimmte Stoffe – etwa einen einfarbigen Stoff für das Sofa und ein farblich abgestimmtes Streifenmuster für zwei oder drei Stühle; und arbeiten Sie die Paspel für das Sofa aus dem Streifenstoff und umgekehrt. Maßgeschneiderte oder eng anliegende Bezüge eignen sich am besten für Sitzmöbel mit geschweiften Linien; für quadratische oder rechteckige Sitzmöbel kann man lose Bezüge arbeiten, die sich zum Waschen oder Reinigen leicht abnehmen lassen – oder ohne große Mühe ausgetauscht werden können, wenn man etwas verändern möchte.

In einem Wohnzimmer werden natürlich noch andere Möbel gebraucht als Polstermöbel. Meist wird dort ferngesehen und Radio gehört – also muß man entsprechende Möbel für den Fernseher und die HiFi-Anlage bereitstellen. In vielen Fällen muß im Wohnzimmer auch der Eßtisch nebst Stühlen und Stauraum für Flaschen, Gläser und Geschirr untergebracht werden, auch Bücher, Videofilme, Tonbänder, CDs, Schallplatten, Spiele und Kinderspielzeug – und vielleicht sogar noch mehr, wenn es sich um einen multifunktionalen Raum handelt. Wie bei jedem anderen Raum müssen Sie sich genau überlegen, was sie dort unterbringen wollen und die praktischste und visuell attraktivste Art und Weise, wie Sie es unterbringen wollen (siehe Stauraum, Seite 233).

Ob Sie hauptsächlich Einbauregale und -schränke verwenden wollen, die passend zum übrigen Raum dekoriert werden können, oder freistehende Stücke – vielleicht sogar eine Kombination aus beidem – bleibt Ihrem persönlichen Geschmack überlassen, hängt aber auch von der Größe und dem Stil des Raumes ab und von dem verfügbaren Platz. Einige Kleinmöbel – wie Tische, Schreibsekretäre, kleine Schränke, Anrichten und Bücherschränke – können Atmosphäre schaffen und dem Raum eine persönliche Note geben. Und jedes dieser Stücke sollte wegen seines eigenen, individuellen Wertes ausgewählt werden, vorausgesetzt es paßt zum Stil des Raumes. Vermeiden Sie, Stücke zu kaufen, die zu allem passen – vom gleichen Hersteller und mit dem gleichen Finish. Holz läßt sich sehr gut mit Metall und Korbgeflecht kombinieren, und nicht alle Möbel müssen unbedingt aus dem gleichen Holz sein, aus Kiefer oder Eiche, vorausgesetzt die Farbtöne stoßen sich nicht ab. Ein bemaltes oder mit Japanlack dekoriertes Möbelstück könnte eine Verbindung zwischen verschiedenartigen Stücken darstellen.

### *Die beste Beleuchtung*

Gute Beleuchtung ist für ein Wohnzimmer sehr wichtig, und das kann bedeuten, daß man verschiedene Arten von Beleuchtung braucht. Im Bereich der Sitzmöbel ist eine allgemeine Hintergrundbeleuchtung in Form von Deckenleuchten oder Wandleuchten erforderlich, außerdem eine Beleuchtung durch Tisch- oder Stehlampen, die einen bestimmten Bereich erhellen, und vielleicht auch eine Beleuchtung, die Akzente setzt und die Aufmerksamkeit auf etwas Bestimmtes – ein Gemälde oder eine Sammlung von Objekten auf einem Regal – lenkt. Der Eßbereich in einem Wohnzimmer mit Doppelfunktion braucht eine Lichtquelle über dem Eßtisch, damit man beim Servieren besser sehen kann.

Wenn Sie Ihren Plan erstellt haben und wissen, wie die Möbel plaziert werden sollen, können Sie ihn auch bei der Planung der Beleuchtung zu Rate ziehen, so daß die Anschlüsse und Steckdosen für die verschiedenen Bereiche des Raumes danach installiert werden können. Lassen Sie mehrere separate Leitungen verlegen, damit Sie in dem Teil des Raumes, der gerade nicht benutzt wird, das Licht ausblenden können. Und versuchen Sie, wenigstens eine Leitung mit einem Dimmer auszustatten, so daß Sie den Lichtpegel regulieren können. Damit die Beleuchtung flexibel ist, planen Sie mehrere Tisch- und Stehlampen und Deckenfluter ein, die man leicht von einem, zum anderen Platz tragen kann – und das bedeutet, daß reichlich Steckdosen installiert werden müssen.

### *Accessoires*

Es gibt viele Möglichkeiten, wie man der Ausstattung eines Wohnraumes Atmosphäre und den letzten Schliff geben kann. Der Einsatz einer hervorstechenden Farbe oder eine kontrastierende Textur kann dazu beitragen, ein fades oder zu neutrales Farbkonzept zu beleben; weiche Farbtöne und Texturen können ein lebhaftes Konzept dämpfen oder die notwendige Verbindung zwischen kontrastierenden Farben oder Mustern herstellen.

Kissen in verschiedenen Formen, Größen, Mustern und Texturen, angehäuft auf Sofas, Stühlen und Fensterbänken, setzen Akzente oder agieren als Bindeglieder zwischen diversen, verschieden gestalteten Polstermöbeln. Man kann zum Beispiel den Vorhangstoff an anderer Stelle wiederholen. Kaufen Sie immer ein wenig mehr Vorhangstoff oder Bezugstoff für Kissen und halten Sie Ihre Augen offen für Schnäppchen und antike oder ungewöhnliche Stoffe in Spezialgeschäften oder bei Ausverkäufen. Zu den Accessoires gehören auch Decken für kleine Tische, Überwürfe oder drapierte Schals. Sie sollten sich in Farbe, Muster oder Textur auf die Atmosphäre des Wohnzimmers und den Stil der Dekoration und der Bezugstoffe beziehen.

Auch Sammlungen von Gläsern, Porzellan und anderen Objekten, kleinen Statuen oder Skulpturen, Büchern, Bildern oder Kupferstichen sind interessante, farbige Akzente; Stellschirme, Fußbänke, Kamingitter und andere Erwerbungen für den Kamin gehören zu den extravaganteren Accessoires. In vielen Wohnzimmern sind getrocknete oder frische Blumen und Arrangements von Grünpflanzen Bestandteil des Gesamtkonzepts. Wählen Sie sie nach kontrastreichen Formen aus (zum Beispiel gefederte, verschiedenartig geformte glänzende Blätter) und leuchten Sie sie gut aus.

### *Kreative Gestaltungsideen*

*❍ Ein Wohnzimmer, in neutralen Farben ausgestattet, kann man mit verschiedenen Texturen beleben und mit Accessoires in lebhaften, kontrastierenden Farben aufpeppen.*

*❍ Achten Sie auf Größe und Proportionen. Kühne Muster und leuchtende Farben eignen sich für große Flächen; blasse Farben wirken gut auf kleinen Flächen.*

*❍ Um das Gefühl von Natur und Frische im Wohnzimmer einer Stadtwohnung zu erwecken, verwendet man am besten ein frisches Ausstattungskonzept, das auf Grüntönen, sonnigen Gelbtönen und Himmelblau beruht; verwenden Sie florale Chintze und ergänzen Sie das ganze beliebig durch Zimmerpflanzen.*

*❍ Machen Sie das Beste aus Kaminnischen – verwenden Sie sie als Stauraum mit eingebauten Regalbrettern oder stellen Sie ein freistehendes Möbelstück hinein.*

*❍ Verbergen Sie den Fernseher oder die HiFi-Anlage in einem Schrank oder einem eingebauten Regal mit herausziehbarem Fach.*

*❍ Kreieren Sie mit einem Farbkonzept und einfachen Möbeln eine folkloristische Atmosphäre. Leuchtende Blautöne, Gelb und Weiß erinnern an mediterrane Landschaften. Warme Erdtöne wie Braun und Terrakotta können die Basis für ein afrikanisches Konzept sein. Kaufen Sie die Stoffe, Kissen, das schmückende Beiwerk und andere dekorative Accessoires in Geschäften, die Volkskunst anbieten, damit das Resultat wirklich authentisch ist.*


| VERGLEICHE AUCH DIE SEITEN: | |
|---|---|
| RAUMPLANUNG | 36 |
| FARBE VERSTEHEN LERNEN | 84 |
| ABNEHMBARE BEZÜGE: FORM UND STIL | 202 |
| EIN PLATZ FÜR ALLES | 230 |

# Speisezimmer

*Ein Speisezimmer war gewöhnlich der Mittelpunkt des Heims – ein separater Raum, bestimmt zum Genießen von gutem Essen, Wein und angeregter Konversation. Aber heutzutage gehört ein schönes Speisezimmer fast der Vergangenheit an; seinen Platz nimmt in den meisten Fällen die Eßecke in der Küche, im Wohnzimmer, ja sogar in der Diele ein. Wenn Sie einen separaten Raum haben, wird er wahrscheinlich sehr strapaziert – als Mehrzweckraum, der als Spielzimmer/ Arbeitszimmer/Musikzimmer und auch als Eßbereich dient und manchmal auch die Funktion eines Gästezimmers übernehmen muß. Auch ein angebauter Wintergarten dient zuweilen als Speisezimmer.*

### Einen Stil festlegen

Der Stil des Speisezimmers und auch der Küche könnte sich zum Beispiel danach richten, was Sie kochen und wie Sie Ihre Gäste bewirten. Wenn Sie eine kreative Köchin sind, der es Spaß macht, für Freunde und Familie zu kochen, wäre ein unprätentiöser, ländlich ausgestatteter Raum mit einem riesigen, blank gescheuerten Kiefernholztisch, einer altmodischen Kohlenschütte, einem Kamin, dekoriert in frischen Frühlingsfarben und mit floralen Chintzen, das Richtige. Wenn formelle Essenseinladungen zu Ihrem Lebensstil gehören und Sie ein altes Haus besitzen, möchten Sie das Speisezimmer vielleicht im Geschmack einer bestimmten Stilepoche dekorieren, zum Beispiel viktorianisch oder edwardianisch. In Frage kämen auch der zurückhaltend elegante, schwedische Stil, französisches Empire, Kolonialstil, ein wintergartenähnliches Ambiente oder eine mediterrane Atmosphäre, in der Stoffe und Farben den Eindruck erwecken, man dinierte im Freien. Was immer Sie wählen, der Eßbereich sollte so einladend wie möglich sein. Farbe, Dekoration und Ausstattung sollten ein Gefühl von Wärme und Intimität erwecken und Gäste und Familie auffordern, die Mahlzeit in aller Ruhe zu genießen.

### Planen und möblieren

Speisezimmer dienen einem bestimmten Zweck, es muß also rund um den Tisch genügend Platz vorhanden sein, um das Essen zu servieren und Türen und Schubladen zu öffnen ohne an die Rückenlehnen der Stühle zu stoßen. Bei Ihrer Raumplanung sollten Sie den »Verkehrsfluß« nicht außer

*Das kleine Eßzimmer wird durch die frischen, fröhlichen Farben belebt, die sich im Muster der gezackten Tischdecke und der Gedecke wiederholen. Der Korbsessel, die zusammenklappbaren Gartenstühle vermitteln das Gefühl im Grünen zu sitzen.*

acht lassen (siehe Seite 36). Die Stühle müssen bequem sein, um den Tisch herum passen und genügend Raum für Knie und Ellenbogen lassen. Ein runder T sch wäre eine kluge Entscheidung, besonders bei einem kleinen Raum, denn runde Tische nehmen weniger Platz weg als quadratische oder rechteckige; meist lassen sie sich in längsovale Tische verwandeln. Das heißt natürlich auch, daß man Extrastühle anschaffen muß, die man irgendwo im Haus aufbewahren muß, wenn sie nicht gebraucht werden. Wenn Sie sehr wenig Platz haben, überlegen Sie, ob Sie mit einem Tisch auf Bockgestellen auskommen könnten, der multifunktional ist und den man zusammenklappen und irgendwo speichern kann.

Für ein großes Speisezimmer wären mehrere kleine Tische eine flexiblere Lösung. Man kann sie zu einer großen Tafel oder zu einem Partybuffet zusammenstellen, als separate Tische für weniger formelle Ereignisse verwenden oder als Serviertische benutzen. Eine andere Möglichkeit wäre ein Tisch mit Mittelstütze und einer zweiten, größeren Platte (am besten wäre eine runde Platte) aus Sperrholz, die den Tisch vergrößert, und durch ein Tischtuch verdeckt wird. Vergessen Sie nicht, daß Sie Platz brauchen, um diese zweite Platte abzustellen, wenn sie nicht gebraucht wird.

UNTEN LINKS: *In diesem elegant ausgestatteten Speisezimmer eines stilechten, alten Hauses wäre man gern zu Gast. Die Wände wurden mit einer Farbwäsche in warmes Ockerrot getaucht und strahlen eine warme, einladende Atmosphäre aus. Ein wirkungsvoller Kontrast dazu ist das frische Weiß des gedeckten Tisches und der Stuhlbezüge. Die schweren, gestreiften Vorhänge mit italienischer Zugvorrichtung betonen die Form der hohen Schiebefenster mit graziösem Schwung.*

UNTEN RECHTS: *Der Eßbereich dieser Küche ist im Bistrostil in freundlichen, warmen Farben ausgestattet, was das Ambiente so reizvoll macht. Die originelle Lampe über dem Eßtisch ist ein amüsanter Blickpunkt. Die Schiebetür hinter der Eßecke bedeutet, daß der Küchenbereich je nach Bedarf ausgeklammert werden kann.*

### *Kreative Ausstattungsideen*

- *Dekorieren Sie Ihr Speisezimmer in warmen Farben, die den Appetit anregen – Rot in allen Tönen, Schattierungen und Nuancen ist hier besonders wirkungsvoll – von dunklem Weinrot bis zu Erdbeere und Terrakotta.*
- *Wenn die Eßecke Teil des Wohnzimmers ist, arbeiten Sie ein Tischtuch und/oder Servietten, die auf den Vorhangstoff und die Kissen abgestimmt sind und die beide Ausstattungskonzepte miteinander verbinden.*
- *Wählen sie zurückhaltende Muster – kühne, geometrische Dessins und überbordende, florale Muster könnten zu unruhig wirken.*
- *Vermeiden Sie zu viele reflektierende Flächen und Texturen – ein Speisezimmer sollte einladend und intim wirken.*
- *Legen Sie Wert auf einen schön gedeckten Tisch mit weißer Tischdecke und Servietten, die auf das Design des Porzellans abgestimmt sind.*
- *Bringen Sie ein wenig Sonnenschein in das Speisezimmer, verwenden Sie klares Gelb für die Wände und einen dunklen Goldton für den Fußboden. Kombinieren Sie das Ganze mit Himmelblau.*
- *Kreieren Sie einen Blickpunkt – arrangieren Sie eine Porzellansammlung oder farbige Gläser in einer Nische oder auf einem Regal und sorgen Sie für gute Beleuchtung.*
- *Verwenden Sie Spiegel, die das flackernde Licht der Kerzen reflektieren.*
- *Richten Sie sich bei der Dekoration der Tafel nach den Speisen, die Sie servieren wollen. Verwenden Sie weißen Damast, flimmerndes Kristall und glänzendes Silber für ein formelles Abendessen; eine Tischdecke aus frischem, rotkariertem Gingham und Designerkeramik für ein Abendessen im Bistrostil und »Wegwerf«-Geschirr in Primärfarben für einen Kindergeburtstag.*
- *Versetzen Sie Ihre Gäste in Weihnachtsstimmung mit einer rot/grünen Dekoration, ergänzt durch frostiges Weiß oder funkelndes Silber und verziert mit Schleifen aus Tartanstoff.*

### *Ein Platz für alles*

Vielleicht sollte man den Stauraum für das Speisezimmer so gestalten, daß die Dinge, die nur gelegentlich gebraucht werden, dort Platz haben – denn es ist praktischer, wenn die besten Gläser, das Silber, das Porzellanservice und die Tischwäsche sich im Speisezimmer befinden, wo man sie braucht, um eine stilvolle Tafel zu decken. Das bedeutet, man muß all diese Dinge genau auflisten und errechnen, wieviel Platz erforderlich ist – ein Stapel Eßteller kann erstaunlich hoch und schwer sein und eine Fleischplatte viel mehr Platz beanspruchen, als man sich das vorgestellt hat – damit wirklich alles in die geplanten Einbauschränke, Geschirrschränke oder in die Anrichte hineinpaßt. Außerdem brauchen Sie eine hitzebeständige und kratzfeste Fläche, von wo aus die Speisen serviert werden und zu der eine Wärmeplatte gehört.

### *Die Wahl der Oberflächen*

Der Fußboden eines Speisezimmer ist schnell verkratzt, besonders, wenn es kleine Kinder in der Familie gibt. Deshalb ist ein Teppichbelag für das Speisezimmer keine gute Wahl; aber auf alle Fälle sollte man einen feinen, hellen Teppich vermeiden. Besser wäre ein gut zu reinigender Belag – zum Beispiel Holz, Kork, Linoleum, Keramikfliesen oder Natursteinplatten, Vinylfliesen oder ein Vinylbelag. Alle diese Beläge müssen unbedingt gut versiegelt werden. Die Härte von Bödenbelägen kann man mit einem Teppich, einer Brücke oder mit Matten aus Naturfasern wie Binsen oder Seegras mildern. Befestigen Sie auf der Unterseite eine rutschfeste Unterlage.

Polstermöbel müssen strapazierfähig und leicht zu reinigen sein; behandeln Sie alle hellen oder feinen Stoffe mit einem schmutzabweisenden Spray. Bezüge von losen Sitzkissen und Hussen für Polstermöbel lassen sich leicht zum Waschen oder Reinigen entfernen.

Dekorieren Sie die Wände so, daß man sie abwaschen oder feucht abwischen kann – besonders hinter der Anrichte. Sie haben die Wahl zwischen Vinyltapeten und anderen abwaschbaren Tapeten (die in Wirklichkeit gar nicht abwaschbar sind) und einer Vielzahl von Malerfarben. Farbe kann über einer texturierten Tapete aufgetragen werden oder selbst zu einem dekorativen Element werden, wenn man Farbtechniken wie Marmorieren, gezogene Lasuren, mit dem Schwamm aufgetupfte Lasuren oder schablonierten Dekor (siehe Seite 104) wählt.

In ein Speisezimmer passen opulente Fensterdekorationen, denn es wird häufig abends benutzt, und eine schöne Fensterverkleidung verleiht dem ganzen Interieur Wärme und Intimität. Aber vergessen Sie nicht, daß schwere Stoffe die Essensgerüche absorbieren und lange bewahren – daher wäre Samt keine gute Wahl.

*Die satten, warmen Farben dieses Speisezimmers – goldgelbe Wände und das dunkle Kelimmuster der Fensterdraperie – harmonieren mit den weichen Holztönen des Fußbodens und des Mahagonitisches. Die Graphiken mit den pflanzlichen Darstellungen an den Wänden lenken die Blicke in den Garten. Der beschränkte Raum wird durch die schmalen Sitzbänke gut genutzt, sie lassen genügend Raum, daß man sich um den Tisch herum bewegen kann. Bei abendlichen Diners kann der schwere Vorhang zugezogen werden und eine intime Atmosphäre schaffen.*

### Beleuchtung

Gute Beleuchtung ist sehr wichtig im Speisezimmer und muß besonders fein abgestimmt werden; die Tafel muß gut beleuchtet sein, aber das Licht darf nicht gleißend sein und nicht blenden. Eine höhenverstellbare Deckenleuchte über der Tischmitte oder strategisch positionierte, eingelassene Deckenstrahler, die auf den Tisch ausgerichtet sind, sorgen für ein intimes Ambiente und verbreiten angenehmes Licht. Das funkelnde Licht der Kristallüster kann sehr gleißend sein, deshalb sollte man einen Dimmer einbauen und den Lüster hoch genug hängen, damit das Licht nicht blendet.

Kerzenlicht ist sehr schmeichelnd, aber die Flammen müssen ober- oder unterhalb der Augenhöhe der Gäste sein. Man sollte stets eine zusätzliche Lichtquelle bereithalten, um die Anrichte zu beleuchten (aber auch einzelne Tischlampen, Wandleuchten oder Deckenfluter sind mögliche Lichtquellen). Die Beleuchtung von Einbauregalen liefert warme Hintergrundbeleuchtung. Jede Beleuchtungsart sollte eine eigene Leitung haben, besonders in einem Raum mit Doppelfunktion, damit man, falls erforderlich, einen Bereich herunterdimmen kann.

### Kreative Ausstattungsideen

- *In ein traditionelles Ambiente paßt eine Sammlung von Delfter Platten, Schalen und Tassen auf einem breiten Regalbrett in Höhe der Bilderleiste.*
- *Früchte und Blumen werden gern als Motive für die Speisezimmerdekoration gewählt; verwenden Sie Bordüren oder Friese mit rankenden Weinblättern, Trauben oder scharf umrandeten Zitrusfrüchten.*
- *Die Ananas, Symbol der Gastfreundschaft, ist ein beliebtes Motiv für Vorhangstoffe und Schablonenmalerei.*
- *Wenn die Decke sehr hoch ist, bemalen Sie sie in einer satten, warmen Farbe, die sich auf dem Fußboden wiederholt. Vermeiden Sie Hängelampen, schaffen Sie Lichtinseln durch Tischlampen und niedrig installierte Wandleuchten.*
- *Für ein kleines, quadratisches Speisezimmer verwenden Sie am besten helle Farben für die Wände und die Fensterdekorationen, die bis zur Decke reichen.*
- *Schaffen Sie eine effektvolle Beleuchtung für eine Grünpflanze mit gefiederten Blättern, so daß ihre Silhouette sich auf Wand und Decke abzeichnet.*
- *Mit Rohrgeflecht und Eisenmöbeln können Sie Gartenatmosphäre schaffen; stellen Sie eine Spalierwand auf und dazu viele Pflanzen.*
- *Im Speisezimmer sollte es angenehm warm sein, aber nicht zu heiß: ein Kaminfeuer mit Gasflamme in einem eleganten Kamin sorgt für einen angenehmen, warmen Schimmer im Hintergrund.*
- *Verhüllen Sie einen alten Speisezimmertisch oder einen temporären Tisch aus Planken und Bockgestellen mit einer bodenlangen Decke. Arbeiten Sie sie aus einem alten oder neuen Laken (das ist extrabreit und kann ohne Naht gearbeitet werden), färben oder batiken Sie sie oder bemalen Sie sie mit Stoffarbe oder einem Schablonenmuster.*

# DIELEN, TREPPEN UND TREPPENABSCHNITTE

*Bei der Dekoration, wie bei allen anderen Dingen, ist der erste Eindruck wichtig, daher sollte die Diele – die man beim Betreten des Hauses als erstes sieht – warm und einladend wirken und dem Besucher einen interessanten Einblick in das geben, was ihn in den anderen Räumen erwartet.*

***Das Entree gestalten***

Viele Dielen sind kaum größer als ein Korridor, und nur wenige sind groß genug für eine Möblierung, deshalb dürfte es nicht schwierig sein, sie zu dekorieren. Da die meisten Dielen außerdem nur als Durchgang zu anderen Räumen benutzt und nicht wirklich bewohnt werden (abgesehen von denen, die groß genug sind, einer Doppelfunktion als Eß- oder Arbeitsecke zu dienen), darf das Dekorationskonzept kühn, anregend und spektakulär anstatt farblos und entspannend sein.

Wenn irgend möglich, sollte in der Diele wenigstens Platz für einen Stuhl und einen Tisch oder einen Schreibtisch sein, auf dem man den täglichen Kram ablegen kann – Schlüssel, Briefe, Päckchen, die Einkäufe, Bücher aus der Leihbücherei, Notizblöcke, die Schularbeiten, die Sportausrüstung und Hundeleinen – der sich normalerweise an diesem zentralen Punkt des Hauses ansammelt. Versuchen Sie, einen Platz für die Mäntel und Regenschirme der Besucher bereitzustellen. Bei einem sehr schmalen Raum könnten Sie den Tisch durch eine Bank oder ein Regalbrett an der Wand ersetzen. Ein altmodischer Garderobenständer beherbergt Kleiderhaken, ein Regalbrett, eine Schublade für kleine Dinge, einen Spiegel und einen Schirmständer. Man könnte ihn so bemalen, daß er mit der Wand verschmilzt. Sie könnten sich aber auch vom Schreiner eine modernere Version einbauen lassen.

*Diese phantasievolle Dekoration schont das Budget, ihre warmen Farbtöne machen das Beste aus dieser kastenartigen Diele. Die Holzstufen, die Baluster und das Geländer wurden gebeizt und poliert, damit die Maserung des Holzes zur Geltung kommt. Der warme Honigton des Holzes fügt sich harmonisch in das Farbkonzept des Rautenmusters an den rauh verputzten Wänden.*

*Diese lange, enge Diele soll durch das Schachbrettmuster des Vinylbelages und durch den Spiegel über der Heizkörperverkleidung breiter wirken. Sie ist zwar nicht breit genug für einen Tisch, aber die Heizkörperverkleidung bietet genügend Platz für die Lampen, ein paar Objekte und wichtige Dinge wie Briefe und Schlüssel. Auch die Entfernung eines Teils der Speisezimmerwand trägt dazu bei, daß man den Eindruck von Geräumigkeit hat. Ein Vorhang, der abends zugezogen wird, schafft die Behaglichkeit eines abgeschlossenen Raumes und schützt vor Zugluft. Das Weiß der Sockelzone, des Karnies und der Kragsteine kontrastiert wirkungsvoll mit dem Apricot der Wände.*

*Die hohe Wand des Treppenhauses wird bestens genutzt durch die spektakuläre Zurschaustellung von Bildern und Graphiken, die die Blicke zu dem Treppenabsatz mit dem weißen Geländer lenken. Das Farbkonzept von Weißnuancen suggeriert Räumlichkeit und verhindert Probleme mit den Farbkonzepten der anliegenden Räume. Der etwas dunklere Teppichbelag ist strapazierfähig, und sein dezentes Muster verhindert, daß jeder kleine Schmutzfleck zu sehen ist.*

In einer langen, korridorähnlichen Diele könnten zwei kleine Wandtische, Kommoden oder Schränke mit Spiegeln darüber für praktischen Stauraum sorgen und gleichzeitig die Illusion von Räumlichkeit und Licht geben. Es gibt auch noch ein paar andere *Trompe l'œil*-Tricks mit Spiegeln, lichtreflektierenden Texturen und monochromatischen Farbkonzepten, die den Raum optisch vergrößern. Wenn die Diele hoch und schmal ist, streichen Sie die Decke in einem satten, warmen Farbton und nehmen Sie die gleiche Farbe oder einen ähnlichen Farbton für den Fußboden. Bemalen Sie den Karnies und sämtlichen plastischen Dekor in einer Kontrastfarbe und den Fries (den Bereich oberhalb der Bilderleiste) in der gleichen Farbe wie die Decke. Teilen Sie die Fläche der Wand optisch auf, durch Paneele oder unterschiedliche Dekorationen unterhalb und oberhalb der Sockelzone. Wenn die Wand horizontal nicht unterteilt ist, könnten Sie selbst mit einer Profilleiste einen Abschluß für die Sockelzone konstruieren oder mit Hilfe von Stuckpaneelen ein Karnies kreieren. Sie könnten auch eine Bordüre verwenden oder eine Tapete mit einem deutlich horizontal betonten Muster.

### *Auswählen der Materialien*

Verwenden Sie warme, einladende Farben – sattes Terrakotta, tiefes Ockerrot oder gedämpftes Rosa in größeren Dielen und einen hellen Pfirsichton, gedämpftes Apricot oder pastelliges Rosa für kleinere Räume. Oder täuschen Sie ewigen Sonnenschein vor – mit Gelbtönen und bräunlichen Goldnuancen, kontrastiert mit blendendem Weiß. Schmeichelnde Texturen wie ein langfloriger Teppich in einem hellen Mittelbraun oder eine Flocktapete verstärken die angenehme Atmosphäre; luxuriöse Tapeten wirken opulent, was man durch vergoldete Spiegel- oder Bilderrahmen unterstreichen kann. Weiße Wände in der Diele wirken kalt.

Verwenden Sie Materialien, die dauerndem Gebrauch standhalten, denn in diesem Bereich des Hauses herrscht ständiger Durchgangsverkehr; es gibt Häuser, in denen alles – vom Kinderwagen bis zum Mülleimer – durch den Haupteingang rein- und rausgeht. Die Wände der Diele und des Treppenhauses (hauptsächlich im unteren Bereich, der die meisten Kratzer und Schrammen abbekommt) müssen strapazierfähig und abwaschbar sein. In Frage kommen hier Rauhfasertapeten, mit Eggshellfarbe in dunkleren Farbtönen bemalt; abwaschbare Vinyltapeten; dekorative Farbeffekte, zum Beispiel mit dem Schwamm oder dem Lappen aufgetupfte Lasuren, Marmorierungen oder gezogene Lasuren; oder eine geflieste Sockelzone. Auch Türen bekommen klebrige Fingerabdrücke ab, daher ist naturfarbenes Holz, mit Polyurethanfirnis versiegelt, oder eine unempfindliche Farbe praktischer als Weiß, Creme oder Magnolie.

***Kreative Gestaltungsideen***

*❍ Um den Raum optisch zu vergrößern (was besonders bei Zwei- und Dreizimmer-Apartments, Bungalows und kleinen Häusern wichtig ist), lassen Sie das Ausstattungskonzept des Dielenbodens in die anderen Räume weiter»fließen« oder verwenden Sie wenigstens das gleiche Farbkonzept für alle Fußbodenbeläge.*

*❍ Bei einer schmalen tunnelähnlichen Diele montieren Sie Spiegel oder verspiegelte Paneele an einer Wand, bemalen Sie jede Tür in einer anderen Farbe (als Verbindung zu den Farben der Wanddekoration); verwenden Sie eine besonders effektvolle Dekoration für die Tür gegenüber der Eingangstür.*

*❍ Mit einer Fußleiste in der gleichen Farbe wie der Bodenbelag wirkt die Diele größer und breiter.*

*❍ Verwenden Sie warme, einladende Farben auf den wichtigsten Flächen – dem Boden, den Wänden und der Decke – und würzen Sie mit ein paar kühnen, schrillen Farben bei den Accessoires.*

*❍ Wenn es zum Stil des Hauses paßt (und die Decke verhältnismäßig hoch ist), bringen Sie eine Profilleiste als Abschluß der Sockelzone an, etwa ein Meter oberhalb des Fußbodens; dekorieren Sie die Fläche darunter mit einer grob texturierten Tapete und streichen Sie sie mit abwaschbarer Farbe; verwenden Sie eine leichtere Tapete für den oberen Teil der Wand.*

*❍ Eine nicht ganz so dauerhafte Version dieser Dekoration wäre eine Teilung der Wandfläche durch eine Bordüre in gleicher Höhe und zwei aufeinander abgestimmte Tapeten für den oberen und den unteren Wandbereich.*

*❍ Wenn für eine konventionelle Garderobe nicht genügend Platz vorhanden ist, bringen Sie eine dezente Holzleiste mit schlichten, hölzernen Kleiderhaken im Stil der Shaker an, an die die Gäste ihre Mäntel und Schirme hängen können. Im Idealfall sollte diese Garderobenleiste in Höhe der Bilderleiste angebracht werden. Wenn das zu hoch erscheint, kann man sie auch tiefer anbringen.*

Dielenböden leiden besonders unter den täglichen Fußtritten, die Erde, Sand und Schnee mit sich bringen. Daher ist es ratsam, einen strapazierfähigen, leicht zu reinigenden Belag zu verwenden und zusätzlich eine robuste Fußmatte anzuschaffen – innerhalb und außerhalb der Eingangstür. Wenn Sie die Diele und die Treppe bis zum Treppenabsatz mit Teppichboden auslegen wollen, wählen Sie die beste Qualität, die Sie sich leisten können: eine Woll/Nylonmischung, Twiste oder Teppichböden mit ungeschnittenem Flor. Ein mittlerer Farbton, auch kleingemustert, wäre praktisch.

Es ist nicht unbedingt erforderlich, in der Diele und auf der Treppe Teppichboden zu verlegen. Man kann auch Fliesen legen – der traditionelle Fußbodenbelag im viktorianischen und edwardianischen England; versiegelte Korkfliesen; genoppten Gummibelag (wenn es zum Stil des Hauses paßt); Vinyl in Form von Bahnen oder Fliesen; Linoleum, mit dem man interessante Muster kreieren (oder Bahnen mit Fliesen mischen) kann. Weitere mögliche Bodenbeläge sind Sisal-, Kokos-, Binsen- oder Seegrasmatten, die aber zu rutschig für einen Treppenbelag sind. Die Treppe selbst müßte nicht verlegt werden, man könnte das Holz schleifen und versiegeln – aber das könnte ziemlich laut werden, und außerdem ist das nicht empfehlenswert, wenn ältere Familienmitglieder oder kleine Kinder im Haus sind. Eine andere Möglichkeit wäre ein robuster Teppichboden (der auf den abwaschbaren Bodenbelag der Diele abgestimmt ist) für die Treppe und den Treppenabsatz. Teppichböden für die Treppe müssen rutschfest sein (daher sind einige ungeschnittene Florarten nicht geeignet) und müssen fest verankert werden, um Unfälle zu vermeiden.

***Visuelle Anschlüsse***

Versuchen Sie, Ihr Ausstattungskonzept kontinuierlich zu gestalten, so daß es sich bis zum Treppenabsatz und weiter in die anschließenden Räume fortsetzt. Koordinieren Sie die Farben oder wählen Sie ein Muster aus, das in einem anderen Maßstab wiederholt werden kann oder im nächsten Raum auf einer anderen Fläche verwendet wird. Schauen Sie sich nach farblich abgestimmten Kollektionen von Stoffen, Bordüren und Tapeten um, damit Sie die Dekoration mehrerer Räume mischen können. Fußbodenbeläge in ähnlichen Farben in sämtlichen Räumen vervollständigen die optische Kontinuität – Sie könnten zum Beispiel auf der Treppe und auf dem Treppenabsatz einen gemusterten Teppich verlegen und jeweils eine Farbe aus dem Muster für einen einfarbigen Belag in einem der anderen Räume wählen. Die Nahtstellen an den Türöffnungen werden mit Schwellenstreifen verdeckt; dadurch wird nicht nur die Naht verdeckt, sondern die verschiedenen Teppichbeläge werden optisch voneinander getrennt. Man kann auch schmale Holzleisten verwenden, die man in der Farbe eines der Teppiche bemalt.

*Die marmorierte Sockelzone und die schwarze Fußleiste reduzieren die Höhe der Wände dieser fensterlosen, L-förmigen Diele und setzen einen kräftigen, farbigen Akzent. Die diskret gestreifte Tapete und das helle Holz der Parkettriemen tragen zu der eleganten Atmosphäre des Raumes bei. Der schmale Konsoltisch beansprucht sehr wenig Platz, bietet aber eine unentbehrliche Ablagefläche für wichtige Kleinigkeiten und ein paar kleine Objekte; die geschickte Beleuchtung lenkt die Aufmerksamkeit auf die originelle Hängung der vier zusammengehörigen Graphiken.*

***Beleuchtung***

Die Diele und die Treppe bekommen meist zu wenig Tageslicht. Wählen Sie, um das Licht zu streuen, für die Fensterdekoration gazeartige Stoffe, Spitzenschals, Lamellenjalousien oder Fensterläden mit Lamellen; oder Vorhänge oder Rollos, die den Lichteinfall bei Tage nicht mindern. Buntglas in einem Fenster auf dem Treppenabsatz, in einem Fächerfenster oder einer Tür macht jede weitere Dekoration überflüssig – man sollte die glühenden Farben an sich wirken lassen – und vielleicht sogar das Farbkonzept darauf aufbauen. Die künstliche Beleuchtung sollte gutes Hintergrundlicht abgeben und aus Sicherheitsgründen die Stufen und jede Unregelmäßigkeit des Fußbodens ausleuchten. Verwenden Sie Spots, um Akzente zu setzen und Bilderleuchten, um Objekte zu beleuchten; Deckenfluter lassen den Raum höher erscheinen. Die Treppenbeleuchtung muß so angebracht werden, daß man beim hinauf- oder heruntersteigen der Treppe nicht geblendet wird. Lassen Sie doppelte Schalter verlegen, so daß man die Treppenbeleuchtung von unten und von oben regulieren kann.

***Der letzte Schliff***

Die Diele und die Wände neben der Treppe sind ideal, um Sammlungen von Kupferstichen, Bildern oder Fotos zu zeigen; farbige Bilderrahmen, die ein anderes Farbkonzept fortsetzen, können ebenfalls optische Verbindungen herstellen. Dekorative Regale und Nischen für Delfter Keramik setzen Akzente und tragen zur Atmosphäre bei. Es gibt Dielen, Korridore und Treppenabsätze mit genügend Raum für Bücherregale oder niedrige Bücherschränke; eine tiefe Fensternische könnte man zum Beispiel in einen Miniwintergarten verwandeln; und vor allem: beleuchten Sie die Pflanzen – damit erzielen Sie den besten Effekt.

**Kreative Gestaltungsideen**

❍ Beleben Sie das Fenster auf dem Treppenabsatz mit einem Rollo, auf den eine Aussicht gemalt ist, oder installieren Sie ein Glasregal quer über die Fensterbreite. Stellen Sie eine Sammlung bunter Glasobjekte zur Schau.

❍ Wenn es durch die Eingangstür zieht, bringen Sie auf der Innenseite eine Portiere mit einer speziellen Portierenstange an, die sich hebt und senkt, wenn die Tür bewegt wird.

❍ Sorgen Sie dafür, daß der Teppichbelag der Treppe festsitzt und die Kanten der Stufen gut beleuchtet sind.

❍ Beleuchten Sie die Eingangstür und das Namensschild, damit man es von draußen lesen kann; lassen Sie für die Treppenbeleuchtung je einen Schalter in der Diele und auf dem Treppenabsatz anbringen.

❍ Verwenden Sie den Platz unter der Treppe so gut wie möglich: er läßt sich bei maximaler Nutzung gut als Stauraum verwenden, vielleicht auch als Arbeitsplatz mit Schreibtisch oder als Duschkabinett.



| VERGLEICHE AUCH DIE SEITEN: | |
|---|---|
| RAUMPLANUNG | 36 |
| FARBE VERSTEHEN LERNEN | 84 |
| FUSSBODENBELÄGE | 140 |
| DIE BELEUCHTUNG PLANEN | 224 |

# BADEZIMMER

*Ob Sie ein Bad völlig neu planen oder einem bereits eingerichteten einen neuen Touch geben möchten – Sie müssen es genauso sorgfältig planen wie die Küche, nicht zuletzt wegen den erforderlichen Rohrleitungen. Das Layout, die Installationen, die Materialien und die Oberflächen müssen minutiös geplant werden, vor allem, wenn verschiedene Generationen das Bad benutzen und ganz besonders dann, wenn es sich um das einzige Badezimmer in der Wohnung oder im ganzen Haus handelt. Falls der zur Verfügung stehende Raum ausreicht, sollten Sie ein Badezimmer mit Doppelfunktion planen. Ein Badezimmer/Ankleideraum ist sehr praktisch; natürlich auch ein Badezimmer/Waschraum mit Waschmaschine und Trockner – vorausgesetzt, es ist möglich, getrennte Stromleitungen zu verlegen; und Fitnessfanatiker möchten vielleicht eine Trainingsecke.*

Beginnen Sie mit einer Analyse des Tagesablaufs in Ihrem Haushalt. Denken Sie darüber nach, wie Sie und Ihre Familie das Badezimmer benutzen: Gibt es einen Zeitpunkt, an dem alle zur gleichen Zeit das Bad benutzen wollen? Dieses Problem könnte dadurch gelöst werden, daß man Doppelwaschbecken über Unterschränken installiert. Und sollte sich die einzige Toilette des Hauses im Badezimmer befinden, wäre es nicht ratsam, eine etwa existierende Wand zwischen Badewanne und Toilette einzureißen.

Eine Dusche ist eine feine Sache, als schnelle Erfrischung oder um schmutzige Kinder abzuduschen, und erfordert außerdem weniger Wasser als ein Wannenbad. Aber lassen Sie sich nicht verleiten, eine Badewanne für eine Dusche

herauszureißen – versuchen Sie beides mit ihren jeweiligen Vorteilen zu kombinieren. Wenn kein Platz für eine separate Dusche vorhanden ist, überlegen Sie, ob es ein Duschbad mit einem rutschfesten Boden, der völlig plan ist, nicht auch tun würde oder ein Sitzbad, wie man es im maritimen Bereich kennt. Dafür braucht man ungefähr die Hälfte des Platzes, den eine konventionelle Badewanne einnimmt, und darüber läßt sich leicht eine Dusche einbauen.

Vielleicht denken Sie auch daran, eine Dusche an einem anderen Platz, vielleicht im Schlafzimmer zu installieren (siehe Seite 64); mit elektrischen Pumpen und einem zusätzlichen Warmwasserboiler wäre das möglich, dann müßte man sich weder um den Wasserdruck kümmern noch den Tank höher als die Dusche anbringen. Wenn Sie beabsichtigen, die Badezimmerinstallationen zu erweitern – entweder durch eine viel größere Badewanne und eine zusätzliche Dusche, die an die Hauptwasserleitung angeschlossen ist, oder vielleicht sogar durch ein zweites Bad in einem Raum, der zur Zeit nicht benötigt wird – müßten Sie sich Gedanken machen über die Kapazität der Warmwasserversorgung. Sind der vorhandene Boiler und der Heißwassertank in der Lage, genügend Warmwasser zu produzieren? Am besten ziehen Sie einen Installateur zu Rate. Wenn Sie eine größere Badewanne aufstellen, Keramik- oder Marmorfliesen verlegen wollen, müssen Sie über das zusätzliche Gewicht nachdenken – eine große, gußeiserne Badewanne mit heißem Wasser und Badenden kann ziemlich schwer sein und erfordert vielleicht sogar eine Verstärkung des Fußbodens und der tragenden Balken.

*OBEN: Hier wurde eine Ansammlung alter Keramikfliesen für einen originellen Spritzschutz mit Patchworkeffekt hinter Badewanne und Waschbecken verwendet.*

*LINKS AUSSEN: In diesem geräumigen Badezimmer wurde das kühle Blau durch die warmen Naturholztöne der Arts-and-Crafts-Möbel, das terrakotta- und goldgemusterte Rollo und den feinen Orangeton der Wände gemildert, der mit dem Schwamm aufgetragen wurde. Die gezackte Oberkante der gefliesten Wandfläche besteht aus mehreren Reihen auf die Spitze gestellter Fliesen.*

*LINKS: Die ruhige Atmosphäre der Badezimmerdekoration beruht darauf, daß die Wandverkleidung der Sockelzone, die Außenwand der Badewanne und die Duschwand im gleichen Farbton gestrichen wurden. Der Fensterrahmen und der Einbauschrank schließen sich dieser völligen Übereinstimmung an, nur die Wände sind einen Ton heller. Am Tage gibt die Lamellenjalousie die Aussicht frei, bei Dunkelheit kann sie den Raum völlig von der Außenwelt abschirmen.*

### Kreative Dekorationsideen

- *Bemalen Sie die Fliesen mit spezieller Fliesen- oder Deckfarbe, wenn Sie die Wandfarbe ändern wollen, oder tragen Sie ein Schablonenmuster mit Sprühfarbe auf, um die Dekoration ein wenig lebhafter zu gestalten.*
- *Eine preiswerte, zusätzliche Dekoration wäre eine darauf abgestimmte Bordüre in Schabloniertechnik, die oberhalb der Sockelzone und quer über die Möbel verläuft.*
- *Das Bad wirkt größer, wenn Sie die Sockelzone in der gleichen Farbe dekorieren oder bemalen wie den Fußboden.*
- *Wenn Sie eine waschbare Badematte aus Baumwolle auf den Boden legen wollen, achten Sie darauf, daß sie für Ihre Waschmaschine nicht zu groß ist. Zwei kleine Matten sind praktischer als eine große.*
- *Verwenden Sie Spezialspiegel, die nicht beschlagen (es gibt Schränke mit verspiegelten Türen, in die Heizungselemente eingebaut sind). Wenn Sie sich für Spiegelfliesen entschließen, achten Sie darauf, daß die Fläche darunter vollkommen plan ist, sonst wird das Spiegelbild verzerrt. Kleben Sie sie notfalls auf ein Brett und das Brett an die Wand.*
- *Kleben Sie neue Fliesen auf die alten; es ist nicht notwendig, die alten Fliesen herauszureißen, wenn Sie den Universaltyp mit abgerundeten Kanten verwenden. Auch eine Verkleidung mit Holzpaneelen wäre möglich – allerdings müßten Sie sie versiegeln, um sie vor Wasserspritzern zu schützen.*
- *Wenn Sie hübsche Duschvorhänge, passend zur Fensterdekoration, anbringen möchten, bringen Sie zusätzlich einen durchsichtigen Plastikvorhang an und befestigen Sie ihn mit einem speziellen Vorhangfutterband auf der Rückseite des Vorhangs. Zum Waschen der Duschvorhänge lassen sich beide Schichten leicht trennen.*
- *Glatte, einfarbige Handtücher kann man mit Spitze oder einem beliebig anderen Belag verzieren, eine glatte Kante mit Applikationen.*

*Die Holzverkleidung dieses kleinen, zweckmäßig ausgestatteten Badezimmers wurde mit Ölfarbe gestrichen, damit man die Wasserspritzer leicht abwischen kann. Durch das helle, freundliche Farbkonzept wirkt der Raum größer als er ist; belebt wird das Ganze durch die Accessoires, den Flickenteppich und das dekorative Rollo mit der Bogenkante.*

*Die kühle Eleganz dieses ultramodernen Badezimmers mit seinen dramatischen Statements wirkt fast abstrakt – ein leicht kurviertes Wandsegment, mit schwarzen Porzellanmosaiksteinchen bedeckt, trennt Badewanne und Toilette. Ein großer Spiegel erweckt die Illusion von Geräumigkeit und vervielfältigt das Licht. Der Heizkörper unter dem Fenster dient gleichzeitig als Handtuchhalter, und die Schönheit des eleganten Schiebefensters wird von einem durchsichtigen Rollo unterstrichen.*

Wenn Sie sich für eine Badewanne entscheiden, denken Sie der Zeit voraus. Zum Beispiel an die praktischen Aspekte beim Baden von Kindern (Sie müssen sich leicht über den Wannenrand beugen können) und vielleicht auch daran, wie man ohne Mühe in die Wanne hinein- und herauskommt, wenn die Gelenke steif werden und Griffe und Hähne schwer zu handhaben sind. Es gibt zahlreiche ergonomisch gestaltete Badezimmerinstallationen, Hähne und Accessoires, die speziell für die sehr jungen, die behinderten und die älteren Personen entworfen werden und die auch stilistisch annehmbar sind. Überlegen Sie, welches andere Zubehör Sie außer Wanne, Dusche und Handwaschbecken brauchen – ein Bidet, eine Sauna, eine Wanne mit Whirlpool? Eine Wanne mit Whirlpool muß bestimmten Sicherheitsanforderungen genügen und von einem Fachmann installiert werden; lassen Sie sich nicht einfallen, die vorhandene Badewanne entsprechend umzubauen, das könnte sich als gefährlich und unhygienisch erweisen.

Bei der Wahl der Farbe für das Bad lassen Sie sich nicht von Modetrends leiten. Wählen Sie eine Farbe, die mehrere Dekorationswechsel überstehen kann und die leicht zu reinigen ist. Schwarze, dunkelblaue und burgunderfarbene Badewannen kann man unmöglich einwandfrei sauberhalten; am besten wählt man eine mittlere Farbe oder einen Pastellton oder ganz einfach Weiß – um diese Farben läßt sich die Gesamtdekoration ohne Schwierigkeiten ändern.

Die Beleuchtung im Badezimmer muß besonders sicher sein, und die Glühbirnen müssen rundherum verdeckt sein; sie sollten ein klares, direktes Licht verbreiten und die Spiegel ohne zu blenden gut beleuchten. Zum Entspannen in der Badewanne ist eine weiche Hintergrundbeleuchtung angenehm, deshalb wäre zu überlegen, ob Sie mehrere separate Leitungen verlegen lassen (siehe Seite 224). Die Schalter sollten sich mit einer Zugschnur bedienen lassen oder sich außerhalb des Badezimmers befinden.

### *Was ist machbar*

Wenn Sie herausgefunden haben, was Sie brauchen, können Sie sich in Schauräumen von Badezimmerspezialisten und Lieferanten von Bauzubehör umsehen oder sich Kataloge schicken lassen. Messen Sie Ihr Bad aus, fertigen Sie einen maßstabgetreuen Grundriß an und schneiden sich Muster der Einrichtungsgegenstände (siehe Seite 36), um auszuprobieren, ob Sie alles unterbringen können, was Sie geplant haben. Markieren Sie auf Ihrem Grundriß die Wasserleitungen und Abflußrohre. Veränderungen könnten teuer werden – vielleicht stellen Sie die neue Badewanne doch lieber dahin, wo die alte stand, um unnütze Unruhe und Kosten zu vermeiden. Bitten Sie einen qualifizierten Installateur und einen Elektriker um einen Kostenvoranschlag; es empfiehlt sich immer, die Kosten für Auftragsarbeiten von zwei oder drei Handwerkern schätzen zu lassen. Fragen Sie, wie lange die Arbeiten dauern würden, weil Sie nicht länger als ein oder zwei Tage ohne Badezimmer sein möchten und wie hoch die Kosten sind. Auch die Badezimmerspezialisten oder Möbelhändler, in deren Schauräumen Sie sich umgeschaut haben, machen Ihnen gern einen Kostenvoranschlag.

### *Oberflächen und Material*

Die wichtigsten Oberflächen sollten so praktisch wie möglich sein – wasserdicht, leicht zu reinigen und unfallsicher.

**Der Fußboden** muß Wasserspritzer vertragen können, zu empfehlen sind Keramik- und vorversiegelte Korkfliesen; Vinyl, Linoleum oder versiegelte Holzdielen. Als weichen Belag für diese Böden wählt man waschbare Baumwollmatten mit rutschfester Unterseite. Statt der harten Beläge kann man auch Badezimmerteppich oder Teppichfliesen verlegen. Beides darf weder zu fest verankert werden – falls der Belag einmal zu naß wurde und getrocknet werden muß – noch zu lose verlegt werden wegen der Unfallgefahr.

**Die Wände** können verfliest, teilverfliest oder mit einer speziellen Badezimmerfarbe bemalt werden, auch Eggshellfarbe, Seidenmatt oder stumpfe Latexfarbe sind geeignet. Man kann die Wände auch mit Holz verkleiden oder mit einer Vinyltapete dekorieren. Es lohnt sich, die Decke amüsant zu gestalten, denn man schaut sie an, wenn man in der Badewanne liegt.

**Badezimmerfenster** sind gewöhnlich klein und haben verdunkelte oder Milchglasscheiben; allerdings kann man bei Dunkelheit und künstlicher Beleuchtung hindurchschauen; das gilt auch für Gardinen aus Spitze und anderen durchsichtigen Geweben. Fensterscheiben aus Buntglas oder geätztem Glas sind dekorative Akzente, müssen aber abends ebenfalls verdunkelt werden. Die Fensterdekoration sollte möglichst einfach sein, und die Motive auf Rollos und Vorhängen sollten der Größe des Fensters entsprechen.

### *Themen und Konzepte*

Bei der Wahl des Farbkonzeptes für Ihr Badezimmer sollten Sie zuerst die Farbe der Porzellanteile aussuchen, dann erst die übrigen Farben, die entweder damit harmonieren oder einen Kontrast bilden. Nimmt man kontrastierende Farben, wirkt der Raum kleiner, bei einem harmonischen Farbkonzept aus verschiedenen Tönen der gleichen Farbe erscheint der Raum größer. Da Badezimmer meist klein sind, liegt es nahe, sie durch helle, kühle Farben zu vergrößern – was allerdings ziemlich kühl wirken kann. Wenn Sie helle, delikate Farbtöne wählen – Rosa, Rosé, weiches Gelb, Gold, Apricot, Pfirsich, Creme, weiches Terrakotta – wirkt der Raum größer, aber nicht kälter. Bei weißen Porzellanteilen hat man natürlich viele Möglichkeiten.

Lichtreflektierende Texturen – glänzende Wasserhähne, seidig glänzende Wandverkleidungen, Hochglanzfarben, Chintz mit Glanzeffekt und Keramikfliesen – vermitteln ein Gefühl von Räumlichkeit, genau wie strategisch plazierte Spiegel und Paneele aus Spiegelfliesen. Aber Spiegel können sehr unruhig und irritierend wirken, wenn man die Wirkung nicht durch gegensätzliche Strukturen mildert. Warme Texturen oder solche, die das Licht diffus machen, nehmen dem Bad die Kälte, z. B. langflorige Badematten, Handtücher mit langem Flor, Wandschirme aus Rohrgeflecht, Körbe, Spitze, Musselin oder durchsichtige Draperien, und Jalousien mit schmalen Lamellen. Pflanzen, und vor allem solche mit vielfältig gestalteten oder gefiederten Blättern, mildern harte Kanten; wählen Sie Arten, die feuchte Wärme mögen.

### *Heizungssysteme*

Das Badezimmer muß stets angemessen durchlüftet und geheizt werden, damit sich keine Kondensation bildet. Wärme kann durch eine Kombination von Handtuchhalter und Heizkörper zugeführt werden, die an die Zentralheizung angeschlossen ist, oder durch einen der modernen, leiterähnlichen Heizkörper, der ebenfalls als Handtuchhalter benutzt werden kann. Man kann ihn an der Wand befestigen oder als Raumteiler verwenden und an Stellen plazieren, für die ein konventioneller Heizkörper zu groß wäre. Praktisch ist auch ein mit Dampf beheizter Badezimmerheizkörper, der sich automatisch einschaltet, wenn der Boiler in Tätigkeit ist, so daß das Bad und die Handtücher auch im Sommer beheizt werden, wenn die Zentralheizung abgestellt ist.

Sollte Ihnen eine schnell anspringende Heizung lieber sein, so bietet der Markt diverse an der Wand anzubringende Heizkörper, teilweise sogar mit Beleuchtung. Wichtig ist nur, daß diese Heizkörper für eine Benutzung im Bad sicher genug sind und hoch genug installiert werden. Es gibt auch kombinierte Heizkörper/Handtuchhalter mit Ölfüllung, die mit elektrischem Strom aufgeheizt werden.

### Kreative Dekorationsideen

- *Sammeln Sie farbige Obstnetze aus dem Supermarkt. Befestigen Sie sie mit gleichfarbigen Haken über der Badewanne und verwenden Sie sie zum Aufbewahren von Spielzeug, mit dem Kinder in der Wanne spielen.*
- *Wenn Sie einfarbige Fliesen verwenden, mischen Sie, bevor Sie sie anbringen, Fliesen aus allen gekauften Kartons, so daß man mögliche Farbabweichungen nicht wahrnimmt.*
- *Verkleiden Sie den altmodischen Kleiderständer fürs Schlafzimmer mit gefälteltem Stoff und verwenden ihn als Stellschirm.*
- *Ein langes, schmales Badezimmer teilt man mit einem Stellschirm mit aufgemaltem Gartenspalier und ergänzt es durch rankende Grünpflanzen.*
- *Wenn Sie Platz genug haben für ein Glasregal, stellen Sie Ihre Sammlung farbiger Gläser, Muscheln und Kristalldrusen aus; eine dramatische Beleuchtung erhöht die Wirkung. Eine ähnliche Dekoration, quer über die Breite eines Fensters, wäre ebenfalls sehr effektvoll.*
- *Wenn Sie den Fußboden des Badezimmers selbst neu gestalten wollen, werden Sie bemerken, daß Fliesen rund um Rohre, Waschbecken, Bidet und Toilette am leichtesten zu schneiden und zu verlegen sind. Man sollte eine dünne Korkscheibe zwischen Toilettenfuß und Bodenbelag schieben, damit die Toilette nicht bei der kleinsten Ausdehnung des Bodenbelages einen Sprung bekommt.*
- *Wenn Platz genug vorhanden ist, stellen Sie einen nostalgischen Waschständer mit einer Waschschüssel auf.*
- *Alte, gußeiserne Badewannen kann man neu mit Emaille beschichten lassen, auch in einer anderen Farbe. Es gibt Fachleute, die diesen Service anbieten.*


| VERGLEICHE AUCH DIE SEITEN: | |
|---|---|
| RAUMPLANUNG | 36 |
| DIE KÜCHENPLANUNG | 38 |
| FUSSBODENBELÄGE | 140 |
| DIE BELEUCHTUNG PLANEN | 224 |

# SCHLAFRÄUME

*Schlafräume sind die individuellsten und privatesten Räume des Hauses; ob sie Erwachsenen, Jugendlichen oder Kindern gehören – immer sollten sie die Persönlichkeit ihrer Bewohner widerspiegeln. Ein Schlafzimmer kann man mit jemand teilen, oder es kann eine Doppelfunktion haben (Arbeitszimmer/Büro, Ankleideraum/Schlafzimmer, Spielzimmer/Kinderzimmer, Gästezimmer), was ganz besonders exakte Planung und Konzepte erfordert. Da Schlafräume gewöhnlich weniger strapaziert werden als Bereiche mit viel »Publikumsverkehr«, dürfen die Dekorationen hier heller sein, delikater und luxuriöser als im Familienwohnzimmer. Aber ein Schlafzimmer, das gleichzeitig als Kinderzimmer dient, erfordert sehr strapazierfähige, abwaschbare Oberflächen.*

***Wo beginnen?***

Ein Schlafzimmer ist nicht nur zum Schlafen da, meist dient es auch als Stauraum für persönliche Besitztümer – von der Kleidung und den Accessoires bis zu Koffern, Sport- und Hobbyausrüstungen und Spielsachen, manchmal auch bis zum Fernseher und zum Computer. Deshalb könnte man bei der Planung mit dem Stauraum beginnen, der entweder aus Einbauschränken oder frei stehenden Möbeln besteht – oder aus einer Mischung von beidem. Im Idealfall entwickelt man den Stauraum vom Inhalt her, man überlegt, was verstaut werden muß und schätzt den für Kleiderstangen, Regalbretter und Schubladen erforderlichen Raum (Einzelheiten siehe: Ein Platz für alles, Seite 230). Das Material und das Finish der Schränke beeinflußt auch den Stil des Raumes, der von der Dekoration der Wände, der Fenster und des Bettes aufgenommen und unterstrichen wird.

***Die Wahl des Bettes***

Die Wahl der Schränke mag wichtig für das Schlafzimmer sein, aber das Bett ist das Allerwichtigste. Es muß vor allem bequem sein. Die Festigkeit der Matratze muß auf den Benutzer des Bettes abgestimmt werden; bei Kindern muß sie ausreichen, um die jungen Knochen zu stützen. Wenn ein Sofabett für einen Raum mit Doppelfunktion zur Debatte steht, mag das ausziehbare Modell für gelegentliche Gäste ausreichend sein, es ist aber nicht geeignet, Nacht für Nacht darin zu schlafen. In diesem Fall wäre eine gute Matratze, die sich in den Rahmen eines Sofas versenken läßt, oder ein Futon die bessere Lösung.

Man sollte ein Bett vor dem Kauf testen, das heißt, man geht in ein renommiertes Geschäft, zieht die Schuhe aus und probiert verschiedene Marken und Matratzentypen aus. Legen Sie sich in voller Länge auf das Bett, mit Kopfkissen, wie Sie es gewohnt sind, und bleiben Sie ein paar Minuten liegen. Wenn Sie das Bett für eine andere Person kaufen, nehmen Sie sie mit, damit sie es selbst ausprobieren kann. Wenn es sich um ein Doppelbett handelt, sollten beide Partner an der Auswahl beteiligt sein. Man kann für ein Doppelbett zwei Matratzen mit verschiedenem Festigkeitsgrad bestellen; es gibt auch Doppelbetten mit separaten Rahmen, die man auseinandernehmen und als Einzelbetten benutzen, aber auch wieder zu einem Doppelbett zusammensetzen kann. Diese Lösung bietet sich besonders für Gästezimmer an – übrigens sollte man auch Gästebetten testen. Kaufen Sie niemals eine Second-hand-Matratze, möglich daß sie Ihren Schlafgewohnheiten nicht genügt oder unhygienisch ist. Aber gegen einen alten Bettrahmen oder ein altes Bettgestell ist nichts einzuwenden, man muß sich nur vergewissern, daß die Metallteile noch tauglich sind und daß es keine Holzwürmer hat.

*Das in frischem Weiß/Blau dekorierte Schlafzimmer mit seinem mediterranen Flair wirkt schlicht und übersichtlich mit der gequilteten Bettdecke als Blickpunkt. Die weiß getünchten Wände nebst Decke und der weiß geflieste Boden tragen zur Helligkeit des Raumes bei, während der leuchtend blaue Anstrich von Fensterrahmen, Fensterläden und Tür eine ausgesprochen dekorative Funktion hat.*

***Maßnehmen***

Die Größe des Bettes muß zur Form des Raumes passen und zu dem vorhandenen Platz, aber auch zu dem Stil, den Sie sich vorstellen. Ein Himmelbett mit vier Pfosten paßt gut in ein Schlafzimmer im Landhausstil, wäre aber sehr unpraktisch für ein Cottage mit niedriger Decke. Hier würde man mit einer Drapierung, über dem Kopfteil des Bettes an der Wand angebracht, einen ähnlichen Effekt erzielen. Ein Bettgestell aus Messing oder ein einfaches, niedriges Bettgestell aus Eisen würde gut in ein viktorianisches Ambiente passen; ein runder, herzförmiger Diwan mit üppig gepolstertem Kopfteil mit eingezogenen Knöpfen läßt eher an das Hollywood der dreißiger Jahre denken; als elegantes Bett im Geschmack des französischen Empire eignet sich ein *Lit en bateau* mit einer Draperie aus feiner Gaze, die von einer Krone an der Decke herunterfällt. Strenge Liegen mit glatten, maßgeschneiderten Decken, funktionelle Futons und minimalistische Betten mit Metallrahmen passen besser zum zeitgenössischen Wohnstil.

Am besten kann man planen und das richtige Bett wählen, wenn man einen maßstabgetreuen Grundriß des Schlafzimmers anfertigt (siehe Seite 36). Vergessen Sie bei Ihren Berechnungen nicht, daß Betten zum Reinigen des Bodens bewegt werden müssen und daß genügend Platz sein muß, damit man beim Beziehen um das Bett herumgehen kann. Wenn der Platz knapp ist und Sie nur ab und zu ein Gästebett brauchen, gibt es genug Möglichkeiten – man kann Betten stapeln (man kann ein Extrabett unter das Hauptbett schieben), in Nischen eingebaute Betten kann man unterteilen, und es gibt Betten, die sich in einen Schrank, einen Sessel oder einen Tisch versenken lassen.

Wenn Sie sich für eine ungewöhnliche Form oder ein extragroßes Format entschließen (was notwendig wäre, wenn der Benutzer besonders groß oder schwer ist), denken Sie daran, daß das Bettzeug die entsprechenden Maße haben muß. Vielleicht müßten Sie auch extragroße Decken, Bettlaken oder Quilts kaufen – was sich als Extrakosten in Ihrer Kalkulation bemerkbar machen würde.

Wenn Sie den Raum aufteilen müssen, gibt es verschiedene Möglichkeiten – allerdings können Raumteiler, die nicht nur vorübergehend verwendet werden, die Proportionen

***Kreative Gestaltungsideen***

❍ *Phantasievolle Gestaltung der Decke lohnt sich, denn man sieht sie immer, wenn man im Bett liegt: Wählen Sie eine kräftige Farbe oder eine auffallende Tapete, gestalten Sie sie wie ein Zeltdach oder mit Wolkeneffekten aus Papier oder Farbe oder bekleben Sie sie mit Sternen.*

❍ *Ein kleines Schlafzimmer kann durch einen großen Spiegel größer wirken.*

❍ *Ein auf Maß gearbeiteter Bezug kann ein Gästebett zum Ersatzsofa machen. Keilförmige Kissen oder Polsterrollen schaffen Gemütlichkeit.*

❍ *Himmelbetten und Baldachine mit bodenlangen Behängen sind Blickpunkte in Schlafräumen. Vorhänge auf doppelten Querbehangschienen (siehe Seite 174) wirken wie Halbbaldachine.*

❍ *Bettkästen können als Stauraum genutzt werden, vor allem, wenn sie Schubladen haben. Behälter auf Rollen lassen sich hinter Stoffbehängen verbergen.*

❍ *Kamine lassen sich mit Regalbrettern (von mindestens 53 cm Tiefe) zu Stauraum umfunktionieren, der durch einen Vorhang oder ein Springrollo versteckt wird.*

❍ *Getönte Rollos in Kinderzimmern schaffen auch in hellen (und kurzen) Sommernächten Schlafatmosphäre.*

❍ *Wählen Sie für Schlafzimmer Hängelampen mit Kugelschirm; sonst blicken Sie direkt in die Glühbirne.*

***Kreative Ausstattungsideen***

*❍ Beleuchten Sie das Innere der Schränke: Schalter, die am Türpfosten angebracht werden, schalten das Licht automatisch an und aus.*

*❍ Garnieren Sie die Wand hinter dem Kopfteil des Bettes mit einer Schablonenbordüre, die das Kopfteil eng umrandet.*

*❍ Gönnen Sie sich den Luxus und türmen Sie Berge von Kissen in den verschiedensten Formen, Farben und Mustern auf das Bett; oder schichten Sie weiche Quilts, Bettdecken, Überwürfe, Schals und Spitzen übereinander.*

*❍ Ein Bettkasten mit gepolstertem Deckel am Fußende des Bettes bietet viel Stauraum und dient zusätzlich als Sitzbank oder Untersatz für den Fernseher am Bett.*

*❍ Wenn Schlafzimmer und Badezimmer dicht nebeneinanderliegen, wählen Sie ein Dekorationskonzept, das beide Räume verbindet.*

*❍ Wenn Sie ein großes Schlafzimmer besitzen, richten Sie sich ein ganz privates Refugium ein mit einem kleinen Tisch und einem Sessel oder einer Chaiselongue oder mit einem Schreibtisch, an dem Sie Briefe schreiben und Eintragungen ins Tagebuch machen können.*

*❍ Kreieren Sie eine kuschelige Bettnische zwischen Einbauschränken: stellen Sie ein Bett mit der Längsseite an die Wand; plazieren Sie anschließend an Kopf- und Fußteil Einbauschränke und verbinden Sie sie an der Oberkante durch kleine Wandschränke; bringen Sie einen einfachen Vorhang darunter an, der sich nachts schließen läßt.*

*❍ Alles stimmt mit allem überein, auch die Gardinen der verglasten Schranktüren, die auf die Fenstervorhänge und die Bettdecke abgestimmt sind.*

*Der speziell für dieses Liegebett angefertigte, kuppelartige Baldachin in diesem Empire-Schlafzimmer wirkt überaus luxuriös. Die Farben des Stoffes werden von der Wanddekoration, dem Karnies und den Fensterrahmen aufgenommen.*

des Raumes stören und in einem Teil des Raumes das Tageslicht stark reduzieren. Für kurzfristige Teilungen, die vielleicht nur nachts erforderlich sind, kann man vertikale Lamellen als Vorhänge verwenden oder zusammenfaltbare Lamellentüren oder tragbare Wandschirme. Auch durch die Plazierung der Möbel kann man einen Raum teilen, man verwendet Nischen, Betten, Kleiderschränke, Kommoden, Schränke, Schreibtische oder Frisiertische als Raumteiler. Über niedrigeren Möbeln lassen sich zusätzlich Rollos anbringen, die den Zwischenraum schließen. In Kinderzimmern oder Teenagerzimmern kann man hölzerne Gerüste aufbauen, die das Territorium abstecken ohne Licht zu schlucken.

### *Experten zu Rate ziehen*

Wenn Sie ungefähr wissen, was sie möchten, und sich auch schon Gedanken über die Kosten gemacht haben, haben Sie sich vielleicht dazu entschlossen, die Schlafzimmermöbel einbauen zu lassen. Dann werden Sie, wie bei der Küche, einen Fachmann zu sich bitten, der Ihnen helfen wird, die Ausstattung neu zu planen und auszustatten. Vorher hat man meist die Möglichkeit, sich Modelle von Einbauschränken im Schauraum oder im Katalog anzuschauen, oder der Experte wird Ihnen eine Mappe mit Entwürfen vorlegen. Es gibt eine Vielfalt von Finishs – gebeizte, bemalte oder kunststoffbeschichtete Möbel und diverse Arten von Türen, Falttüren, Schiebetüren oder sonstige platzsparende Türen. Denken Sie daran, daß sich mit verspiegelten Türen der Raum optisch vergrößern läßt.

### *Ein Ausstattungskonzept erarbeiten*

Wenn Sie Ihr Ausstattungskonzept einschließlich Fenster- und Bettdekorationen selbst entwerfen, denken Sie daran, daß das Bett normalerweise der wichtigste Gegenstand im Raum ist – in einem kleinen Schlafzimmer kann es sogar den größten Teil des Raumes einnehmen. Da es ein äußerst wichtiger Bestandteil des Ausstattungskonzeptes ist, müssen

*Durch die von Einbauschränken bedeckte Wand wird der Raum dieses kleinen Schlafzimmers im Dachgeschoß optimal genutzt. Die Lamellenfensterläden an den Gaubenfenstern haben die gleiche Farbe wie die Wände und die Schränke – ein Trick, der den Raum größer erscheinen läßt.*

### *Kreative Ausstattungsideen*

❍ *Wenn Sie Ihr Schlafzimmer nicht allein benutzen, vermeiden Sie Interessenkonflikte durch kluge Planung. Dekorieren Sie den Raum mit einfachen Streifen- oder Karomustern und in satten, soliden Farben. Vermeiden Sie den Eindruck der Lasterhöhle.*

❍ *Schlafen Sie gelegentlich selbst in Ihrem Gästezimmer, und überzeugen Sie sich, ob das Bett bequem ist und ob die Beleuchtung ausreichend ist.*

❍ *Ein großes Schlafzimmer läßt sich in einen Schlaf- und einen Ankleidebereich aufteilen: Man könnte eine halbhohe Trennwand einbauen lassen; Kleiderschränke oder Einbauschränke sind weniger permanente Trennlinien. Stellen Sie das Bett mit dem Kopfende an die Rückseite der Schränke, die Sie mit Stoff oder Tapete verkleiden können.*

❍ *In einem besonders kleinen Gästeschlafzimmer könnten Sie einen Garderobenständer aus verformtem Bugholz aufstellen – man kann ihn natürlich auch als dekorativen Blickpunkt verwenden und elegante Hüte, Schals und Taschen daran aufhängen.*

❍ *Wenn das Kopfende des Bettes zwischen zwei Fenstern steht oder unter dem Hauptfenster, vergewissern Sie sich, daß es nicht zieht; im Idealfall sollte es doppelt verglast sein oder zumindest mit schweren, gefütterten Vorhängen oder Vorhängen mit Zwischenfutter dekoriert sein.*

❍ *Verkleiden Sie häßliche oder unebene Wände mit preiswerten Stoffen. Die Vorhangstangen oder -schienen für die Stoffverkleidung können Sie an der Wand, dicht unterhalb der Decke anbringen. Gaze wirkt leicht und luftig; etwas extravaganter wirken Paisley- oder provenzalische Muster; Gingham signalisiert Schlichtheit; und Tartanstoffe erinnern an den schottischen Baronial Style.*


VERGLEICHE AUCH DIE SEITEN:

| | |
|---|---|
| RAUMPLANUNG | 36 |
| FARBE VERSTEHEN LERNEN | 84 |
| FUSSBODENBELÄGE | 140 |
| ROLLOS: IDEENREICHTUM UND PHANTASIE | 182 |

*Die opulenten Draperien des Vierpfostenbettes beherrschen den Raum, Weiß sind auch die Fensterverkleidungen und die losen Bezüge der Stühle – ein Schlafzimmer, das nicht nur durch die Weiß- und Cremetöne der Ausstattung absolute Ruhe und Entspannung verspricht.*

Bettzeug, Bettdecke und sonstige Bettdekorationen zusammen mit dem Konzept geplant und nicht später als Accessoires dazugekauft werden. Wenn Sie vermeiden wollen, daß das Bett überdimensional wirkt, dekorieren Sie es so, daß es mit der Umgebung verschmilzt, wählen Sie eine Bettdecke, die die gleiche Farbe hat wie der Boden und die Wände. Wenn Sie möchten, daß es sich von seiner Umgebung abhebt, kreieren Sie eine opulente Drapierung – etwa ein Vierpfostenbett mit Betthimmel und -vorhängen. Andere Möglichkeiten wären eine maßgeschneiderte Decke, ein loser Überwurf oder ein Patchworkquilt.

Farbkonzepte für Schlafzimmer sollten eine entspannende Atmosphäre schaffen; im Kinderzimmer oder in einem Teenagerzimmer darf es bunter und munterer zugehen. Wenn das Schlafzimmer wenig Tageslicht bekommt oder kalt wirkt, verwenden Sie warme Farbtöne wie Gelb, Gold, Rosa, Pfirsich oder Apricot. Wählen Sie mittlere oder helle Farbtöne für die großen Flächen, etwa für die Wände, und betonen Sie die Konturen; oder setzen sie Akzente in Kontrastfarben durch einzelne Accessoires – zum Beispiel in kräftigem Jadegrün oder Türkis. Wenn der Raum größer erscheinen soll, wählen Sie Farben von der kühleren Seite des Spektrums – Blau- und Lavendeltöne und silbriges Grün – und würzen Sie sie mit Akzenten in Terrakotta, Ockerrot, Fuchsie oder Himberrot. Naturfarben oder neutrale Farben schaffen eine entspannende Atmosphäre, allerdings wirken Grautöne ein wenig kühl, sie brauchen ein paar Akzente in warmen Farben. Viele Creme- und Beigetöne vermitteln das Gefühl von Wärme und Intimität und wirken gleichzeitig beruhigend und entspannend.

Unruhige Muster und glänzende Texturen wirken irritierend, versuchen Sie daher, ein ausgewogenes Verhältnis zwischen gemusterten und einfarbigen Flächen herzustellen und einer glänzenden Oberfläche eine weichere, matte, fasrige, samtige Oberfläche gegenüberzustellen, die das Licht zerstreut. Die Texturen im Schlafzimmer sind notwendigerweise gegensätzlich: Versuchen Sie, Korbgeflecht, Spitze und Messing mit warmschimmerndem Mahagoni zu einem nostalgisch anmutenden Ambiente zu kombinieren und aus weitmaschigen, durchsichtigen Geweben wie Tweed, Jute und Möbeln mit glänzender Oberfläche einen modernen Look zu komponieren.

Die Beleuchtung des Schlafzimmers muß ebenso flexibel sein wie die des Wohnzimmers. Eine allgemeine Hintergrundbeleuchtung ist erforderlich, damit man sich im Raum bewegen und an einem dunklen Morgen ankleiden kann, aber ebenso wichtig ist eine Beleuchtung, die spezielle Aufgaben erfüllt, zum Beispiel für den Ankleidespiegel oder die Leselampe am Bett. Es wäre ratsam, mehrere separate Leitungen legen zu lassen (siehe Seite 224).

# RÄUME, IN DENEN MAN HERANWACHSEN KANN

*Es macht viel Spaß, ein Schlafzimmer für ein Kind zu planen, zu dekorieren und einzurichten – nur steckt die Aufgabe voller Tücken! Wenn Sie die Ausstattung entwerfen, bevor das Baby geboren ist, reagieren Sie vielleicht zu gefühlsbetont. Aber wie dem auch sei – es ist wirtschaftlich nicht vertretbar, Möbel zu kaufen, die nur für eine kleine Altersgruppe passend sind, außer wenn es sich um Babys handelt. Möbel für Kleinkinder sind sehr schnell ausgewachsen, daher sollten Sie das Kinderzimmer so planen, daß es mit dem Kind wachsen kann. Wählen Sie Anbaumöbel oder freistehende Möbel, die man der Einheitlichkeit wegen in der gleichen Farbe bemalen kann. Wenn Sie ein Zimmer für ein älteres Kind einrichten, versuchen Sie, es in die Wahl des Farbkonzepts und der Stoffe mit einzubeziehen, aber behalten Sie sich ein Vetorecht gegen Modetrends vor.*

Mit einem älteren Kind könnte man sogar das geplante Budget diskutieren und ihm den Unterschied klarmachen zwischen den Ausstattungselementen, die diverse Neudekorationen überstehen müssen (zum Beispiel der Fußbodenbelag und einige Möbelstücke) und denjenigen, die sich relativ leicht und für wenig Geld auswechseln lassen, wie Rollos oder Vorhänge, eine Steppdecke, ein Wandfries oder ein paar Graphiken.

***Die sechs wichtigsten Entwicklungsstufen***

**Das Babyschlafzimmer:** Was den Raum anbetrifft, sind die Bedürfnisse eines kleinen Babys verhältnismäßig einfach: Es braucht einen Platz zum Schlafen, zum Wechseln der Windeln, um gewaschen, gebadet und angekleidet zu werden; einen bequemen Platz für die Mutter oder die Pflegeperson, wenn sie auf das Baby aufpaßt oder es füttert; und einen Platz, wo die Kleidungsstücke, die Körperpflegeartikel und die Spielsachen aufbewahrt werden. Das Geheimnis des Erfolges ist, die Ausstattung möglichst einfach zu halten – man könnte sich zum Beispiel auf zarte Pastellfarben und eine bemalte Wand, auf hübsche Stoffe und einen Wandfries mit einem kindlichen Thema beschränken. Sehr wichtig ist eine Beleuchtung mit niedriger Wattzahl für die Nacht – zum Füttern, zum Wechseln der Windeln und um dem Baby ein Gefühl von Geborgenheit zu geben.

**Das Spielzimmer für ein Kleinkind:** Das Problem des Stauraums ist ungefähr das gleiche wie vorher, nur das mehr Stauraum für größere Spielsachen und die ersten Bilderbücher erforderlich ist. Die Wiege läßt sich leicht gegen ein Kinderbett austauschen; ein verstellbares Bett, das mit dem Kind wächst, wäre die praktischste Lösung. Jetzt wird Raum und immer mehr Raum gebraucht, um das Zimmer in ein Chaos zu verwandeln, um irgend etwas zu bauen und allein oder mit Freunden phantasievolle Spiele zu spielen. Jetzt könnte man ein kleines Haus zum Spielen aufstellen, ein Trampolin

*Lebhafte Farben und ein interessanter Mustermix gehören zu dem lebhaften Ausstattungskonzept für das Zimmer eines Kleinkindes. Die Möbel sind freistehend und beweglich, so daß man den Boden für alle möglichen Spiele und Aktivitäten beliebig nutzen kann. Die neutrale Farbe des kräftig texturierten Teppichs und die einfachen, an Messingstangen befestigten Vorhänge sind denkbar praktisch. Zu den bunten Accessoires gehören Drachen und Mobiles.*

oder eine Kletterwand; und eine Schiefertafel an der Wand anbringen, zum Kritzeln und für Ankündigungen. Sehr wichtig sind praktische, abwaschbare Oberflächen im ganzen Raum, und das beste Farbkonzept sind leuchtende Primärfarben.

**Das Zimmer für ein Schulkind:** Die ersten Schuljahre bringen einen weiteren Wechsel mit sich. Gebraucht wird ein Schreibpult oder eine große Arbeits- und Spielplatte. Das Bett könnte man für eine Couch austauschen; Bücher und Gesellschaftsspiele müssen untergebracht werden. Eine detailliertere Kleiderablage ist erforderlich, wenn das Kind dazu erzogen wird, sich ordentlich anzuziehen und auf seine Sachen zu achten. Die Flächen müssen nach wie vor praktisch und abwaschbar sein. In diesem Alter entwickelt sich meist auch das Interesse für Hobbys – Sport, Musik, Tanz, Schlittschuhlaufen, Mountainbike fahren oder Reiten – und die Ausrüstungen erfordern zusätzlichen Stauraum. Auf diese neuen Interessen könnten die Motive der Raumdekoration anspielen, zum Beispiel in einem schablonierten Wandfries.

**Das Domizil für den Vorteenager:** Das ist das Alter des ständigen Wechsels: Interessen kommen und gehen – ein Computer, ein Spieltisch, eine komplizierte Eisenbahnanlage oder eine Autorennbahn, ein eigener Fernseher und eine HiFi-Anlage – alles das könnte auf der Wunschliste stehen, wenn das Technologieinteresse wächst. Aber auch die Möglichkeit für konzentrierte, geistige Arbeit könnte gefragt sein. In diesem Alter ist das Zimmer etwas sehr Privates – ein Ort, wo einen Freunde besuchen dürfen und der für die Familie vielleicht *off limits* ist. Was möglich ist und was nicht, hängt vom Raum und vom Budget ab, auch wenn nur ein Sofabett oder Bodenkissen, Klappstühle oder Stapelstühle oder ein Beistelltisch genehmigt werden, wird das Gefühl von Unabhängigkeit gefördert. Farbkonzept und stilistische Gestaltung werden in diesem Stadium vielleicht etwas anspruchsvoller – aber es kann auch zu einer totalen Umkehr kommen.

**Das Refugium des Teenagers:** Die Fortsetzung der vorangegangenen Entwicklungsstufe ist vielleicht ein guter Zeitpunkt, den Teenager zu ermutigen, das Material auszusuchen und sein eigenes Zimmer (unter Aufsicht) selbst zu dekorieren – oder wenigstens einige Elemente selbst zu basteln oder nach seinem Geschmack zu verändern, um dem Raum ein persönliches Flair zu geben. Freunde im eigenen Raum zu bewirten wird ihm oder ihr helfen, Sicherheit im Umgang mit anderen zu gewinnen; man könnte das Zimmer so ausstatten, daß Snacks im Zimmer zubereitet werden können. Natürlich braucht der Teenager auch Platz zum Arbeiten, seinen Hobbys nachzugehen, Musik zu hören oder selbst zu musizieren oder Freunde einzuladen, bei ihm zu übernachten. Vielleicht kann man den Stauraum durch Einziehen eines erhöhten Bodens erweitern und Wohn- und Schlafbereich trennen, um den Raum optimal zu nutzen.

*Dieser hübsche Entwurf für das Zimmer eines kleinen Mädchens ist in pastelligen Rosa- und Blautönen gehalten. Die zart Hellblau getünchten Wände wurden mit einem schablonierten Fries als Wandabschluß dekoriert; die Motive wiederholen sich über dem schmiedeeisernen Bettgestell.*

**Ein Platz für den Studenten:** Bevor der Vogel das Nest ganz verläßt, besucht sie oder er vielleicht noch das College und wohnt einen Teil des Jahres nicht zu Hause – oder geht am Tage einer Arbeit nach. Unabhängige junge Leute wollen Ihren privaten Bereich unbedingt gewahrt wissen, ob in den Ferien oder abends – und das bedeutet, daß das Zimmer in ein kombiniertes Schlaf-/Wohnzimmer umgewandelt werden muß. Wenn möglich, installieren Sie ein Waschbecken und Einbauschränke (vielleicht kann man das Waschbecken in einem Schrank unterbringen), und vielleicht auch eine bescheidene Kochgelegenheit. Wenn eine Studierecke erforderlich ist, muß sie in einer ruhigen, gut beleuchteten Ecke eingerichtet werden und genügend Platz für Bücher bieten. Mit einem System orientalischer Schiebetüren ließe sich viel machen, wenn genügend Platz vor-

Das in die Ecke eingebaute Bett in diesem kleinen Schlaf- und Arbeitszimmer läßt sich am Tage als Liege verwenden. Die Schreibplatte und das Regal wurden in eine natürliche Nische eingebaut. Die auf ein Minimum reduzierte Fensterverkleidung durch ein weißes Rollo wird ergänzt durch einen duftigen Querbehang aus durchbrochenem Stoff.

handen ist. Das Dekorationskonzept sollte verhältnismäßig einfach sein, damit der Raum nicht vollgestopft wirkt.

### *Das ganze Haus wird neu überdacht*

Es könnte sein, daß die expandierenden Bedürfnisse einer wachsenden Familie eines Tages eine völlige Neuorientierung der Nutzung des Hauses erfordern. Das Schlafzimmer der Eltern ist anfangs meist das größte, aber später muß es vielleicht den Kindern überlassen werden, und der Raum müßte unterteilt werden (siehe Seite 65). In einem konventionellen Haus könnte man ein kleineres Zimmer zum Schlaf- und Spielzimmer machen und das größere zum Familienwohnzimmer. Und es gibt keinen Grund, weshalb das große Schlafzimmer im ersten Stock nicht in ein Wohnzimmer für die Erwachsenen umgewandelt werden sollte.

### *Kreative Ausstattungsideen*

- *Nehmen Sie eine Kinderkarre, bemalen Sie sie in der Farbe des Raumes und verwenden Sie sie zum Aufbewahren der Toilettenartikel für den Säugling; der größeren Spielsachen für das Kleinkind; der HiFi-Anlage oder des Computers für den Teenager.*
- *Einen Wickeltisch konstruiert man aus zwei taillenhohen Unterschränken und legt darüber eine Tischplatte; zwischen den Schränken läßt man freien Raum für die Füße. Später kann das Ganze als Spieltisch, Schreibtisch oder Frisiertisch verwendet werden.*
- *Kinder sind unbeständig und ihre Vorlieben ändern sich schnell; man sollte daher den üblichen Kinderzimmerdekor und die Lieblingsfiguren aus Fernsehfilmen sparsam verwenden. Am besten für Flächen, wo man sie leicht austauschen kann, zum Beispiel auf dem Bezug von Steppdecken, auf Lampenschirmen und Accessoires. Oder man klebt sie als Bordüre auf eine einfarbig gestrichene Wand oder verziert die Vorhänge mit Stoffbordüren an Saum und Querbehang.*
- *In einem Schlafzimmer, das auch als Spielzimmer dient, könnte man auf einer großen Spanplatte das Layout eines Autos oder eines Eisenbahnwaggons aufzeichnen; die Platte könnte man abends mit einem Flaschenzug bis an die Decke hochziehen und am Tag zum Spielen wieder herunterlassen; oder mit Scharnieren an der Wand befestigen.*
- *Schiffskabinenbetten müssen nicht immer etwas mit der Seefahrt zu tun haben; man kann sie als Stauraum für Spielsachen, als Minitheater, als Puppenhaus oder als Bücherregal verwenden.*
- *In einem Teenagerzimmer kann man Industrieregale aufstellen und in einer leuchtenden Primärfarbe bemalen; man kann sie als Regale benutzen oder daraus einen Schreibtisch oder ein Regal für eine HiFi-Anlage basteln.*


VERGLEICHE AUCH DIE SEITEN:

| | |
|---|---|
| RAUMPLANUNG | 36 |
| SCHLAFRÄUME | 64 |
| EIN-ZIMMER-APARTMENTS | 72 |
| ZUSCHNITT VON SPRINGROLLOS | 186 |

# EIN-ZIMMER-APARTMENTS

*Studenten- und Teenagerzimmer können sich zu multifunktionalen Räumen entwickeln, aber auch die erste Wohnung oder das Studio-Apartment, wie perfekt auch immer ausgestattet, besteht im Grunde aus einem einzigen, großen Raum, in dem alle Vorrichtungen vorhanden sein müssen. Zuweilen enthält der Raum sogar einen Küchenbereich, in dem gekocht und das Essen zubereitet wird, und vielleicht sogar eine Dusche und ein Waschbecken.*

*Das minimalistische Dekor, das neutrale Farbkonzept und die sparsame Möblierung geben dem Raum japanisches Flair. Die niedrige Trennwand mit dem eingebauten Regalbrett trennt Schlaf- und Küchenbereich. Das eingebaute Bücherregal reicht von dem warmfarbigen Parkettboden im Würfelmuster bis zur Decke.*

Mehrzweckräume müssen sorgfältig geplant werden, damit der vorhandene Raum maximal genutzt wird und trotzdem noch Bewegungsfreiheit herrscht. Das bedeutet: genügend Platz, sich im Raum zu bewegen, sich ins Bett zu legen und wieder aufzustehen, einen Klapptisch oder ein Klappbett aufzustellen, bequem an einem Schreibtisch oder einem Tisch zu sitzen, die Türen und die Schubladen eines Schrankes öffnen zu können ohne dabei irgendwo anzustoßen. Um den Platz so zu organisieren, müssen Sie sich einen Plan machen (siehe unten).

Man muß ausprobieren, wie man den Raum in verschiedene Bereiche einteilen kann, ohne tatsächliche Begrenzungen aufzubauen, die Platz wegnehmen würden. Dennoch kann man ein Möbelstück im rechten Winkel zur Wand als Raumteiler plazieren oder einen Kleiderschrank neben die Eingangstür stellen, um einen kleinen Vorraum zu schaffen.

***Einen Plan erstellen***

Denken Sie an all die Aktivitäten, die in dem Raum stattfinden werden, und überlegen Sie, wieviel Stauraum Sie brauchen. Es gibt Dinge, die ständig griffbereit sein müssen, andere können für längere Zeit im Stauraum hinter oder auf Schränken verschwinden. Es hat sich als praktisch erwiesen, die Möbel, die den Stauraum enthalten, an einer oder an zwei angrenzenden Wänden aufzureihen – und vielleicht auch die Kochvorrichtungen. Tische, Schreibplatten und sonstige Arbeitsplatten gehören ebenfalls dazu; man kann sie so an der Wand anbringen, daß man sie zum Arbeiten herunterklappen oder herausziehen muß. Wenn sehr wenig Platz vorhanden ist, wählt man ein Bett, das in einem Schrank verschwindet.

**Der Koch- und Eßbereich** sollte, wenn irgend möglich, separat gehalten werden oder durch Schiebetüren oder eine Stellwand kaschiert werden, wenn er nicht gebraucht wird. Ausreichender Stauraum für Nahrungsmittel und Kochutensilien ist ebenso wichtig wie ausreichende Belüftung, wenn nicht der ganze Raum nach abgestandenem Essen riechen soll. Ein Eßtisch (für vier Personen) kann auch zum Zubereiten der Mahlzeiten benutzt werden, vorausgesetzt, die Oberfläche ist abwaschbar. Andere Möglichkeiten sind Platten, die an der Wand befestigt werden und die sich herunterklappen oder herausziehen lassen.

**Der Waschbereich** könnte aus einem separaten Waschbecken nebst Dusche bestehen; aber in Räumen ohne ausreichende Rohrleitungen müßte das Abwaschbecken beide Rol-

*Dieser multifunktionale Raum wird durch eine Vielzahl geschickter, dekorativer Lösungen optimal genutzt. Wände und Fußboden sind in neutralen Farben ausgestattet, die Kissen und der Teppich sorgen durch ihre interessanten Muster und Texturen für überraschende Vielfalt. Die Bettnische mit dem Einbauregal läßt sich hinter einem Vorhang verbergen. Die zusammenklappbaren Gartenstühle kann man wegräumen, wenn sie nicht gebraucht werden.*

len übernehmen. In diesem Fall stellen Sie sich eine Waschschüssel für die persönliche Hygiene in das Abwaschbecken.

**Der Sitzbereich** sollte etwas Bequemes zum Entspannen offerieren; im Idealfall sollte das Bett nicht dazugehören, denn es ruiniert die Sprungfedern, wenn man sich mit Schwung aufs Bett wirft. Zu den Sitzgelegenheiten gehören konventionelle Sofas, das Sofabett, niedrige Wohnlandschaften (sehr flexibel) und Fußbodenkissen – in sehr kleinen Räumen muß man allerdings mit einem einzigen bequemen Sessel auskommen.

**Der Schlafbereich** darf nicht nach Schlafzimmer aussehen. Vermeiden Sie Rüschen, Volants und gepolsterte Kopfteile. Versuchen Sie, das Bett so zu plazieren, daß es nicht im Bereich von Zugluft und auch nicht allzu dicht am Ofen steht. Wenn Sie ein Futon oder ein Sofabett zum Schlafen und zum Sitzen verwenden wollen, verstauen Sie das Bettzeug am Tag an einem anderen Ort. Vergessen Sie nicht, das Bett vor dem Kauf im Hinblick auf Schlafen und Sitzen zu testen; ein fester Rahmen ist wichtig, wenn Sie ein Sofabett für beide Funktionen benutzen. Es sollte sich leicht ausziehen und zusammenklappen lassen. Messen Sie es in beiden Positionen aus. Eine andere Möglichkeit wäre ein Bett, das in einem Schrank verschwindet oder sich in einen Sessel verwandeln läßt.

**Der Stauraum** wirkt ordentlicher, wenn er einheitlich gestaltet ist, ob eingebaut oder freistehend. Mit verstellbaren Brettern, Drahtkörben und anderen, praktischen Innenausstattungen läßt sich der Stauraum maximal nutzen. Offene Regale wirken geräumiger als geschlossene Schränke; verspiegelte Türen lassen den Raum größer erscheinen; und Lamellentüren sehen leichter aus als glatte. Offene Regale und

***Kreative Ausstattungsideen***

- *Verwenden Sie kleine Tische für informelle Mahlzeiten; Tische mit Rollen sind beweglicher.*
- *Stapelstühle und -tische lassen sich platzsparend verstauen, wenn sie nicht gebraucht werden.*
- *Klappstühle aus Holz und Regiestühle aus Kanevas kann man an die Wand hängen oder in einem Schrank verstauen, damit viel Bodenfläche frei bleibt.*
- *Große Bodenkissen, die als zusätzliche Sitzgelegenheiten verwendet werden können, kann man auf das Bett oder das Sofa legen, wenn sie nicht gebraucht werden.*
- *Betten mit eingebauten Schubladen darunter oder auf einer Plattform bieten integrierten Stauraum.*
- *Zusammenklappbare Betten muß man mit dem Bettzeug zusammenklappen können, damit man dafür keinen separaten Stauraum braucht.*
- *Eine aufklappbare Tischplatte sollte in die gleiche Wand wie der Stauraum integriert werden, um möglichst viel freie Fußbodenfläche zu gewinnen.*
- *Die Bezugstoffe der Sitzmöbel sollten waschbar oder abwaschbar sein; man behandelt sie mit einem schmutzabweisenden Spray. Lose Bezüge sind sehr praktisch.*
- *Versuchen Sie, Raum und Licht durch Spiegel optisch zu vervielfältigen; bringen Sie einen Spiegel oder ein verspiegeltes Paneel an der Wand neben dem Fenster an, oder an einer Stelle, an der er einen interessanten Aspekt des Raumes reflektiert.*
- *Couchtische aus Glas und verglaste Einbauschränke wirken raumerweiternd.*
- *Vermeiden Sie übertriebene Dekorationseffekte; behandeln Sie Wände und Fenster als Einheit, indem Sie für beides eine ähnliche Farbe verwenden, was die Wandfläche größer erscheinen läßt.*


| VERGLEICHE AUCH DIE SEITEN: | |
|---|---|
| RAUMPLANUNG | 36 |
| RÄUME, IN DENEN MAN HERANWACHSEN KANN | 69 |
| FARBE VERSTEHEN LERNEN | 84 |
| EIN PLATZ FÜR ALLES | 230 |

*Dieser Raum wurde geschickt genutzt und in Eßbereich, Wohnbereich, Arbeitsbereich und Schlafbereich aufgeteilt. Die beruhigende Farbpalette wird durch den lebhaft gemusterten Kelim und die holzverkleidete Decke belebt. Die Gesamtwirkung ist behaglich und keinesfalls überladen.*

an der Decke hängender Stauraum läßt sich hinter gleichfarbigen Rollos oder Vorhängen verbergen.

### *Wände und Fenster*

Die wichtigsten Flächen müssen strapazierfähig und leicht zu reinigen sein. Kühne Muster sollten auf ein Minimum reduziert werden, denn man kann sie sich im Laufe der Zeit übersehen. Vermeiden Sie extravagante Farben; wählen Sie interessante Texturen; Muster sollten auf Accessoires wie Bilder, Poster und sonstigen Wandschmuck und auf Teppiche beschränkt bleiben. Gestalten Sie das Farbkonzept möglichst einfach – monochromatische, natürliche/neutrale oder ähnliche Farben sind am wenigsten aufdringlich; wählen Sie helle bis mittlere Farbtöne der gleichen Farbe und beleben Sie das Konzept mit kontrastierenden Akzenten.

# DACHGESCHOSS-APARTMENTS UND STUDIOS

*Wie man weiß, befanden sich Ateliers immer unmittelbar unter dem Dach, waren mit einem großen Dach- oder Gaubenfenster ausgestattet, das ursprünglich dazu diente, den Künstler mit klarem Nordlicht zu versorgen, die attraktive Decke war abgeschrägt und vielleicht sogar mit freiliegenden Deckenbalken, tragenden Balken, oder Dachbalken ausgestattet. Heutzutage findet man derartige Räume höchstens noch in umgebauten Lagerhäusern oder wenn ein großer, alter Besitz in Apartments aufgeteilt wird. Solche Räume haben einen eigenen Charakter, und wenn man sie plant und ausstattet, sollte man auf ihre architektonischen Eigenheiten nicht nur eingehen – man sollte sie betonen und kultivieren.*

Atelier- oder Dachgeschoßräume müssen häufig multifunktional sein – sie müssen so eingerichtet sein, daß man sitzen, schlafen, essen, sich entspannen und Gäste empfangen kann – und deshalb lassen sich viele der Vorschläge für die Planung von Ein-Zimmer-Apartments auch hier anwenden (siehe Seite 72).

Sie müssen ein paar genaue Berechnungen anstellen, bevor Sie einen Arbeitsplan aufstellen können (siehe Seite 36); er muß die vertikale und die horizontale Ebene umfassen, denn schräge Decken, abgeschrägte Wände und andere strukturelle Eigenheiten wie ungewöhnliche Deckenhöhen machen eine konventionelle Anordnung von Möbeln und Stauraum praktisch unmöglich. Sie müssen sich auf Einbaumöbel und spezielle, maßgefertigte Entwürfe einstellen.

***Bauvorschriften***

Wenn Sie ein Dachgeschoß umbauen möchten, um es als separate Wohnung zu benutzen, werden Sie bald bemerken, daß Sie gewisse Bauvorschriften beachten müssen (offizielle Genehmigung für jedes Stadium des Umbaus), daher sollten Sie sich mit den zuständigen Behörden in Verbindung setzen, bevor Sie mit dem Ausbau beginnen. Im Idealfall sollten solche Apartments einen separaten Eingang haben, obwohl man sie wahrscheinlich nur auf dem Weg durch das Haus erreichen kann, und sie sollten eine geschlossene Einheit mit eigener (abschließbarer) Eingangstür bilden. Heiz- und Kühl-

*Ein Maximum an Licht flutet durch riesige, doppelt verglaste Dachfenster in das ausgebaute Dachgeschoß. Es wird als Atelier- und Wohnraum genutzt und ist über eine Wendeltreppe mit Geländer erreichbar; Schiebetüren führen auf eine Dachterrasse. Die schrägen, holzverkleideten Wände und Decken sind weiß bemalt, was den Raum unendlich weit und licht macht. Durch Einbauregale, wo immer das möglich ist, wird der Raum optimal genutzt.*

**Kreative Ausstattungsideen**

- *Wenn der Zugang zu der Dachwohnung sehr eng ist, kaufen Sie Möbel, die erst an Ort und Stelle zusammengesetzt werden oder lassen Sie sich Einbaumöbel anfertigen.*
- *Dachgeschoßfenster sind meist schräg und lassen sich schwer dekorieren. Für Oberlichter gibt es spezielle Rollos und Lamellenjalousien, die nicht herunterhängen können, weil sie durch spezielle »Stopper« gehalten werden. Wenn Sie neue Oberlichter einbauen lassen, wählen Sie doppelverglaste Fenster, bei denen das Rollo zwischen den Scheiben angebracht wird.*
- *Dachgaubenfenster haben kurze Vorhänge, die bis zur Fensterbank reichen. Sie hängen an einer Stange mit Scharnieren, die man am Tage in den Raum hinein zurückklappen kann. Lange Vorhänge kann man auf eine Vorhangstange ziehen, die quer über der Ecke zwischen Dachschräge und Wand angebracht wird.*
- *Kleine Dachfenster lassen häufig wenig Licht in den Raum, daher sollten Sie für die Fensterdekoration sonnige Farben wie Gelb, Pfirsich und Aprikot wählen; verwenden Sie lichtreflektierende Texturen; bringen Sie Spiegel an, die das Tageslicht widerspiegeln.*
- *Die schrägen Decken wirken höher, wenn man sie in der gleichen Farbe wie die Wände anstreicht oder mit einer texturierten oder kleingemusterten Tapete dekoriert (das Muster muß richtungslos sein, sonst läßt sich an den Ecken, wo sich Wand und Decke treffen, ein Musteranschluß nicht realisieren).*
- *Wenn Sie die Schräge der Decken und Wände betonen wollen, dekorieren Sie sie in kontrastierenden Farben oder betonen Sie den Winkel zwischen Decke und Wand mit einer Bordüre.*


| VERGLEICHE AUCH DIE SEITEN: | |
|---|---|
| RAUMPLANUNG | 36 |
| EIN-ZIMMER-APARTMENTS | 72 |
| FUSSBODENBELÄGE | 140 |
| EIN PLATZ FÜR ALLES | 230 |


systeme und ein eigener Stromkreis mit eigenen Zählern müssen speziell für das Apartment installiert werden.

In einem Raum direkt unter dem Dach kann es unerträglich heiß werden im Sommer und hundekalt im Winter. Versuchen Sie also, den Bereich unmittelbar unter dem Dach zu isolieren; das Isoliermaterial kann man hinter Gipskartonplatten oder einer Holzverschalung verbergen, wenn es nicht von Einbaumöbeln verdeckt wird. Außer für die Isolierung muß man auch für ausreichende Heizung und Kühlung und gute Belüftung sorgen. Auch Lärm kann zu einem Problem werden, von unten (Geräusche steigen auf wie warme Luft) von den Bewohnern des Apartments selbst, und von den Rohrleitungen und Wassertanks im Dachbereich. Zur Schallisolation legt man das Isoliermaterial um die Balken zwischen dem Fußboden des Dachgeschosses und der Decke des Raumes darunter; außerdem wählt man einen geräuschabsorbierenden Bodenbelag, zum Beispiel einen guten, langflorigen Teppich mit Schaumstoffrücken.

Auch die Sicherheit ist wichtig. Wenn ein Dachboden in einem Duplex- oder Reihenhaus ausgebaut werden soll, muß die Wand zwischen den beiden Parteien den Brandschutzbestimmungen entsprechen. Wenn eine Außentreppe oder Feuerleiter vorhanden ist, muß der Zugang von innen gewährleistet sein. Wenn es keine Feuertreppe oder Feuerleiter gibt, muß man eine Strickleiter bereithalten und feste Haken anbringen lassen, an denen man sie befestigen kann.

### *Ästhetische Aspekte*

Farbkonzepte kann man so zusammenstellen, daß sie im Sommer nicht zu heiß und im Winter nicht zu kalt wirken. Natürliche, neutrale oder helle Farbe für die Hauptflächen könnten durch warme Akzente bei der Fensterdekoration und den Accessoires ergänzt werden, die im Sommer durch kühlere Farben ausgetauscht werden. Auf diese Art und Weise kann man mit verhältnismäßig niedrigen Kosten einen völligen Stimmungswandel oder Szenewechsel herbeiführen. Wählen Sie keine allzu hellen Farben, die schrägen Wände und Decken könnten bei hellem Sonnenlicht die gleißende Helligkeit in den Raum zurückwerfen. Da diese Flächen häufig kalt wirken, wählen Sie am besten helle Töne neutraler Farben in warmen Nuancen und versuchen Sie, ein paar Akzente in freundlichen Kontrastfarben unterzubringen, die die Stimmung aufhellen, wenn das Wetter Grau in Grau ist. Versuchen Sie, Farbe durch das ganze Apartment fließen zu lassen; wählen Sie einen durchgehenden Bodenbelag und markieren Sie separate Bereiche durch Teppiche oder unterschiedliche Dekorationen von Wand, Decke und Holzwerk.

*Die schrägen Wände gehören zum Charme dieses gemütlichen Wohnzimmers im Dachgeschoß. Die einheitliche Farbgebung des Raumes – der weiche, neutrale Cremeton der Wände, der Bezugstoffe und des Teppichs – erweitert den Raum.*

# EINEN ZUSÄTZLICHEN RAUM SCHAFFEN

*Es ist sehr verlockend, das Haus durch Anbau eines zusätzlichen Raumes zu erweiter anstatt sich in das Tohuwabohu eines Umzugs zu stürzen, besonders wenn man absolut keinen Platz mehr hat. Ein Wintergarten zum Beispiel, der heute als Statussymbol gilt, erweitert das Heim durch einen attraktiven Raum mit Doppelfunktion. Vielleicht möchten Sie lieber auf der Rückseite anbauen, um Küche und Wohnbereich zu erweitern oder eine neue Küche, einen Hauswirtschaftsraum, ein Speisezimmer oder ein Spielzimmer zu gewinnen. Zu den kleineren Anbauten gehören eine Veranda am Eingang oder am Hintereingang des Hauses (um die Zugluft zu unterbinden); ein verglaster Balkon als kleiner Wintergarten oder ein Miniwintergarten auf der Rückseite oder seitlich am Haus.*

Man könnte auch eine ans Haus angrenzende Garage in einen bewohnbaren Raum umwandeln (was natürlich den Bau einer separaten Garage oder eines überdachten Schuppens an der Seite des Hauses erfordern würde) oder einen Raum auf eine Garage mit Flachdach setzen, der vom Treppenabsatz des Hauses Zugang hat. Vielleicht befindet sich auch umwandelbarer Raum über Ihrem Kopf oder unter Ihren Füßen – den Dachboden kann man verändern, und das Dach kann man öffnen, um zusätzlichen Wohnraum zu schaffen; das Untergeschoß und den Keller kann man mit Wärmedämmplatten auskleiden und Werkstätten, Spielzimmer, Kammern oder Hauswirtschaftsräume einrichten.

***Praktische Überlegungen***

Bevor Sie sich in die Arbeit stürzen und Pläne ausarbeiten, denken Sie daran, daß für den Anbau eines zusätzlichen Raumes eine Genehmigung eingeholt werden muß, wenn der umbaute Raum eine bestimmte Größe überschreitet oder das Aussehen des Anwesens verändert. Sie können den geplanten Anbau vorher mit dem Baureferat Ihrer Gemeinde oder mit einem Architekten besprechen und, falls es sich um einen Wintergarten handelt, einen Fachmann zu Rate ziehen. Selbst wenn Sie keine Genehmigung brauchen, muß die Erweiterung sich im Rahmen der allgemein gültigen Bauvorschriften bewegen (um sicher zu sein, daß beim Bau ein bestimmter Standard eingehalten wird und daß der Bau den Sicherheitsbestimmungen genügt). Sie müssen damit rechnen, daß der Bau inspiziert wird und daß einzelne Baustufen von der Behörde abgenommen werden. Im Idealfall sollte der neue Raum optisch mit dem Originalgebäude verbunden sein. Machen Sie sich auch Gedanken über die Nutzung eines vorgeschlagenen Dachbodenausbaus. Sie hätten es sicher nicht gern, wenn abends wildgewordene Teenager auf Ihrem Kopf herumstampfen, und ältere Herrschaften könnten die steilen Stufen als problematisch empfinden.

*Das blauweiße Farbkonzept dieses luxuriösen Wintergartens wirkt kühl und erholsam und harmoniert mit der Farbe des versiegelten Ziegelbodens. Durch die üppige Bepflanzung wirkt der Raum mit den Kletterpflanzen, die sich an den Sprossen des schrägen Glasdaches emporrangeln, wie ein Garten. Wichtig ist, daß die Bezugstoffe der Sitzmöbel und der Kissen lichtecht und schimmelresistent sind, denn sie sind starker Sonneneinstrahlung ausgesetzt.*

**Kreative Dekorationsideen**

❍ *Wählen Sie Gartenfarben für Polsterbezüge und Kissen, die die Pflanzenarrangements im Garten oder im Haus widerspiegeln.*

❍ *Stoffe mit floralen Mustern und grünen Ranken unterstreichen das Gartenthema.*

❍ *Kühne Streifen sind eine Stilvariante, falls Sie nicht mit der Natur in Konkurrenz treten möchten.*

❍ *Vermeiden Sie brillantes Weiß und glänzende Texturen. Sie reflektieren blendendes Licht; neutrale Farbtöne und Buttermilchgelb eignen sich besser.*

❍ *Sonnige Gelbtöne, Himmelblau und sattes Grün sind gute Hintergrundfarben für weiße Möbel und Korbstühle.*

❍ *Wählen Sie einen Fußbodenbelag, der zu einem Patio oder für eine Außenfläche paßt oder der eine Verbindung zu dem Bodenbelag des an den Wintergarten grenzenden Raumes herstellt.*

❍ *Wählen sie eine Beleuchtung, die die Pflanzen in den Mittelpunkt rückt und die interessante Schatten wirft: verwenden Sie Deckenfluter, die unter oder in Pflanzengruppen verborgen sind; Kerzen, Sturmleuchten oder Öllampen auf dem Eßtisch; und dekorative Laternen, die von Strebebalken herabhängen.*

❍ *Da vom benachbarten Raum kaum Licht hereinkommt, nutzen sie Spiegel und helle Farben, um das Maximum an reflektiertem Licht zu erreichen.*

❍ *Hängen Sie Körbe mit Pflanzen oder Blumen an die Kragsteine oder Spaliere an der ursprünglichen Außenwand. Hängen Sie einen Vogelkäfig aus Korbgeflecht oder Metall oder Küchenkörbe aus Draht an Deckenbalken und füllen Sie sie mit rankenden Pflanzen mit fiedrigen Blättern.*

❍ *Verwenden Sie starkes, laminiertes Glas für Türen und Fenster zum Schutz gegen Bruch und Einbruch.*

❍ *Stellen Sie Flaschen aus farbenfrohem Glas auf die Fensterbänke oder stellen Sie sie auf Glasbrettern zur Schau, die quer über dem Fenster angebracht sind.*

*Dieser verglaste Vorbau wird als Mini-Wintergarten genutzt, in dem Pflanzen in Töpfen gezogen werden. Die weißgetünchten Wände reflektieren Licht und Wärme, was den Tomaten und den jungen Pflanzen zugute kommt.*

***Wintergarten: Gewächshaus oder Sonnenraum?***

Wenn Sie sich für einen Wintergarten entschieden haben, denken Sie zuerst darüber nach, wie Sie ihn verwenden möchten. Falls Sie exotische Pflanzen und Blattgewächse ziehen möchten, sind Heizung, Belüftung, Sonnenschutz und Bewässerungsvorrichtungen äußerst wichtig. Wenn Sie ihn als Wohnraum verwenden möchten, kann man ihn so gestalten, daß er das Haus mit dem Patio oder dem Garten verbindet; wenn er zur Überdachung des Schwimmbeckens oder als Gymnastikraum dienen soll, ist eine Verglasung mit Sicherheitsglas notwendig, die man mit Rollos verkleiden kann. Wofür Sie Ihren Wintergarten benutzen wollen, spielt keine Rolle bei der Verglasung. Es muß Isolierverglasung sein. Es gibt verschiedene raffinierte Wärmekontrollsysteme.

Zum Beispiel kann man einige Fenster so programmieren, daß sie sich öffnen oder schließen.

Der verglaste Wintergarten braucht außerdem Rollos, die vor starker Sonneneinstrahlung im Sommer und vor Frost im Winter schützen, besonders wenn er viele Pflanzen enthält. Es gibt viele Rollos für den Innenraum, von einfachen Rattanrollos bis zu eleganten Lamellenjalousien und weichen, gazeartigen Stoffrollos; Sie brauchen nur zu wählen, welcher Stil am besten zu Ihrem Wintergarten paßt. Außerdem gibt es Außensysteme, die auf ein »Solarauge« reagieren. Sie öffnen, schließen oder kippen die Lamellen, je nachdem, wie die Sonne steht; außerdem bieten Sie fast totale Sicherheit, wenn sie geschlossen sind. Achten Sie darauf, daß Sie die Rollos auch von Hand dirigieren können, damit Sie sie auch nachts öffnen können.

Es gibt viele Spezialisten, die einen Wintergarten für Sie entwerfen, bauen, einrichten, beleuchten und dekorieren und sich auch um die Baugenehmigung bemühen. Außerdem gibt es Fertigteile für Wintergärten, die ein Facharbeiter an Ort und Stelle zusammensetzt. Pflanzungen im Wintergarten sollten vor der Ausstattung und dem endgültigen Anbau an das Haus geschehen, besonders wenn Boden aufgeschüttet werden muß oder Steine und große Pflanzen durch das Haus getragen werden müssen.

### *Die wichtigsten Oberflächen*

Die Außenwände eines Wintergartens haben praktisch keine Bedeutung, aber wenn man einen Wintergarten an den Außenbau anbaut, wird die ursprüngliche Außenwand des Hauses zu einem wichtigen Konstruktionselement. Unverputztes Ziegel- oder Steinmauerwerk wirken durch ihre attraktive Textur, zum Bemalen empfiehlt sich Fassadenfarbe. Eine gefällige Alternative wäre eine versiegelte oder bemalte Naturholzverkleidung; wenn Sie die rauhe Oberfläche interessanter gestalten möchten, installieren Sie ein Gartenspalier und ziehen rankende Pflanzen daran hoch.

Der Fußbodenbelag muß robust und leicht zu reinigen sein, denn man betritt den Wintergarten direkt, wenn man von draußen kommt. Außerdem sollte er rutschfest und wasserabweisend sein, besonders wenn viele Pflanzen gewässert werden müssen. Eine optische Anbindung an den Garten oder den Patio erreichen Sie durch Steinplatten und unglasierte Terrakottafliesen. Bei Keramikfliesen darauf achten, daß sie frostbeständig sind, denn ein rundum verglaster Raum kann im Winter sehr kalt werden, und ein plötzlicher Sonnenstrahl könnte die Fliesen leicht zum Bersten bringen. Versiegelte Korkfliesen, hochwertige Linoleumfliesen und robuste, feste Vinylfliesen sind weitere Alternativen. Zusätzlich kann man den gefliesten Boden mit rutschfesten Matten im Sitz- oder Eßbereich belegen.

*Das tropische Flair dieses Wintergartens mit Ventilator, Lamellenjalousien und Rattanmöbeln erinnert unwillkürlich an die »Rückkehr in das Indien der Maharadschas«. Die Jalousien sind verstellbar; sie schützen vor starker Sonneneinstrahlung und lassen an dunklen Tagen soviel Licht wie möglich in den Raum fluten. Sie werden unterstützt von Rattanrollos, die den Wintergarten auch an den heißesten Sommertagen zu einem angenehmen Aufenthaltsort machen. Der geflieste Boden und die unverputzten, honigfarbenen Steinwände verbinden den Wintergarten mit der Terrasse vor dem Haus.*

### *Kreative Ausstattungsideen*

- *Zur Ausstattung des Wintergartens passen Gartenmöbel aus Gußeisen, Holz oder Kunststoff.*
- *Rattan, Korbgeflecht und Bambus strahlen Kolonialstilatmosphäre aus. Sie können natürlich auch konventionelle Speise- oder Eßzimmermöbel verwenden, wenn Sie im Wintergarten Gäste bewirten möchten und ihn im Sommer zur Entspannung nutzen.*
- *Hussen sind praktischer für Polstermöbel als enganliegende Bezüge.*
- *Die Farben und Muster, die man im Wintergarten verwendet, dürfen frischer und kühner sein als in einem formellen Interieur; vermieden werden sollten Farben, die bei starker Sonneneinstrahlung gleißendes Licht reflektieren.*
- *Kreieren sie ein orientalisches oder indisches Ambiente mit Futon, Bodenkissen und sparsamer Möblierung zum Verstauen von allerlei Dingen, mit Objekten aus Japanlack, Rattanjalousien und Deckenventilator.*
- *Reservieren Sie einen Bereich, in dem Sie spezielle Sammlungen zur Schau stellen können, zum Beispiel Strohhüte, ausgestopfte Vögel in Käfigen, aufgespießte Schmetterlinge, Einkaufs-, Picknick- und Fahrradkörbe, bunte Kürbisse oder Krüge und Schalen aus unglasierter Terrakotta.*
- *Hängen Sie Körbe mit Pflanzen und Blumen an Kragsteine oder an eine Spalierwand an der ursprünglichen Außenwand des Hauses; hängen Sie einen Vogelkäfig aus Metall oder einen Küchenkorb aus Draht an einen Balken und füllen ihn z. B. mit rankenden Pflanzen.*
- *Was das Praktische betrifft, installieren Sie genügend Steckdosen, Beleuchtungskörper und Wasserhähne; reservieren Sie einen Platz für den Grill und die Gartenmöbel bei regnerischem Wetter.*

VERGLEICHE AUCH DIE SEITEN:

| | |
|---|---|
| RAUMPLANUNG | 36 |
| FARBE VERSTEHEN LERNEN | 84 |
| FUSSBODENBELÄGE | 140 |
| ROLLOS: IDEENREICHTUM UND PHANTASIE | 182 |

# Arbeitszimmer und Hobbyräume

*Wenn Sie nicht zu Hause arbeiten und sich dort einen Raum als Büro eingerichtet haben, ist vielleicht ein Raum, in den Sie sich vom Familienleben zurückziehen können (in Form eines von Büchern gerahmten Arbeitszimmers, einer gut ausgestatteten Werkstatt oder eines Hobbyraumes) ein unerfüllbarer Traum – ob aus Platz- oder Kapitalmangel. Trotzdem ist es für die meisten Familien wichtig, eine ruhige Ecke zu schaffen, in der man arbeiten und lesen kann.*

Häufig muß der Arbeitsplatz in einer Ecke des Wohnzimmers, des Treppenhauses oder der Diele (manchmal läßt sich der Raum unterhalb der Treppe gut für diesen Zweck nutzen) Platz finden. Eine andere Lösung wäre ein Zimmer mit doppelter Funktion, zum Beispiel wären die Kombinationen Speisezimmer/Arbeitszimmer, Gästezimmer/Arbeitszimmer oder Schlafzimmer/Arbeitszimmer denkbar. Der Bereich für den Arbeitsplatz müßte nicht groß sein, aber ruhig, ausreichend beleuchtet, um schreiben und lesen zu können, und so ausgestattet, daß man sich gut konzentrieren kann. Wenn die Arbeitsecke sich in einem sonst recht lebhaften Familienwohnzimmer befindet, würde eine Abschirmung (durch Falttüren oder einen dekorativen Stellschirm), ein Wechsel des Fußbodenniveaus oder wenigstens des Bodenbelages diesen Teil des Raumes optisch abtrennen.

Genügend Stauraum für Arbeitsmaterial, Bücher, Ablagen und sonstige Ausrüstungsgegenstände, die man griffbereit haben muß, ist ein schwieriges Kapitel. Nach Maß angefertigte Schränke, Schreibtisch und Schubladen beseitigen das gröbste Durcheinander, und Bücher, die immer dekorativ wirken und eine Atmosphäre von Arbeitszimmer/Bibliothek verbreiten, lassen sich in offenen Regalen oder in Bücherschränken unterbringen. Dunkle, warme Farben sind ein guter Hintergrund für Bücher, und ein dunkleres Farbkonzept in einem Teil des Raumes würde ebenfalls dazu beitragen, die Arbeitsecke abzugrenzen.

### *Maßgeschneidert*

Wenn Sie in der glücklichen Lage sind, ein Arbeitszimmer oder einen Hobbyraum völlig neu einrichten zu können, denken Sie zuerst darüber nach, was seine Hauptfunktion sein soll und setzen Sie Prioritäten. Entsteht viel Lärm (durch Musik- und andere Instrumente, durch Maschinen oder Schreibmaschineschreiben oder durch Hämmern), der die übrigen Mitglieder des Haushalts stört? Wenn ja, muß eine Schallisolierung installiert werden, und vor allem darf der

*Diese modern ausgestattete Diele wird optimal genutzt: in einer zugfreien Ecke neben der Treppe wurde ein kleiner Schreibtisch aufgestellt, der am Tage genügend Licht durch die Fenster auf dem Treppenabsatz bekommt – alles in allem ein idealer Platz zum Lesen und Briefe schreiben. Ein bunter Kelim unterstreicht die Eigenständigkeit dieses kleinen Bereichs.*

Raum nicht über oder neben einem Raum angesiedelt werden, in dem Kinder schlafen. Wenn starke Gerüche durch Lacke, Farben oder Klebstoffe entstehen, muß für ausreichende Belüftung gesorgt werden. Installieren Sie genügend elektrische Leitungen – für Strom und Beleuchtung – und planen Sie flexible Beleuchtung für spezielle Aufgaben. Installieren Sie stets doppelt so viele Steckdosen wie Sie ursprünglich planten, und zwar an Stellen, die mit der Plazierung des Schreibtisches, des Zeichentisches, der Arbeitsbank und der sonstigen Ausrüstung übereinstimmen. Brauchen Sie eine Wasserleitung und ein Waschbecken? Falls ja, müßte das als erstes organisiert werden.

Spezieller Stauraum für Werkzeuge und Ausrüstungsgegenstände ist unbedingt erforderlich. Denken Sie an die goldene Regel und messen Sie alles aus, was Sie unterbringen müssen, dann planen Sie Schränke, Regale und Schubladen von innen nach außen (siehe Seite 230). Planen Sie doppelt soviel Stauraum, wie Sie vermutlich brauchen, und sorgen Sie für Flexibilität durch verstellbare Regalbretter und Halterungen in den Schränken.

Alle Oberflächen sollten so praktisch wie möglich sein, je nachdem, welchen Aktivitäten sie standhalten müssen. Harter, abschrubbarer Fußbodenbelag, der auch verschütteten Flüssigkeiten standhält, könnte erforderlich sein. Aber auch in einem Raum, in dem Kleider genäht werden, muß man gut sehen können, um Stecknadeln, Fäden und Stoffreste aufkehren zu können. Vielleicht müssen auch die Wandflächen abwaschbar sein, was einen Anstrich mit abwaschbarer Farbe oder Keramikfliesen bedeutet.

Farbkonzepte sind vor allem eine Frage des persönlichen Geschmacks, sie hängen aber auch von der Größe des Raumes ab, von seiner Lage und der Atmosphäre, die Sie schaffen möchten. (Siehe Seite 84, Farbe verstehen lernen.)

### *Das Büro im eigenen Heim*

Wenn Sie zu Hause arbeiten, hängt es von der Art Ihrer Arbeit ab, wie Sie Ihr Arbeitszimmer ausstatten, und auch davon, ob Sie von Klienten, Patienten oder Kunden besucht werden. In diesem Fall ist ein separater Eingang oder wenigstens eine praktische Gestaltung des Eingangsbereichs erforderlich. Vielleicht ist es auch erforderlich, die Familie von diesem Bereich fernzuhalten. Eine abschließbare Tür ist eine weise Vorsichtsmaßnahme, wenn die Gefahr besteht, daß neugierige, kleine Kinderfinger eine makellose Arbeit zunichte machen. Der Bedarf an wichtigen Anschlüssen wie Telekommunikation, Fax, Computerterminals und Photokopierer sind je nach Beruf verschieden.

*Das freundliche, einladende Arbeitszimmer ist Teil des Wohnzimmers, was visuell durch einen separaten Teppich gekennzeichnet ist. Die Schreibtischlampe sorgt für zusätzliche Beleuchtung am Abend.*

### *Kreative Ausstattungsideen*

*❍ Wenn der Platz knapp ist, dient eine Arbeitsplatte auf Bockgestellen oder ein Reißbrett als Arbeitsfläche.*

*❍ Nutzen Sie den Platz auf der Innenseite von Schranktüren zum Aufbewahren von Nähzeug und Hobbyutensilien; bringen Sie Leisten und Dübel für Fadenrollen, kleine Farbdosen oder Werkzeuge an.*

*❍ Verwenden Sie eine Schublade mit Einteilung für Ablagen von Papier und Schnittmustern.*

*❍ Lassen Sie sich einen Schrank bauen, der eine ganze Wand des Nähraumes einnimmt und installieren Sie ein Bügelbrett zum Herausklappen hinter einer der Türen. Eine Näh- oder Strickmaschine, die ebenfalls im Schrank untergebracht wird, kann auf einer herausziehbaren Platte montiert werden oder auf einem Arbeitstisch.*

*❍ Bauen Sie in eine Nische, über dem Schreibtisch oder dem Arbeitstisch, ein Regal mit verstellbaren Brettern ein – so hoch, daß Sie nicht mit dem Kopf dagegenstoßen, wenn Sie in Eile aufstehen.*

*❍ In einem Bereich mit Doppelfunktion können Sie einen fahrbaren Untersatz für einen Computer, eine Schreibmaschine oder andere kleinere, tragbare Geräte verwenden.*

*❍ Eine Ablage, die in einem Bereich mit Doppelfunktion untergebracht ist, kann man mit einem Stoffvolant verdecken, der auf den Stoff der Polstermöbel oder des Rollos abgestimmt ist.*

*❍ Installieren Sie eine Arbeitsplatte in einem Erkerfenster; stützen Sie sie auf Unterschränken mit Aktenablagen oder Schubladen und lassen Sie einen Zwischenraum für die Knie. Falls erforderlich, können Sie die Platte mit einer an der Wand befestigten Konsole stützen.*

*❍ In einem traditionell gestalteten Wohnzimmer mit hoher Decke können Sie eine Arbeitsecke einrichten, indem Sie einen freistehenden Aufsatzsekretär in eine Kaminnische stellen und in die Nische gegenüber ein Einbauregal installieren.*

*❍ Sorgen Sie stets für freien Raum rechts und links von Schreibmaschine oder Tastatur für Bücher, Notizen oder Ausdrucke.*

# Raumgestaltung

*Raumgestaltung ist bei weitem die beliebteste Do-it-yourself-Aktivität. Die Gründe liegen auf der Hand: Heutzutage kostet es ein kleines Vermögen, einen Fachmann zu beschäftigen, und da die modernen Dekorationsmaterialien so leicht zu handhaben sind, kann nichts den eifrigen Do-it-yourself-Fan davon abhalten, sich selbst an die Arbeit zu machen. Es geht nicht nur darum, Geld zu sparen: Vielen macht es wirklich Spaß, ihr Heim selbst zu dekorieren, und sie fühlen sich durch den Erfolg reichlich belohnt. Was am wenigsten Spaß macht, sind die Vorarbeiten, die erforderlich sind, bevor man mit der eigentlichen Arbeit beginnen kann. Es liegt nahe, daß man versucht ist, sich daran vorbeizumogeln – aber auf die Dauer gesehen, ist bei der Innendekoration eine gründliche Vorbereitung der Schlüssel zum Erfolg. In diesem Kapitel wird die Verwendung von Farben, Wandverkleidungen, Wand- und Fußbodenfliesen und diversen Fußbodenbelägen bei der Raumgestaltung behandelt. Sie erhalten nicht nur Informationen, die Ihnen bei der Auswahl und der Verwendung der diversen Materialien nützlich sind, dieses Buch informiert Sie außerdem umfassend über alles, was Sie über die Vorarbeiten wissen müssen. Zusätzlich enthält dieses Kapitel praktische Tips und Ideen zur Raumgestaltung, mit deren Hilfe es Ihnen gelingen wird, ihre Dekorationsideen mit professionellem Know-how in die Praxis umzusetzen. Beginnen wir mit der Farbwahl und der Zusammenstellung von Farbkombinationen.*

Dieser in helles Sonnenlicht getauchte Raum mit dem Steinplattenboden heißt jeden willkommen, der das Haus betritt. Die gelben Wände sind mit einem breiten, handgemalten Schablonenfries entlang der Fußleiste und der Decke und rund um die Türöffnung dekoriert. Das hellere Gelb der Decke unterstreicht die lichtvolle Weite des Raumes.

Dieser kleine Schrank ist entsprechend seiner Datierung bemalt, gleichzeitig dient er als Inspiration für die Bemalung zeitgenössischer Möbel, passend zum Farbkonzept des Raumes.

# FARBE VERSTEHEN LERNEN

*Ein neues Farbkonzept zusammenzustellen kann eine der aufregendsten Entscheidungen sein, die Sie bei der Neuausstattung eines Raumes zu treffen haben. Nur wenige Glückliche haben ein spontanes Gespür für gelungene Farbzusammenstellungen – genau wie bei der Wahl der Kleidung. Aber die meisten Menschen stellt die Farbwahl vor Entscheidungen, vor denen sie sich lieber drücken würden: Aus welchem Grund sonst verkaufen Farbhersteller derartige Mengen von Malerfarben in Weiß und Creme? Es muß aber durchaus nicht schwierig sein, eine Farbkombination zusammenzustellen, die stimmig ist und mit der man gut leben kann, wenn man versteht, wie Farben sich verhalten – ob als Einzelfarbe oder als harmonische oder kontrastierende Ergänzung anderer Farben. Und wenn Sie noch immer daran zweifeln, daß Sie in der Lage sind, ein Farbkonzept für Ihr Heim zusammenzustellen, machen Sie sich einfach die Ideen der Profis und der Erfolgreichen zunutze. Jede Raumausstattung, die man in Büchern oder Zeitschriften über Innendekoration findet – oder auch in Musterbüchern für Tapeten –, ist entweder das Werk eines erfahrenen Innenausstatters oder eines begabten Amateurs. Wenn sie Ihnen gefällt, lassen Sie sich beim Entwurf Ihres eigenen Farbkonzepts davon inspirieren oder kopieren Sie sie ganz einfach.*

*Die rauh verputzten Wände wurden mit einer hellen, transparenten Farbwäsche getönt, die die betonte Einfachheit der Dekoration unterstreicht. Die erdigen Farbtöne werden durch den Steinplattenboden und die schweren Holztüren gebührend zur Geltung gebracht.*

***Wie man Harmonien und Kontraste einsetzt***

Ein harmonisches Farbkonzept ist beruhigend für das Auge und bietet eine visuelle Lösung für das Problem, die diversen Bestandteile einer Raumausstattung – einschließlich der Wanddekoration, des Fußbodenbelages, der Fensterverkleidungen und der verschiedenen Einrichtungsgegenstände – unter einen Hut zu bringen. Ein kontrastierendes Farbkonzept wirkt anregend auf das Auge, es dient dazu, einzelne Bestandteile der Ausstattung zu betonen; in einem harmonischen Konzept verschmelzen sie mit dem Hintergrund. Harmonische Farbkombinationen eignen sich am besten für Räume, in denen Sie sich vor allem entspannen möchten – zum Beispiel für Wohn- und Schlafräume. Sehr kontrastreiche Farbzusammenstellungen sollten anderen Räumen oder Wohnbereichen vorbehalten bleiben, die vorwiegend funktionell sind oder hauptsächlich als Durchgang benutzt werden, wie die Diele, der Treppenabsatz, die Küche oder das Bad. Auch Kinderzimmer und Zimmer für Teenager könnte man in kontrastierenden Farben ausstatten.

Wie bei allen anderen Dingen, kann man bei der Zusammenstellung von Farbkombinationen auch mit der Harmonie oder dem Kontrast übertreiben. Zuviel Kontrast wirkt unruhig und irritiert den Blick, während zuviel Farbharmonie monoton wirken könnte. Das ideale Farbkonzept ist im wesentlichen harmonisch – als Hauptthema verwendet man Farben, die aus dem gleichen Segment des Farbkreises stammen, und ergänzt sie, um den Raum zu beleben, durch einzelne, kontrastierende Farbelemente, zum Beispiel für Accessoires.

***Die Verwendung von Mustern***

Eine Kombination von Mustern mit einfarbigen Flächen kann dazu beitragen, das Gleichgewicht herzustellen, das so wesentlich zum Gelingen eines Farbkonzepts beiträgt. Gemusterte Vorhänge vor einer einfarbig gestrichenen Wand oder ein gemusterter Teppich auf einem einfarbigen Fußbodenbelag sind zwei typische Beispiele. Die Farben des gemusterten Elements können entweder mit der Hintergrundfarbe harmonieren oder kontrastieren, je nachdem, welchen Effekt Sie erzielen möchten. Sie können sogar verschiedene Muster mischen, zum Beispiel bei Kissen auf einem Sofa – vorausgesetzt, es ist ein farbliches Bindeglied vorhanden.

***Farbintensität***

Die Wertigkeit der Farbe oder ihr Sättigungsgrad reduziert sich, wenn man sie mit benachbarten Farben des Farbkreises mischt. Die reinen Primärfarben haben den höchsten Sättigungsgrad; und je höher der Sättigungsgrad einer Farbe, desto sparsamer sollte man sie verwenden – ein leuchtend

*Eine der Grundregeln der Farbenlehre lautet: Alle Farben sind eine Mischung aus den drei Primärfarben Blau, Rot und Gelb. Man kann sie völlig beliebig mischen und jede nur denkbare Farbe produzieren. Sie werden das besser verstehen, wenn Sie die Abbildung auf der gegenüberliegenden Seite durch ein starkes Vergrößerungsglas betrachten. Dann werden Sie erkennen, daß sie aus winzigen roten, gelben und blauen und auch schwarzen Pünktchen besteht. Durch die Mischung dieser vier Pünktchen in verschiedener Stärke entstehen all die diversen Zwischenfarben der Abbildung.*

***Woraus setzt sich eine Farbe zusammen?***

*Zur Auswahl von Farben gibt es ein visuelles Hilfsmittel – den Farbkreis. Stellen Sie sich einen Kreis vor, der in drei gleich große Segmente eingeteilt ist, die jeweils eine der drei Primärfarben enthalten. Wenn zwei benachbarte Primärfarben miteinander gemischt werden und man das Resultat zwischen die beiden Primärfarben plaziert, hat der Kreis sechs Segmente: Rot, Orange, Gelb, Grün, Blau und Violett. Orange, Grün und Violett sind als Sekundärfarben bekannt. Wenn man fortfährt, benachbarte Farben miteinander zu mischen, erhält man zwölf Segmente mit sechs neuen Farben – Rotorange, Orangegelb, Gelbgrün, Grünblau, Blauviolett und Violettrot –, die als Tertiärfarben bezeichnet werden. Der vollständige Kreis mit zwölf Segmenten ist ein wertvolles Hilfsmittel für Farbzusammenstellungen.*

**Farbeigenschaften**

*Farben wirken auf verschiedene Art und Weise. Sehen wir uns zunächst die Farben im Sektor der Gelb- und Rottöne, einschließlich Rotviolett, an. Man nennt sie die vorwärtsdrängenden Farben, weil Flächen, die in diesen Farben dekoriert sind, auf den Betrachter zuzukommen scheinen. Sie schaffen eine warme, einladende Atmosphäre, die den Raum aber gleichzeitig kleiner erscheinen läßt. Die Farben in der anderen Kreishälfte haben die gegenteilige Wirkung, sie scheinen sich in den Hintergrund zurückzuziehen und lassen den Raum groß, kühl und geräumig erscheinen.*

*Farben können miteinander harmonieren oder kontrastieren. Farben, die in nebeneinanderliegenden Kreissegmenten oder im gleichen Teil des Kreises liegen, harmonieren miteinander oder zumindest beißen sie sich nicht, wenn beide im gleichen Farbkonzept vorkommen. Diejenigen, die sich im Farbkreis gegenüberliegen, kontrastieren stark und werden (was ziemlich verwirrend ist) Komplementärfarben genannt. Sie sind das Gewürz eines Farbkonzepts und verhindern, daß es dem Auge zu blaß erscheint. Rot und Grün kann man am deutlichsten als Komplementärfarben erkennen; wenn man beide als reine Farben verwendet, ist der Kontrast überwältigend, aber ein warmes Rot oder ein Terrakottarosa neben Olivgrün könnte sehr gut wirken.*

blauer Raum wäre fürs Auge ziemlich unerträglich. Die Sekundär- und Tertiärfarben des Farbkreises sind Mischungen aus den drei Primärfarben, die in verschiedenen Mengen miteinander vermischt wurden. Die Farbintensität nimmt bei jeder Mischung weiter ab.

Es gibt noch eine andere Möglichkeit, die Intensität einer Farbe zu reduzieren. Wenn man die Farben mit sogenannten neutralen Farben – Weiß, Schwarz oder Mischungen verschiedener Mengen von Weiß und Schwarz – mischt, erhält man hellere oder dunklere und daher weniger intensive oder weniger reine Farbschattierungen. Die neutralen Farben kann man natürlich auch als eigenständige Farben einsetzen, sie lassen den Raum geräumiger und heller erscheinen und sind perfekte Ergänzungen von starkfarbigen oder gemusterten Bereichen. Mit Grau gemischte Sekundär- oder Tertiärfarben sind außerdem geeignet, die Intensität von Farbkonzepten zu dämpfen. Und Schwarz steigert die Ausdruckskraft, man sollte es aber nicht überstrapazieren – aus naheliegenden Gründen.

### *Tonale Werte*

Der Ton einer Farbe besagt, wie hell oder wie dunkel sie wirkt, mit anderen Worten, wie stark die Beimischung von Weiß oder Schwarz ist. Die große Auswahl von Off-White-Nuancen bei Malerfarben (wie Magnolie, Elfenbein, Apricotweiß, Apfelweiß usw.) zeigt, wie viele tonale Werte es gibt. Gelungene Farbkonzepte verdanken der Verwandtschaft ihrer tonalen Werte genausoviel wie die Farben an sich, die Sie ausgewählt und zusammengestellt haben. Allgemein gesprochen tut man gut daran, zwei Farben mit gleichen tonalen Werten für die Dekoration eines Raumes zu wählen und deutlich hellere oder dunklere Farbtöne für Accessoires oder kleinere Flächen einzusetzen.

Nicht nur die Farbwahl, auch die Art und Weise, wie sie aufgetragen wird, trägt zur Wirkung des Raumes bei. Ein wichtiges Merkmal spezieller Farbeffekte wie das Stupfen oder die Wickeltechnik ist, daß über einer Grundfarbe eine zweite Farbe aufgetragen wird. Dadurch entsteht ein weiteres Spektrum an Nuancen und subtilen Farbeffekten. Die Variationen, die durch die Kombination von zwei verschiedenen Farben entstehen – durch ihre Intensität, ihre Strahlkraft und die Art und Weise, wie eine Farbe die andere absorbiert oder reflektiert –, sind unbegrenzt. Die Verwendung gebrochener Farben bei diesen speziellen Techniken kann mehr zur Entstehung von Tiefenwirkung und atmosphärischer Wirkung beitragen als die der üblichen, vorgefertigten Farben und kann so die Wirkung eines Raumes und seiner Dekoration steigern. Allerdings müssen Sie ein wenig mit Farben experimentieren und sich eine einigermaßen ruhige Hand antrainieren, um die Leichtigkeit des Farbauftrags zu erreichen, die für gute Resultate erforderlich ist. Am besten probieren Sie verschiedene Farbkombinationen auf einfarbigen Tapetenresten aus, bevor Sie mit der Arbeit beginnen.

### *Wie man Farbeffekte einsetzt*

Sie müssen stets Herr der Farbe bleiben, sich nicht von ihr bestimmen lassen, wenn Sie die Farbkonzepte für Ihr Heim entwerfen. Wenn Ihnen die Wirkung, die Sie kreiert haben, nicht gefällt, können Sie immer etwas (oder alles) ändern, um das Ganze wieder ins Gleichgewicht zu bringen.

Wie wir gesehen haben, läßt sich bei der Gestaltung eines Raumes mit Farben – ob allein oder in Kombinationen mit anderen – eine Vielzahl von optischen Effekten erzielen. Die warmen Farben wie Rot und Orange, die Farben des Feuers, machen einen Raum anheimelnd und einladend, während Gelb Sonnenlicht und Helligkeit suggeriert und sich vor allem für Räume mit wenig natürlichem Licht eignet. Kühle Farben mit einem Anteil von Blau sorgen für eine kühle, luftige Atmosphäre, wenn man hellere Töne verwendet. Mit

*OBEN: Da das Schlafzimmer ein sehr persönlicher Raum ist, eignet es sich vorzüglich dazu, der eigenen Freude an Farben und Experimenten mit Farbkombinationen und -effekten, die nicht jeder als entspannend empfinden würde, freien Lauf zu lassen. Dieses kontrastreiche Konzept kann nur bestehen, weil die verwendeten Farben fast gleiche tonale Werte haben.*

*RECHTS: Der Bezugstoff der Stühle war der Ausgangspunkt für dieses anregende, harmonische Farbkonzept. Die hellen und dunklen Schattierungen von Ziegelorange und Terrakottabraun wurden speziell für diesen Raum gemischt, um so nahe wie möglich an die Farben des Polsterstoffes heranzukommen. Der Bodenbelag aus Sisal ist ein perfekter Untergrund für die warme Farbigkeit der Wände.*

PAPILLON
The Two Mrs Grenvilles
Un bonheur insoutenable

Grüntönen bringt man den Garten ins Haus, sie schaffen ein frisches, erholsames Ambiente, das sich gut für Arbeitsräume wie die Küche eignet, aber auch für Räume, in denen man sich entspannen möchte, wie den Wintergarten. Blautöne, ausschließlich verwendet, wirken noch kühler als Grüntöne, sie vermitteln Weiträumigkeit, aber erst das Sonnenlicht haucht ihnen Leben ein. Man sollte Blau nicht in Räumen verwenden, die nach Norden gehen. Das letzte Farbsegment, die opulenten Violettöne, sorgen für eine warme Atmosphäre – am besten wirken sie, wenn sie sparsam eingesetzt werden.

Wenn man die Farbintensität durch Farbmischungen mindert, lassen sich zartfarbige, ansprechende Farbkonzepte (Rosa- und Fliedertöne sind gute Beispiele) oder behagliche und gedämpfte Wirkungen (Creme- und Brauntöne) erzielen. Bei dieser Farbzusammenstellung sind Elemente in Kontrastfarben, vorsichtig eingesetzt, besonders effektvoll.

### *Tricks mit Farbe*

Mit Farbe lassen sich nicht nur bestimmte Wirkungen erzielen, man kann sie auch benutzen, um das Auge mit cleveren Tricks zu täuschen. Ein ganz einfaches Beispiel ist, daß man die Decke dunkler streicht als die Wände, damit der Raum niedriger aussieht, als er in Wirklichkeit ist. Das ist besonders angebracht in sehr hohen Räumen mit Bilderleiste; wenn man die dunklere Farbe bis zur Höhe der Bilderleiste herunterzieht, ist die Wirkung noch stärker. Wenn die Decke dekorative Elemente wie eine Rosette aufweist, könnte man diese in einer helleren Farbe streichen, um die Aufmerksamkeit darauf zu lenken und sie optisch dem Auge näherzubringen. Soll der Raum höher erscheinen, kehrt man das Konzept um und streicht die Decke in einer helleren Farbe.

Den gleichen Trick kann man anwenden, wenn man die Proportion eines Raumes verändern möchte und eine Wand in den Hintergrund treten oder mehr nach vorn kommen soll. Ein Trick, den man gewöhnlich bei quadratischen Räumen anwendet, damit sie interessanter wirken.

Auch durch Muster läßt sich das Auge täuschen. Tapeten oder Wanddekorationen mit starker Betonung der Vertikalen – vor allem mit Streifen – lassen den Raum höher und schmaler erscheinen, während die Betonung der Horizontalen die entgegengesetzte Wirkung hat – die Wände erscheinen niedriger und der Raum größer.

Kleingemusterte Tapeten lassen die Wand zurückweichen, während großformatige Muster auf den Betrachter zuzukommen scheinen. Mit ausdrucksvollen Mustern oder kräftigen Farben kann man die Aufmerksamkeit auf eine Wand lenken. Wenn man die Wand am Ende eines langen Korridors mit einer auffallend gemusterten Tapete dekoriert, kommt sie auf den Betrachter zu und zieht dadurch die Aufmerksamkeit von den langen Seitenwänden ab.

*Streifen haben die Wirkung, einen Raum höher erscheinen zu lassen; verstärkt wird dieser Eindruck durch den weißen Anstrich der Decke im Kontrast zu den dunkleren Wänden. Die Wirkung dieses Farbkonzepts liegt darin, daß man sich im ganzen Raum an die drei dominierenden Farben der Vorhänge und der Wandverkleidung gehalten hat – das Rot taucht im Teppich wieder auf, und das intensive Blau wiederholt sich auf dem Sessel.*

### *Problemlösung Farbe*

Mit Farbe lassen sich viele Probleme lösen. Eines sind Heizkörper und auf der Wand verlegte Rohre. Wenn man sie in der gleichen Farbe wie die Wände streicht, verschmelzen sie mit ihnen. Ebenso eine vorstehende Kaminhaube, ein Wandvorsprung oder eine Oberschwelle in der Decke durch Anstrich in der Farbe der Wand oder der Decke. Verwenden Sie Tapeten mit auffallendem Muster nur im rückwärtigen Raum, um Problemen mit dem Musteranschluß aus dem Weg zu gehen.

Die mit einer gelben Farbwäsche getönten Wände bringen Sonnenschein in ein Schlafzimmer, das von Natur aus dunkel ist. Da die Farbwäsche in mehreren Schichten aufgetragen wurde, erhielt die Farbe mehr Tiefe und der Raum mehr Leben. Das kühle Graugrün des Teppichs und der Fensterläden tritt in den Hintergrund, es bringt das Gelb zum Leuchten; das Graugrün wiederholt sich, zusammen mit einem weißlichen Grau und anderen gedämpften Farbtönen, in allen Accessoires und sorgt für die Kontinuität des Dekorationskonzepts.

### *Tips zum Mischen von Farben*

❍ *Vergessen Sie die Musterkarten für Farbmischungen – wenn Sie eigene Mischungen ausprobieren, kommen Sie zu interessanteren Resultaten. Beginnen Sie stets mit einer begrenzten Anzahl von Farben und finden Sie heraus, wie viele Nuancen Sie erzielen können.*

❍ *Zu Anfang nehmen Sie einen Topf mit weißer Latexfarbe und fügen einen Schuß Farbe hinzu. Sie können jede wasserlösliche Farbe verwenden: Latex, farbige Tinte, Künstlerbeize, Gouache (deckende Wasserfarbe), selbst Nahrungsmittel- oder Stoffarben.*

❍ *Wenn Sie eine Farbe mit Lösungsmittel (Hochglanzlack) haben, nehmen Sie dazu eine pigmentierte Farbe auf Ölbasis: Hochglanzlack, Eggshellfarbe oder Künstlergrundierfarbe auf Ölbasis. Mischen Sie niemals Ölfarben mit wasserlöslichen Farben.*

❍ *Für ein anspruchsvolleres Experiment mischen Sie zwei Komplementärfarben (die sich im Farbkreis gegenüberliegen) mit verschiedenen Mengen von Weiß, um eine Reihe verwandter Schattierungen zu erhalten, von den hellsten Pastelltönen bis zu schlammigen Tönen, die sich alle miteinander kombinieren lassen und als Ausgangspunkt eines interessanten Farbkonzepts dienen könnten.*

❍ *Mischen Sie eine Farbe mit Weiß, um sie aufzuhellen, und mit ihrer Komplementärfarbe, um sie dunkler zu machen – Schwarz macht eine Farbe schmutzig und stumpf und tötet ihre Leuchtkraft.*

❍ *Es gibt Farben, die mehr Leuchtkraft haben als andere: Weiß-, Creme-, Gelb- und helle Rottöne reflektieren das Licht, sie werfen es von einer Wand auf die andere und lassen einen kleinen Raum geräumig erscheinen.*

❍ *Dunkle Rot-, Grün- und Blautöne lassen einen Raum kleiner erscheinen als er ist; sie eignen sich am besten für große, helle Räume mit hohen Decken.*

VERGLEICHE AUCH DIE SEITEN:


| | |
|---|---|
| DIE RÄUME | 34 |
| GRUNDTECHNIKEN DER MALEREI | 96 |
| DEKORATIVE FARBEFFEKTE | 104 |

# FARBARTEN

*Farbe ist das vielseitigste Material bei der Raumgestaltung – sie ist leicht anzuwenden, wirkt gut, ist haltbar, kann schnell übermalt werden und ist außerdem relativ preiswert.*

Alle Farbarten bestehen aus Pigmentpartikeln, die Träger der Farbe sind und von einem flüssigen Bindemittel an den Untergrund gebunden werden, sobald die Farbe aufgetragen ist. Damit sich die Farbe leicht verstreichen läßt, verdünnt man die Pigmente nebst Bindemittel mit Wasser, so daß eine Emulsion entsteht, oder man verdünnt beides mit Terpentin oder in Terpentinersatz. Hierin liegt der Unterschied zwischen den beiden bekannten Farbarten: Latex- und Ölfarbe. Gewöhnlich werden wasserlösliche Farben für Wände, Decken und Außenanstriche verwendet, während man Ölfarben für Holz- und Metalloberflächen benutzt. Allerdings geht der Trend wegen der gesundheitsschädlichen Lösungsmittel weg von Ölfarben, und wasserlösliche Farben werden mehr und mehr auch für Holz- und Metalloberflächen verwendet, da der Fortschritt in der Farbtechnologie die Anwendungsmöglichkeiten und die Haltbarkeit wasserlöslicher Farben verbessert hat.

### *Wasserlösliche Farbe: Die wichtigsten Fakten*

❍ Wenn Sie wasserlösliche Farbe verwenden, verdunstet das Wasser, das Bindemittel bildet einen Film auf der gestrichenen Oberfläche. Er trocknet schnell und riecht nicht so stark wie Ölfarbe.

❍ Vinyllatexfarbe für Wände und Decken ist erhältlich in matt (2, 6, 9, 14) oder seidenmatt (7). Wasserlösliche Acrylfarbe für Holz (12) ist gewöhnlich seidenmatt. Die Bezeichnungen Vinyl und Acryl beziehen sich auf die Art von synthetischem Kunstharz, der als Bindemittel dient und den Film der Farb- oder Firnisoberfläche bildet.

❍ Latexfarbe erfordert keinen Voranstrich; auf Putz läßt sie sich leicht auftragen, wenn man den ersten Anstrich mit Wasser verdünnt. Wasserlösliche Acrylfarben brauchen keine Grundierung.

❍ Tropfgehemmte Latexfarbe enthält Zusätze, die verhindern, daß die Farbe tropft oder rinnt; die aufgetragene Farbschicht ist dicker und deckt besser. Beide Farbarten lassen sich mit dem Pinsel, dem Roller oder dem Farbkissen auftragen.

❍ Die feste Latexfarbe ist noch dicker und wird hauptsächlich für Deckenanstriche verwendet. Sie ist in Farbmulden verpackt und mit dem Roller aufzutragen.

❍ Rauhfaserfarbe ist eine verdickte Farbe, die man für plastische Effekte auf Wänden und an Decken verwendet. Man trägt sie mit speziellen Farbrollern oder Werkzeugen auf.

❍ Latexfarbe für Außenanstriche gibt es in normaler Ausführung (4) oder als Rauhfaserfarbe (5). Beide Arten enthalten Fungizide, die die Entstehung von Stock- oder Moderflecken verhindern, und Füllmaterial zum Füllen kleinerer Risse.

❍ Die Malutensilien lassen sich mit Wasser reinigen, vorausgesetzt, die Farbe ist noch nicht ausgetrocknet. Ist das der Fall, nimmt man einen Pinselreiniger.

### *Lösungsmittelhaltige Farbe: Die wichtigsten Fakten*

❍ Diese Farbe trocknet, während sich das Lösungsmittel verflüchtigt, wodurch das Produkt seinen charakteristischen Geruch erhält. Sie braucht länger zum Trocknen als Latexfarbe, aber der Farbfilm ist gewöhnlich strapazierfähiger.

❍ Lösungsmittelhaltige Farben für Holz- oder Metalloberflächen erfordern eine Grundierung und einen Voranstrich (10), es gibt aber auch Farben, in denen Voranstrich und Schlußlackierung enthalten sind (1); sie erfordern zusätzlich nur eine Grundierung.

❍ Nichttropfende Farben (8) lassen sich leichter auftragen und decken besser als gewöhnliche Farben. Beide Farbarten trägt man mit dem Pinsel auf, man kann aber auch einen Roller oder ein Farbkissen nehmen.

❍ Es gibt Lacke in Hochglanz oder Seidenmatt, auch als Eggshell bekannt (3). Der erstere ist unerheblich strapazierfähiger, neigt aber dazu, Unebenheiten der Oberfläche zu betonen.

❍ Gewöhnlich braucht man Terpentin, Paraffin oder einen handelsüblichen Pinselreiniger, um die Malutensilien zu säubern. Es gibt aber auch Farben mit speziellen Zusätzen, bei denen eine Reinigung mit Wasser und Seife genügt – vorausgesetzt, die Farbe ist noch nicht angetrocknet.

### *Andere Farbarten*

**Grundierung** (6) nennt man die unterste Schicht eines Farbanstrichs. Sie bindet die Farbschicht an die Oberfläche und ist eine gute Grundlage für den Voranstrich. Außerdem verhindert sie bei Metalloberflächen das Rosten. Die traditionellen Grundierungsmittel für Holz und Metall sind lösungsmittelhaltig, es gibt aber bereits wasserlösliche Grundierungen. Kombinationen von Grundierung und Voranstrich beschleunigen den Trocknungsprozeß, und man spart dadurch einen Schritt des herkömmlichen Drei-Schichten-Anstrichs.

**Künstlerfarben** kann man zum Tönen weißer Farbe verwenden, wenn man eine besondere Farbe kreieren möchte. Zum Tönen von Latexfarbe können Sie lösungsmittelhaltige Farben, Acrylfarben oder Wasserfarben verwenden.

**Lasuren** sind transparente oder halbtransparente Farbschichten, die man über eine zuvor bemalte Fläche aufträgt. Man verwendet sie für dekorative, gebrochene Farbeffekte wie Stupfen, Wickeln mit

dem Lappen oder gezogene Lasuren und erreicht damit spezielle, gebrochene Farbwirkungen. Die Lasuren sind lösungsmittelhaltig und werden, falls erforderlich, mit Terpentinersatz verdünnt.

**Firnis** (13) ist klar und transparent, er eignet sich für Holzoberflächen, bringt die Maserung zur Geltung, betont die natürliche Schönheit des Holzes; es handelt sich im wesentlichen um einen Anstrich ohne Pigmente. Die meisten Firnisse sind lösungsmittelhaltig, es werden aber zunehmend mehr schnelltrocknende, wasserlösliche Firnisse angeboten. Das Finish reicht von Seidenmatt bis Hochglanz. Außer den klaren Firnissen gibt es Produkte mit geringem Farbzusatz, die das Holz tönen, ohne die Maserung zu verdecken. Auch sie versiegeln das Holz. Wenn Sie eine kräftigere Tönung bevorzugen, können Sie das Holz zuerst mit einer Beize behandeln und zum Schluß einen klaren, transparenten Firnis als Schutzschicht auftragen.

**Lacke** sind klare, transparente Oberflächenversiegelungen für Holz und Metall. Sie bestehen aus Zellulosederivaten und Lösungsmitteln, die sich verflüchtigen und nach dem Trocknen eine harte, glänzende Lackschicht hinterlassen.

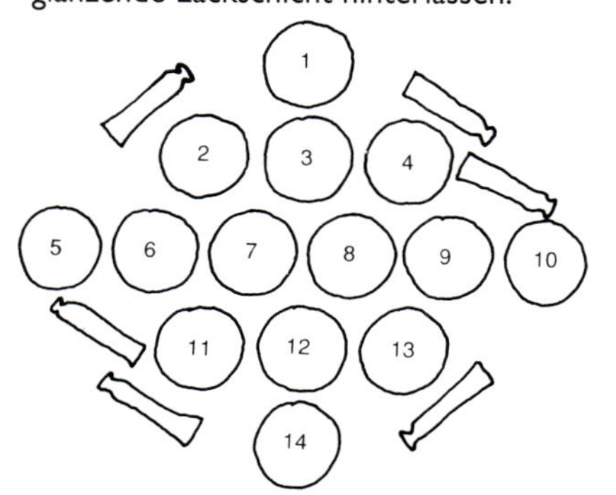


VERGLEICHE AUCH DIE SEITEN:

| | |
|---|---|
| DIE MALUTENSILIEN | 92 |
| DIE VORARBEITEN ZUM STREICHEN | 94 |
| AUSSENANSTRICHE | 101 |
| DEKORATIVE FARBEFFEKTE | 104 |

# DIE MALUTENSILIEN

*Es ist wichtig, daß Sie sich die erforderlichen Utensilien zurechtlegen, bevor Sie mit dem Malen beginnen. Kaufen Sie die beste Qualität, die Sie sich leisten können und die Größe, die sich für Ihre Arbeit am besten eignet; möglicherweise brauchen Sie verschiedene Größen. Es ist unüblich, Holzwerk mit dem Pinsel zu streichen, während man für Wände und Decken einen Pinsel, ein Farbkissen oder einen Roller benutzen kann, je nach Oberflächenbeschaffenheit – Sie haben die Wahl. Pflegen Sie Ihre Malutensilien gut; waschen Sie Pinsel, Roller und Farbkissen gründlich in der für die Farbart geeigneten Flüssigkeit aus. Lassen Sie sie gut trocknen, wickeln Sie sie in Zeitungspapier oder Folie und halten Sie das Bündel mit einem Gummiband zusammen, bevor Sie es weglegen.*

*(Oberes Regal, an der Wand hängend)*

**Pinsel.** Die Borste ist der wichtigste Teil: Von ihrer Qualität, ihrer Länge und ihrer Stärke hängt es ab, wieviel Farbe der Pinsel aufnehmen kann, wenn man ihn in die Farbe taucht, und wie glatt er die Farbe auf der Oberfläche verstreicht. Wildschweinborsten sind die besten; billigere Pinsel sind mit synthetischen Borsten ausgestattet, die sich für wasserlösliche Farben genauso gut verwenden lassen wie Pinsel mit echten Borsten. Länge und Qualität der Borsten sind wichtig für einen glatten Farbauftrag und entscheiden auch über den Preis. Billige Pinsel haben kurze und wenig Borsten. Teurere Pinsel sind dicht und haben kräftige Borsten, die sich biegen, wenn man über eine Fläche streicht. Gewöhnlich ist das Büschel Borsten nach außen hin leicht kegelförmig geschnitten.

Es gibt Pinsel in den verschiedensten Borstengrößen, von 12 mm bis zu 100 mm. Längen über 100 mm werden für Wände und Decken benutzt.

**Flacher Pinsel mit schräg geschnitttenen Borsten.** Die Borsten sind schräg geschnitten, was den Farbauftrag an Innenkanten erleichtert, wie zum Beispiel bei Fenstersprossen.

**Abklebeband** ist nützlich beim Streichen gerader Linien und schützt die Glasscheibe, beim Streichen von Fensterrahmen.

*(Auf dem oberen Regal stehende Utensilien)*

**Künstlerpinsel** sind erforderlich für spezielle Farbeffekte und zum Bemalen von Möbeln und Fliesen. Man sollte verschiedene Größen und Stärken vorrätig haben.

**Heizkörperpinsel** werden für Oberflächen verwendet, die man mit einem herkömmlichen Pinsel nicht erreichen kann, zum Beispiel die Rückseite von Heizkörpern. Der lange Metallgriff läßt sich biegen, so daß man die Borsten in die richtige Stellung bringen kann.

**Sandpapier**, von fein- bis grobkörnig, wird um einen Holzklotz gelegt; man benutzt es zum Aufrauhen von bereits einmal gestrichenen Oberflächen.

**Japanspachtel** hält man an die zu streichende Fläche, wenn man exakte Kanten streichen will – sie sind auch nützlich beim Streichen von Leisten.

**Schablonierpinsel.** Er besteht aus steifen, stumpf abgeschnittenen Borsten, die von einem Metallring zusammengehalten werden, und hat einen kurzen,

runden Stiel. Die Farbe wird durch die Zwischenräume der Schablone mit leichtem Tupfen aufgetragen.

**Stupfpinsel.** Er besteht aus g eichlangen, feinen Borsten, die auf ein rechteckiges Brett montiert sind, so daß alle Borsten gleichzeitig Kontakt mit der bemalten Fläche haben. Mit der Bürste wird ein Teil der noch nassen Farbe oder Lasur von der frisch gestrichenen Fläche entfernt, so daß der „Stupf"effekt entsteht.

*(Unteres Regal, hängend)*

**Spachtel.** Ein Mehrzweckwerkzeug, mit dem man Farbe, Firnis und alte Tapeten abkratzen kann. Es sieht aus wie ein Kittmesser, hat aber eine viel festere Klinge. Die Breite der Klinge reicht von 25 mm bis 150 mm. Die kleineren Spachtel benutzt man für Fenster- und Türrahmen.

*(Auf dem unteren Regal stehende Utensilien)*

**Farbkissen.** Es besteht aus kurzflorigem Material, das über ein Schaumstoffkissen gespannt ist, das wiederum an einer Holzplatte mit Griff befestigt ist. Farbkissen sind eine Alternative zu Pinseln. Sie werden in den verschiedensten Größen und Formen hergestellt, sind aber meist rechteckig. Die Größen variieren zwischen 62 x 50 mm bis zu 150 mm x 100 mm. Sie dienen zum Streichen von Wänden und Decken. Die kleine „Zahnbürsten"version benutzt man beim Streichen um Fensterrahmen herum und für Ecken. Es gibt auch Farbkissen mit Führungsrollen an den Außenkanten, die man an Kanten entlangführen kann, zum Beispiel an dem Winkel zwischen Wand und Decke.

**Farbroller** bestehen aus einem hohlen Zylinder, der mit Schaumstoff oder einem Material aus Naturfasern bezogen ist. Der Zylinder wird auf eine Achse mit Griff gesteckt, so daß man ihn hin- und herrollen kann. Die Überzüge sind aus Mohair, Lammwolle, Schaffell oder synthetischen Fasern. Wichtig ist die Länge der Fasern. Kurzfaserige Überzüge wie Mohair und Wolle eignen sich am besten für glatte Oberflächen wie Holz und glatten Putz; Überzüge mit längeren Fasern eignen sich für texturierte Oberflächen wie Relieftapeten und Rauhputz, weil die längeren Fasern in die Vertiefungen eindringen können. Die Schaumstoffrollen werden direkt auf die Achse der Roller aufgesetzt. Sie sind billig, aber nicht zufriedenstellend. Farbroller werden in verschiedenen Längen hergestellt, die kleinsten sind 75 mm breit. Es kann vorkommen, daß die Bezüge eines Herstellers nicht auf die Zylinder eines anderen passen.

**Farbmulden** werden in Breiten hergestellt, die auf die Abmessungen der Farbroller abgestimmt sind. Mulden aus Plastik sind Metallmulden vorzuziehen, denn sie sind leichter zu reinigen und rosten nicht.

**Farbeimer.** Ein Behälter mit einem Bügelgriff, in dem man eine kleinere Menge Farbe bis zum Arbeitsplatz transportieren kann. Normalerweise faßt ein Eimer bis zu einem Liter Farbe, wird aber gewöhnlich nur halb gefüllt. Plastikeimer sind leichter zu reinigen und zu tragen als Metalleimer, sie rosten nicht und bekommmen keine Kratzer.

**Fugenkratzer.** Ein Spezialwerkzeug, mit dem man Farbe und Firnis von Zierleisten und aus unzugänglichen Ecken herauskratzen kann. Es gibt drei Klingenformen – die Birnenform, das Dreieck und eine Kombination von konkaven und konvexen Kanten für verschiedene Oberflächenstrukturen.

**Kämme für gezogene Lasuren** in diversen Größen.

**Vertreiber mit echten Borsten** für gezogene Lasuren auf Flächen.

**Schwamm.** Ein Naturschwamm für spezielle Farbeffekte.

VERGLEICHE AUCH DIE SEITEN:

| | |
|---|---|
| DIE VORARBEITEN ZUM STREICHEN | 94 |
| GRUNDTECHNIKEN DER MALEREI | 96 |
| DEKORATIVE FARBEFFEKTE | 104 |

# DIE VORARBEITEN ZUM STREICHEN

*Mit modernen Farben läßt sich dank des ständigen Fortschritts der Farbentechnologie vorzüglich arbeiten. Wunder darf man natürlich nicht erwarten; nur wenn die zu streichenden Oberflächen richtig vorbereitet sind, kann man gute Resultate erzielen.*

**Neues Holz**

Die Oberfläche mit feinem bis mittelgrobem Schleifpapier glattschleifen. Zum Schluß mit dem feinsten Schleifpapier mit der Maserung nachschleifen.

Kerben oder Risse im Holz werden mit Spachtelkitt gefüllt. Wenn das Material getrocknet ist, die Oberfläche abschleifen. Wenn das Holz nicht gestrichen wird, sondern eine Firnisschicht erhält, verwenden Sie besser Holzkitt.

**Gestrichene oder gefirniste Holzoberflächen**

Die Oberfläche mit Wasser und Seife oder einem starken Reinigungsmittel von Schmutz, Fett und Fingerabdrücken befreien. Mit klarem Wasser nachspülen.

Wenn die Oberfläche in gutem Zustand ist, kann man die Glanzschicht mit feinem, angefeuchtetem Schleifpapier egalisieren. Mit klarem Wasser nachspülen und trocknen lassen.

Wenn die Oberfläche leicht beschädigt ist, die defekten Stellen mit Farbe (oder bei unbehandeltem Holz mit Grundierungsmittel) füllen, damit die Oberfläche wieder glatt wird.

Wenn die Oberfläche stark beschädigt ist, große Teile der Farbschicht abgesplittert sind oder die Farbschicht Blasen wirft, muß die Farbe vollständig entfernt werden – mit einer Heißluftpistole oder einem chemischen Abbeizmittel. Die Pistole benutzt man für die großen Flächen, das Abbeizmittel für kleinteilige Profile oder wenn man die Oberfläche mit Firnis statt mit Farbe dekorieren möchte.

Vorsicht mit der Heißluftpistole – den Luftstrom über die Fläche vor- und zurücklenken, bis die Farbe Blasen wirft. Dann mit dem Spachtel abkratzen und die Farbreste in einem hitzebeständigen Behälter, etwa in einer Konservenbüchse, sammeln. Bei glatten Oberflächen mit einem breiten Spachtel arbeiten, bei Profilleisten und bei Tür- und Fensterrahmen mit einem Fugenkratzer.

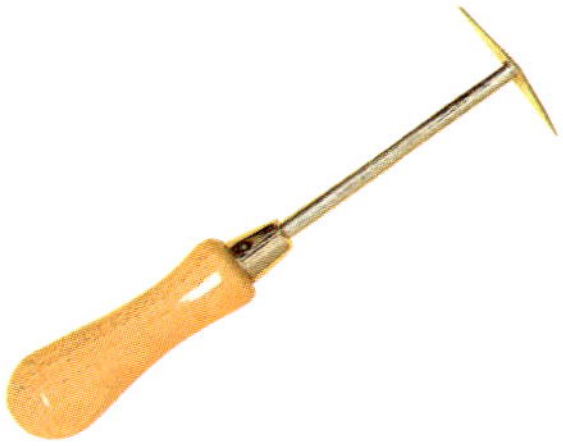

Wenn Sie ein chemisches Abbeizmittel verwenden, die Gebrauchsanweisung sorgfältig durchlesen. Das Abbeizmittel mit einem alten Pinsel auf die Oberfläche auftragen und eine Weile (je nach Gebrauchsanweisung) einwirken lassen. Die Farbe, wie oben beschrieben, abkratzen und die Farbreste an einem sicheren Ort abstellen. Falls erforderlich, das Abbeizmittel noch einmal auftragen. Wenn die Farbe vollständig entfernt ist, die Oberfläche nach Gebrauchsanweisung mit Wasser oder Terpentinersatz reinigen. Die Reinigung muß sehr sorgfältig vorgenommen werden, damit keine Reste des Abbeizmittels haften bleiben und den neuen Anstrich beschädigen. Nach dem Reinigen die Oberfläche mit feinem Schleifpapier glätten.

### *Neue Putzoberflächen oder Gipskartonplatten*

Bei neu verputzten Wänden lockere Putzteilchen mit Schleifpapier entfernen. Eventuelle Nägel bei Gipskartonplatten mit Metallgrundierungsmittel behandeln. Zum Schluß ein handelsübliches Grundierungsmittel für Putzoberflächen auftragen oder eine Schicht Latexfarbe, mit etwas Wasser verdünnt.

Wände oder Decken, von denen die Tapete abgekratzt wurde, sorgfältig mit Wasser reinigen, um Klebstoffreste zu entfernen. Risse oder kleine Löcher mit einer Füllmasse füllen und das Material leicht überstehen lassen. Nach dem Trocknen planschleifen. Risse zwischen Wand und Decke oder an Stellen, wo Holz auf Putz trifft, wie Fußleisten oder Fensterrahmen, mit Kitt füllen.

### *Gestrichene Putzoberflächen*

Oberfläche mit Seifenlauge oder starkem Reinigungsmittel von Schmutz und Fett säubern. Mit klarem Wasser nachspülen, trocknen lassen. Jetzt kann die Oberfläche gestrichen werden. Hat die Oberfläche Wasserflecken oder Flecken, z. B. verursacht durch Zigarettenrauch, diese mit Isolierweiß oder wasserlöslichem Isoliermittel behandeln. Das versiegelt den Fleck, der so nicht durch die neue Farbschicht dringt.

### *Bemalte Tapeten*

Die Oberfläche wie bei Putzoberflächen reinigen und Flecken wie oben mit Isoliermittel versiegeln. Hat sich die Tapete an Nahtstellen abgelöst oder ist eingerissen, mit Tapetenkleister bestreichen und andrücken. Blasen mit einem scharfen Messer aufschneiden, etwas Kleister hineinschieben und die Tapeten fest andrücken.

#### *Tips*

- *Beim Streichen der Rückseite von Heizkörpern oder Rohren einen langstieligen Heizkörperpinsel benutzen.*
- *Beim Streichen eines Gesimses oder einer Deckenrosette ausschließlich wasserlösliche Latexfarbe verwenden. Sie wird in dünnen Farbschichten mit einem 25-mm-Pinsel aufgetragen, damit sich die feinen Vertiefungen nicht mit Farbe füllen.*


| VERGLEICHE AUCH DIE SEITEN: | |
|---|---|
| FARBE VERSTEHEN LERNEN | 84 |
| FARBARTEN | 90 |
| DIE MALUTENSILIEN | 92 |

# Grundtechniken der Malerei

*Es gibt vier verschiedene Möglichkeiten, Farbe aufzutragen: mit einem Pinsel, einem Farbroller, einem Farbkissen oder mit einem Farbspritzgerät – einer Spritzpistole oder einer Sprühdose. Jede dieser Methoden erfordert eine andere Technik, die außerdem je nach Art der zu behandelnden Fläche variieren kann.*

*Der Farbanstrich dieser stilvollen Eßecke einer Küche ist praktisch und lädt zu einer erholsamen Pause ein. Die Holzverkleidung der Wand und das Einbauregal wurden mit Eggshellfarbe gestrichen, einer stumpfen, lösungsmittelhaltigen Farbe, während für die verputzten Wände Latexfarbe verwendet wurde. Die sorgfältige Vorbereitung der Oberflächen hat sich ausgezahlt – der Anstrich wirkt absolut professionell.*

### *Mit dem Pinsel streichen*

Prüfen Sie, ob Ihr Pinsel staubfrei ist und alle Borsten fest sind; lassen Sie die Borsten mehrmals durch Ihre Finger gleiten. Den Staub vom Deckel der Farbdose entfernen und die Farbe umrühren, falls sich auf der Farboberfläche Flüssigkeit angesammelt hat. Sollte die Farbe schon einmal verwendet worden sein und sich ein Häutchen gebildet haben – vorsichtig entfernen und umrühren.

Wenn Sie eine neue Farbdose öffnen, können Sie die Farbe verwenden, wie sie ist. Wurde der Dose schon einmal Farbe entnommen, gießt man die Farbe am besten in einen Eimer, weil vielleicht eingetrocknete Farbteilchen, lose Borsten oder Staubteilchen vom letzten Gebrauch die Farbe verunreinigt haben.

Den Pinsel bis zur halben Länge der Borsten in die Farbe tauchen, überschüssige Farbe am Rand der Dose abstreichen.

Die Farbe in waagerechten Pinselstrichen auftragen, bis die Borsten fast trocken sind. Noch einmal mit senkrechten Strichen über die gleiche Fläche streichen. Zum Schluß noch einmal, mit leichteren Pinselstrichen die Farbe waagerecht verstreichen.

Die Prozedur auf der angrenzenden Fläche wiederholen. Zuvor aber den noch nassen Rand der vorhergehenden Fläche überstreichen, damit keine Ränder zu sehen sind. Fortfahren, bis die ganze Fläche gestrichen ist.

## *Mit dem Farbroller streichen*

Den für die zu streichende Fläche und die Farbart passenden Überzug für den Farbroller auswählen (siehe Seite 92) und auf den Zylinder ziehen. Vorausgesetzt Sie verwenden keine feste Latexfarbe, die in einer Packung inklusive Farbroller verkauft wird, gießen Sie etwas Farbe in Ihre Farbmulde (falls die Farbe schon einmal benutzt wurde, durch ein Sieb). Die Farbmulde etwa 20 mm hoch mit Farbe füllen.

Den Roller auf der Farbmulde nach vorn und wieder zurückrollen und das Ganze noch ein paarmal wiederholen, damit er die Farbe gleichmäßig aufnimmt. Bei fester Latexfarbe den Roller ein paarmal auf der Oberfläche hin und herrollen. Die Farbe durch gleichmäßige, parallele Striche auf die Oberfläche auftragen, zuerst in einer Richtung, dann im rechten Winkel dazu, bis die Fläche gleichmäßig mit Farbe bedeckt ist. Wenn der Roller fast trocken ist, erneut Farbe aufnehmen und die Prozedur auf der angrenzenden Fläche wiederholen. Darauf achten, daß zwischen den Teilflächen keine Ränder entstehen. Fortfahren, bis die gesamte Fläche bedeckt ist.

Mit dem Roller reicht man nicht bis in die Winkel zwischen Wand und Decke. Man legt den Roller beiseite, wenn man etwa 25 mm von der Decke entfernt ist, und streicht den Rest der Wandfläche mit dem Pinsel.

### *Ein leichtes Streifenmuster, schnell aufgetragen*

*Sie können einen großen Schaumstofffarbroller mit Hilfe eines Bindfadens in ein Instrument verwandeln, mit dem Sie ein effektvolles Streifenmuster auftragen können. Binden Sie einen Bindfaden fest um die Schaumstoffrolle, zuerst in der Mitte, dann an beiden Enden, etwa 10 mm vom äußeren Rand entfernt. Verdünnen Sie die Latexfarbe mit Wasser, bis sie eine cremige Konsistenz hat. Mit dem Roller können Sie nun ein leicht verwaschenes Streifenmuster auftragen.*

## *Mit dem Farbkissen streichen*

Wenig Farbe in die Farbmulde gießen, das Kissen eintauchen. Die überschüssige Farbe am Abstreifgitter abstreifen.

Das Kissen über die Fläche ziehen – zuerst in einer Richtung, dann im rechten Winkel dazu, damit die Fläche gleichmäßig mit Farbe bedeckt ist. Das Kissen erneut in die Farbe tauchen und den Vorgang wiederholen. Für schmale Wände eignet sich ein kleines Kissen, mit dem man auch in enge Winkel kommt.

Für Flächen, die von Mauerwinkeln eingeengt sind, benutzt man ein Farbkissen mit seitlichen Führungsrollen, das speziell für Winkel konstruiert ist. Man drückt die Rollen fest gegen die angrenzende Fläche, die nicht gestrichen werden soll.

## *Farbe aufsprühen*

Wenn Sie eine Spritzpistole benutzen, den Farbbehälter nach Gebrauchsanweisung füllen und die passende Düse wählen. Wenn Sie eine Sprühdose benutzen, die Dose gut schütteln. Bei beiden Geräten die Düse auf die zu streichende Fläche richten und auf den Auslöser drücken. Den Farbstrahl in gleichmäßiger Entfernung von der Wand von einer Seite zur anderen bewegen – den Arm nicht in weitem Bogen schwingen. Wenn Sie einen Streifen aufgesprüht haben, den nächsten aufsprühen, darauf achten, daß zwischen beiden kein Zwischenraum entsteht.

### *Ein paar gute Tips*

❍ *Nylongewebe (von alten Strumpfhosen) über den Eimer spannen und die Farbe wie durch ein Sieb hineingießen. Den Stoff wegwerfen und einen Bindfaden oder einen Draht quer über die Öffnung des Eimers spannen; er dient zum Ausstreichen der Farbe oder zum Ablegen des Pinsels.*

❍ *Tropfgehemmte Farbe immer eine Weile ruhen lassen, nachdem man sie in den Eimer geschüttet hat, damit sie ihre geleeartige Konsistenz wiedererlangt.*

❍ *Nie einen Pinsel mit einem rostigen Metallring benutzen; der Rost würde die Farbe verändern.*

❍ *Mit Farbkissen lassen sich originelle, künstlerische Effekte auf einfarbigem Grund erzielen. Mit einem spitzen Messer kann man Rauten- oder Zickzackmuster in den Schaumstoff schneiden und vertikale Rauten- oder Zickzackbänder quer über die Wand auftragen oder beliebige, unregelmäßige Muster kreieren.*

VERGLEICHE AUCH DIE SEITEN:

| | |
|---|---|
| DIE MALUTENSILIEN | 92 |
| DIE VORARBEITEN ZUM STREICHEN | 94 |

### *Aufgemalte Fliesen*

*Mit einem Miniroller von 75 mm Länge kann man die Wände im Badezimmer oder in der Küche mit einem Kachelmuster bemalen. Den Roller in die Farbe tauchen, von links nach rechts arbeiten und senkrechte Reihen von Quadraten, mit einem kleinen Zwischenraum zwischen den Farbblöcken, aufmalen. Die unregelmäßigen Kanten vermitteln die Illusion von freihändiger Malerei.*

### Wie man gerade Kanten streicht

Wenn man die wichtigsten Grundlagen beherrscht, ist das Streichen kinderleicht. Etwas schwieriger ist es allerdings, eine exakte, gerade Kante als Begrenzung einer Fläche zu streichen. Zum Beispiel: Wenn Sie einen Fensterrahmen streichen, sollte die Farbe den Kitt bedecken (innen und außen) und 3 mm der Glasscheibe. Der Grund ist, daß weder das Regenwasser auf der Außenseite noch das Kondenswasser auf der Innenseite zwischen Glas und Kitt eindringen soll, damit das Holz nicht zu modern beginnt. Die Fenstersprossen zu streichen oder auf dem Glas freihändig eine gerade Kante zu streichen ist nicht leicht. Meist bringt man nur wacklige Kanten zustande, die sehr dilletantisch wirken.

Ähnliche Probleme entstehen, wenn man Decke und Wände in verschiedenen Farben streichen möchte, wenn man eine Fußleiste streicht oder eine Tür, die auf jeder Seite eine andere Farbe haben soll, passend zum jeweiligen Farbkonzept des Raumes. Hier existieren wenigstens scharfe, rechtwinklige Kanten zwischen den verschiedenen Farbflächen – genau wie zwischen Wand und Decke, bei Profilen oder Fußleisten –, aber dennoch ist es manchmal schwierig, eine exakte Kante sauber zu streichen.

Und nicht zuletzt möchten Sie, daß Ihnen bei der Dekoration einer Wand exakte, gerade Linien gelingen, wenn Sie zum Beispiel ein Streifenmuster in verschiedenen Farben aufmalen möchten. Auch hier ist eine ruhige Hand wahrscheinlich nicht ausreichend.

### Fußleisten streichen

Kleben Sie den Winkel zwischen Wand und Fußleiste mit Abklebeband ab, bevor Sie mit dem Streichen beginnen. Wenn Sie streichen, bevor Sie die Wand tapezieren, ist das Abkleben nicht erforderlich, in diesem Fall können Sie etwa 12 mm von der Wandfläche mitstreichen, so daß zwischen Tapete und Fußleiste kein Stück freie Wand zu sehen ist, falls der untere Rand der Tapete nicht ganz gerade geschnitten ist.

Kleben Sie auch den Fußboden entlang die Fußleiste ab, falls Sie einen Fußbodenbelag aus Vinyl, Kork oder ein Massivholzparkett haben. Bei Teppichböden benutzen sie am besten einen Japanspachtel, mit dem Sie den Flor von der Fußleiste wegdrücken können. Schieben Sie ihn an der Fußleiste entlang während Sie Stück für Stück streichen. Rechteckige Stücke aus dünnem Karton, die Sie unter die Fußleiste schieben, erfüllen den gleichen Zweck. Sie können Sie sogar liegen lassen, bis die Farbe trocken ist.

**Ein Streifenmuster aufmalen**

*Mit Hilfe von Abklebeband kann man auch Streifen mit sauberen Kanten aufmalen. Den Klebestreifen so ankleben, daß eine Kante gleichzeitig die Begrenzung des Farbstreifens ist. Die Farbe auftragen, sie darf den Rand des Klebestreifens überlappen. Wenn die Farbe trocken ist, den Klebestreifen abnehmen, und Sie haben eine perfekte Kante. Wenn eine andere Farbe an diese Kante angrenzen soll, einen Klebestreifen auf den aufgemalten Streifen kleben, so daß Kante auf Kante liegt. Natürlich muß die aufgetragene Farbe trocken sein. Den neuen Streifen bis an die Kante des Klebebandes aufmalen usw. Darauf achten, daß der Klebestreifen gut anliegt, damit die Farbe nicht unter den Klebestreifen sickern kann. Ein Nahtroller ist praktisch zum Andrücken des Klebestreifens.*

### Fensterrahmen streichen

Einen bereits gestrichenen Fensterrahmen gründlich abwaschen, die schwarzen Moderflecken an den Kanten mit der Zahnbürste mit einem Fungizid oder einem Haushaltsbleichmittel, 1:4 verdünnt, gründlich abscheuern, um alle Sporen zu beseitigen. Die Oberfläche mit einem feinen Naß- und Trockenschleifpapier naß abschmirgeln, um die Fläche für den neuen Anstrich aufzurauhen. Die abgeschmirgelten Farbreste abwischen und das Fenster mit klarem Wasser gründlich abwaschen. Trocknen lassen. Die Fenster putzen; Farbe haftet nicht gut auf schmutzigem Glas.

Ein Stück Abklebeband, etwas länger als die Breite der Glasscheibe, abschneiden und an der Oberkante der Scheibe auf das Glas kleben, 2–3 mm von der Innenkante des Rahmens entfernt. Mit der Hand fest andrücken und beide Enden mit einem Haushaltsmesser 3 mm von der Innenkante des Rahmens entfernt abschneiden. Das Klebeband an einem Ende 40 mm vom Glas lösen und zurückklappen.

Einen zweiten Streifen an der Längskante der Glasscheibe ankleben, so daß er den ersten Streifen an einem Ende überlappt. Wie den ersten Streifen an den Enden kürzen. Den dritten Streifen wie oben beschrieben an der Unterkante der Fensterscheibe ankleben; kürzen.

Schließlich den vierten Streifen ankleben, die Enden wie gehabt kürzen. Das zurückgeschlagene Ende des ersten Streifens über das festgeklebte Ende des vierten Streifens kleben. Wenn man die Streifen in dieser Reihenfolge anklebt, lassen Sie sich nach dem Streichen viel leichter abziehen.

### Sprossenfenster streichen

Die äußere Rahmenkante streichen, dann die Sprossen und den Rahmen. Am besten beginnt man morgens, damit die Farbe abends trocken ist.

### Schiebefenster streichen

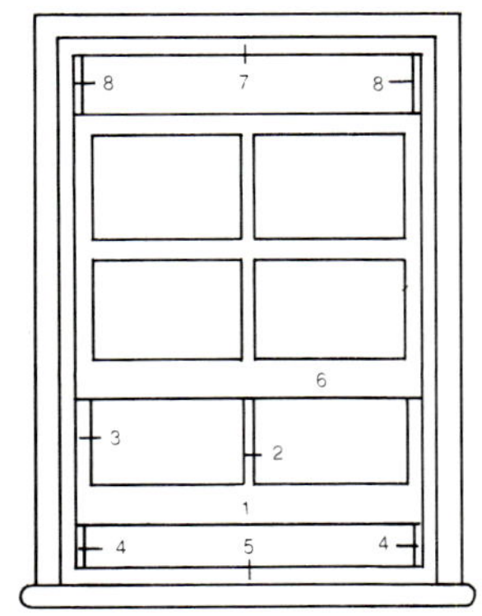

Den äußeren Teil des Fensters nach unten ziehen, soviel wie möglich streichen, ebenso das untere Ende des inneren Fensterteils und das obere Ende der Pfosten für den Rollenzug. Wenn die Farbe trocken ist, den äußeren Teil des Fensters hochziehen, den inneren nach unten und den Rest des Fensters streichen. Die Seile dürfen keine Farbe abbekommen, sonst werden sie steif und brechen.

Überprüfen, ob alle Enden des Abklebebandes fest auf der Glasscheibe sitzen. Mit einem gewöhnlichen 25-mm-Pinsel mit dem Streichen beginnen. Die Ecken, an denen sich die Sprossen treffen, zuerst streichen, dann den restlichen Teil des Rechtecks. Danach den nächsten Teil. Die Farbe nicht zu dick auftragen, damit sie nicht rinnt. Beim Streichen die Reihenfolge, wie bei Sprossenfestern und Schiebefenstern beschrieben, beachten.

Wenn die Farbe sich trocken anfühlt, eine Ecke des Klebebandes vorsichtig mit dem Haushaltsmesser ablösen. Das Klebeband zur Mitte der Scheibe hin vorsichtig abziehen. Bei der zweiten und den folgenden Ecken löst sich dank der Überlappung an den Ecken der nächste Streifen von selbst, ohne daß man neu ansetzen muß.

***Türen streichen***

Wenn Sie die beiden Seiten einer Tür in verschiedenen Farben streichen möchten, haben Sie eine lange Kante, an der die Farben zusammentreffen. Es ist üblich, die senkrechte Kante in der Nähe des Türgriffs in der gleichen Farbe zu streichen wie die Seite der Tür, die sich in den Raum hinein öffnet. Das bedeutet, bei geöffneter Tür sieht man, daß Türblatt und Kante die gleiche Farbe haben.

Die Tür öffnen und mit einem Keil feststellen. Die Metallbeschläge entfernen. Eine bereits gestrichene Tür, wie beim Streichen der Fenster beschrieben, reinigen. Leicht mit Schleifpapier abschmirgeln, mit klarem Wasser abwaschen, trocknen lassen. Es ist nicht notwendig, die Kanten abzukleben, wenn man die Farbe vorsichtig aufträgt.

***Eine Tür mit Füllungen streichen***

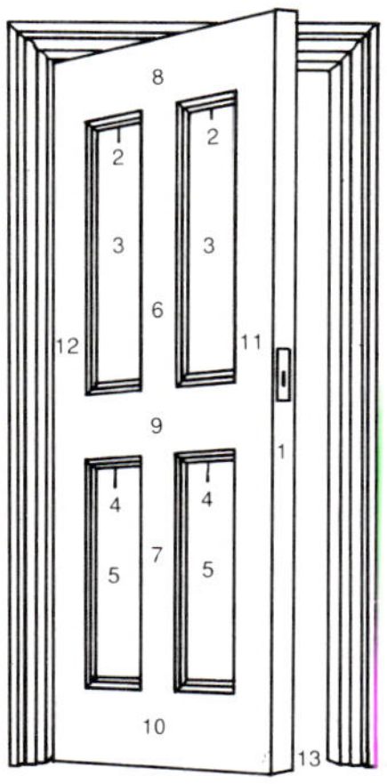


Eine Tür mit Füllungen und den dazugehörigen Türrahmen in der oben angegebenen Reihenfolge streichen. Für die Profile und die schmalen Kanten einen 25 mm breiten Pinsel benutzen und einen 50-mm-Pinsel für den Rest.

Die Seitenkante der Tür zuerst streichen, dann das Türblatt, das in der gleichen Farbe gestrichen werden soll. Mit dem Pinsel quer über die Tür in Richtung Seitenkante streichen, aber mit wenig Druck in der Nähe der Kante. Dann den Pinsel senkrecht an der Kante entlangführen und mit leichter Hand die Farbe verstreichen. Wenn man über den Rand streicht und viel Farbe am Pinsel hat, beginnt die Farbe zu rinnen; es häuft sich zuviel Farbe an dieser Stelle an, was dazu führen könnte, daß die Tür am Rahmen festklebt.

Warten, bis die Farbe sich trocken anfühlt, bevor man die andere Seite streicht. Kinder und Haustiere fernhalten, bis die Farbe vollständig getrocknet ist. Die Türbeschläge wieder anbringen. Die Tür über Nacht offenlassen; wenn einige Stellen noch nicht ganz trocken sind, könnte es passieren, daß die Tür am Rahmen klebt. Türen mit Füllungen in der links angegebenen Reihenfolge streichen. In Richtung der Maserung arbeiten.

**Werkzeuge für gerade Kanten**

❍ *Einen flachen Pinsel mit schräg geschnittenen Borsten benutzt man für Innenwinkel; die längeren Borsten zeigen dabei auf die Innenseite des Winkels. Aber trotzdem ist noch immer eine ruhige Hand erforderlich, wenn man gute Resultate erzielen will.*

❍ *Ein Japanspachtel aus Metall oder Plastik deckt die Fläche ab, die nicht gestrichen werden soll. Seine Kante ermöglicht das Streichen gerader Kanten. Trotzdem erfordert es Übung, gute Resultate zu erzielen, denn es es kommt nur allzu leicht vor, daß Farbe am Rand des Spachtels kleben bleibt oder unter den Spachtel gerät und unabsichtlich verschmiert wird. Der Japanspachtel ist besonders praktisch beim Streichen von Fußleisten; man kann den Teppichflor beim Streichen wegdrücken.*

❍ *Ein Farbkissen mit Rollen an den Außenkanten dient zum Streichen von Kanten oder Winkeln, zum Beispiel zwischen Wand und Decke. Die Fläche, an der die Räder entlanggeführt werden, muß gerade sein, sonst wird die gestrichene Kante wellig.*

❍ *Ein nicht sehr stark klebendes Abklebeband ist ein vielseitiger Helfer. Man darf das Band nicht zu lange kleben lassen, aber auch nicht zu früh abnehmen: warten, bis die Farbe sich trocken anfühlt, dann das Band in einer kontinuierlichen Bewegung abziehen. Wenn Sie eine frisch gestrichene Fläche abkleben möchten, warten bis die Farbe völlig trocken ist (bei Hochglanzfarbe über Nacht, bei Latexfarbe vier Stunden), bevor Sie das Abklebeband anbringen.*

VERGLEICHE AUCH DIE SEITEN:

| | |
|---|---|
| DIE MALUTENSILIEN | 92 |
| DIE VORARBEITEN ZUM STREICHEN | 94 |
| GRUNDTECHNIKEN DER MALEREI | 96 |

# LEITERN UND GERÜSTE

*Die richtige Ausrüstung ist wichtig für viele Dekorationsarbeiten; die meisten Unfälle im Haushalt ereignen sich, weil Leute von provisorischen Leitern oder Tritten herunterfallen. Man muß die Ausrüstung natürlich auch richtig benutzen – viele Unfälle ereignen sich, weil Leitern und Tritte nicht richtig aufgestellt oder achtlos benutzt werden.*

*Wenn man hohe Decken und die Wände eines Treppenhauses streichen will, muß man mit geeigneten Leitern und Gerüsten ausgerüstet sein. Schmale Türme sind die beste Lösung für knapp bemessenen Raum, zum Beispiel in einem engen Treppenhaus. Um die hohen Wände neben der Treppe zu streichen, braucht man ausziehbare Anlegeleitern, die sicher auf verschiedenen Ebenen stehen können.*

### *Stehleitern*

Jeder kennt die traditionelle Stehleiter aus Holz; ihre Plattform faltet sich auseinander, wenn man die Leiter aufgestellt hat – sie ist der perfekte Ort zum Abstellen eines Farbbehälters. Es gibt zwar noch immer Holzleitern zu kaufen, aber im großen und ganzen hat die leichte Aluminiumleiter ihren Platz eingenommen; sie braucht keine Pflege, denn sie rostet nicht und splittert auch nicht wie Holz. Meist haben Stehleitern eine Plattform, die sich auseinanderfaltet, häufig sogar mit einem Geländer, so daß man relativ sicher darauf stehen kann. Wenn Sie eine Leiter kaufen, denken Sie daran, daß breite Tritte besser für die Füße sind als schmale.

### *Kombinationsleitern*

Wenn Sie eine gewöhnliche Stehleiter brauchen und nur ab und zu eine kurze Trittleiter, sollten Sie sich überlegen, ob sie nicht besser eine Kombinationsleiter kaufen. Dabei handelt es sich um eine Anlegeleiter mit Scharnieren, die man in eine kleine Trittleiter umwandeln kann. Ihre Festigkeit ist durch stabile Beschläge gut abgesichert – in welcher Position man sie auch benutzt. Besonders praktisch ist auch die Vielzweckleiter, die sich gleichzeitig als Treppenhausleiter verwenden läßt. Kombinationsleitern sind meist aus Aluminium, aber auch aus Stahlrohr. Auch Stahlrohrleitern gibt es mit breiten Holztritten. Als Anlegeleitern sind sie bis 3 m lang.

### *Bockgestelle und Gerüste*

Dekorationsarbeiten auf einer Stehleiter ausführen hat Nachteile. Die Reichweite ist begrenzt, und man muß rauf- und runtersteigen mit dem Farbbehälter in der einen und dem Pinsel in der anderen Hand. Und selbst, wenn die Leiter breite Tritte hat, beginnen die Füße nach einer Weile zu schmerzen. Eine Alternative sind Bockgestelle mit Planken, die eine breite Arbeitsplattform bieten. Diese Bockgestelle sehen auf den ersten Blick aus wie Trittleitern mit breiten Tritten. Die Querleisten der Bockgestelle sind verstellbar, sie können in Abständen von 25 cm höher oder tiefer angebracht werden. Sie sind in verschiedenen Größen erhältlich; ein Paar von 1,80 m Höhe reicht aus für alle Dekorationsarbeiten in Verbindung mit einer Planke von 46 cm Breite. Es ist günstiger, sich Bockgestelle und Planken zu leihen, wenn man sie braucht, als sie zu kaufen und aufzubewahren.

### *Ausziehbare Anlegeleitern*

Wenn man eine Höhe von mehr als 4 m erreichen will, gibt es keine andere Möglichkeit als Ausziehleitern. Eine zweiteilige Leiter ist für die meisten zweistöckigen Häuser ausreichend, aber auch dreiteilige Leitern haben ihre Vorzüge. Sie nehmen weniger Platz weg und geben ein sichereres Gefühl als zweiteilige Leitern. Außerdem sind sie vielseitiger, man kann sie zerlegen in eine kurze, einteilige Leiter und eine zweiteilige Leiter.

Traditionelle, ausziehbare Leitern aus Holz sind noch weitverbreitet, sie sind mit Holz- oder Aluminiumtritten ausgestattet. Ihr Vorteil gegenüber Aluminiumleitern ist, daß einem die Hände nicht abfrieren, wenn man bei großer Kälte hinaufsteigen muß. Allerdings sind sie schwerer zu tragen und brauchen mehr Stauraum, außerdem muß man sie in einem Innenraum aufbewahren, wenn das Holz nicht verrotten soll.

### *Baugerüste*

Für Fassadenarbeiten werden sie wahrscheinlich einen Gerüstturm einer Leiter vorziehen. Diese Konstruktion läßt sich zu einer großen, stabilen Plattform mit Sicherheitsgeländer rundherum, in jeder beliebigen Höhe, zusammenstecken.

Das Grundelement besteht aus einem H-förmigen Rahmen aus galvanisiertem Stahl oder einer Aluminiumlegierung. Die Komponenten werden paarweise zusammengesteckt, bis die gewünschte Höhe erreicht ist. Die ganze Struktur wird durch mehrere diagonale Streben verfestigt, und auf dem Boden wird das Gewicht durch quadratische Füße verteilt. Die Füße können justiert werden, so daß der Turm waagrecht steht. Man kann die Füße aber auch durch Rollen ersetzen, so daß man den Turm bewegen kann. Die Planken für die Plattform und niedrige Geländer werden jeweils in Arbeitshöhe angebracht.

Die Baugerüste für Privathäuser haben eine Fläche von etwa 1,30 qm und können in Abständen von 60 cm bis zu einer Höhe von 4,80 m angebracht werden. Das entspricht einer Arbeitshöhe von 6,50 m – ausreichend für die meisten zweistöckigen Häuser. Es gibt auch kleinere Türme von 1,30 m x 0,30 m, die sich besonders für Arbeiten bei begrenztem Raum, zum Beispiel für Treppenhäuser, eignen. Es ist fast immer günstiger, sich ein Gerüst auszuleihen, als es zu kaufen.

# AUSSENANSTRICHE

*Die Fassade des eigenen Hauses oder der Wohnung in gutem Zustand zu erhalten, ist für die meisten ein regelrechtes Sanierungsprojekt. Hinzu kommt, daß es eine Arbeit ist, die völlig mißlingen kann, wenn man sie nicht sachgemäß und nicht mit den richtigen Materialien ausführt. Bevor Sie Ihre Pinsel und Ihre Leitern herausholen, wollen wir Ihnen einen kurzen Überblick über die diversen Oberflächen verschaffen, aus denen die Fassade eines Hauses besteht. Da ist das Mauerwerk, das Holzwerk, ein geringer Teil Metall, und vielleicht sogar Kunststoff – und alles das erfordert unterschiedliche Behandlung. Was getan werden muß, hängt auch davon ab, ob die Oberfläche bereits dekoriert war und wenn, wie ihre Beschaffenheit ist.*

### *Mauerwerk*

**Ziegelmauerwerk.** Wenn Ihr Haus aus Ziegelmauerwerk besteht, können Sie sich glücklich schätzen. Ziegelmauerwerk erfordert keine Dekoration, es soll Farbe und Textur der Ziegel zur Geltung zu bringen. Wird es dennoch gestrichen, ist der Charakter des Hauses verdorben. Hinzu kommt, daß das ziemlich teuer ist und sich die Farbe – ist es erst einmal geschehen – kaum noch entfernen läßt. Wenn das Ziegelmauerwerk porös geworden ist und ein Wetterschutz notwendig wird, gibt es andere Methoden, es wasserdicht zu machen, ohne sein Aussehen zu verändern. Wenn die Außenwände nur schmutzig sind, ist eine Reinigung bei weitem vorzuziehen.

Wenn die Fassade bereits gestrichen worden ist, müssen Sie sich wohl oder übel damit abfinden (es sei denn, Sie sind bereit, erhebliche Kosten auf sich zu nehmen und die Farbschicht mit dem Sandgebläse entfernen zu lassen) und die Fassade von Zeit zu Zeit neu streichen, damit sie ihr gutes Aussehen behält.

**Mauerwerk aus Natursteinen.** Es gibt Steine, wie Ziegel, die man nie streichen sollte. Dennoch gibt es Gegenden, wo das Anstreichen von Häusern aus Natursteinen – in Weiß oder mit einer Farbwäsche – eine lange Tradition hat. Zum Beispiel wurden in Industriegebieten Häuser aus Natursteinen gestrichen, um der Verschmutzung durch Rauch und Abgase entgegenzuwirken. Wenn Ihr Haus aus Natursteinen besteht und gestrichen ist, können sie es mit gutem Gewissen neu streichen, denn es war sicher die Absicht der Erbauer, es so zu gestalten.

**Verputzte Fassaden.** Die Idee, Ziegelmauerwerk und Natursteinmauern mit einer Putzschicht zu versehen, ist nicht neu – es ist seit Jahrhunderten so üblich. Hauptsächlich aus zwei Gründen: Der erste ist, die Wetterbeständigkeit des Mauerwerks zu verbessern, besonders in Gegenden, wo der heimische Naturstein porös ist oder die heimischen Ziegel von minderwertiger Qualität sind. Der zweite Grund ist, daß man das Aussehen des Hauses verändern wollte oder andere Materialien vortäuschen wollte – zum Beispiel Quadersteine – wobei der Putz zuerst aufgetragen und teilweise wieder entfernt wird. Was auch immer der Grund war, ein Haus zu verputzen, die Putzschicht wurde gestrichen – es sei denn, der

*Fassadenfarbe kann man mit dem Pinsel, dem Farbroller oder mit der Spritzpistole auftragen. Die Auswahl der Farben ist begrenzt. Die Fensterläden müssen alle zwei Jahre gestrichen werden, wenn sie in gutem Zustand bleiben sollen.*

Putz war mit Kieselsteinen vermengt, eine etwas unkonventionelle Methode der Fassadengestaltung, in England als Pebbledashing bekannt. Sie war dort in den zwanziger und dreißiger Jahren sehr beliebt und half ungelernten Maurern, ihren Mangel an Fachkenntnissen zu kaschieren. Die Idee war, daß die Kieselsteine den Fassadenschmuck abgaben. Aber im Laufe der Zeit wurden die Fassaden schmutzig und unansehnlich, daher begann man sie zu streichen. Erst seit kurzem läßt man die Pebbledashing-Fassaden wieder ungestrichen.

**Die Vorbereitung des Mauerwerks.** Es ist ganz gleich, aus welchem Material das Mauerwerk Ihres Hauses besteht, die Vorbereitungen unterscheiden sich kaum. Als erstes muß festgestellt werden, wie porös die Oberfläche ist, indem man sie mit Wasser bespritzt und schaut, ob das Wasser abperlt oder einsickert. Als nächstes muß festgestellt werden, ob die Oberfläche glatt oder staubig ist, indem man mit der Hand darüberstreicht.

Zuerst wird Moder und Pilzbefall bekämpft, indem man die betroffenen Flächen mit einem Fungizid abwäscht. Man verwendet ein Markenprodukt oder ein Haushaltsbleichmittel und verdünnt es mit Wasser im Verhältnis 1:3.

Wenn die Oberfläche porös erscheint, muß sie versiegelt werden mit einem Allzweck-Grundierungsmittel für ungestrichenes Ziegel- und Steinmauerwerk, Putz- und Betonfassaden. Auf einer frischen Putzschicht, die stark alkalisch ist, zieht man ein alkaliresistentes Grundierungsmittel vor. Bei bereits gestrichenen Oberflächen ist kein Grundierungsmittel erforderlich – außer wenn die alte Farbschicht schadhaft ist.

Wenn sich die Fassade kalkig anfühlt, mit einem speziellen Grundierungsmittel, einem Putzverfestiger, behandeln. Das bindet die losen Partikel auf der Oberfläche und bildet einen festen Untergrund für den folgenden Anstrich. Außerdem wird die Porösität der Fassade reduziert.

**Natursteinmauern streichen.** Es gibt vier Möglichkeiten, Natursteinmauern zu streichen – Zementfarbe, Latexfarbe für Außenanstriche, Rauhfaserfarbe (alle drei sind wasserlöslich) oder lösungsmittelhaltige Mauerfarbe.

Zementfarbe kommt in Pulverform auf den Markt und wird mit Wasser vermischt und mit einem Pinsel aus synthetischen Borsten (Zement zerstört Naturborsten) oder einem Farbroller aufgetragen. Sie ist billig und dauerhaft, kann aber mit der Zeit kalkig werden. Zementfarbe wird in einer begrenzten Auswahl von Pastellfarben angeboten. Man verwendet Zementfarbe, wenn die Fassade bereits mit Zementfarbe gestrichen war oder wenn man eine billige Abdeckung für eine neue Putzschicht braucht.

Latexfarben für Außenanstriche haben gewöhnlich einen Zusatz von Fungiziden gegen Moderflecken. Die Anstriche halten etwa vier bis sieben Jahre. Sie bilden eine glatte Oberfläche, die länger frisch aussieht als die Rauhfaserfarben.

*Es lohnt sich, Holzwerk an der Fassade, zum Beispiel die Traufbretter am Dach, mit feuchtigkeitsregulierender Farbe zu streichen, damit Renovierungen auf ein Minimum beschränkt bleiben können. Bei einem Anstrich mit dieser Farbe kann die Feuchtigkeit verdunsten ohne daß Risse oder Blasen entstehen. Wenn man beim ersten Anstrich zwei Farbschichten auf das rohe Holz aufträgt, dauert es vier bis fünf Jahre, bis ein neuer Anstrich fällig ist.*

Rauhfaserfarbe ist mit Füllmitteln angereichtert – kleingeschnittene Fasern und winzige Partikel anorganischer Stoffe –, die dazu beitragen, daß die Farbe Haarrisse auffüllt. Diese Farben werden mit dem Pinsel oder dem Roller aufgetragen. Man kann sie auch mit speziellen Geräten aufsprühen, aber durch die Füllmittel verstopfen sich die Düsen sehr leicht. Die Haltbarkeit ist etwa die gleiche wie bei normaler Fassadenlatexfarbe, obwohl auf der Oberfläche von Rauhfaserfarbe Schmutz leichter haftet. Die Farbauswahl ist sehr begrenzt.

Lösungsmittelhaltige Fassadenfarben verschwinden langsam vom Do-it-yourself-Markt. Die Gründe hierfür sind wahrscheinlich die relativ hohen Preise, Befürchtungen wegen des Gesundheitsrisikos von Lösungsmitteln und die Tatsache, daß die Malutensilien mit Terpentinersatz statt mit Wasser gereinigt werden müssen. Allerdings ist Eggshellfarbe mit ihrer glatten Oberfläche sehr haltbar und eine ideale Lösung für umweltbelastete Gegenden, denn der Schmutz kann sich hier nicht so schnell festsetzen wie bei den Rauhfaserfarben.

**_Putzfassaden mit der Spritzpistole auftragen_**

*Bei einer stark texturierten Putzfassade kann es sehr zeitaufwendig sein, die Farbe mit dem Pinsel in die reliefartige Oberfläche einzustreichen. Es empfiehlt sich daher, die Farbe aufzusprühen. Die Zeit, die Sie aufbringen müßten, um Türen, Fenster und Regenrinnen mit Folie abzudecken, wird bei weitem wettgemacht durch die eingesparte Zeit beim Auftragen der Farbe – und außerdem erhalten sie eine gleichmäßigere Oberfläche.*

### *Holzwerk*

An fast jedem Haus gibt es Holzwerk. Fenster- und Türrahmen aus Holz kommen häufiger vor als aus anderen Materialien, und außerdem gibt es den Bandsims, Traufbretter und Windborde an der Dachkante. Vielleicht sind sogar die Außenwände oder Teile der Außenwände mit Holz verkleidet. Alle diese Holzteile werden gleich behandelt.

Man kann das Holz unbehandelt lassen, aber das ist ungewöhnlich – außer bei sehr haltbaren Holzarten wie Eiche oder Zeder, denn Holz beginnt im allgemeinen sehr schnell zu modern. Holzteile an der Außenfront des Hauses kann man mit imprägnierenden Beizen behandeln, die die Holzmaserung nicht verdecken und gleichzeitig das Holz schützen. Ein traditioneller Farbanstrich oder eine Firnisschicht bilden eine wasserdichte Haut auf der Oberfläche, die aber in kurzer Zeit schadhaft wird und Risse bekommt, so daß Wasser durchsickert und das Holz zu modern beginnt. Ein Ausweg sind »atmende« oder feuchtigkeitsregulierende Farben oder Firnisse, bei denen Wasser durch die Farbschicht hindurch verdunsten kann, ohne daß die Farbhaut Risse bekommt wie bei den herkömmlichen Farben und Firnissen.

**Holzwerk streichen.** Wenn Sie einen traditionellen Farbanstrich auf neuem Holzwerk an der Fassade planen, versiegeln Sie zuvor alle Knoten mit einer Spezialspachtelmasse, damit das Harz nicht austreten kann. Danach ein Grundierungsmittel auftragen – entweder eine herkömmliche Holzgrundierung oder eine Acrylgrundierung für Weichholz oder eine Aluminiumgrundierung für Hartholz. Ein oder zwei Schichten Voranstrich und eine Schlußlackierung mit Hochglanzlack auftragen. Wenn Sie einen nichttropfenden Hochglanzlack verwenden, lassen Sie den Voranstrich weg und tragen Sie statt dessen zwei Schichten Schlußlackierung auf.

Wenn Sie einen bereits existierenden, intakten Anstrich etwas auffrischen möchten, die Oberfläche reinigen, leicht anschleifen und eine neue Schicht Hochglanzlack auftragen. Noch nicht gestrichene Flächen grundieren, Risse mit Kitt für Außenflächen füllen.

Ein Anstrich mit feuchtigkeitsregulierenden Farben bekommt weder Risse noch Blasen, muß aber direkt auf das unbehandelte Holz aufgetragen werden, wenn die Farbe ihre volle Wirkung entfalten soll. Ist er einmal aufgetragen, halten sich die Renovierungsarbeiten in Grenzen. Man braucht die Oberfläche nur abzuwaschen und alle vier bis fünf Jahre eine neue Farbschicht aufzutragen. Üblich ist ein Zweischichtenanstrich, direkt auf das Holz aufgetragen; es gibt aber auch Varianten dieser Farbart, die eine Spezialgrundierung erfordern.

**Holzwerk mit einer Firnisschicht überziehen.** Das traditionelle Equivalent eines Dreistufenanstrichs ist der drei- oder vierschichtige Firnisauftrag. Bei neuem Holz wird der erste Auftrag verdünnt. Für Außenanstriche sollte man wegen der Haltbarkeit stets einen Hochglanzfirnis verwenden – entweder einen Alkyd- oder Polyurethanfirnis. Allerdings hat man bei Firnisbeschichtungen die gleichen Probleme wie bei Farboberflächen, daher wurden auch hier transparente, feuchtigkeitsregulierende Versionen entwickelt, die sie überwinden helfen. Sie wirken in der gleichen Richtung wie feuchtigkeitsregulierende Farben: Direkt auf die unbehandelte Holzfläche oder über eine Grundierung – je nach Typ des Präparates – werden zwei Schichten aufgetragen. Es gibt klare, farblose Firnisse und getönte, durch die das Holz wie Mahagoni, Teak oder dunkle Eiche aussieht.

**Holz beizen.** Imprägnierende Beizen sind nicht so teuer wie feuchtigkeitsregulierende oder traditionelle Firnisse für den Außenanstrich. Sie dringen in das Holz ein und schützen es vor Moder, tönen das Holz, wenn sie Pigmente enthalten und wirken wasserabstoßend durch imprägnierende Zusätze. Kurz und gut, Beizen sind ideale Präparate für eine preiswerte Behandlung von Holzaußenverkleidungen.

### *Metallteile*

Bei modernen Häusern findet man wenig Metallteile an der Außenhaut; Abflußsysteme für Regenwasser sind heute gewöhnlich aus Plastik, und Metallrahmen für Fenster sind meist aus Aluminium. In älteren Häusern sind jedoch galvanisierte Stahlfensterrahmen und gußeiserne Wasserableitungssysteme üblich, und bei beiden ist ein Anstrich erforderlich, um sie in gutem Zustand zu erhalten. Der Feind beider Materialien ist der Rost.

Wie bei Holzwerk gibt es auch bei Metallen traditionelle und moderne Behandlungsmethoden. Nach der traditionellen Methode wird eine Grundierung, ein Voranstrich und eine Schlußlackierung aufgetragen. Die moderne Lösung besteht aus einem einzigen Anstrich, der sogar bestehenden Rost beseitigt. Das Erfolgsgeheimnis bei Metall liegt in der Wahl der Grundierung. Ideal wäre eine blei-/kalziumhaltige Grundierung für Eisen und Stahl (einschließlich galvanisierter Oberflächen) und eine Zinkphosphat- oder Zinkchromatgrundierung für Aluminium und andere nichteisenhaltige Metalle. Allerdings gibt es heutzutage universelle Grundierungsmittel, die sich für alle Metalloberflächen eignen, sie haben außerdem den Vorzug, daß sie schneller trocknen. Nach der Grundierung werden mehrere Voranstriche und eine Schlußlackierung mit Hochglanzlack aufgetragen – oder nur zwei Schlußlackierungen mit nichttropfendem Hochglanzlack.

Es gibt auch eine spezielle Rostschutzfarbe, die nur einen dicken Anstrich erfordert, der direkt auf das Metall aufgetragen wird. Sie neutralisiert schon entstandenen Rost und grundiert gleichzeitig die Oberfläche. Außerdem kann sie auch über einer Farbschicht aufgetragen werden, so daß spätere Renovierungsarbeiten auf ein Minimum reduziert sind.

### *Fassadenholzwerk renovieren*

*Alte Farbschicht abschleifen bis die Oberfläche glatt ist. Bei ungestrichenem Holz Grundierungsmittel auftragen.*

*Kittreste mit einem dreieckigen Kratzer entfernen.*

*Mit einem schmalen Spachtel neuen Kitt auftragen. Trocknen lassen.*

*Die Glasscheibe mit Abklebeband abkleben. Der Farbanstrich muß den Kitt und 3 mm der Glasscheibe bedecken.*

VERGLEICHE AUCH DIE SEITEN:
DIE MALUTENSILIEN 92
DIE VORARBEITEN ZUM STREICHEN 94
LEITERN UND GERÜSTE 100

# DEKORATIVE FARBEFFEKTE

*Es gibt zwei Arten von Farbeffekten – gebrochene Farben und Imitationen von Maserungen. Bei der ersten Kategorie gibt es verschiedene Techniken, eine zweite Farbe über einen Voranstrich aufzutragen, so daß die Grundfarbe durchschimmert. Bei der zweiten Kategorie wird die Farbe dazu benutzt, ein anderes Material vorzutäuschen – zum Beispiel Marmor oder exotische Hölzer. Bevor man mit der Arbeit beginnt, sollte man ein paar Versuche machen, um das Resultat kritisch beurteilen zu können: es könnte sein, daß man die Farbe verändern muß oder daß der aufgetragene Effekt stärker betont werden muß.*

*Das prächtige Rot bestimmt den Charakter dieses Wohnzimmers. Spiegel und Bilder kommen auf den marmorierten Paneelen besonders gut zur Geltung. Der niedrigen, marmorierten Sockelzone entspricht der handgemalte Fries, der dicht unterhalb der Decke rund um den Raum läuft.*

***Vorbereitung der Oberfläche***

Neue Oberflächen, die noch nicht gestrichen wurden, vorsichtig mit Schleifpapier glätten. Bei Wänden eine Schicht verdünnte Latexfarbe als Grundierung auftragen, danach einen Anstrich mit unverdünnter Farbe in dem Ton, den Sie als Voranstrich gewählt haben. Auf Holzoberflächen eine Holzgrundierung und einen Voranstrich auftragen, wie für einen traditionellen Dreistufenanstrich. Wenn die Oberfläche bereits gestrichen oder mit Firnis behandelt wurde und die Farbschicht noch einwandfrei ist, nur leicht mit Schleifpapier glätten, damit die Farbe besser haftet und um mögliche Unebenheiten auszugleichen.

***Die Farben selbst mischen***

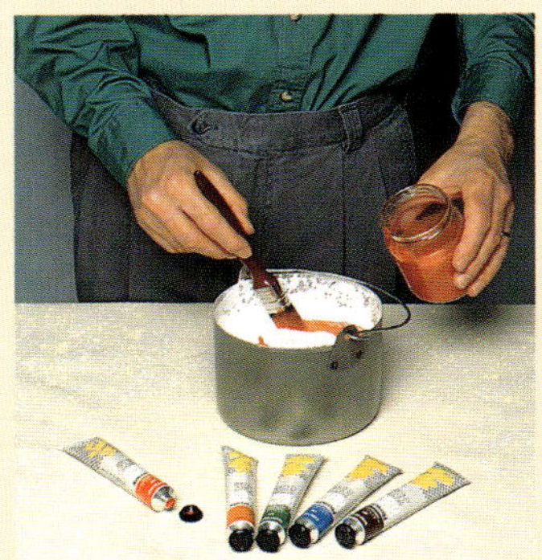

*Wenn Sie nicht die Farbe bekommen, die Sie sich vorstellen, mischen Sie die Farbe selbst, indem Sie gewöhnliche, weiße Farbe mit Universal-Abtönkonzentrat, Künstlerölfarbe oder Acrylfarbe mischen. Das Abtönkonzentrat tropfenweise hinzufügen und jedesmal gründlich umrühren. Ein elektrischer Farbmixer mit mehreren Geschwindigkeitsstufen erleichtert das Mischen.*

***Stupfen***

Beim Stupfen wird eine zweite Farbschicht über den Voranstrich aufgetragen und die Farbe mit einem Spezialpinsel teilweise wieder abgetupft, so daß der Voranstrich durchschimmert. Am besten geht es mit wasserlöslicher Latexfarbe. Die Farbwirkung wird dadurch erzielt, daß der Stupfpinsel einen Teil der frisch aufgetragenen Farbe aufnimmt. Man muß daher ab und zu die Farbe auf einem Stück Papier abstreifen, damit die Borsten nicht verkleben.

Den Voranstrich auftragen. Vollständig trocknen lassen. Die zweite

Farbe auftragen. Solange sie noch naß ist, den Stupfpinsel auf die frisch gestrichene Oberfläche drücken und wieder hochheben, so daß die Untergrundfarbe durchscheint. Beim Aufdrücken des Pinsels darauf achten, daß sich die Borsten nicht biegen und die Farbe verschmiert wird. In parallelen Streifen quer über die Oberfläche arbeiten, deren Ränder sich überlappen, um eine gleichmäßige Farbwirkung zu erzielen.

### *Tupfen mit dem Schwamm*

Tupfen mit dem Schwamm bedeutet, über einen einfarbigen Voranstrich eine zweite Farbe mit dem Schwamm auftupfen, wodurch sich subtile, gemaserte Farbwirkungen ergeben. Man kann auch eine dritte und vierte Farbschicht auftupfen, um eine reichere Farbwirkung zu erzielen. Für Wände nimmt man gewöhnlich Latexfarbe; für Holzoberflächen verwendet man Eggshellfarbe für den Voranstrich und verdünnte Eggshellfarbe für die zweite und folgenden Farbschichten. Als Ausrüstung braucht man lediglich eine Schale und einen kleinen Naturschwamm – auf keinen Fall einen Synthetikschwamm.

Den Voranstrich mit Pinsel, Farbroller oder Farbkissen gleichmäßig auftragen. Gründlich trocknen lassen. In der Zwischenzeit den Schwamm ins Wasser legen, damit er sich bis zu seiner vollen Größe vollsaugt.

Etwas Farbe für den Schlußanstrich in eine Schale gießen; Eggshellfarbe mit ein wenig Terpentinersatz verdünnen,

Latexfarbe mit Wasser – im Verhältnis neun zu eins.

Vor Beginn der Arbeit die Wirkung auf einem Stück Papier (Schrankpapier oder ein Tapetenrest wären ideal) ausprobieren. Den Schwamm gut ausdrücken, vorsichtig in die Farbe tauchen und die Farbe mit dem Schwamm auf das Papier tupfen. Probieren Sie das gleiche mit verschiedener Farbmenge und verschieden starkem Druck, bis Ihnen das Resultat gefällt.

An einer Ecke der Wandfläche beginnen und quer über die gesamte Fläche arbeiten. Die Farbe mit leichtem Druck gleichmäßig auftragen und den Schwamm nach Bedarf mit Farbe auffüllen. Wenn das Resultat nach dem ersten Versuch noch nicht ganz gleichmäßig ist, die Farbe trocknen lassen und über die zu dünnen Stellen noch etwas Farbe auftupfen. Niemals Farbe auf eine noch nasse Stelle auftragen, das würde die erste Farbschicht verschmieren.

### *Die Wickeltechnik – die Farbe mit dem Lappen auf die Fläche wickeln*

Die Wickeltechnik ist ähnlich wie das Auftupfen mit dem Schwamm – der Unterschied liegt darin, daß hier die Farbe mit einem zusammengerollten Stofflappen anstatt mit einem Schwamm aufgetragen wird. Man kann die Wirkung dadurch variieren, daß man Stoffe mit verschiedenen Texturen verwendet oder den Lappen anders zusammenknüllt – dadurch entstehen verschiedene »Druck«muster. Die Wickeltechnik ergibt ein kontrastreicheres Muster als das Auftupfen mit dem Schwamm, es wirkt zuweilen wie Damast. Wie bei dem Auftupfen mit dem Schwamm ist es auch hier ratsam, die Technik auszuprobieren, bevor Sie sich ernsthaft an die Arbeit machen.

Den Voranstrich wie beim Auftupfen mit dem Schwamm auftragen. Den zusammengerollten Lappen in die Farbe für den Schlußanstrich tauchen und die Farbe mit leichtem Druck auf die Wand tupfen. Versuchen Sie nie, mehr Farbe auf Stellen zu tupfen, die beim ersten Mal zu wenig Farbe abbekommen haben. Lassen Sie die Farbe trocknen, bevor Sie erneut Farbe auftupfen. Wenn Sie die Farbe verdünnen, wird die Wirkung der aufgetupften Farbe diffuser.

### *Die Wickeltechnik – die Farbe mit dem Lappen abwickeln*

Das bedeutet, man wickelt die nasse Farbschicht mit dem zusammengerollten Lappen von der Wand ab, indem man ihn hin- und herrollt. So entsteht ein gebrochener Farbeffekt. Am besten verwendet man saubere, fusselfreie Baumwollappen und schneidet sie in Quadrate von 30 cm Seitenlänge. Man muß sich einen ausreichenden Vorrat zurechtlegen, denn die Lappen saugen sich schnell mit Farbe voll, und das Muster wird zunehmend undeutlicher.

Vor Arbeitsbeginn die Lappen mit Terpentinersatz tränken, ausdrücken, damit sie weniger Farbe aufsaugen.

Die Farbe für den Schlußanstrich abschnittweise, in Quadraten mit etwa 60 cm Seitenlänge, auftragen. Den Lappen zusammenknüllen und auf die noch nasse Farboberfläche tupfen – oder den Lappen zusammenrollen und mit der flachen Hand quer über die Fläche rollen, was einen Streifen mit leicht verwaschenem Farbeffekt hinterläßt. Beim Rollen öfters die Richtung wechseln und den Lappen neu zusammenrollen, um das Muster abwechselungsreicher zu gestalten. Die Hände häufig an einem alten Handtuch abwischen. Die Prozedur auf dem nächsten Quadrat wiederholen und die Lappen wegwerfen, wenn sie mit Farbe vollgesogen sind.

***Frottage***

Diese Technik hat sich aus der Wickeltechnik entwickelt, es entsteht ein unvorhersehbarer, unregelmäßiger Farbeffekt. Man legt Zeitungspapier auf den frisch aufgetragenen Schlußanstrich und reibt mit den Handflächen leicht darauf herum. An Stellen, wo die Farbe dick aufgetragen wurde, wirkt die Oberfläche fleckig; der Grundanstrich schimmert auf der gesamten Fläche unregelmäßig durch, wodurch eine reich texturierte, abwechslungsreiche Farbfläche entsteht. Die beste Wirkung erzielt man mit wasserlöslichen Farben; da Zeitungspapier sehr saugfähig ist, würde diese Technik sehr viel Ölfarbe verschlingen.

Den Grundanstrich großzügig auftragen, ein Quadrat nach dem anderen. Solange die Farbe naß ist, das Zeitungspapier andrücken und mit den Händen darauf herumrubbeln. Den Druck variieren.

Die Zeitung vorsichtig von der Wand abnehmen. Stellen, die noch nicht genügend Farbe mitbekommen haben, können noch einmal eingestrichen und gerubbelt werden. Benutzen Sie jedes Blatt Zeitungspapier nur einmal.

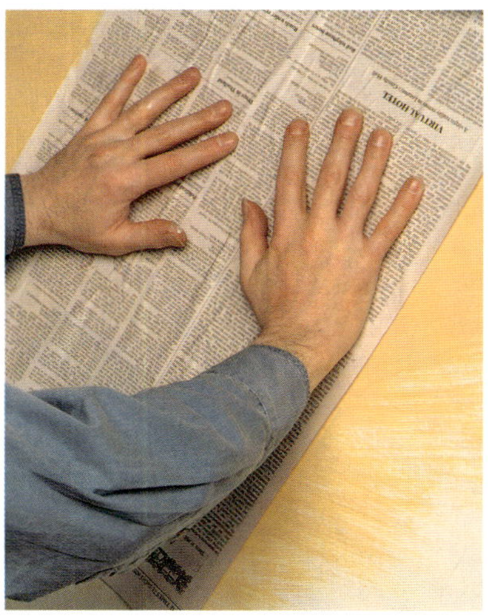

***Varianten der Wickeltechnik***

❍ *Mit der Wickeltechnik erzielt man gute Resultate auf großen Wandflächen wie Dielen und Treppenhäusern. Sie wirkt am besten, wenn man sich auf weiche Farbtöne beschränkt, und besonders wenn man interessante Pastelltöne über Off-White-Tönen wie Creme oder einem grün/grauen, »schmutzigen« Weiß verwendet. Dunkle, warme Farbtöne wie Dunkelocker oder Terrakotta wirken raffiniert einfach und luxuriös.*

❍ *Das Wickeln mit einer vollgestopften Plastiktüte statt mit einem zusammengerollten Lappen ist eine neue Variante mit ähnlicher Wirkung. Man tupft die nasse Farbe mit einer Plastiktüte ab, die mit Lumpen vollgestopft ist. Der Vorteil liegt darin, daß man größere Flächen schneller bearbeiten kann.*

❍ *Den gut verdünnten Schlußanstrich auf den Voranstrich auftragen. Die Plastiktüte leicht auf die noch nasse Farbfläche drücken, darauf achten, daß keine Ränder entstehen und der Grundanstrich überall leicht durchschimmert. Von Zeit zu Zeit die überschüssige Farbe von der Plastiktüte abwischen.*

***Die Farbwäsche***

Charakteristisch für die Farbwäsche ist der lockere, unsystematische Pinselstrich mit stark verwässerter Farbe, wodurch eine variantenreiche, subtile Farbwirkung erzielt wird. Ein praktisches Verfahren für Wände, die leichte Schäden aufweisen, weil schadhafte Stellen in die Gesamtwirkung integriert werden. Der Farbauftrag ist so dezent, daß man ihn ohne weiteres durch zusätzlichen Dekor – zum Beispiel Schablonenmalerei – ergänzen könnte.

Bei der Farbwäsche handelt es sich entweder um eine transparente Öllasur, die mit Universalabtönkonzentrat oder Künstlerölfarbe getönt und mit Terpentinersatz zu wäßriger Konsistenz verdünnt wird und die man über einem Voranstrich aus matter Eggshellfarbe aufträgt, oder um verdünnte Latexfarbe, die man über einen Voranstrich mit Latexfarbe aufträgt – sie wird gewöhnlich mit Wasser im Verhältnis 1:9 verdünnt, damit sie die nötige Transparenz hat. Wenn der Voranstrich getrocknet ist, den Fußboden mit einer wasserdichten Plane abdecken, weil die verdünnte Farbwäsche mit Sicherheit an den Wänden herunterläuft.

Die dünne Lasur oder den verdünnten Latexanstrich mit einem breiten, weichen Pinsel auftragen. Mit lockeren, unregelmäßigen Pinselstrichen kreuz und quer auf die Wandfläche auftragen, damit nicht allzuviel Farbe die Wände herunterläuft. Kräftige Pinselstriche und scharfe Kanten vermeiden. Darauf achten, daß der Voranstrich nicht total von der Schlußlackierung überdeckt wird.

Den ersten Farbauftrag über Nacht trocknen lassen, den Vorgang wieder-

holen und dabei noch einmal über einen großen Teil der freien Stellen streichen, aber auch über einige bereits gestrichene Stellen. Nach dem ersten Farbauftrag sieht die Wand wahrscheinlich ziemlich schlimm aus, aber nach dem zweiten kommt die Transparenz der Farbe zur Geltung und belebt die Farbwirkung der Wandfläche.

### *Gezogene Lasuren*

Bei dieser Technik wird ein trockener Pinsel mit langen, weichen Borsten über den noch nassen Schlußanstrich gezogen, dadurch entstehen auf dem Voranstrich feine, parallele Streifen der zweiten Farbe. Wenn man für den Schlußanstrich eine gewöhnliche Farbe verwendet, wirkt das Ganze so, als hätte man vergeblich versucht, einen regelmäßigen Farbauftrag zustandezubringen. Deshab braucht man ein Spezialprodukt, nämlich eine Lasur (siehe Seite 91). Das ist ein transparenter oder halbtransparenter Lack, den man je nach Wunsch mit Farbbeize oder Künstlerölfarbe tönen kann. Diese Lasur braucht viel Zeit zum Trocknen, die feinen, erhabenen Linien, die durch das Ziehen mit dem trockenen Pinsel entstanden sind, bleiben erhalten. Man braucht eine sichere Hand um gute Resultate zu erzielen.

Die Lasur mit der gleichen Menge Terpentinersatz in einem kleinen Farbeimer verdünnen. Ganz wenig Abtönkonzentrat oder Künstlerölfarbe mit ein wenig Lasur mischen, zu der verdünnten Lasur im Farbeimer schütten und gründlich umrühren. Prüfen, ob die Tönung Ihren Vorstellungen entspricht, falls erforderlich, vorsichtig noch ein wenig Farbe hinzufügen.

Wenn Ihnen die Tönung gefällt, die Lasur mit dem Pinsel über den Voranstrich auftragen, und zwar in der gleichen Richtung, in der Sie die Lasur ziehen wollen.

Mit dem trockenen Pinsel parallele Linien ziehen. Den Pinsel ab und zu an einem trockenen Tuch abwischen, damit die Lasur nicht die Borsten verklebt.

### *Ein paar Tips für Farbeffekte*

❍ *Wenn Sie Anfänger sind, sollten Sie bei gebrochenen Farbeffekten eine Lasur wählen, deren Farbe nicht allzu verschieden von der des Voranstrichs ist. Mögliche Fehler, zum Beispiel ein unregelmäßiger Farbauftrag, fallen dann weniger auf.*

❍ *Sie sparen Zeit und Geld, wenn Sie mit dem bereits existierenden Untergrund arbeiten: Wenn Ihre Wände eine langweilige, neutrale Farbe oder eine lebhafte, unattraktive Farbe haben, können Sie sie durch eine schnelle Farbwäsche verändern. Ein zu lautes Gelb könnten Sie mit stark verdünnter Farbwäsche in Rot oder Weiß heruntertönen. Verdünnen Sie wasserlösliche Farben mit Wasser und Ölfarben mit Terpentinersatz, bis sich eine cremige Konsistenz ergibt.*

❍ *Gouache, eine wasserlösliche Deckfarbe, ist in kräftigen Pastellfarben erhältlich und läßt sich gut mit Latexfarbe mischen, die die Deckkraft der Farbe verstärkt. Für eine Farbwäsche eignet sie sich gut, wenn man sie verdünnt.*

❍ *Wenn Sie Ihre Wände mit einer Patina dekorieren möchten, die einen Alterungsprozeß vortäuscht, machen Sie aus den Unvollkommenheiten eine Tugend: Verzichten Sie darauf, die Risse und schadhaften Stellen zu beseitigen, bevor Sie die Farbe auftragen. Tragen Sie mehrere Schichten verwandter Erdtöne auf, die Wand bekommt Tiefe.*

❍ *Versuchen Sie es mit einer Essigbehandlung von Holzregalen oder billigen, abgewetzten Möbeln – das macht sie interessanter. Die Oberfläche mit matter Latexfarbe anstreichen. Trocknen lassen. Zwei Teelöffel weißen Essig mit einem halben Teelöffel Zucker mischen und Pigmente in Pulverform hinzufügen, bis die Essigfarbe, die einer Lasur ähnlich ist, fließt. Mit einem Pinsel auf die Oberfläche auftragen. Die Oberfläche mit einem Stück flach ausgerollten Modellierton oder Kitt abreiben, um eine gebrochene Farbfläche mit antikisierender Wirkung zu erreichen. Ab und zu die Richtung ändern, um die Musterung interessanter zu gestalten. Überschüssige Farbe von Zeit zu Zeit entfernen.*

***Holzmaserung***

Mit dieser Maltechnik wirken blasse, nichtssagende Holzflächen fast wie exotische Harthölzer. Sie kam in der viktorianischen Epoche in Mode und hielt sich bis in die dreißiger Jahre. Um sie perfekt zu beherrschen, braucht man viel Übung, aber es lohnt sich. Wie bei gezogenen Lasuren erzielt man auch hier die besten Resultate mit getönter Lasur anstatt mit Farben oder Beizen.

Auf die blanke Holzoberfläche einen Voranstrich mit Eggshellfarbe auftragen. Trocknen lassen. Die Wahl der Farbe hängt davon ab, welche Holzart Sie imitieren möchten; für helle Eiche verwendet man ein blasses

Gelb, für Mahagoni ein dunkles Rotbraun.

Die Lasur mit Beize oder Künstlerölfarbe dunkel tönen, mit dem Pinsel auftragen. Den Pinsel von oben nach unten über die noch nasse Lasur ziehen, so daß breite Bänder feiner Streifen entstehen. Mit einem trockenen Pinsel mit weichen Borsten die geraden Streifen in weich modellierte Maserungen verwandeln.

Für helle Hölzer gibt es noch eine andere Technik: Man zeichnet zuerst die Maserungen auf die Oberfläche, wischt die Lasur an der Stelle ab, wo man das Herz der Maserung haben möchte und zeichnet es mit einem feinen Haarpinsel ein. Die natürliche Holzmaserung mit unregelmäßigen Pinselstrichen nachahmen und harte Konturen mit einem trockenen Pinsel weicher machen. Wenn man Astlöcher vortäuschen möchte, nimmt man mit der Fingerspitze etwas Lasur auf und tupft sie auf die Holzoberfläche, indem man den Finger ein wenig dreht.

Zum Schluß sollten Sie zwei Schichten Glanzfirnis zum Schutz der Maserung auftragen.

Anstelle der Pinsel kann man Spezialwerkzeuge benutzen, mit denen sich die Maserung schneller und leichter aufmalen läßt. Die Lasur wie oben beschrieben auftragen. Das Werkzeug durch die Lasur ziehen, um die gewünschte Musterung zu erzielen. Wenn Sie das Herz der Maserung einzeichnen wollen, das Werkzeug mit der von Ihnen am weitesten entfernten Kante aufsetzen, es langsam auf die Ihnen nähere Kante rollen und es langsam über die Fläche ziehen. Mit der kammähnlichen Seite des Werkzeugs die geraden Teile der Maserung einzeichnen.

***Marmorieren***

Die einfachste Marmorierung für Möbel, Kamine und andere Oberflächen ist der »gesprenkelte« Marmoreffekt. Die getönte Lasur für die Marmorfarbe besteht aus einem Teil Leinöl, drei Teilen Terpentinersatz, einem Tropfen flüssigen Trockner und zum Tönen Künstlerölfarbe. Den Voranstrich in einem möglichst neutralen Farbton auftragen. Die erste Marmorfarbe mit einem kleinen Pinsel mit

schnellen Pinselstrichen auftragen. Wichtig ist, daß der Voranstrich nicht völlig verdeckt wird.

Die Prozedur mit der zweiten Marmorfarbe wiederholen – meist handelt es sich um eine etwas dunklere

Tönung der ersten Farbe. Auch die zweite Farbe mit möglichst unregelmäßigen Pinselstrichen auftragen.

Die äußeren Kanten der Pinselstriche verwischen, indem man mit einem zusammengeknüllten Lappen oder einem Naturschwamm den nassen Farbfilm abtupft. Eine dritte (oder, wenn Sie wollen, eine vierte)

Farbe mit einem kleinen Künstlerpinsel auf die Fläche sprenkeln, indem man mit einem Finger über die mit wenig Farbe geladenen Borsten streicht, wobei kleine Farbteilchen auf die Oberfläche geschleudert werden.

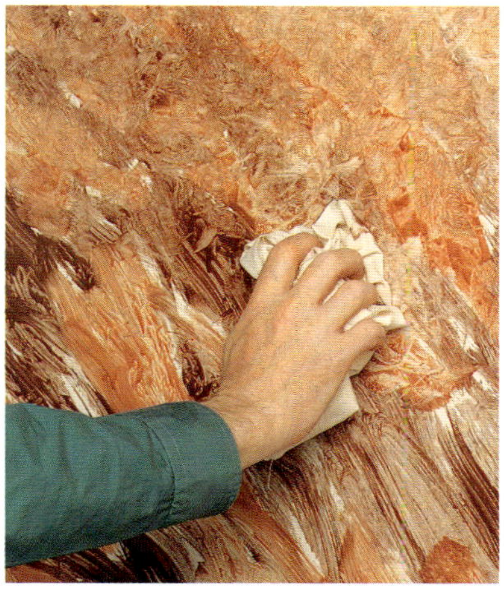

Anschließend unverdünnten Terpentinersatz auf die Oberfläche sprenkeln, so daß kleine Flecken des Voranstrichs zum Vorschein kommen und die Fläche unregelmäßig gefleckt aussieht. Mit einem Haarpinsel weiße Adern auf der nassen Lasur einzeichnen.

Zum Schluß die Oberfläche mit

einem in Terpentinersatz getauchten Naturschwamm betupfen, damit die harten Umrisse der Farbe verschwinden und die Gesamtwirkung weicher wird. Wenn die Farben trocken sind, zwei Schichten klaren Firnis auftragen.

*Durch die subtile Farbkombination wirkt die marmorierte Sockelzone im Treppenaufgang wie echter Marmor. Die Marmorierung setzt sich auf der Fußleiste fort, während für den Farbeffekt der Abschlußleiste der Sockelzone ein dunklerer Farbton gewählt wurde.*

# SCHABLONIEREN

*Das Schablonieren unterscheidet sich von der übrigen dekorativen Malerei dadurch, daß es sich nicht um ein Zufallsmuster, sondern um ein wiederkehrendes Motiv handelt. Die Farbe wird durch die Aussparungen in der Schablone mit einem Spezialpinsel auf die Wand aufgetragen. Farbgeschäfte und Heimwerkerabteilungen großer Kaufhäuser bieten eine große Auswahl fertiger Schablonen an, aber natürlich können Sie auch Ihre eigenen Schablonen anfertigen und das Motiv mit einem scharfen Haushaltsmesser oder einem Skalpell auf einer Schneideunterlage ausschneiden.*

*Der schablonierte Fries aus Muschelmotiven oberhalb der Sockelzone wurde aufgesprüht, damit der Farbauftrag möglichst gleichmäßig wird. Die Farbe wird zur Oberkante hin intensiver, was die Dekoration dieses eleganten Badezimmers plastischer macht.*

### *Schablonen schneiden*

Wenn Ihnen die fertigen Schablonen nicht gefallen, oder wenn Sie ein besonders schönes Motiv von einer Fliese oder aus einem Bezugstoff kopieren möchten, können Sie Ihre eigene Schablone schneiden. Dazu brauchen Sie geölten Schablonenkarton, Pauspapier, um das Motiv auf den Karton zu übertragen, Kohlepapier und ein scharfes Haushaltsmesser.

Das Motiv durchpausen: Das Pauspapier mit Klebestreifen auf dem Schablonenkarton befestigen, dazwischen ein Blatt Kohlepapier legen und das Motiv mit einem Kugelschreiber nachzeichnen. In das fertig gezeichnete Motiv Stege einzeichnen, die die ausgeschnittenen Stellen miteinander verbinden, damit die Schablone nicht auseinanderfällt und genügend Festigkeit hat. Ein zerrissener Steg läßt sich mit Klebeband auf beiden Seiten reparieren.

Die Schablone auf ein Schneidebrett legen und das Muster mit einem Skalpell oder einem Haushaltsmesser ausschneiden. Immer in Richtung auf den eigenen Körper schneiden; an den Ecken die Schablone in eine andere Richtung drehen – nicht das Messer. Sie müssen nicht unbedingt die kleinsten Details des Motivs ausschneiden. Die kleinen Teile des Motivs zuerst ausschneiden, sonst wird die Schablone labil und ist schwer zu handhaben. Die kleinen Details kann man immer mit einem Künstlerpinsel nachziehen, wenn die Schablone sonst perfekt ist.

Wenn das Motiv zweifarbig gestaltet werden soll, für jede Farbe eine Schablone schneiden. Wenn man die Schablonen übereinanderlegt müssen die Motive exakt übereinstimmen. Mit einer Nadel an den Ecken durch die beiden Schablonen stechen als Orientierungshilfe beim Anlegen der Schablonen.

Statt des Kartons kann man durchsichtige Acetatfolie nehmen – dann kann man sich die Orientierungshilfen sparen: Man reiht die Motive einfach aneinander. Acetat hält länger, ist durchsichtig und kann gut gereinigt werden. Aber es ist teurer und schwer zu schneiden.

### *Holzfußböden schablonieren*

*Ein Fußboden aus Weichholz, den man zuvor entsprechend vorbereitet hat, erhält durch ein Schablonenmuster eine individuelle Note. Die Oberfläche zuerst mit klarem Firnis versiegeln. Das Schablonenmuster nach der gleichen Methode wie bei der Wand auftragen. Man kann Farbe verwenden oder, wenn man weichere Farbtöne erzielen will und die Holzmaserung durchschimmern soll, verwendet man getönte Holzbeizen. Zum Schluß den Boden mit einer Firnisschicht versiegeln, um das Schablonenmuster zu schützen.*

### *Eine Bordüre aus Schablonenmotiven aufmalen*

Die Untergrundfarbe auf die Wandfläche auftragen. Trocknen lassen. Ein wenig Latexfarbe auf ein flaches Brett gießen und die Borstenspitzen des Schablonierpinsels in die Farbe tauchen. Die überschüssige Farbe auf einem Stück Papier abtupfen, damit sich die Farbe gleichmäßig, aber sparsam auf die Wand auftragen läßt.

Die Schablone gegen die Wand halten oder mit einem Klebestreifen befestigen. Die Farbe durch die ausgeschnittenen Stellen auftupfen, den Pinsel senkrecht zur Wand halten. Die Schablonen von außen nach innen ausmalen. Nach Bedarf mehr Farbe mit dem Pinsel aufnehmen, je nachdem wie stark der Farbauftrag sein soll.

Die Schablone vorsichtig von der Wand ablösen und Farbe, die auf die Rückseite der Schablone durchgesickert ist, abwischen. Bei wiederkehrenden Mustern die Schablone neu anlegen und die Prozedur wiederholen.

Wenn das Motiv aufgetragen ist, die Schablone auch auf der Vorderseite reinigen.

### *Ideen für Schablonendekorationen*

*❍ Schablonierte Bordüren oder Friese können architektonische Details ersetzen. Man sollte sie dort anbringen, wo Flächen von Natur aus unterbrochen werden: zwischen Decke und Wand, in Höhe der Bilderleiste, in Abschlußhöhe der Sockelzone oder anstelle einer Fußleiste.*

*❍ Eine Borte aus Schablonenmotiven als Wandabschluß ersetzt einen Karnies; in Fußbodenhöhe kann sie die Fußleiste ersetzen.*

*❍ Eine Sockelzone mit einem Muster aus Schablonenmotiven, die ein Drittel der Wandhöhe einnimmt, verleiht der Wand die richtigen Proportionen.*

*❍ Mit einer Dekoration aus Schablonenmotiven kann man die Vorderfront von Schubladen, Schranktüren, Stuhllehnen und den Kopfteil von Betten attraktiver gestalten. Zu den traditionellen folkloristischen Motiven gehören Blumen, Herzen und Sterne, auch naive Tier- und Vogelmotive.*

*❍ Angemessene Schablonenmotive für klassisch inspirierte Raumausstattungen sind Kränze, Voluten und das traditionelle Lilienmotiv. Zum Schablonieren steht ein großes Farbangebot zur Verfügung: Acrylfarben (wasserlöslich) oder Japanlacke (lösungsmittelhaltig) sind schnelltrocknend und werden für Holzwerk und Möbel verwendet, Latexfarben für Wände.*

*❍ Farbe in Sprühdosen (zum Lackieren von Autos) ist eine schnelltrocknende Alternative, aber die Motive wirken nicht wie von Hand gemalt – das ist ein Effekt, den man nur mit dem Pinsel erreichen kann.*

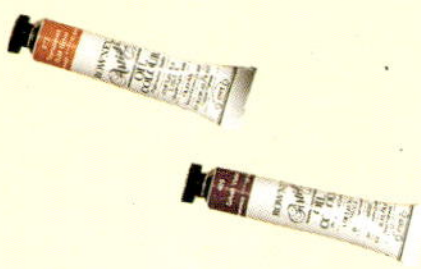

VERGLEICHE AUCH DIE SEITEN:

| | |
|---|---|
| DIE MALUTENSILIEN | 92 |
| DIE VORARBEITEN ZUM STREICHEN | 94 |
| FRIESE UND BORDÜREN | 130 |

# MÖBELMALEREI

*Mit einer dekorativen Bemalung lassen sich die Abnutzungserscheinungen von Gebrauchsmöbeln hervorragend kaschieren; so kann man alten Möbeln oder Secondhand-Stücken eine längere Lebensdauer bescheren. Große Möbelstücke wie Truhen werden mit dekorativer Malerei verziert, deren Motive zum Teil der traditionellen Volkskunst entlehnt sind. Eine Vielfalt von Maltechniken bietet sich an, um freistehenden Möbeln oder Einbaumöbeln einen ganz individuellen Charakter zu verleihen.*

*Die speziell angefertigte Truhe in Gestalt eines Nilpferdes für ein Kinderzimmer wurde phantasievoll bemalt und fügt sich harmonisch in die lustige Wandmalerei mit dem Specht. Das Holz wird zunächst präpariert und danach freihändig bemalt, entweder mit Acrylfarbe oder mit gewöhnlicher Latexfarbe. Zum Schluß wird die Bemalung mit zwei Schichten mattem Firnis versiegelt.*

### Die Vorarbeiten

Wenn Sie Möbelstücke, die bereits angestrichen waren, neu bemalen möchten, behandeln Sie sie, was die Vorbereitung betrifft, genauso wie das übrige Holzwerk (siehe Seite 94): Den Zustand des bestehenden Anstrichs überprüfen, nach Absplitterungen und sonstigen Beschädigungen suchen. Wenn die Farboberfläche einigermaßen in Ordnung ist, gut abwaschen, um sie von Schmutz und Fett zu befreien. Mit Naß- und Trockenschleifpapier leicht abschmirgeln, möglicherweise hier und da kleine Risse ausbessern, um die Oberfläche für den neuen Anstrich vorzubereiten. Aber wenn die bestehende Farboberfläche stark beschädigt ist – teilweise abgesplittert oder abgewetzt, so daß das blanke Holz zum Vorschein kommt –, die alte Farbschicht mit einem Abbeizmittel ablaugen oder mit einer Heißluftpistole entfernen. Einen neuen Anstrich auftragen.

Gefirniste Holzoberflächen können genauso behandelt werden wie gestrichene Möbel – aber vorher durch Kratzen mit dem Fingernagel prüfen, ob über dem Firnis eine Wachsschicht aufgetragen wurde. Wenn ja, den Wachs mit feiner Stahlwolle, die in Terpentinersatz getaucht wurde, abschleifen. Danach mit einem

### Antikisieren

*Einem Möbelstück mit Hilfe von Farben und Beizen ein antikes Aussehen verleihen, gehört zu den Techniken, die ein Möbelrestaurator beherrschen muß. Zu den bekanntesten Techniken gehört das Liming, das Bleichen mit gelöschtem Kalk, das vorwiegend bei Hölzern mit großporiger Maserung wie Eiche angewendet wird, und das sogenannte Pickling, das Bleichen, das man bei Kiefernholz anwendet. Beim Liming wird das Holz zunächst mit einer Drahtbürste aufgerauht. Dann wird stark mit Wasser verdünnter, gelöschter Kalk mit dem Pinsel auf das blanke Holz aufgetragen. Trocknen lassen. Mit Sandpapier abschleifen. Die Oberfläche mit mattem Firnis versiegeln. Beim Pickling wird stark mit Wasser verdünnte Salpetersäure (1 Teil Säure auf 8 Teile Wasser) auf das blanke Holz auftragen. Trocknen lassen. Das Holz mit verdünntem Kaliumbichromat (Pottasche) behandeln. Zum Schluß mit feinem Sandpapier glattschleifen.*

sauberen, in Terpentinersatz getauchten Lappen nachreiben. Die Farbschicht kann direkt auf die abgeschliffene, vorbereitete Oberfläche aufgetragen werden.

### *Die Farbe auftragen*

Alle dekorativen Beschläge wie Tür- oder Schubladengriffe entfernen. In einer möglichst staubfreien Umgebung arbeiten. Das Möbelstück, wenn möglich, etwas über den Boden anheben – zum Beispiel auf der Unterseite Nägel oder Schrauben anbringen, so daß Sie die Füße und die Seiten bis zur Unterkante bemalen können. Stets darauf achten, daß sich die Farbe während der Arbeit nicht an Kanten oder in Vertiefungen ansammelt. Nie vergessen, daß zwei dünne Farbschichten viel besser aussehen und auch besser halten als eine dicke.

Die beste Farbe zum Bemalen von Möbeln, mit der man die subtilsten Farbeffekte erzielen kann, ist eine matte, lösungsmittelhaltige Farbe in Weiß, mit Künstlerölfarbe getönt. Da die Oberflächenstruktur sehr weich ist, empfiehlt sich eine Versiegelung mit mehreren Schichten mattem Firnis, der für die Haltbarkeit des Anstrichs sorgt. Zwischen dem Auftragen der einzelnen Firnisschichten die Flächen mit feinem Sandpapier abschleifen.

Weitere Möglichkeiten wären schnelltrocknende Latex- oder Acrylfarben. Matte Latexfarbe eignet sich am besten für einen einfachen, rustikalen Look, Acrylfarbe für die dekorative Bemalung darüber. Als Abschluß zwei Schichten klaren, matten Firnis auftragen, denn eine glänzende Oberfläche wäre höchst unpassend für Möbel mit antikem Flair.

### *Eine billige Verhüllung*

*Fotokopien von Zeitungen oder Noten – auch von Comics, Speisekarten, alten Urkunden oder Graphiken – kann man als Dekoration für sämtliche Möbel- oder Wandflächen verwenden.*

*Man kann sie auch vergrößern oder verkleinern, um die Wirkung zu verfremden. Auf keinen Fall echte Zeitungen verwenden, das Papier ist besonders saugfähig. Die Blätter mit Tapetenkleister bestreichen, ankleben und die Luftblasen mit einem Schwamm oder einem Pinsel ausstreichen. Man kann die Blätter mit getöntem Firnis antikisieren und ihn mit einem mittelgroßen Pinsel unregelmäßig auftragen.*

*Falls die erste Schicht nicht kräftig genug ist, trocknen lassen und eine zweite auftragen.*

### *Kreative Gestaltungsideen*

- *Lassen Sie sich beim Bemalen von Möbeln von den Farben und Motiven auf alten englischen, rustikalen Möbeln inspirieren, die meist in kalkigem Grün oder Blau bemalt sind. Wenn Sie folkloristische Motive mögen, schauen Sie sich die lebhaften Rot- und Grüntöne skandinavischer Möbel an, die lebhaften Schablonenmotive amerikanischer Möbel und das tiefe Kobalt- oder Türkisblau mediterraner Möbel und Einrichtungen.*
- *Antikisierte oder gebrochene Farbflächen wirken weicher als neue, glänzende Farbanstriche und passen besser zu bestimmten Einrichtungsstilen. Versuchen Sie mit mehreren Schichten unterschiedlicher Farbwäschen oder Lasuren die tiefen, warmen, gedämpften Farbtöne zu imitieren, die alte Möbel mit der Zeit annehmen.*
- *Die meisten professionellen Möbelmaler verwenden heute wasserlösliche Latexfarbe anstelle von Hochglanzfarbe oder Eggshellfarbe für flächendeckende Bemalungen. Sie ist leicht aufzutragen, trocknet schnell, deckt gut und eignet sich als Untergrund für weitere, dekorative Bemalungen. Die Wirkung der fertigen Stücke ist dem matten Look alter Stücke sehr ähnlich.*
- *Für schnelle Dekorationen empfiehlt sich eine »Vergoldung« mit Filzstiften mit Metallic-Effekt.*

VERGLEICHE AUCH DIE SEITEN:

| | |
|---|---|
| DIE MALUTENSILIEN | 92 |
| DIE VORARBEITEN ZUM STREICHEN | 94 |
| FARBE VERSTEHEN LERNEN | 84 |

# TAPETENARTEN

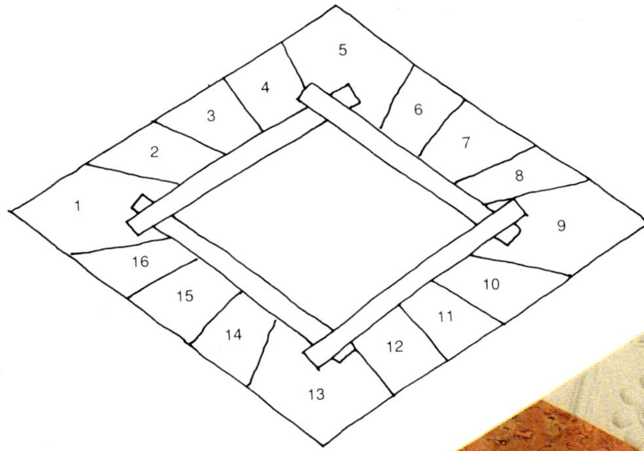


*Eine Tapete auszuwählen, ist mehr als eine Sache des Auges. Ob Sie auf ein besonders schönes Muster Wert legen, Risse und Unebenheiten Ihrer Wand verdecken wollen oder Ihrem Raum ein ganz besonderes Flair verleihen möchten – Sie haben die Wahl zwischen den verschiedensten Tapetenarten. In diesem Kapitel werden sie alle beschrieben. Außerdem wird beschrieben, wie man die diversen Produkte anbringt. Tapeten werden in Rollen verschiedener Längen und Breiten angeboten; daher sollte man darauf achten, daß alle Rollen, die man benötigt, aus der gleichen Partie stammen, da es sonst zu geringfügigen Farbunterschieden kommen könnte.*

***Tapeten***

Alle Tapeten haben eine bedruckte Oberfläche. Sie sind entweder glatt oder geprägt und in diversen Gewichten und einer Vielzahl von Mustern erhältlich, die zum Teil wie handbemalt aussehen. Tapete ist die preiswerteste, gemusterte Wandverkleidung – außer es handelt sich um ein handbedrucktes Produkt. Sie ist aber weder abwaschbar noch fleckresistent, und man sollte sie daher nicht in Bereichen anbringen, die stark frequentiert werden oder Feuchtigkeit ausgesetzt sind. Sie wird mit gewöhnlichem Tapetenkleister angeklebt.

**Abwaschbare Tapete (15)** ist mit einer transparenten Kunststoffschicht versehen. Dadurch ist sie fleckresistent und leicht abzuwaschen. Einige sind sogar vorgekleistert. Gewöhnlich verwendet man normalen Tapetenkleister mit Fungizidbeimischung.

**Handbedruckte Tapete (13).** Tapeten, die von Hand bedruckt sind, kosten natürlich erheblich mehr. Die Muster werden mit Modeln aufgedruckt oder im Siebdruckverfahren hergestellt. Die Wiedergabe der Muster ist von einer Feinheit, die eine gewöhnliche Tapete selten erreicht. Sie werden im allgemeinen nur in Spezialgeschäften verkauft, und es kann vorkommen, daß die Kanten vor dem Aufhängen abgeschnitten werden müssen. Am besten lassen Sie die Tapete von einem Fachmann aufhängen.

**Makulaturtapete (14).** Die einfarbige, poröse Makulaturtapete klebt man direkt auf Wände und Decken, um eine glatte Fläche von gleichmäßiger Porosität als Untergrund für die Tapete zu schaffen. Man kann sie auch anstreichen, aber gewöhnliche Makulatur hat eine ziemlich faserige Oberfläche, wenn sie gestrichen ist. Es gibt aber eine extraweiße Makulaturtapete, die man verwendet, wenn man eine besonders glatte Oberfläche zum Streichen haben möchte und die Wand für einen direkten Anstrich nicht gut genug ist. Makulaturtapete wird mit gewöhnlichem Tapetenkleister angeklebt. Vor dem Streichen 48 Stunden trocknen lassen.

**Vorgekleisterte Tapeten** sind mit Trockenkleister beschichtet, der durch Wasser aktiviert wird. Ihr Nachteil ist, daß die dünne Kleisterschicht sehr schnell austrocknen kann, wenn man beim Kleben der Tapete zuviel Zeit mit dem Schneiden verliert. Die meisten vorgekleisterten Tapeten sind abwaschbar oder aus Vinyl.

Vor dem Kleben jede Bahn in einen Eimer kaltes Wasser tauchen, den man neben die Fußleiste, unmittelbar neben die Klebestelle stellt. Die Tapete locker zusammenrollen, die Außenseite nach außen, damit man sie aus dem Eimer ziehen und unmittelbar ankleben kann, wobei das überschüssige Wasser von der Oberfläche direkt in den Eimer fließt.

**Vinyltapete (9).** Diese haltbare Tapete besteht aus einer Schicht Polyvinylchlorid (Vinyl), auf die das Muster durch Druck und Wärme eingeprägt wird, und einer Papierschicht, die wie gewöhnlich mit Kleister angeklebt wird, wenn sie nicht vorgekleistert ist. Die Vinyloberfläche kann man gründlich reinigen, ohne daß man fürchten muß, das Muster zu beschädigen. Sie läßt sich

leicht von der Wand entfernen, indem man die Vinylschicht vom Papier abzieht. Für Vinyltapeten verwendet man mit Kleister mittlerer Konsistenz mit Fungizidzusatz. Unvermeidbare Überschneidungen der Tapetenstreifen kann man mit einem Spezialkleber ankleben.

### *Relieftapeten*

Hierbei handelt es sich um einfarbige Tapeten mit plastischer Oberfläche, die entweder durch Prägung oder Einschluß anderer Stoffe wie Holzteilchen entsteht. Gewöhnlich werden Sie nach dem Ankleben gestrichen.

**Prägetapete (8).** Die dreidimensionale Oberfläche dieser Tapete entsteht dadurch, daß die Tapete während des Herstellungsprozesses durch Prägerollen läuft. Die Prägung kann aus unregelmäßigen oder wiederkehrenden Mustern bestehen. Einfarbige Tapeten wie Anaglypta sind einfarbig und werden gewöhnlich gestrichen. Bei bedruckten Prägetapeten ist das Muster häufig in Einklang mit der Prägung. Bedruckte Tapeten reagieren empfindlich auf Stöße und Reibungen. Zum Ankleben den für das Gewicht der Tapete erforderlichen Kleister verwenden – gewöhnlichen Kleister für leichte Tapeten, stark haftenden Kleister für Prägetapeten und Kleister mit Fungizidzusatz für abwaschbare und Vinyltapeten.

**Anaglypta** ist die Handelsbezeichnung für eine Tapete aus Holzschliff mit plastischen, unregelmäßigen oder wiederkehrenden Mustern. Die Bezeichnung stammt aus dem Griechischen und bedeutet »nicht modelliert« – denn viele Muster erinnern täuschend an modellierten Stuck. Nach dem Kleben wird die Tapete gestrichen – die Dekoration kann durch einen Anstrich mit Latexfarbe mehrfach geändert werden. Sie ist besonders geeignet, Risse und Unebenheiten zu kaschieren.

Zum Kleben verwendet man einen stark haftenden Kleister und läßt ihn nach dem Auftragen eine Weile einziehen (auf der Gebrauchsanweisung nachsehen), um beim Hängen Blasenbildung zu vermeiden. Die Bahnen nach dem Hängen vorsichtig mit der Tapezierbürste ausstreichen, um das Prägemuster nicht zu beschädigen. Auf keinen Fall Nahtroller verwenden. Vor dem Streichen 48 Stunden trocknen lassen.

Es gibt eine Anaglypta-Tapete, deren Deckschicht aus Baumwollfasern anstelle von Holzschliff besteht. Sie ist besonders stabil und eignet sich für stark ausgeprägte Reliefmuster. Anaglypta wird auch mit Vinylbeschichtung hergestellt. Die Unterseite ist aus Papier, damit man die Tapete leichter hängen und auch leichter ablösen kann. Die Oberfläche ist stabiler als die der übrigen Prägetapeten. Zum Hängen vinylbeschichteter Anaglypta-Tapeten stark haftenden Kleister mit Fungizidbeimischung verwenden.

**Lincrusta (3)** ist eine Prägetapete mit linoleumartigem Belag – eine Mischung aus Leinöl und Füllern – die zu dünnen Platten ausgewalzt wird. Sie werden zu dekorativen Prägemustern verarbeitet, mit denen sich die anderen Prägetapeten nicht messen können. Man kann eine Schicht Hochglanz- oder Eggshellfarbe auftragen oder die Tapete mit interessanten, gebrochenen Farbeffekten dekorieren. Lincrusta ist eine sehr strapazierfähige Tapete, läßt sich aber nur schwer von der Wand lösen.

Vor dem Tapezieren jede Bahn auf der Rückseite mit warmem Wasser befeuchten und mit Lincrusta Spezialkleister an der Wand befestigen. Die einzelnen Bahnen mit einem Filzroller andrücken, die Kanten mit einem scharfen Messer und einem festen Lineal begradigen.

**Rauhfasertapete** ist eine robuste Tapete mit teigig wirkendem Belag, der winzige Holzspäne enthält. Die Oberfläche ähnelt grobem Hafermehl oder mittelfeinen Haferflocken. Es gibt verschiedene Grade, von fein bis grob. Mit dieser Tapete lassen sich Risse und andere Schäden der Wand verdecken, und auch sie wird übermalt. Zum Befestigen stark haftenden Kleister verwenden und 48 Stunden trocknen lassen.

### *Stofftapeten*

Bei Stofftapeten besteht die Deckschicht aus Stoff, die Unterseite aus Papier, damit man sie leichter befestigen kann. Jutetapete ist die gebräuchlichste und billigste Variante (siehe unten). Zu den teureren gehören Seidentapeten (5), Leinen- und Filztapeten. Außer Jutetapete sind sie zum Tapezieren großer Flächen zu teuer. Die Seitenkanten müssen nach dem Tapezieren abgeschnitten werden, und außerdem muß man sie sehr sorgfältig behandeln. Sie werden in verschiedenen Breiten hergestellt und meterweise verkauft.

Man befestigt sie mit einem fertig gemischten Kleister, der in Kübeln verkauft wird und nicht mit der Vorderseite der Tapete in Berührung kommen darf. Wenn die Kanten benachbarter Bahnen sich überlappen, einen Streifen Makulaturtapete unter die überlappende Kante kleben, damit der Klebstoff nicht mit der Deckschicht der bereits geklebten Bahn in Berührung kommt. Mit einem scharfen Messer und einem Lineal durch alle drei Schichten schneiden. Die abgeschnittenen Papier- und Tapetenstreifen entfernen und die Nähte vorsichtig andrücken.

**Jutetapete (10).** Jutetapete ist eine grobe Wandverkleidung mit Papierunterseite. Meist wird sie in ihrer Naturfarbe – Hafermehl (entspricht etwa leicht bräunlichen Haferflocken) – angeboten, wird aber auch in anderen Farben hergestellt. In sonnigen Räumen kann Jute leicht verblassen. Vor dem Kauf prüfen, ob die Farben aller Rollen übereinstimmen. Jutetapete wird in Rollen, aber auch pro Meter verkauft. Erkundigen Sie sich nach der Rollenlänge, wenn Sie größere Mengen brauchen. Verwenden Sie zum Kleben stark haftenden Kleister. Wenn die Kanten der Bahnen ausgefranst sind, die Kanten leicht überlappen lassen und durch alle Schichten abschneiden (siehe oben).

**Korktapete (2).** Diese extravagante und teure Wandverkleidung besteht aus einer dünnen Korkschicht und einer Rückseite aus Papier. Die Korkschicht kann getönt oder bedruckt sein. Da sie sehr empfindlich ist, sollte man Korktapete nur als Verkleidung kleinerer Bereiche verwenden. Man kauft sie gewöhnlich per Meter. Sie wird mit einem Spezialkleister befestigt, der nicht mit der Vorderseite von Tapeten in Berührung kommen darf.

**Grastapete (11).** Die Deckschicht dieser luxuriösen Wandverkleidung besteht aus getrockneten Grashalmen mit einer Papierunterseite. Grastapete ist teuer und äußerst anfällig für Risse. Daher verwendet man sie meist nur für kleinere, dekorative Flächen. Sie wird als Meterware verkauft; die Rollen sind 91,5 cm breit. Die Tapete wird mit einem fertig gemischten Spezialkleister geklebt. Bahn für Bahn äußerst sorgfältig mit der Tapezierbürste ausstreichen. Die Bürste nur von oben nach unten führen, damit sich kein Grashalm löst.

**Velourstapete (16).** Die Unterseite der Tapete ist mit Woll-, Seiden- oder Synthetikfasern bestäubt. Herkömmliche Velourstapeten sind teuer und äußerst empfindlich. Bei modernen Varianten werden Vinylfasern auf eine Vinylfolie aufgebracht, sie sind robust und können regelmäßig abgewaschen werden. Gewöhnliche Velourstapeten werden mit einem zähflüssigen Klebstoff mit Fungizidbeimischung befestigt. Die Tapezierbürste muß stets makellos sauber sein.

**Tapeten mit Metallic-Effekt (Mitte)** bestehen aus einer Synthetikfolie mit Metallic-Effekt auf einer Papierunterseite. Sie werden häufig mit Mustern bedruckt. Die Oberfläche ist wasserabweisend, aber im allgemeinen weniger haltbar als Vinyltapete. Da einige dieser Tapeten Elektrizität leiten, muß man beim Tapezieren hinter Steckdosen und Schaltern besonders vorsichtig sein. Man klebt sie mit fungizidhaltigem Kleister.

*Unter den vielen verschiedenen Arten von Wandverkleidungen (die auf den vorhergehenden Seiten gezeigt und beschrieben wurden) gibt es eine Menge interessanter Muster und Texturen, von denen einige (links) abgebildet sind. Die Formate der Motive von gemusterten Tapeten sind sehr verschieden und sollten auf die Proportionen des Raumes, in dem sie verwendet werden, abgestimmt werden. Die Länge der Rapporte muß bei der Berechnung der Tapetenmenge berücksichtigt werden (siehe Seite 125).*

LINKE REIHE VON OBEN NACH UNTEN: *Ein maschendrahtähnliches Muster mit Metalleffekt aus Vinyl mit gummiartiger Textur; Tapete mit Wildledereffekt; Tapete mit galvanisiertem Kupfereffekt; Blatt- und Spaliermuster; Tapete mit großformatigem Blattmuster.*

MITTLERE REIHE: *Ein Mini-Paisley-Muster; Tapete mit Antikeffekt; klassische Streifen; zurückhaltendes, stilisiertes Spaliermuster; großformatiges florales Muster.*

RECHTE REIHE: *Kopie einer englischen Tapete aus dem achtzehnten Jahrhundert; modernes Chinoiseriemuster; Tapete mit Sternmotiven; ein Muster, das an Toile de Jouy erinnert und im achtzehnten Jahrhundert in Frankreich aktuell war; ein Overallmuster mit kleinformatigen Ahornmotiven.*

*Eine Bordüre mit verschlungenem Banddekor.*

### *Tapetenkleister*

*Tapetenkleister ist eine Kombination von unmittelbarer Klebkraft und guter »Rutschfähigkeit«, die dafür sorgt, daß man die Tapete, bevor sie fest an der Wand haftet, noch ein wenig bewegen kann, um sie gerade auszurichten und den Musteranschluß zu finden. Die meisten basieren auf Stärke oder Zellulose. Sie kommen in Pulverform oder fertig gemischt auf den Markt. Sie werden in Mengen verkauft, mit denen man eine angegebene Menge von Tapetenrollen in Standardgröße kleben kann. Als Faustregel gilt: ein Liter Kleister reicht für eineinhalb bis zwei Rollen. Fertig gemischter Kleister wird in 1- oder 2-Liter-Behältern verkauft.*
*Für die meisten glatten Papiertapeten verwendet man normalen Kleister; für schwere Prägetapeten braucht man stark haftenden Kleister. Für alle abwaschbaren und Vinyltapeten ist eine Fungizidbeimischung erforderlich. Für die meisten Stofftapeten wird fertig gemischter Kleister, der in Kübeln verkauft wird, empfohlen. Kleister kann man auch verwenden, um frisch verputzte Wände zu egalisieren. Für diesen Zweck muß man ihn verdünnen; das richtige Verdünnungsverhältnis ist auf der Packung angegeben.*

VERGLEICHE AUCH DIE SEITEN:
WÄNDE TAPEZIEREN 122
WIE VIELE ROLLEN FÜR DIE WÄNDE? 125
WIE VIELE ROLLEN FÜR DIE DECKE? 127

# Das Tapeziererwerkzeug

*Zum Tapezieren brauchen Sie nur ein paar billige Werkzeuge, die Ihnen aber die sonst recht mühsame Arbeit sehr erleichtern. Man kann natürlich auch improvisieren: Einen Eimer und einen Pinsel für den Tapetenkleister muß man nicht unbedingt neu kaufen; ein sauberer Haushaltseimer und ein alter Farbpinsel tun es auch. Aber eine Tapezierbürste und eine große Papierschere sind unentbehrlich. Als Tapeziertisch kann jede Fläche dienen, die lang und stabil genug ist, andererseits sind die speziell für diesen Zweck gefertigten Tapeziertische nicht teuer, man kann sie zusammenklappen, wenn sie nicht gebraucht werden, und sie nehmen wenig Platz weg. Kleine Spezialwerkzeuge wie ein Senkblei mit Schnur und ein Nahtroller sind wertvolle Hilfsmittel, wenn die Arbeit professionell aussehen soll.*

*Auf dem Tisch:*

**Ein Tapeziertisch** ist ein leichter Klapptisch, auf den man die Tapetenbahnen zum Einkleistern legt. Die Platte besteht aus zwei Hälften mit einem Scharnier in der Mitte. Er ist 1,80 m lang und 56 cm breit – etwas breiter also die meisten Tapetenrollen.

**Der Eimer für den Kleister** ist breiter als ein normaler Eimer und ist aus stabilem Plastikmaterial. Spannen Sie einen Bindfaden quer über den Eimer – er dient als Pinselhalter und zum Ausstreichen von überschüssigem Kleister.

**Bleistift und Metermaß** sind erforderlich, um die Länge der Bahnen zu messen und vor dem Hängen zu markieren. Ein ausziehbares Zentimetermaß, das man nach dem Messen feststellen kann, wäre ideal.

**Eine mit Kreide eingeriebene Schnur** ist praktisch zum Markieren von geraden Linien auf Wänden und Decken. In dem kleinen Behälter befindet sich eine dünne Schnur und farbige Kreide. Am Ende der Schnur befindet sich ein Haken, den man an einen kleinen Nagel am Anfang der Linie hängt. Den Faden am anderen Ende strammziehen und gegen die Wand drücken. Mit der anderen Hand den Faden ein Stückchen von der Fläche wegziehen und wieder zurückschnappen lassen, so daß die Kreide eine Linie auf der Wand markiert. An einer Seite des Gehäuses ist eine Kurbel, mit deren Hilfe man die Schnur wieder aufwickeln kann.

**Eine Wasserwaage** verwendet man, um sicher zu sein, daß Friese und Bordüren waagerecht sitzen.

**Ein Dampftapetenlöser** ist ein elektrisch betriebenes Gerät, mit dem man das Entfernen von Tapete, die sich mit herkömmlichen Mitteln schlecht von der Wand lösen läßt, beschleunigen kann. Das gilt besonders für abwaschbare und bemalte Prägetapeten. Das Gerät besteht aus einem Wasserkocher, einem Verbindungsschlauch und einem Dampfgerät mit Griff. Wenn das Wasser zu kochen beginnt, steigt der Dampf durch den Schlauch auf und entweicht durch Dutzende von kleinen Löchern auf der Unterseite des Dampfgerätes. Man hält das Gerät gegen die Wand, der Dampf dringt in die Tapete ein und weicht den Kleister auf. Dadurch läßt sich die Tapete leicht herunterziehen. Wenn die erste Bahn gelöst ist, nimmt man die nächste in Angriff. Inzwischen können die Rückstände der ersten Bahn mit einem Spachtel entfernt werden. Dampftapetenlöser sind teuer, gewöhnlich kann man sie ausleihen. Es gibt eine kleine Version dieses Gerätes, die aussieht wie ein Dampfbügeleisen.

*Erste Hakenreihe:*

**Eine Tapezierbürste** ist eine breite Bürste mit langen Borsten und einem kurzen kräftigen Griff, mit der man die frisch gehängte Tapete auf der Wand ausstreicht. Sie ist meist 19 cm bis 25 cm breit.

Es gibt zwei Gründe, weshalb man diese Bürste verwendet: sie folgt ohne viel Druck den Konturen der Wandoberfläche und bewirkt, daß die Tapete gut an der Wand haftet. Außerdem kommt man durch die Bürste mit der Tapete und dem Kleister nicht in Kontakt, so daß keine Gefahr besteht, daß Kleister auf die Vorderseite der Tapete gelangen könnte. Es ist sehr wichtig, daß die Bürste während des Gebrauchs trocken bleibt. Sollte Kleister an den Borsten kleben, muß sie sofort gewaschen und getrocknet werden.

**Ein Spachtel** wird benutzt, um alte Tapetenschichten von Wänden und Decken zu entfernen. Er sieht aus wie der Spachtel, mit dem man Füllmasse in Wandrisse und Löcher streicht, aber

seine Klinge ist viel fester. Die Breite variiert zwischen 2,5 cm und 15 cm.

**Ein Nahtroller** ist ein kleines, 2,5 cm breites Rad aus Holz oder Plastik, das sich um eine Achse dreht und an einem Griff befestigt ist. Man verwendet es, um die Kanten angrenzender Tapetenbahnen fest an die Wand zu drücken.

*Obere Hakenreihe:*

**Eine Papierschere** ist erforderlich, um die Tapete vor dem Einkleistern in Bahnen zu schneiden und Ober- und Unterkanten zu begradigen, wenn sie hängt. Die abgerundete Spitze der Klinge dient dazu, die Tapete in die Ecken zwischen Wand und Decke, zwischen Wand und Türrahmen oder Fußleiste zu drücken und so die Schnittlinie zu markieren. Mit den langen Klingen ist es leichter, gerade Schnitte zu machen. Die Scheren sind bis zu 30 cm lang (Gesamtlänge).

**Ein Kratzer** ist eine Art Spachtel mit feingezackter Kante am unteren Ende der Stahlklinge. Beim Entfernen von abwaschbaren oder bemalten Tapeten dient er dazu, die Oberflächen vor dem Bearbeiten mit dem Dampftapetenlöser aufzureißen. Dadurch kann der Dampf hinter die wasserabstoßende Oberfläche gelangen und den Kleister aufweichen.

**Ein Senkblei mit Schnur** ist eine Vorrichtung zum Ausloten senkrechter Linien und zum Überprüfen, ob die Tapete genau senkrecht hängt. Das Bleilot ist ein zylinderförmiges Gewicht, das meist aus Messing besteht und an einer Schnur befestigt ist. Man befestigt das Ende der Schnur an der Oberkante der Wand, und das Senkblei hängt fast am Boden. Wenn sich das Senkblei ausgependelt hat, ist die Schnur vollkommen senkrecht. Dann zieht man mit Lineal und Bleistift eine senkrechte Linie entlang der Schnur.

**Der Einstreichpinsel** sieht einem gewöhnlichen Farbpinsel von 10 cm Breite sehr ähnlich. Er dient zum Einstreichen der Tapete mit Kleister.

| VERGLEICHE AUCH DIE SEITEN: | |
|---|---|
| TAPETENARTEN | 114 |
| VORBEREITEN DER WÄNDE | 120 |
| WÄNDE TAPEZIEREN | 122 |

# VORBEREITEN DER WÄNDE

*Moderne Tapeten erfüllen ihre Aufgabe sehr gut, vorausgesetzt, die Wandfläche, auf die sie geklebt werden, ist einwandfrei. Was zu tun ist, hängt von dem augenblicklichen Zustand Ihrer Wände ab. Vielleicht sehen Sie sich nackten Wänden in einem neuen Haus oder in einem kürzlich fertiggestellten Anbau gegenüber. Vielleicht müssen Sie nach Entfernen der alten Tapeten eine kahle Putzschicht neu dekorieren. Verputzte Wände oder Gipskartonplatten, die mit Latex- oder Hochglanzfarbe gestrichen sind, erfordern wenig Vorbereitung und bieten eine perfekte Oberfläche für jede Art von Wandverkleidung. Achtung, wenn Sie Temperafarbe unter einer alten Tapetenschicht finden – es ist sehr schwierig, eine mit Tempera gestrichene Fläche neu zu dekorieren. Alte Tapete muß stets entfernt werden. Diese langweilige Arbeit kann erheblich verkürzt werden, wenn man mit einem Dampftapetenlöser arbeitet, den man ausleihen kann.*

*Die Zeit, die man zum Vorbereiten der Wand investiert, wird mehr als belohnt. Die Tapezierarbeit sieht besser aus und hält länger. Die senkrechten Streifen der Tapete lassen den niedrigen Raum höher erscheinen.*

***Neu verputzte Wände***

Neuer Putz braucht Zeit zum Trocknen. Man darf ihn drei Monate lang nicht mit wasserundurchlässigem Material dekorieren, das die Verdunstung von Wasser nicht zuläßt – wie Vinyl- oder andere abwaschbare Tapeten. Um eine kahle, verputzte Wand vorzubereiten, schleift man sie einfach mit Sandpapier glatt, das man um einen Schleifklotz legt. Eine alte Putzschicht, die porös ist, und wenn man mit der Hand darüberstreicht, feinen Staub freigibt, muß grundiert werden.

***Bemalter Putz***

Die Oberfläche mit Wasser und einem handelsüblichen Haushaltsreiniger abwaschen. Mit klarem Wasser nachspülen und trocknen lassen. Stellen, an denen die Farbschicht abblättert, ohne Wasser mit dem Spachtel entfernen. Die Kanten der kahlen Stellen glattschleifen. Risse und Löcher mit Füllmasse ausbessern. Mit Latex bemalte Wände brauchen keine weitere Vorbereitung. Mit Hochglanzfarbe bemalte Wände mit Naß- und Trockenschleifpapier abschmirgeln.

***Wie man mit Tempera fertig wird***

Es kann vorkommen, daß unter einer alten Tapete ein Anstrich mit Temperafarbe zum Vorschein kommt. Tempera mit Leim als Bindemittel löst sich auf, wenn man naß abscheuert und dann mit warmem Wasser sorgfältig abspült. Die Fläche trocknen lassen, glattschleifen und grundieren. Abwaschbare Temperafarbe löst sich nicht. Man schmirgelt sie ab und trägt eine Grundierung auf, die die Oberfläche versiegelt.

### *Tapete entfernen*

Warmes Wasser auf die Wand sprühen oder mit dem Schwamm auftragen. Eine Weile einwirken lassen, bis sich der Kleister aufgelöst hat.

Die Tapete mit dem Spachtel vorsichtig abkratzen, damit die Putzschicht nicht beschädigt wird. Die Wand mit klarem Wasser abwaschen, um Tapeten- und Kleisterreste zu entfernen. Die Oberfläche wie oben beschrieben vorbereiten, je nachdem, was zum Vorschein gekommen ist.

Abwaschbare oder bemalte Tapeten müssen vorbehandelt werden, bevor man sie entfernen kann. Man bricht die Oberfläche mit einem Kratzer auf, bevor man Wasser oder Dampf anwendet (siehe Seite 118). Der Dampftapetenlöser wird auf die Wand gedrückt, und der Dampf dringt durch die Risse in der Tapete und weicht den Kleister auf. Dann läßt sich die Tapete ganz leicht abkratzen.

Vinyltapeten müssen weder mit Dampf behandelt noch abgekratzt werden, man zieht einfach die obere Vinylschicht von der trockenen Wand ab. Beginnen Sie an der Unterkante der Tapete und versuchen Sie, mit dem Fingernagel die Vinylschicht abzuheben. Lösen Sie zuerst die Unterkante einer Bahn und ziehen dann die ganze Bahn bis oben ab. Wiederholen Sie die Prozedur bei den folgenden Bahnen. Theoretisch könnten Sie die Papierschicht kleben lassen, wenn sie noch fest klebt. Aber in der Praxis hat sich erwiesen, daß es besser ist, sie zu entfernen – es ist nicht schwierig, sie mit Wasser zu besprühen und abzukratzen. Dann kann es bei der neuen Tapete keine bösen Überraschungen geben.

### *Kleinere Reparaturen*

Wenn Sie die alte Wanddekoration entfernt und die Wandfläche abgewaschen haben, widmen Sie sich den kleineren Schäden. Kratzen Sie mit einer Ecke des Spachtels loses Material aus Rissen und entfernen Sie mit einem alten Farbpinsel den Staub aus größeren Löchern. Die Putzschicht befeuchten, die Löcher mit Füllmasse auffüllen und mit dem Spachtel glattstreichen. Bei Rissen den Spachtel zuerst quer über den Riß ziehen, dann in Längsrichtung, um die Füllmasse hineinzudrücken. Löcher in mehreren Schichten, nicht dicker als 3 mm, auffüllen, damit die Füllung später nicht einbrechen kann.

Moderflecken zeigen an, daß sich wegen unzureichender Isolierung, Heizung und Lüftung des Raumes Kondenswasser sammelt. Den Moder sorgfältig abkratzen, die befallene Fläche mit einem handelsüblichen Mittel gegen Moder oder mit einem wasserverdünnten Bleichmittel (im Verhältnis 1:4) behandeln, um die noch verbliebenen Sporen zu töten. Bei Markenartikeln die Gebrauchsanweisung beachten; bei Bleichmitteln die Lösung mit einem Schwamm oder einem Tuch auftragen und über Nacht einwirken lassen. Mit klarem Wasser abwaschen.

### *Ein paar professionelle Tips*

- *Um das Eindringen von Wasser in eine alte, eingekerbte Tapetenschicht zu erleichtern, dem Wasser ein wenig Tapetenentferner oder ein flüssiges Reinigungsmittel hinzufügen.*
- *Beim Entfernen von Tapete von unten nach oben arbeiten. Darauf achten, daß die Putzschicht nicht beschädigt wird.*
- *Beim Füllen von Rissen und Löchern immer etwas zuviel Füllmasse auftragen, die man nach dem Trocknen wieder plan schleifen kann.*
- *Beim Arbeiten mit dem Dampftapetenlöser einen starken, wasserdichten Handschuh tragen, damit man sich nicht verbrüht. Vorsichtshalber sollte man auch eine Schutzbrille tragen.*

VERGLEICHE AUCH DIE SEITEN:
DIE VORARBEITEN ZUM STREICHEN 94
DAS TAPEZIERERWERKZEUG 118

# WÄNDE TAPEZIEREN

*Tapezieren gehört zu den befriedigendsten Dekorationsarbeiten, weil man damit schnell Resultate erzielt: Wenn die Vorarbeiten getan sind, kann man die Wände im Handumdrehen tapezieren. Die größte Mühe dabei hat man mit den Hindernissen – Fensterlaibungen, Türrahmen, Lichtschaltern, Heizkörpern und so weiter – und man muß wissen, wie man damit fertig wird. Natürlich muß man zuerst die Grundtechniken des Tapezierens beherrschen.*

*Eine kleine Garderobe eignet sich gut, um das Tapezieren zu üben. Die Arbeit ist um so leichter, wenn nur der obere Teil der Wand tapeziert werden muß, und außerdem sind die Musteranschlüsse bei kurzen Tapetenbahnen leichter zu arbeiten. Eine Vinyltapete oder eine andere abwaschbare Tapete eignen sich für diesen Zweck am besten.*

***Die Grundregeln***

Die wichtigste Regel beim Tapezieren ist, daß jede Bahn absolut senkrecht angebracht werden muß. Wer sie nicht beachtet, muß mit recht merkwürdigen Resultaten rechnen: Der Musteranschluß stimmt nicht, und – was noch schlimmer ist – die wiederkehrenden Motive, die in gleicher Höhe sein sollten, bewegen sich nach oben, zur Decke, oder sie fallen ab in Richtung Fußleiste. Um das zu vermeiden, markiert man mit Hilfe des Senkbleis dort eine senkrechte Linie auf der Wand, wo man die erste Bahn anlegt. Sie muß eine Tapetenbreite minus 2,5 cm von der Ecke entfernt sein. Dadurch wird erreicht, daß ein 2,5 cm breiter Streifen der ersten Bahn bis auf die angrenzende Wand reicht und eine Naht zwischen den beiden Bahnen direkt in der Ecke des Raumes vermieden wird.

An jeder Ecke des Raumes mit Hilfe des Senkbleis eine neue senkreche Linie ziehen, da die meisten Ecken nicht genau vertikal verlaufen; wenn man einfach fortfährt, die Bahnen aneinanderzureihen, wird die Arbeit über kurz oder lang aus den Fugen geraten. Das bedeutet, daß die erste Bahn auf einer neuen Wand so gehängt wird, daß sie die letzte Bahn ganz leicht überlappt und so mögliche Unregelmäßigkeiten verdeckt. Wenn die Ecke des Raumes genau senkrecht verläuft, kann man natürlich fortfahren, die Bahnen aneinanderzureihen – aber in jedem Fall muß man nachprüfen.

Wenn Sie noch nie einen Raum tapeziert haben, sollten Sie eine Vinyltapete wählen, die übersteht auch unsanfte und nicht fachgerechte Behandlung. Sie reißt nicht und zieht sich kaum – daher ist ein akkurater Musteranschluß leichter zu bewerkstelligen.

***Musteranschluß***

*Wenn Sie eine gemusterte Tapete aufhängen wollen, vor dem Schneiden den Rapport ausmessen und die Bahnen entsprechend schneiden.*

*Bei einem großen Rapport hat man ziemlich viel Abfall beim Schneiden, denn die Motive angrenzender Bahnen müssen in der gleichen Höhe sitzen. Zu beachten ist auch, daß es Muster gibt, bei denen die Motive jeweils um eine halbe Rapportlänge versetzt sind.*

### *Die erste Tapetenbahn vorbereiten*

Den Tapeziertisch aufstellen (siehe Seite 118) und den Kleister nach Gebrauchsanweisung anrühren. Die Höhe der Wand messen, etwa 10 cm zum Begradigen oben und unten zugeben. Die erste Bahn schneiden. Auf der Rückseite vermerken, wo oben ist.

Die Tapete so auf den Tisch legen, daß das schmale Ende der Bahn das rechte Ende des Tisches leicht überlappt (das linke Ende, wenn Sie Linkshänder sind) und die Seitenkante der Tapete mit der Ihnen zugewandten Längsseite des Tisches fluchtet.

Mit dem Einstreichen des Kleisters in der Mitte der Tapete beginnen und zum schmalen Ende und der Ihnen zugewandten Längskante hin gleichmäßig verstreichen. Wenn eine Hälfte eingestrichen ist, die Tapete zur anderen Längskante des Tisches schieben und die andere Hälfte einstreichen. Diese Methode gewährleistet, daß weder die Tischplatte noch die Vorderseite der Tapete mit dem Kleister in Berührung kommt. Bei Vinyl wäre das nicht schlimm, aber bei normalen Tapeten oder Seiden- und Grastapeten wäre das eine Katastrophe.

Das eingestrichene Stück in der Mitte zusammenfalten, die eingekleisterten Seiten aufeinander und etwa 30 cm frei lassen, mit der eingekleisterten Seite nach oben. Das ist das obere Ende der Bahn, das am oberen Teil der Wand angelegt wird. Das gefaltete Stück ans Ende des Tisches ziehen, den nächsten Abschnitt einstreichen. Fortfahren, bis die ganze Bahn eingestrichen ist. Ein paar Minuten ruhen lassen, damit der Kleister eindringen kann; die Gebrauchsanweisung befolgen.

Die zusammengefaltete Bahn über den Arm legen, das freie Ende in Richtung Körper halten. Auf die Leiter steigen, darauf achten, daß genügend Platz ist zwischen Wand und Leiter, damit die zusammengefaltete Tapete frei nach unten gleiten kann.

**Wenn man vorgekleisterte Tapete verwendet**

*Es ist wichtig, daß man bei vorgekleisterter Tapete die Gebrauchsanweisung beachtet und sie so lange wie vorgeschrieben in kaltes Wasser taucht. Auf keinen Fall warmes Wasser nehmen, das würde den Kleister ablösen. Man sollte immer etwas normalen Tapetenkleister für Kanten bereithalten, die bereits getrocknet sind, bevor man die Tapete anbringen kann.*

### *Die erste Bahn anbringen*

Wenn Sie auf der Leiter stehen, das obere Ende der Bahn mit der freien Hand gegen die Wand drücken und die Längskante nach der eingezeichneten, senkrechten Linie ausrichten. Die gefaltete Tapete langsam nach unten gleiten lassen. Die Tapete etwas nach oben schieben, so daß etwa 5 cm an der Decke überstehen. Noch einmal nach der senkrechten Linie ausrichten.

Das obere Ende der Tapete mit der Tapezierbürste ausstreichen, von der Mitte nach außen streichen, um Luftblasen zu beseitigen. Fortfahren bis zum Ende der Bahn.

Zum Schluß wird die Ober- und Unterkante der Bahn mit der Papierschere abgeschnitten: Vorher mit der abgerundeten Klinge der Papierschere an dem Winkel zwischen Wand und Decke entlangfahren, damit die Tapete einen Knick bekommt. An diesem Knick entlang die Tapete abschneiden, wieder andrücken und mit der Tapezierbürste ausstreichen. Die Prozedur an der Fußleiste wiederholen.

### *Die zweite Bahn aufhängen*

Die zweite Bahn schneiden, dabei Rapport und Muster berücksichtigen (siehe gegenüberliegende Seite). Schneiden und einkleistern. Die Oberkante wie bei der ersten Bahn anlegen und die Seitenkanten der beiden Bahnen leicht überlappen lassen. Das Muster sorgfältig nach der ersten Bahn ausrichten. Mit der Tapezierbürste glattstreichen. Es kann vorkommen, daß sich die Tapetenbahnen ungleichmäßig auseinanderziehen. Das kann an einer minderen Papierqualität liegen – verlassen Sie sich auf Ihr Augenmaß und machen Sie das Beste daraus. Ober- und Unterkante wie oben beschrieben, abschneiden. Die Prozedur wiederholen, bis Sie die erste Ecke erreichen.

***Um die Ecke tapezieren***

Früher oder später müssen Sie die erste Ecke tapezieren, und hier ist genaues Arbeiten sehr wichtig. Versuchen Sie niemals, mehr als 5 cm auf die angrenzende Wand umzubiegen; die Tapete wirft Falten und der schmale Streifen auf der nächsten Wand würde wahrscheinlich nicht ganz senkrecht sitzen. Nachdem Sie die letzte vollständige Bahn auf der ersten Wand befestigt haben, den Abstand bis zur Ecke messen. Wenn er die Breite der Tapete nicht um mehr als 5 cm überschreitet, die Bahn 2,5 cm breiter schneiden als der Abstand zur Ecke ist. Verwenden Sie den Rest der Bahn für die angrenzende Wand.

Die Bahn anbringen, das Muster ausrichten, den überstehenden Streifen fest in die Ecke zwischen den beiden Wänden drücken. Wenn er Falten schlägt, mehrere kleine Einschnitte in die Kante machen. Die gleiche Technik wendet man bei externen Ecken an, zum Beispiel am Kamin.

Eine zweite senkrechte Linie an der angrenzenden Wand markieren, deren Abstand von der Ecke 6 mm weniger ist als die Kante der ersten Tapetenbahn. Die Bahn so anbringen, daß sie mit der senkrechten Linie übereinstimmt und an der Ecke den schmalen Streifen überlappt. Bei Vinyl und abwaschbaren Tapeten die überlappende Kante zusätzlich mit etwas Klebstoff einstreichen.

Wenn die erste Ecke erfolgreich umrundet ist, mit dem Aufhängen der weiteren Bahnen fortfahren.

***Fensteröffnungen***

Wenn Sie an eine Fensteröffnung kommen, die Bahn wie gewöhnlich oben ankleben und in Höhe der Öffnung waagrecht einschneiden. Mit dem Rest der Bahn die seitliche Wand der Öffnung bekleben. Entsprechend kleine Stücke Tapete für die Unterseite an der Oberkante der Fensteröffnung schneiden, einen Streifen von 2,5 cm auf die Wand nach oben umkippen.

Den Teil der Tapete, die von oben herunterkommt, darüberkleben. Wenn nötig, für die Überlappung zusätzlich Klebstoff verwenden.

Bei einer gewöhnlichen gemusterten Tapete oder eine Tapete, die überstrichen wird, kann man sich mit einem Trick aus der Affäre ziehen. Anstatt die überlappende Kante gerade abzuschneiden, kann man die Tapete an dieser Stelle vorsichtig auseinanderreißen, so daß sich eine ausgefranste Kante ergibt, die besser anliegt und fast unsichtbar ist, wenn man sie mit der Tapezierbürste glattstreicht. Bei wiederkehrenden Mustern oder Prägetapeten muß man auf den richtigen Musteranschluß achten. Verwenden Sie kurze Stücke für die Wandteile über und unter dem Fenster – aber auch dabei auf Musteranschlüsse achten – bis man auf der anderen Seite der Öffnung wieder eine lange Bahn anbringen kann. Die Prozedur wie auf der anderen Seite der Fensteröffnung wiederholen. Kleine Tapetenstücke für die Unterseite der Öffnung verwenden. Falls erforderlich die Seitenwände der Öffnung durch schmale Streifen ergänzen.

Die gleiche Technik kann man bei Türöffnungen anwenden. Wenn die Öffnung mit einer Profilleiste umrandet ist, die Tapete so hängen, daß sie die Türöffnung überlappt. An den oberen Ecken des Türrahmens diagonal einschneiden und dem Rahmen anpassen.

***Schalter und Steckdosen***

Um sauber um Steckdosen und Schalter herum tapezieren zu können, die Sicherung herausnehmen, und die Deckplatte entfernen. Die Tapete über der Steckdose hängen lassen und in der Mitte der Platte aufschlitzen. In Richtung der vier Ecken einschneiden. Die überschüssige Tapete abschneiden, 6 mm über den Rand der Steckdose stehenlassen. Die Platte darüberlegen und festschrauben. Die Sicherung wieder einschrauben. Bei Folientapeten ist diese Methode nicht zu empfehlen, da sie Strom leiten.

***Andere Hindernisse***

Bei anderen Hindernissen wie Einbaumöbeln oder Kaminumrandungen Maß nehmen, die Tapete entsprechend zurechtschneiden, so daß sie bis an das jeweilige Hindernis reicht. Bei unregelmäßigen Formen wie der Phantasieumrandung eines Kamins die Tapetenkante, falls erforderlich, an Ort und Stelle entsprechend zurechtschneiden. Darauf achten, daß die Tapete keine Falten wirft.

***Die letzten Feinheiten***

Ein Nahtroller tut gute Dienste, er sorgt dafür, daß die Nähte gut anliegen. Wenn sich Kanten immer wieder lösen, die Tapete vorsichtig von der Wand lösen. Ein wenig Kleister auf die Rückseite auftragen und wieder andrücken.

Wenn sich kleine Luftblasen während des Trocknens unter der Tapete bilden – keine Angst, sie verschwinden wieder. Wenn sich größere Blasen bilden, ist zu wenig Kleister an dieser Stelle. Die Tapete im rechten Winkel mit einer Rasierklinge oder einem Universalmesser einschneiden. Etwas Kleister auf die Rückseite streichen, die Tapete andrücken. Die Schnitte sind fast unsichtbar, vor allem wenn sie den Umrissen von Mustern folgen.

***Bewegliche Hindernisse***

*❍ Am besten entfernt man bewegliche Hindernisse wie Regalbretter, Wandleuchten und Heizkörper. Die Position der Löcher mit Streichhölzern ohne Kopf markieren. Sie durchstechen die Tapete, und so lassen sich die Löcher mühelos wiederfinden.*

*❍ Bei Wandleuchten Sicherung und Armaturen entfernen, offene Kabel mit Isolierband umwickeln, bis die Leuchten wieder installiert sind.*

*❍ Um die Heizkörper entfernen zu können, die Ventile an beiden Enden schließen und das Luftventil öffnen. Eine Ventilkupplung öffnen, den Heizkörper in eine flache Schüssel entleeren. Dann die andere Kupplung lösen und den Heizkörper aus den Halterungen herausnehmen. Die Halterungen entfernen, die Positionen der Armaturen markieren.*

***Wie viele Rollen Tapete braucht man für einen Raum?***

Länge aller Wände im Raum (einschließlich Fenster und Türen)

| Höhe | 9 m | 10 m | 12 m | 13 m | 14 m | 15 m | 16 m | 17 m | 19 m | 20 m | 21 m | 22 m | 23 m | 25 m | 26 m | 27 m | 28 m | 30 m |
|---|---|---|---|---|---|---|---|---|---|---|---|---|---|---|---|---|---|---|
| 2,15–2,30 m | 4 | 5 | 5 | 6 | 6 | 7 | 7 | 8 | 8 | 9 | 9 | 10 | 10 | 11 | 12 | 12 | 13 | 13 |
| 2,30–2,45 m | 5 | 5 | 6 | 6 | 7 | 7 | 8 | 8 | 9 | 9 | 10 | 10 | 11 | 11 | 12 | 13 | 13 | 14 |
| 2,45–2,60 m | 5 | 5 | 6 | 7 | 7 | 8 | 9 | 9 | 10 | 10 | 11 | 12 | 12 | 13 | 14 | 14 | 15 | 15 |
| 2,60–2,75 m | 5 | 5 | 6 | 7 | 7 | 8 | 9 | 9 | 10 | 10 | 11 | 12 | 12 | 13 | 14 | 14 | 15 | 15 |
| 2,75–2,90 m | 6 | 6 | 7 | 7 | 8 | 9 | 9 | 10 | 10 | 11 | 12 | 12 | 13 | 14 | 14 | 15 | 15 | 16 |
| 2,90–3,05 m | 6 | 6 | 7 | 8 | 8 | 9 | 10 | 10 | 11 | 12 | 12 | 13 | 14 | 14 | 15 | 16 | 16 | 17 |
| 3,05–3,20 m | 6 | 7 | 8 | 8 | 9 | 10 | 10 | 11 | 12 | 13 | 13 | 14 | 15 | 16 | 16 | 17 | 18 | 19 |

Die Anzahl der Rollen bezieht sich auf eine Rollenlänge von 10,05 m und 52 cm Breite.

# WO MAN MIT DEM TAPEZIEREN BEGINNT

*Die Grundtechniken, die auf den vorhergehenden Seiten beschrieben wurden, decken alle Situationen ab, in die Sie beim Tapezieren eines Raumes kommen können. Aber eine wichtige Frage – wo man mit dem Tapezieren beginnen soll – hängt vom Muster der Tapete ab und von den Eigenarten des Raumes.*

Wenn die Tapete ein auffallendes Muster oder ein dominierendes Motiv hat und wenn Sie einen Raum mit Kamin tapezieren, zentrieren Sie das Muster am besten nach der Kaminhaube. Es hängt von der Breite der Kaminhaube ab, ob Sie eine Tapetenbahn nach der Mitte der Haube ausrichten oder zwei. Von diesem Punkt aus arbeiten Sie nach beiden Seiten weiter. Die letzten beiden Bahnen sollten sich an der unauffälligsten Stelle des Raumes treffen – zum Beispiel in einer Ecke oder über einer Türöffnung.

Unabhängig davon, wie Ihre Tapete beschaffen ist, empfiehlt es sich, vorher zu überlegen, wo Nähte anfallen in bezug auf Ecken, Türen und Fenster, damit Sie sich entscheiden können, wo Sie beginnen möchten. Mit Hilfe einer Rolle Tapete können Sie die voraussichtlichen Nahtstellen auf der Wand markieren und, falls erforderlich, die Positionen nach Ihrer Anfangsposition ausrichten.

### *Giebelfenster und Bogenfenster*

Vielleicht gibt es in Ihrem Raum ein oder zwei Stellen, die besonders schwierig zu tapezieren sind – zum Beispiel Gaubenfenster oder Bogennischen. Bei einem Dachgaubenfenster eine Linie durch den Mittelpunkt ziehen und davon ausgehend nach beiden Seiten arbeiten, so daß das Muster auf beiden Seiten des Giebels gleich ist und an den Wandschrägen nach unten läuft. Beide Bahnen waagrecht einschneiden, die Tapete auf die vertikalen, dreieckigen Innenwände der Fensternische umkippen und entsprechend zurechtschneiden.

Bei Bogenfenstern und -nischen die Wände auf beiden Seiten zuerst tapezieren und eine Kante von 2,5 cm nach innen kippen. Bei Tapeten mit Flächenmuster einen langen Streifen schneiden und die Innenseite des Bogens in einem Stück tapezieren. Wenn das Muster eine Richtung hat, die Tapete oberhalb des Bogens ansetzen, so daß die Bahnen auf beiden Seiten des Bogens bis zum Boden laufen.

### *Treppenhäuser tapezieren*

Beim Tapezieren eines Treppenhauses gibt es zwei Hauptprobleme. Das erste besteht darin, daß man die Oberkante der Wände des Treppenhauses erreicht, ohne den Zugang zu den Wänden selbst zu verstellen. Das zweite liegt darin, wie man mit sehr langen Tapetenbahnen fertig wird.

Um einen sicheren Zugang zu haben, muß man improvisieren; man braucht Stehleitern, Anlegeleitern und stabile Holzplanken als Arbeitsplattform, etwa 60 cm über dem Boden des Treppenabsatzes. Wahrscheinlich

*Beim Tapezieren von Treppenhäusern ist es lebenswichtig, daß man mit guten Leitern ausgerüstet ist. Beim Hängen der Tapete lassen Sie sich am besten von jemand helfen, der die Tapetenbahnen am unteren Ende festhält, während Sie die Tapete am oberen Ende ansetzen und dabei auf den richtigen Musteranschluß achten.*

müssen Sie die Leiter und die Arbeitsbühne im Laufe der Arbeit mehrmals neu arrangieren. Umwickeln Sie das obere Ende der Leitern, wenn Sie sie gegen eine neu tapezierte Wand lehnen müssen. Befestigen Sie sicherheitshalber die Planken an den Stützen. Eine andere Möglichkeit wäre, einen schmalen Gerüstturm zu mieten, der sich für Treppenhäuser eignet. Kann sein, daß er mehr Platz wegnehmen würde als Leitern und ein improvisiertes Gerüst und den Zugang zur Treppe erschwert.

Mit langen Tapetenbahnen umzugehen, ist schwierig; allein durch das Eigengewicht könnten sie sich beim Auseinanderfalten dehnen, wodurch ein genauer Musteranschluß problematisch wird. Wenn möglich, wählen Sie für das Treppenhaus eine stabile Tapete – zum Beispiel Vinyl – mit Flächenmuster. Arbeiten Sie immer mit einem Helfer, der das untere Ende der Tapete hält, während Sie das obere Ende an der Wand befestigen. Entfernen Sie vor Beginn der Arbeit Geländer, die an der Wand befestigt sind.

Zuerst werden die längsten Tapetenbahnen mit Hilfe des Bleilots im Treppenhaus selbst aufgehängt. Wenn Sie eine Bahn ausmessen, bedenken Sie, daß sie lang genug sein muß, um bis zur untersten Stufe der Treppe zu reichen. Wenn ein Geländer vorhanden ist, die Tapete bis zum Ende der Bahn aufschlitzen und beide Teile um die Befestigung an der Wand herumführen.

### *Decken tapezieren*

Viele schrecken vor dem Tapezieren der Decke zurück. Auf den ersten Blick scheint es eine schwierige Aufgabe zu sein, bei der man sich mit unhandlich langen Tapetenbahnen herumschlagen muß, während man versucht, sie mit der Unterseite nach oben an der Decke anzubringen. Es ist viel besser, wenn man die Decke als große Wandfläche (allerdings eine horizontale) betrachtet, die viel weniger Hindernisse bietet als ein typischer Wohnraum. Alles was man beherrschen muß, ist die Kunst, die Tapete zu bändigen, während man versucht, sie an der richtigen Stelle anzubringen.

Man kann zum Tapezieren der Decke jede Art von Tapete nehmen – einfarbig, abwaschbar, Vinyl oder Prägetapete. Beim ersten Versuch sollten Sie allerdings eine verhältnismäßig schwere Tapete mit Flächenmuster wählen, damit Sie nicht befürchten müssen, daß sie reißt oder daß der Musteranschluß nicht stimmt.

Wenn Sie sich für eine gemusterte Tapete entscheiden, überlegen Sie gut, in welcher Richtung Sie tapezieren wollen. Die traditionelle Methode ist, die Bahnen an der Fensterwand über die Decke weiterzuführen, um keine Anschlußstellen zu haben. Aber wenn Sie die Nähte überlappen lassen, ist das kein Problem, und es ist besser, Sie richten sich nach der Form des Raumes. Bei einem schmalen, langen Raum ist es vorteilhafter, die Bahnen quer über die Schmalseite laufen zu lassen. Das könnte sogar materialsparend sein, da man bei großen Längen mehr Material für Musteranschlüsse braucht.

### *Die Vorarbeiten*

Behandeln Sie die Decke wie eine verputzte Wandfläche (siehe Seite 120). Die vorhandene Farbschicht gründlich mit Wasser und einem Haushaltsreiniger abwaschen, vor allem, wenn Raucher in der Familie sind.

Alte Tapetenschichten mit einem Dampftapetenlöser ablösen, wenn es sich um eine abwaschbare oder übermalte Tapete handelt. Risse mit Füllmasse ausbessern. Haarrisse kann man lassen, sie werden von der neuen Tapete überdeckt. Bei neu verputzten Decken zuerst eine Schicht Grundierung in Form von verdünntem Tapetenkleister auftragen.

**_Wie viele Rollen braucht man für Decken?_**

Messen Sie den Umfang der Wände und schätzen Sie, wie viele Rollen erforderlich sind.

| Länge der Wände m | 10 | 11 | 12 | 13 | 14 | 15 | 16 | 17 | 18 | 19 | 20 | 21 | 22 | 23 | 24 | 25 | 26 | 27 | 28 | 29 |
|---|---|---|---|---|---|---|---|---|---|---|---|---|---|---|---|---|---|---|---|---|
| Anzahl der Rollen | 2 | 2 | 2 | 3 | 3 | 4 | 4 | 4 | 5 | 5 | 6 | 6 | 7 | 7 | 8 | 8 | 9 | 10 | 10 | 11 |

Die Anzahl der Rollen beruht auf einer Rollenlänge von 10,05 m und einer Breite von 52 cm.

*Arbeiten Sie beim Tapezieren einer Decke stets von einer Arbeitsplattform aus, auf der Sie gut stehen können; verwenden Sie Bockgestelle und Holzplanken oder improvisieren Sie mit Holzplanken, die auf zwei Stehleitern gelegt und gut befestigt werden. Es ist besonders schwierig, eine gestreifte Tapete an einer schrägen Decke anzubringen, und man braucht ein gutes Auge und eine ruhige Hand, wenn die Streifen mit denen an den Wänden übereinstimmen sollen. Vergessen Sie nicht, die Sicherung herauszuschrauben, bevor Sie mit der Arbeit beginnen.*

### *Sicher zum Erfolg*

Der unangenehmste Teil beim Tapezieren einer Decke ist das Problem, wie man an sie herankommt. Da man sich beim Anbringen der Bahnen von einem Ende zum anderen bewegen muß, nutzt es nichts, auf einen Stuhl oder eine kleine Leiter zu steigen. Sie brauchen eine kontinuierliche Plattform unterhalb jeder Tapetenbahn, so daß Sie sich ohne Hindernis von einem Ende zum anderen bewegen können.

Fachleute verwenden Bockgestelle und Holzplanken oder einen Gerüstturm, den man nach Bedarf zusammensetzen kann. Entweder man leiht sich ein solches Gerüst aus oder legt zwei Holzplanken auf zwei kleine Trittleitern oder selbstgebastelte Tritte. Um Unfälle zu vermeiden, sollte man die Verbindung von Planken und Trittleitern sichern, zum Beispiel mit Holzklammern oder indem man Löcher in die Planke und das Untergestell bohrt und durch beide Löcher einen Bolzen steckt. Diese Konstruktion läßt sich leicht abbauen und an der nächsten Arbeitsstelle wieder aufbauen.

### *Beleuchtungskörper abmontieren*

Die Deckenbeleuchtung vor dem Tapezieren abnehmen anstatt um sie herumzutapezieren. Vor dem Abmontieren des Beleuchtungskörpers die allgemeine Sicherung herausschrauben oder die Leuchtenklemme ausschalten bevor Sie die Lampe abmontieren. Bei einer Hängelampe die Deckplatte und die Hängevorrichtung abmontieren. Wenn Sie Licht zum Arbeiten brauchen, nehmen Sie eine Tischlampe, die Sie an eine Steckdose im anderen Raum anschließen.

***Die erste Bahn anbringen***

Einen Bindfaden quer über die Decke in der Richtung befestigen, in der die Bahnen gehängt werden. Der Bindfaden wird so plaziert, daß er 2,5 cm weniger von der Wand entfernt ist als die Breite der Tapete beträgt. Die Längskante der Tapete wird begradigt, sobald die erste Bahn hängt. Den Bindfaden gegen die Decke schnappen lassen, so daß sich die Kreidelinie als Richtlinie abzeichnet. Die Breite des Raumes messen und die erste Bahn mit 5 cm Zugabe an beiden Enden schneiden. Bei einer ungemusterten Tapete muß man nicht auf den Musteranschluß achten und kann gleichzeitig die weiteren Bahnen in der gleichen Länge schneiden.

Da man bei der Diele längere Bahnen handhaben muß als beim Tapezieren eines Raumes, ist es wichtig, die Bahnen beim Einkleistern richtig zusammenzufalten. An einem Ende beginnen und eine Fläche einkleistern, die so lang wie der Tapeziertisch ist. Das eingekleisterte Stück in Ziehharmonikafalten legen, die eingekleisterten Seiten aufeinander, so daß jede Falte etwa 45 cm breit ist. Das letzte Ende liegt mit der eingekleisterten Seite obenauf. Das zusammengefaltete Stück ans Ende des Tisches ziehen, die nächste Bahn einkleistern, zusammenfalten und mit dem eingekleisterten Ende auf das entsprechende Ende der bereits eingekleisterten Bahn legen. Fortfahren, bis alle Bahnen eingekleistert sind. Die Kanten sollten genau übereinanderliegen, damit der Kleister

nicht mit der Vorderseite der Tapete in Berührung kommt.

Die erste zusammengefaltete Bahn vorsichtig hochheben und das eingekleisterte Ende mit einer Tapetenrolle abstützen. Die letzte Falte öffnen und das eingekleisterte Stück an die Decke drücken; mit einer Tapezierbürste ausstreichen, ein kurzes Stück am Ende der Wand überhängen lassen. Die Bahn auseinanderziehen und das erste Stück Tapete entlang der Kreidelinie an die Decke heften und ausstreichen.

Auf der Arbeitsplattform weiterrücken und die Tapetenbahn Stück für Stück auseinanderfalten, an der Decke befestigen und ausstreichen. Darauf achten, daß die Bahn parallel mit der Kreidelinie verläuft. Am Ende der Bahn die Tapete mit der Tapezierbürste sorgfältig in die Ecke zwischen Decke und Wand bürsten. Mit der Schere die Ecke entlangfahren, so daß ein Knick in der Tapete entsteht. Die Tapete vorsichtig ablösen und entlang des Knicks abschneiden. Die Tapete wieder andrücken und mit der Tapezierbürste ausstreichen.

***Die weiteren Bahnen anbringen***

Beim Anbringen der folgenden Bahnen darauf achten, daß sie parallel verlaufen und die Position der Muster übereinstimmt. Die letzte Bahn wird man wahrscheinlich nicht in voller Breite anbringen können. Die noch verfügbare Breite der Decke messen, 2,5 cm zum Egalisieren der Kante zwischen Decke und Wand dazurechnen und die Bahn entsprechend schneiden.

Wenn alle Bahnen befestigt und in den Ecken sauber egalisiert sind, mit dem Nahtroller alle Nähte noch einmal sorgfältig andrücken. Der Nahtroller darf bei Prägetapeten nicht verwendet werden, da sonst die Gefahr besteht, das Muster flachzudrücken. In diesem Fall werden die Nähte mit der Tapezierbürste vorsichtig angedrückt.

***Tips zum Tapezieren der Decke***

❍ *Decken werden häufig mit einer einfarbigen Makulaturtapete tapeziert, die nach dem Tapezieren gestrichen wird. Bei dieser Tapete besteht die Gefahr, daß sie sich beim Tapezieren dehnt. Daher sollten alle Bahnen gleich lange eingeweicht werden.*

❍ *Kleben oder schablonieren Sie Sternmotive an die Decke, damit Sie einen hübschen Anblick haben, wenn Sie im Bett liegen.*

❍ *Bei Dachgeschoßräumen mit schrägen Wänden tapeziert man die Wände und die Decke mit der gleichen Tapete, um dem Raum ein einheitliches Gesicht zu geben und die Aufmerksamkeit von den niedrigen Wänden abzulenken.*

| VERGLEICHE AUCH DIE SEITEN: | |
|---|---|
| LEITERN UND GERÜSTE | 100 |
| TAPETENARTEN | 114 |
| DAS TAPEZIERERWERKZEUG | 118 |
| WÄNDE TAPEZIEREN | 122 |


***Die Tapete rund um die Deckenleuchte ausschneiden***

*Im Mittelpunkt der Armatur für die Deckenleuchte ein Loch durch die Tapete stechen, sternförmig einschneiden und die spitzen Ecken vorsichtig bis zum Rand der Armatur nach außen ziehen. Die Tapete rund um die Armatur ausschneiden. Mit der Tapezierbürste ausstreichen. Die Schnittkanten werden durch die Deckplatte verdeckt, die danach wieder angebracht wird.*

# FRIESE UND BORDÜREN

*Friese und Bordüren sind schmale, gemusterte Tapeten- oder Vinylstreifen, die rein dekorativ sind. Sie werden als horizontales Band um den Raum herumgeführt und meist zur Betonung architektonischer Details wie Bogenöffnungen, Bilderleisten oder Sockelleisten eingesetzt. Man verwendet sie aber auch, um nicht vorhandene, architektonische Details zu ersetzen. Andere Verwendungsmöglichkeiten sind Friese zwischen Wand und Decke, Umrandungen von Tür- oder Fensteröffnungen oder Zierfelder auf einer einfarbigen Wand oder Decke, um große Flächen zu unterbrechen.*

**Wie man ein dekoratives Paneel kreiert**

Wenn Sie die Ecken eines Zierfeldes aus einer Bordüre auf Gehrung arbeiten möchten, lassen Sie die beiden Bahnen, die sich im rechten Winkel treffen, überlappen. Ein Lineal in einem Winkel von 45 Grad an der Ecke anlegen und mit einem Universalmesser an dieser Linie entlang durch beide Lagen schneiden. Die überschüssigen Bordürenstücke entfernen und die Naht fest andrücken, falls erforderlich mit einem Nahtroller.

*Hier wurden ein paar Motive aus dem Wandfries auf den Kommodenschubladen wiederholt und versiegelt.*

### *Einen Fries anbringen*

Friese und Bordüren werden in Rollen verkauft, ihre Breite reicht von 7,5 cm bis 30 cm. Man kann sie auf einfarbigen, gestrichenen Wänden verwenden oder in Zusammenhang mit Tapeten. Es gibt Friese und Bordüren, die in Muster und Farben auf Tapeten- und Stoffkollektionen abgestimmt sind, die vom gleichen Hersteller stammen. Das erleichtert die Koordination von Farben und Mustern bei der Raumgestaltung.

Die meisten Friese und Bordüren werden wie Tapeten angeklebt. Aber gewöhnlicher Tapetenkleister klebt nicht auf abwaschbaren Tapeten oder Vinyltapeten. Dafür gibt es einen speziellen Klebstoff.

Vor dem Anbringen eines Frieses oder einer Bordüre zuerst die Plazierung ausprobieren: Kleben Sie ein Stück Bordüre mit Klebeband an. Wenn Sie die ideale Position gefunden haben, ziehen Sie mit einem Lineal und einer Wasserwaage eine Bleistiftlinie an der Wand oder an der Decke. Bei Bogenöffnungen oder Bilderleisten brauchen Sie natürlich keine Linien einzuzeichnen, Sie müssen nur den vorgegebenen Details folgen.

Den ersten Streifen schneiden. Die Rückseite mit Tapetenkleister einstreichen und die Bordüre in Ziehharmonikafalten legen.

Das Ende auf der eingezeichneten Bleistiftlinie anlegen und langsam entlang der Linien ankleben. Die eingekleisterten Friese und Bordüren werden mit der Tapezierbürste befestigt und glattgestrichen, dabei ständig nach der vorgegebenen Bleistiftlinie ausrichten. Hervorquellenden Kleister sofort mit einem feuchten Lappen entfernen.

Ein Fries für eine Wand sollte möglichst aus einem Stück und die

Raumecken sorgfältig gearbeitet sein. Wenn Sie zwei Stücke verwenden müssen, beide Enden überlappen lassen und den richtigen Musteranschluß suchen. Mit einem scharfen Messer durch beide Streifen schneiden, die überschüssigen Stücke entfernen und die Naht andrücken.

### *Ein Découpage-Fries*

*Mit einem Farbkopierer Motive vervielfältigen, ausschneiden und mit Tapetenkleister an die Wand kleben. Um einen Fries möglichst interessant zu gestalten, könnte man die Motive mal vergrößern und mal verkleinern. Tierfriese mögen Kinder besonders gern. Eine Alternative wäre ein Fries aus Schablonenmotiven (siehe Seite 110).*

# Fliesen

*Keramikfliesen sind dünne Scheiben aus gebranntem Ton, die auf einer Seite mit farbigen Glasuren, handgemalten oder aufgedruckten Mustern verziert sind. Sie sind leicht zu handhaben und einfach anzubringen. Die Oberfläche ist wasserdicht, leicht zu reinigen, strapazierfähig und außerordentlich haltbar. Der einzige Nachteil ist ihr hoher Preis.*

**Wandfliesen.** Keramikfliesen sind in der Regel gut 4 mm stark und werden in verschiedenen, genormten Größen hergestellt. Die beliebteste Größe war 10 $cm^2$ (14), heute ist es die 15 $cm^2$ große Fliese (8), die sich schneller verlegen läßt – man braucht nur 44 Stück für 1 $m^2$ Wandfläche, wogegen man bei der kleineren Größe 86 Stück brauchte, und außerdem hat man weniger Arbeit mit dem Verfugen.

Bei den rechteckigen Fliesen sind die Größen 20 cm x 10 cm und 20 cm x 15 cm am gebräuchlichsten (4), mit denen man 33 $m^2$ bzw. 50 $m^2$ Wandfläche verfliesen kann. Es gibt auch Fliesen mit ineinandergreifenden Formen wie Sechsecke oder geschwungene, provenzalische Formen. Die schmalen, streifenförmigen Fliesen (5, 7), sind 15 cm lang und 2,5 cm breit. Man verwendet sie als farbige Streifen oder schmale Bordüren bei größeren, gefliesten Flächen.

Die Fliesenmuster wechseln mit dem jeweiligen Dekorationsstil. Zwischen einfarbige oder kleingemusterte Fliesen, umrahmt von einer schmalen Bordüre, kann man einzelne Fliesen mit individuellen Motiven (14) oder besonders kleine, gemusterte Fliesen plazieren, bei denen es sich auch um Motive mit Reliefwirkung handeln kann (10). Andere Fliesen lassen sich zu Friesen aneinanderreihen, und fertig zusammengestellte Garnituren lassen sich zu größeren Motiven zusammensetzen (12), die sensationell wirken, wenn man sie in eine Fläche von einfarbigen Fliesen einbettet. Bordürenfliesen (15) sind für Abschlußkanten einer teilverfliesten Wand, z. B. hinter der Badewanne, geeignet. Es gibt auch Fliesen mit eingelassenen Armaturen – Seifenschalen oder Toilettenpapierhalter – und kleine, viertelkreisförmige Fliesen als Verbindungsstücke zwischen Badewanne und gefliester Wand. Allerdings gibt es sie nur in begrenzter Farbauswahl, seit elastische Fugenfüller ihren Platz eingenommen haben.

Die Glasur von Wandfliesen war bisher immer hochglänzend, aber heute werden auch Fliesen mit halbmatten Glasuren angeboten, die zum Teil fein texturiert sind, was den grellen Glanz etwas mildert.

Die meisten Fliesen haben gerade Kanten; einige haben eine oder zwei glasierte Kanten, andere nicht. Wenn Sie Fliesen mit einer glasierten Kante brauchen, sollten Sie beim Kauf darauf achten. Wenn Sie sie nicht bekommen, müssen Sie auf eine andere Kantenverkleidung ausweichen.

**Fußbodenfliesen** sind eine gute Wahl für stark beanspruchte Böden, wie der Eingangsbereich, die Diele oder Küchen und Wintergärten. Sie sind im allgemeinen dicker und werden bei höheren Temperaturen gebrannt, damit sie die starke Beanspruchung aushalten, ohne zu zerspringen. Sie können glasiert sein (3), einfarbig, gemustert oder unglasiert (6), so daß sie wie Natursteinplatten aussehen. Fußbodenfliesen haben häufig eine texturierte Oberfläche und sind daher nicht so glatt wie die anderen. Auch Marmorfliesen sind auf dem Markt (9). Die meisten Fußbodenfliesen haben gerade Kanten, daher braucht man Fugenhölzer, um sie gleichmäßig verfugen zu können. Es gibt Garnituren, zu denen Fliesen mit einer oder zwei abgerundeten Kanten gehören – für die Außenkanten von teilverfliesten Böden oder für Fliesenbordüren.

Die gebräuchlichsten Größen sind Quadrate von 15 cm und 20 cm Seitenlänge und Rechtecke von 20 cm x 10 cm; außerdem gibt es sechseckige und achteckige einfarbige Fliesen (2), die mit kleinen, quadratischen, gemusterten Zwischenstücken (1) verlegt werden.

Zum Verlegen im Freien gibt es frostbeständige Fliesen für Stufen, Wege und andere Zwecke, da einfache Fußbodenfliesen bei Frost zerspringen würden.

**Fliesen für Arbeitsplatten.** Gewöhnliche Keramikfliesen kann man auch für Arbeitsplatten verwenden. Für die Kanten von Arbeitsplatten gibt es spezielle Formen: gerade Streifen mit L-förmigem Querschnitt, interne Ecken auf Gehrung und rechteckige »Kappen« für externe Ecken.

**Mosaik (11).** Mosaikfliesen sind winzig klein, gewöhnlich einfarbig, teils gemustert – sie kommen als Platten auf strapazierfähigem Textilmaterial in den Handel. Man verlegt sie wie normale Fliesen in einem Klebebett und verfugt sie zum Schluß. Die Mosaikscheiben sind meist quadratisch, es gibt aber auch runde, sechseckige und andere, ineinandergreifende Formen. Die Platten sind meist quadratisch und haben eine Seitenlänge von 30 cm; sie werden in Paketen von 5 oder 10 Stück verkauft. Am besten errechnet man die Fläche, die verlegt werden soll, und teilt sie durch das Maß einer Platte. Mosaik für Wände und Fußböden hat verschiedene Stärken, genau wie die Keramikfliesen.

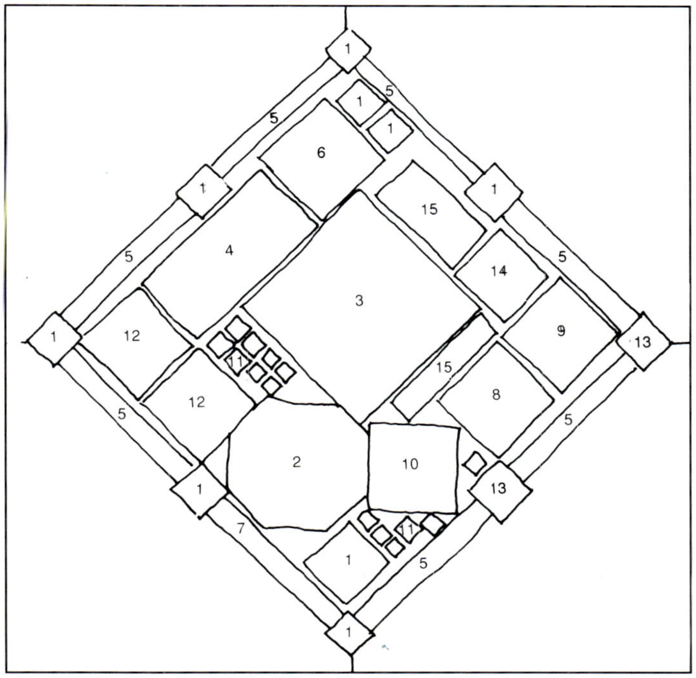

### *Tips zum Verlegen von Fliesen*

**Das Errechnen der Menge**

*Die Packungsgrößen von Wand- und Flußbodenfliesen variieren nach Hersteller und nach Art und Größe der Fliesen. Der Inhalt der Packungen liegt zwischen 6 und 50 Stück. In den meisten Geschäften ist man jedoch bereit, eine große Packung zu öffnen und Ihnen eine kleinere Menge Fliesen zu verkaufen.*

*Am besten rechnen Sie nach einer maßstabgetreuen Zeichnung der zu verfliesenden Fläche die genaue Anzahl aus, die Sie brauchen oder Sie richten sich nach den Angaben auf der Packung, wo angegeben ist, wie viele Fliesen auf einen Quadratmeter Fläche passen.*

- *Es kann sein, daß die Farbe der Fliesen von Partie zu Partie geringfügig abweicht. Daher kauft man am besten sofort die benötigte Menge. Packen Sie die Fliesen aus und mischen Sie sie ein wenig, um mögliche Farbabweichungen auszugleichen.*
- *Verwenden Sie stets einen wasserdichten Fugenfüller, wenn Sie eine Arbeitsplatte verfliesen; in einem gewöhnlichen Fugenfüller setzen sich leicht Keime fest.*
- *Alten Fugenfüller, der unansehnlich geworden ist, kann man mit einer Spezialfarbe neu streichen.*

| VERGLEICHE AUCH DIE SEITEN: | |
|---|---|
| WANDFLIESEN VERLEGEN | 134 |
| FLIESENLEGERWERKZEUGE | 135 |
| FUSSBÖDEN VERFLIESEN | 142 |

# WANDFLIESEN VERLEGEN

*Wandfliesen aus Keramik gibt es in einer fast unendlichen Vielfalt von Mustern, Farben, Formen und Größen. Wenn die Fliesen verlegt sind, haben Sie eine ungewöhnlich strapazierfähige Fläche, sie ist leicht zu reinigen und resistent gegen Feuchtigkeit und alle Arten von Flecken, die im Haushalt vorkommen.*

*Selbst ein gefliester Spritzschutz aus verschiedenfarbigen Fliesen läßt sich durch geschickte Zusammenstellung der Farben und eine Bordüre aus gemusterten Fliesen auf drei Seiten der Fläche zu einem dekorativen Blickpunkt machen.*

### *Erste Überlegungen*

Seien Sie nicht zu ehrgeizig bei Ihrem ersten Fliesenprojekt. Nehmen Sie erst einmal eine kleine Fläche in Angriff – aber vermeiden Sie Hindernisse wie Steckdosen, bei denen die Fliesen rundherum ausgeschnitten werden müssen. Dann werden Sie sich mit der Zeit die richtige handwerkliche Technik aneignen.

Schauen Sie sich die Wandfläche genau an, die Sie verfliesen wollen. Ein Farbanstrich muß nicht beseitigt werden, aber Tapete – ganz gleich welcher Art – muß entfernt werden. Sie können Fliesen auch auf Gipskartonplatten verlegen, aber zuvor sollten Sie die Fläche mit Latexfarbe streichen. Versuchen Sie nie, Fliesen auf Spanplatten zu verlegen. Über eine bereits verflieste Fläche kann man eine zweite Schicht Fliesen verlegen.

Überlegen Sie genau, wie groß die Fliesen sein sollen, besonders, wenn Sie nur eine begrenzte Fläche wie eine Arbeitsplatte zur Verfügung haben. Denken Sie auch daran, daß Ihnen die meisten Händler eine einzelne Fliese verkaufen, damit Sie die Farbe an Ort und Stelle ausprobieren können.

Messen Sie die zu verfliesende Fläche und rechnen Sie aus, wie viele Fliesen Sie brauchen. Zerteilte Fliesen sind als ganze zu berechnen. Kaufen Sie 10 Prozent mehr, als Ersatz für zerbrochene Stücke.

### *Einen Spritzschutz aus Fliesen verlegen*

Hier liegt es an Ihnen, die Fläche so zu arrangieren, daß Sie keine Fliesen zerschneiden müssen. Markieren Sie den Mittelpunkt des Waschbeckens auf der Wand. Prüfen Sie, wie weit der äußere Rand der Fläche reichen würde. Sie haben noch immer die Möglichkeit, das Ganze um eine halbe Fliesenbreite zu verschieben und die erste Fliese neben die markierte Linie zu plazieren anstatt mitten auf die Linie. Wo die Fläche bis an eine Ecke des Raumes reicht, verwenden Sie den gleichen Trick.

### *Die waagrechten Ebenen kontrollieren*

Wenn Sie über einer waagrechten Fläche, zum Beispiel einer Arbeitsplatte, Fliesen anbringen möchten, schließt die erste Reihe genau mit der rückwärtigen Kante der Fläche ab. Wenn Ihr Waschbecken mit einer gebogenen Rückwand abschließt, nageln Sie eine schmale Holzleiste an die Wand, die der untersten Reihe Fliesen als Stütze dient. Der Raum zwischen dem oberen Abschluß des Waschbeckens und der ersten Reihe Fliesen wird nach Entfernen der Holzleiste mit geschnittenen Fliesen ausgefüllt. Mit einer Wasserwaage prüfen, ob der Holzstreifen waagrecht sitzt. Die Nägel nicht ganz in die Wand einschlagen, dann lassen sie sich später leichter herausziehen.

Die Wand vorbereiten: Bereits vorhandene Fliesen oder gestrichene Oberflächen abwaschen, abblätternde Farbe abkratzen. Alte Tapeten entfernen. Wenn Sie nur einen Teil einer tapezierten Wand fliesen möchten, markieren Sie eine Fläche, die in jeder Richtung 2,5 cm kleiner ist als diejenige, die gefliest werden soll. Rohen Putz oder Gipskartonplatten mit Latexfarbe streichen.

### *Den Fliesenkleber verstreichen*

Den Fliesenkleber mit einem gezahnten Spachtel auf die Wand aufbringen und verstreichen. Den Spachtel so über die Wand ziehen, daß die Zähne Kontakt mit der Wand haben, dann wird der Kleber genau in der richtigen Stärke aufgetragen. Soviel Kleber auftragen, daß er für sechs Fliesen in der untersten Reihe ausreicht. Auf die eingezeichnete Markierung in der Mitte des Waschbeckens achten – falls erforderlich, etwas Kleber wegkratzen.

### *Die Fliesen anbringen*

Die erste Fliese in Position bringen: Die Fliese in einem Winkel von 45 Grad gegen die Wand halten und die Unterkante auf die Holzleiste stützen. Eine senkrechte Kante nach der Markierung ausrichten und die Fliese fest in den Kleber drücken. Mit der Wasserwaage nachprüfen, ob die Fliese wirklich waagrecht sitzt. Kontrollieren, ob sie mit der Markierung in der Mitte übereinstimmt.

### *Weitere Fliesen hinzufügen*

Die weiteren Fliesen in der unteren Reihe wie beschrieben anbringen – entweder Kante an Kante oder mit Fugenhölzern dazwischen – je nach der Art der Fliesen. Bei Bedarf mehr Fliesenkleber auftragen und die erste Reihe beenden. Wenn die erste Reihe auf eine Ecke trifft und der Platz nicht mehr für eine ganze Fliese reicht, den Platz vorerst freilassen – aufgetragenen Kleber abkratzen, damit er sich nicht verfestigt.

Dafür sorgen, daß die Oberfläche der eingesetzten Fliesen plan ist. Zu hoch sitzende Fliesen tiefer in den Kleber drücken; bei zu tief sitzenden Fliesen noch etwas Kleber auftragen und die Fliese wieder andrücken.

Die weiteren Reihen ganzer Fliesen anbringen, darauf achten, daß auch die vertikalen Reihen akkurat übereinandersitzen. Falls erforderlich, Fugenhölzer dazwischensetzen. Wenn Sie gemusterte und einfarbige Fliesen mischen, darauf achten, daß das Verhältnis stimmt; solange der Kleber feucht ist, kann man noch Korrekturen anbringen.

### *Fliesenlegerwerkzeuge*

*Zum Verlegen von Fliesen – ganz gleich wie groß oder wie klein die Fläche ist – braucht man: Fliesenkleber und einen Spachtel mit gezahnter Karte zum Verteilen, ein paar Fugenhölzer (nicht für Fliesen mit abgerundeter Kante), ein paar Meter Kantenverkleidung (wahlweise), Fliesenkleber und einen Gummischaber, ein Stahllineal, einige Meter Holzleiste (2,3 cm x 1,2 cm), Stahlstifte und Hammer für große Wände, einen Fliesenschneider, Fliesenbrechzange, Holzdübel zum Einzeichnen von Markierungen im Klebebett, Bleistift und Filzstift, Schwämme und Lappen zum Abwischen und Polieren. Vielleicht brauchen Sie auch elastischen Fugenfüller, um die Fugen zwischen Fliesen und Badewanne, Waschbecken oder Seifenschalen zu füllen.*

***Fugenfüller** für die Wand wird gewöhnlich fertig gemischt in Tuben verkauft, zusammen mit einem gezahnten Spachtel. Für Flächen, die gelegentlich Wasserspritzer abbekommen oder Wasserdampf ausgesetzt sind, ist ein wasserabweisender Fugenfüller erforderlich. Für Flächen, die dauernd der Berieselung mit Wasser ausgesetzt sind, wie die Duschecke, muß unbedingt wasserdichter Fugenfüller verwendet werden. Normalerweise ist Fugenfüller weiß, aber wenn sie die Linien der Verfugung als stilistisches Element einsetzen möchten, können Sie farbige Fugenfüller verwenden oder spezielle Fugenfüllerfarbe, falls der weiße Fugenfüller bereits getrocknet ist.*

***Fliesenkleber** gibt es für Wände und für Fußböden. Man erhält ihn überall – in Pulverform und fertig gemischt. Das Pulver ist meist sparsamer im Verbrauch. Für einen Spritzschutz hinter dem Waschbecken in der Küche, der ab und zu ein paar Wasserspritzer abbekommt, ist wasserabstoßender Fugenfüller ausreichend, aber für die Fliesen in der Nähe der Dusche ist wasserdichter Fugenfüller angebracht. Für Fußböden sollte man unbedingt wasserdichten Fliesenkleber und wasserdichten Fugenfüller verwenden. Damit Sie nicht zuviel kaufen, achten Sie beim Kauf auf die Angaben auf der Packung oder dem Behälter.*

### *Ein Finish für die äußeren Kanten*

Bei einem Spritzschutz kann man die geflieste Fläche mit einer abgerundeten Zierkante aus Plastik oder Metall umranden. Die Zierkante wird in den Fliesenkleber gedrückt, bevor die letzten Fliesen gelegt sind. Sobald sie angebracht sind, die Zierleisten fest an die Fliesen drücken, damit die Kanten verdeckt sind. Eine praktische Lösung bei nicht glasierten Kanten.

Die Fliesen am äußeren Rand der Fläche schneiden. Der schwierigste Teil der Arbeit ist, geschnittene Fliesen einzufügen, um die Fläche aufzufüllen. Am besten mißt man die Breite jedes Zwischenraumes, der gefüllt werden muß, oben und unten und überträgt die Maße mit einem Filzstift auf die Fliese, die geschnitten werden muß. Mit dem Fliesenschneider schneiden (siehe Kasten Seite 138).

Bei jeder geschnittenen Fliese prüfen, ob sie in den entsprechenden Zwischenraum paßt. Auf die Rückseite Fliesenkleber auftragen und in die Fläche einfügen, plan mit den anderen Fliesen. Wenn Sie unterhalb der ersten Fliesenreihe eine Holzleiste angebracht haben, vorsichtig entfernen. Die Fliesen schneiden, die zwischen die Unterkante der Fliesen und der geschwungenen Oberkante darunter passen.

VERGLEICHE AUCH DIE SEITEN:

| | |
|---|---|
| FLIESEN | 132 |
| GROSSE FLÄCHEN VERFLIESEN | 137 |

### *Die Fliesen verfugen*

Den Fliesenkleber über Nacht trocknen lassen. Den Fugenfüller mit dem elastischen Schaber aufnehmen und über die Zwischenräume ziehen, als würde man Risse in der Wand auffüllen. Überschüssiges Material abwischen, nachdem Sie die Fläche von sechs bis acht Fliesen bearbeitet haben. Die Fugen mit einem schmalen Holzdübel nachziehen, so daß sie eine konkave Form annehmen.

Den Fugenfüller nach Gebrauchsanweisung trocknen lassen. Die Oberfläche mit einem weichen Tuch polieren, um die letzten Reste des Fugenfüllers zu beseitigen.

### *Einfarbige Fliesen dekorieren*

*Sie können einfarbige Fliesen mit einer gewöhnlichen, lösungsmittelhaltigen Farbe in Hochglanz oder Seidenmatt selbst bemalen. Die Fliese vorher mit einem in Terpentinersatz getränkten Lappen reinigen. Das Motiv mit einem Künstlerpinsel direkt auf die Fliese aufmalen. Wenn Sie mehr als eine Farbe verwenden, die erste trocknen lassen, bevor Sie die zweite auftragen.*
*Man kann auch selbstklebende Motive für einfarbige Fliesen kaufen, damit ein klinisch sauberes Bad interessanter wirkt.*

# GROSSE FLÄCHEN VERFLIESEN

*Große Flächen zu verfliesen ist nicht schwieriger, als eine kleine zu bewältigen, denn es werden genau die gleichen Techniken verwendet. Der Hauptunterschied ist das Ausmaß der Arbeit, das eine genaue Planung so wichtig macht. Wenn Sie keine absolut glatten Wände haben, müssen Sie die Fliesen um Hindernisse herum verlegen und Sie müssen entscheiden, wie die Fliesen am besten um diese Hindernisse herum eingepaßt werden, ohne daß Sie schließlich unmöglich schmale Fliesenstückchen schneiden müssen, um alle Zwischenräume auszufüllen.*

Wenn Sie beabsichtigen, eine ganze Wand oder einen ganzen Raum (oder einen Teil davon – zum Beispiel bis Schulterhöhe) zu verfliesen, müssen Sie genau planen, wo die einzelnen Fliesen sitzen werden.

Auf einer glatten, durch nichts unterbrochenen Wand markieren Sie einfach die Mitte und beginnen dort mit dem Verlegen. Aber wenn Sie Fenster- oder Türöffnungen oder Einbaumöbel haben, müssen Sie den optimalen »Mittelpunkt« ausfindig machen.

*Diese Duschkabine wurde vom Boden bis zur Decke mit großen, handgefertigten Fliesen ausgestattet. Es ist allein die Kombination der Farben – es sind ausschließlich erdige Farbtöne – von der die Wirkung ausgeht; ohne die Farben wäre die Duschkabine eine langweilige, sterile Angelegenheit.*

### *Der Beginn der Arbeit*

Zuerst eine Reihe Holzlatten quer über die Wand (oder rund um den Raum herum) über Fußleistenhöhe anbringen und sie provisorisch mit Stahlstiften befestigen, die später wieder entfernt werden. Die genaue Höhe richtet sich nach Ihrem Plan (siehe Seite 139). Zuerst mit Hilfe einer Wasserwaage eine waagrechte Bleistiftlinie einzeichnen, die Holzlatten befestigen und noch einmal mit der Wasserwaage kontrollieren.

Wenn Sie neue Fliesen über einer bestehenden Fliesenschicht verlegen wollen, müssen Sie Löcher für die Stahlstifte durch die alten Fliesen bohren. Die Holzleiste an die Wand halten und durch das Holz und die Fliese bohren. Die Holzleiste in die waagrechte Position bringen und die weiteren Löcher bohren.

***Die erste Reihe verlegen***

Sehen Sie auf Ihrem Plan nach, wo Ihr Ausgangspunkt ist.

Einen Streifen Fliesenkleber für die erste Reihe auf die Wand streichen und die erste Reihe ganzer Fliesen anbringen, an den oberen Ecken Fugenhölzer einsetzen. Die weiteren Reihen ganzer Fliesen von unten nach oben verlegen, bis zum ersten Hindernis. Rechts und links vom Fenster fortfahren, bis der obere Rand der Fläche erreicht ist oder bis zur obersten Reihe ganzer Fliesen unterhalb der Decke.

Wenn Sie die geflieste Fläche mit einer Zierkante umranden möchten, die rückwärtigen Kanten in den Fliesenkleber drücken, bevor die Reihe Fliesen gelegt ist, die gerahmt werden soll. Nach den letzten Fliesen die Zierkante fest in den Fliesenkleber und gegen die Außenkanten der Fliesen drücken.

***Fliesen um eine Öffnung herum verlegen***

Wenn Fliesen um eine Tür- oder Fensteröffnung herum verlegt werden sollen, brauchen Sie eine Holzleiste als Stütze. Die Leiste an der Wand oberhalb der Öffnung anbringen. Ihre Oberkante muß mit der Unterkante der ganzen Fliesen abschließen, die Sie rechts und links von der Tür angebracht haben. Mit dem Verlegen fortfahren. Ganze Fliesen bis zur Decke verlegen. Holzleisten mindestens 24 Stunden an Ort und Stelle lassen.

***Die geschnittenen Fliesen einpassen***

Am nächsten Tag mit einem Hammer mit Nagelklaue die Stahlstifte und Holzleisten entfernen. Auch die Fugenhölzer entfernen. Die Fliesen, die die Zwischenräume zwischen der Unterkante der ganzen Fliesen und der Fußleiste ausfüllen sollen, markieren, schneiden und einpassen. Geschnittene Fliesen auf beiden Seiten der Wand und zwischen der letzten Reihe ganzer Fliesen und der Decke anbringen. Es ist leichter, Fliesenkleber auf der Rückseite jeder Fliese anzubringen als auf einem schmalen Wandstreifen.

Wenn Sie weitere Wände verfliest haben, auch dort die geschnittenen Fliesen anbringen. Lassen Sie einen kleinen Zwischenraum zwischen den geschnittenen Fliesen, die sich an den Kanten treffen, für etwaige Bewegungen in der Hauskonstruktion.

***Fliesen schneiden***

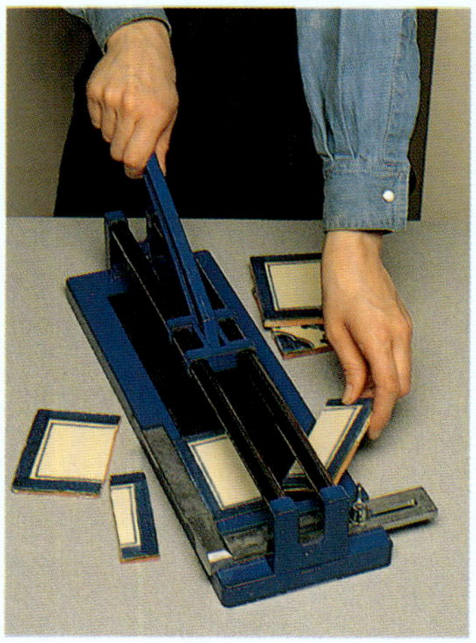

*Ein Fliesenschneider für Profis markiert und schneidet gleichzeitig. Eine andere Möglichkeit wäre: die Schnittlinie auf der Glasur mit einem scharfen Fliesenschneider einritzen, die Fliese über einen Bleistift legen, der genau unter der Linie liegt, und in zwei Teile brechen.*

***Fliesen um Hindernisse herum verlegen***

Der nächste Schritt ist, Fliesen um Hindernisse herum, wie Fensteröffnungen, zu verlegen. Zuerst die Fliesen für den Zwischenraum zwischen der letzten Reihe ganzer Fliesen und der Kante der Fensteröffnung schneiden und einfügen. Dann ganze Fliesen auf der Fensterbank und auf den Innenwänden der Fensteröffnung verlegen, so daß ihre glasierten Kanten die geschnittenen Kanten der eben verlegten Fliesen überlappen. Zum Verlegen der Fliesen oberhalb der Fensteröffnung kann es erforderlich sein, eine Holzlatte anzubringen, die durch Stützen, die auf der Fensterbank ruhen, abgestützt wird. Zum Schluß den Zwischenraum zwischen den ganzen Fliesen und der

Oberkante der Fensterbank mit geschnittenen Fliesen auffüllen.

Ähnliche Überlappungen ergeben sich auch an externen Ecken; hier ist es üblich, die Fliese mit der glasierten Kante an der besser sichtbaren Wand anzubringen.

***Eine Meßlatte zum Fliesenlegen anfertigen***

*Holzlatte, auf der die Breite der Fliesen markiert wird, und mit der man den optimalen Anfangspunkt finden kann, wenn man eine große Fläche verfliesen möchte. Für Anfänger ist ein Grundriß (siehe Seite 139) besser.*

Wenn Sie drei aneinanderstoßende Flächen verfliesen wollen – zum Beispiel bei einer Duschkabine – kann die Überlappung an den äußeren Ecken nicht ohne einen Zwischenraum geschehen, der so breit ist wie die Stärke einer Fliese, und der irgendwo ausgespart werden muß. Um das zu vermeiden, muß man an den externen Ecken geschnittene Fliesen anbringen, deren rohe Kanten von den glasierten Kanten der Fliesen auf der angrenzenden Wand überlappt werden, ebenso die oberste Eckfliese mit zwei glasierten Kanten entsprechend schneiden, damit sie in das Schema paßt.

***Ein Finish für die Außenkanten***

Die geflieste Fläche mit einer abgerundeten Plastik- oder Metallkante einfassen. Mit einer feinen Metallsäge die entsprechenden Maße zuschneiden, die Ecken auf Gehrung arbeiten, falls es sich um eine Fenster- oder Türöffnung handelt. Die Zierkante vor dem Anbringen der letzten Reihe Fliesen mit der rückwärtigen Kante in den Fliesenkleber drücken; zum Schluß fest gegen die Außenkanten der Fliesen drücken.

Wenn Sie Zierleisten aus Holz verwenden, nach Beendigung der Fliesenarbeiten mit dünnen Stahlstiften an der Wand befestigen, damit sie nicht verschmutzt werden. Diese Zierleisten sind besonders nützlich, um die rohen Kanten einer halb verfliesten Fläche über einer bereits bestehenden verfliesten Fläche zu verdecken.

***Regale und Spiegel neu befestigen***

Wenn Wandregale oder Spiegel auf der verfliesten Wand wieder angeschraubt werden sollen, ein Stück Klebeband auf die Stelle kleben, wo die Schrauben angebracht werden sollen, damit der Bohrer nicht ausrutschen kann. Verwenden Sie einen Schlagbohrer mit spitzem Bohrer und arbeiten Sie mit niedriger Drehgeschwindigkeit. Den Bohrer leicht andrücken, bis er die Glasurschicht durchbrochen hat. Das Loch in der erwünschten Tiefe bohren, das Abklebeband entfernen. Den Dübel in das Loch stecken und die Schraube befestigen. Bei sehr feuchter Umgebung den Schraubenhals mit Silikonkitt einschmieren, der verhindert, daß Wasser bis hinter die Fliesen durchsickert.

***Aufgemalte Fliesen***

*Eine schnelle und innovative Methode, wie man einer Wand das Aussehen einer gefliesten Fläche verleihen kann, ist das Aufmalen quadratischer Blöcke mit dem Farbroller. Man läßt zwischen den Quadraten einen Zwischenraum von 5 mm, um Fugen vorzutäuschen. Es macht nichts, wenn die Kanten nicht gerade sind – die aufgemalten sehen fast wie handgetöpferte Fliesen aus. Das wäre natürlich keine gute Lösung für Bereiche, wo eine wasserdichte Oberfläche angezeigt ist, wie im Bad oder hinter dem Waschbecken.*

***Fugenfüller auftragen***

Wenn die Fläche fertig verfliest ist, füllt man die Zwischenräume mit Hilfe eines elastischen Schabers mit Fugenfüller. Das überschüssige Material während der Arbeit von Zeit zu Zeit abwischen. Die Fugen mit einem runden Holzdübel nachziehen (siehe Seite 136). Wenn der Fugenfüller getrocknet ist, die Oberfläche mit einem trockenen, weichen Tuch polieren.

Interne Ecken werden nicht verfugt, da die Bewegungen in der Hausstruktur Risse verursachen könnten. Statt dessen wird dieser Winkel mit nicht härtendem Silikonkitt verfugt, der sich in Badezimmern und anderen feuchten Bereichen bestens bewährt.

***Genau planen, wo die Fliesen sitzen müssen***

*Dazu braucht man Millimeterpapier (mit 10 mm großen Quadraten) und Pauspapier – ein Blatt von jedem für jede Wand, die verfliest werden soll. Jedes Quadrat stellt eine Fliese dar – bei rechteckigen Fliesen, eine halbe. Das Pauspapier über das Millimeterpapier legen und einen Aufriß der Wand aufzeichnen. Alle Hindernisse, um die herum die Fliesen gelegt werden sollen, maßstabgetreu einzeichnen. Das Pauspapier über das Millimeterpapier schieben: hin und her, rauf und runter, um auszuprobieren, wie man die Fliesen am besten plaziert; und denken Sie daran, daß man geschnittene Fliesen, die kleiner als ein Viertel einer Fliese sind, vermeiden sollte. Wenn Sie die optimale Position der Fliesen gefunden haben, das Pauspapier auf das Millimeterpapier heften und die Fliesen nach diesem Plan verlegen. Die Prozedur bei den anderen Wänden wiederholen. Bei jeder Wand immer an der gleichen Grundlinie beginnen.*

***Ein paar Tips zum Verlegen von Fliesen***

*Beim Verfliesen großer Flächen muß man besonders darauf achten, daß die einzelnen Reihen akkurat horizontal verlaufen. Sonst akkumuliert sich der Effekt, auch die vertikalen Linien kippen, und das Resultat ist katastrophal. Wenn Sie rund um den Raum Fliesen verlegen und die Reihen verlaufen nicht genau horizontal, können Anfang und Ende sich nicht treffen.*

- *Sorgen Sie dafür, daß die Fliesen durch Fugenhölzer oder Holzlatten gestützt werden, solange der Fliesenkleber noch nicht trocken ist. Sonst könnte es passieren, daß die ganze verflieste Fläche die Wand herunterrutscht.*
- *Wenn Sie in der Küche oder im Badezimmer eine geflieste Arbeitsfläche haben möchten, arbeiten Sie auf massivem Holz oder auf Sperrholz und verwenden Sie wasserdichten Fliesenkleber und wasserdichten Fugenfüller. Bei der Arbeitsplatte in der Küche legt man zuerst die Kante fest – am besten aus Holz – während man die Arbeitsfläche im Badezimmer fertig verfliest und zum Schluß eine Plastikkante anbringen kann.*

VERGLEICHE AUCH DIE SEITEN:

| | |
|---|---|
| FLIESEN | 132 |
| FLIESENLEGERWERKZEUGE | 135 |

# FUSSBODENBELÄGE

*Der Markt hält eine große Auswahl von Fußbodenbelägen bereit. Welche Sie wählen, hängt von der Gesamtwirkung ab, die Sie erzielen möchten, von dem Stil des Raumes und davon, wie stark der Boden benutzt wird. Teppichböden werden gern für den Wohnbereich gewählt – sie sehen repräsentativ aus und fühlen sich beim Laufen weich und komfortabel an. Ein Holzfußboden mit diversen Teppichen ist eine attraktive Alternative. Fußbodenbeläge aus Kork und Vinyl passen in Räume, die häufig gereinigt werden müssen, in Küchen und Badezimmer. Keramikfliesen sind eine gute Wahl für stark strapazierte Böden, in der Diele und auf der Veranda.*

**Teppichböden** werden hergestellt, indem man Faserbüschel oder -schlingen durch Weben oder Kleben mit einem robusten Grundmaterial verbindet. Gewebte Teppichböden (5, 9, 21) sind meist die teuersten. Bei getufteter Ware (4, 14, 20) werden Faserbüschel in das Grundgewebe geschossen und zusätzlich mit Klebstoff festgehalten; bei billigeren Varianten werden sie in eine Schaumstofflage gepreßt, die mit dem Grundmaterial verklebt wird (17); wieder andere Varianten erfordern eine separate Haftunterlage.

Teppichböden werden aus den verschiedensten Fasern hergestellt, zum Beispiel aus Wolle, Nylon, Acryl, Polypropylen und Viskose. Fasermischungen können die Qualität und die Haltbarkeit verbessern: Eine Mischung aus 80 Prozent Nylon und 20 Prozent Wolle kombiniert Wärme mit Elastizität und Strapazierfähigkeit, sie ist schwer entflammbar und schmutzabweisend.

Die Länge und Dichte des Flors beeinflußt die Eigenschaften und das Aussehen des Teppichbodens. Man kann die Schlingen schneiden (geschnittener Flor) (4, 5), sie ungeschnitten lassen (Schlingenflor) (3); außerdem gibt es Korde (mit ungeschnittenen Schlingen, die stramm auf das Grundgewebe gespannt werden) (11) und Twiste (sehr strapazierfähige Ware (14, 20). Ein dichter Flor ist haltbarer als ein lose gewebter; er muß so dicht sein, daß das Grundgewebe nur schwer zu erkennen ist, wenn man den Flor teilt.

Bei sogenannten Breitbahnteppichen für große Flächen ist die gebräuchlichste Breite 4 m, seltener sind 2 m und 5 m. Schmale Teppichböden für Korridore und Treppen gibt es in verschiedenen Breiten, von 86 cm bis 1,20 m – allerdings nicht mit Schaumstoffrücken, sondern meist auf Jutegewebe.

Teppichfliesen sind kleine Quadrate aus verschiedenen Teppicharten, sie werden lose verlegt.

Sisal (15, 16) und Kokos gehören zu den billigsten Bodenbelägen, beides sind gute Allzwecklösungen. Sie sind in verschiedenen Farben und Webarten erhältlich; ihr Nachteil ist, daß man sie beim Gehen als hart empfindet und sich relativ viel Staub ansammelt.

**Vinylbodenbelag** wird mit und ohne Grundgewebe hergestellt. Vinyl ohne Grundgewebe besteht aus drei Schichten: einer mittleren gemusterten, einer schützenden Deckschicht und einer starken Grundschicht. Die Oberfläche ist entweder glatt oder sie zeichnet plastisch das Muster nach – einen Fliesenboden mit nachgeahmten Fugenfüllerlinien (12) oder Holzmaserungen auf Holzimitationen (6, 8, 10). Vinylbeläge mit Schaumstoff haben zusätzlich eine Zwischenschicht aus Schaumstoff (7, 18) zwischen der gemusterten Schicht und dem Grundmaterial; daher empfindet man sie beim Gehen als weich und warm. Einige Vinylbeläge sind Imitationen von Ziegeln, Kork und Marmor. Sie wirken fast so echt wie die imitierte Vorlage, kosten aber nur einen Bruchteil.

Vinylbodenbeläge werden gewöhnlich in zwei Breiten verkauft: 2 m und 4 m. Sie werden meterweise verkauft. Am besten wählt man eine Breite, mit der man den Boden nahtlos verlegen kann. Das ist natürlich bei Räumen, die breiter sind als 4 m oder einen L-förmigen Grundriß haben, nicht möglich. Am besten können Sie Ihren Bedarf einschätzen, wenn Sie einen Grundriß des betreffenden Raumes zeichnen, etwa im Maßstab 1:20, in dem alle Hindernisse enthalten sind, die in dem Raum vorhanden sind. Zeichnen Sie alle wichtigen Maße ein und nehmen Sie die Skizze beim Kauf des Fußbodenbelages mit, damit man Sie beraten kann.

**Kork- und Vinylfliesen.** Korkfliesen gibt es in verschiedenen Farbtönen und Texturen. Beim Laufen fühlt sich die Oberfläche warm und elastisch an; außerdem ist Kork wärmebeständig und schalldämpfend, was besonders in Badezimmern, Küchen, Dielen und Kinderzimmern von Vorteil ist. Außer im Bade-

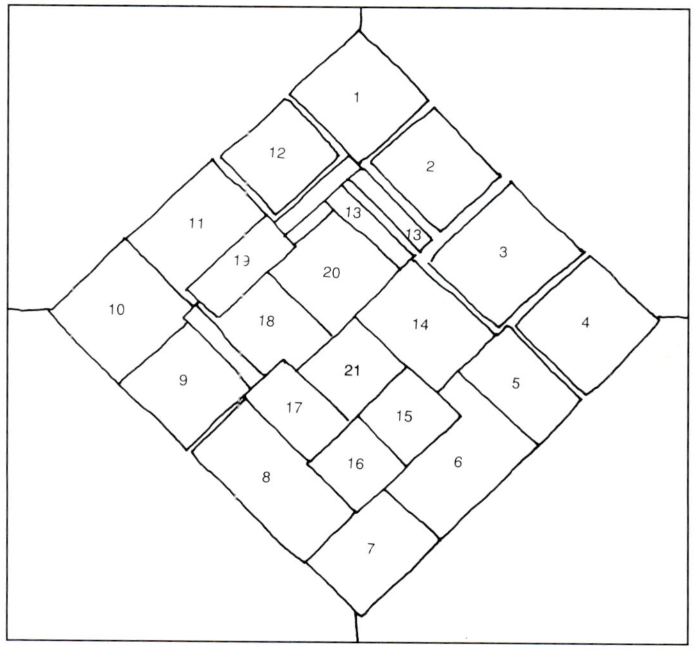


zimmer müssen Böden aus einfachen Korkfliesen (2) versiegelt werden, um die Oberfläche zu schützen. Es gibt vorversiegelte, die teurer sind.

Vinylfliesen gibt es einfarbig und gemustert. Sie sind strapazierfähiger als Kork, allerdings läuft es sich nicht so weich darauf wie auf Kork. Man kann eine Mischung aus einfarbigen Vinylfliesen verlegen oder aus einfarbigen und gemusterten Fliesen. Sie brauchen wenig Pflege.

Kork- und Vinylfliesen werden gewöhnlich in Quadraten von 30 cm Seitenlänge hergestellt, es sind aber auch größere Quadrate und Rechtecke erhältlich.

**Mosaik-Fertigparkett** (1) besteht aus schmalen, dekorativen Hartholzstäben, die zu quadratischen Fliesen zusammengesetzt (13) und auf Platten oder anderen Unterlagen verklebt werden. Eine Filzunterlage hält die Stäbe zusammen, ist an den Nahtstellen biegsam und kann leicht auf die erforderliche Größe geschnitten werden.

Die Stäbe sind entweder aus Massivholz oder furniert und auf einer Weichholzplatte verklebt. Beim Fertigparkett handelt es sich meist um Würfel- oder Flechtmuster. Man verwendet zahlreiche Holzarten einschließlich Mahagoni, Teakholz, Eiche, Esche und Eukalyptus. Es gibt versiegelte und unversiegelte Parkettfliesen.

**Holzdielen oder -riemen.** Riemen und Dielen (13, 9) gibt es in zwei Ausführungen: in Massivholz oder furniert. Die Längen variieren von 40 cm bis 180 cm, und die Breiten von 7 cm bis 20 cm. Die Riemen aus Massivholz sind gewöhnlich 15 mm stark, die furnierten sind etwas dünner. Das Furnier wird selten in einem Stück aufgetragen, meist besteht es aus kürzeren Stücken.

Beide Varianten werden gewöhnlich mit Nut- und Federverbindungen an den Längskanten zusammengefügt, mit Stahlstiften auf dem Holzunterboden befestigt oder mit Metallklammern angetackert. Andere werden mit Metallclips miteinander verbunden und schwimmend verlegt. Das bedeutet, daß sie sich leicht entfernen lassen.

Es gibt eine reiche Auswahl an Hölzern für jede dieser Varianten. Die furnierten Riemen sind meist vorversiegelt, die massiven Varianten werden versiegelt und unversiegelt geliefert.

# FUSSBÖDEN VERFLIESEN

*Fußbodenfliesen aus Keramik nimmt man gern für beanspruchte Böden wie den Eingangsbereich des Hauses, die Diele und den Wintergarten.*

*Ein gefliester Boden ist ein ausgezeichneter Belag für eine Diele, denn er muß viel aushalten. Diese Fayencefliesen, die gewöhnlich mit einer dekorativen Bordüre verlegt werden, waren in edwardianischen und viktorianischen Häusern sehr beliebt; auch heute noch schätzt man sie und stellt gute Reproduktionen her. Sie werden, wie hier, auf einem Klebebett für Keramikfliesen verlegt.*

### *Vorbereitungen*

Die Anzahl der benötigten Fliesen errechnen: Den Raum genau ausmessen, die Anzahl der Reihen und der Fliesen pro Reihe errechnen. Geteilte Fliesen als ganze berechnen und zu der errechneten Summe 5 % für Bruch dazurechnen.

Sie brauchen einen Spezialkleber für Fußböden (siehe Seite 135); für Badezimmer gibt es einen wasserabweisenden Kleber, für Holzböden einen flexiblen Kleber. Außerdem brauchen Sie einen wasserabweisenden Fugenfüller und einen Fliesenschneider; es lohnt sich, auch in eine Fliesenfeile oder -säge zu investieren, wenn man viel schneiden muß, um Rohre und andere Hindernisse zu umgehen.

**Bruchsteinfliesen** werden normalerweise in einem Mörtelbett verlegt, aber man kann sie durchaus in einem dicken Fliesenkleberbett verlegen, wie bei Keramikfliesen beschrieben. Leihen Sie sich einen schweren Fliesenschneider aus, wenn Sie viele Bruchsteinfliesen schneiden müssen – gewöhnliche Fliesenschneider sind dafür nicht stark genug. Verlegen Sie Bruchsteinfliesen niemals auf einem Holzfußboden, der auf Balken ruht, da diese Konstruktion nicht stark genug ist für das zusätzliche Gewicht.

Wenn Sie Keramikfliesen auf einem solchen Holzboden verlegen wollen, prüfen Sie, ob unter den Holzdielen Wasserrohre oder Heizungsrohre verlaufen – man kann unmöglich einen verfliesten Boden anheben, ohne die Fliesen zu zerbrechen, wenn die Rohre repariert werden müssen.

### *Das Layout planen*

Ermitteln Sie den Mittelpunkt des Raumes, indem Sie die Mitte der gegenüberliegenden Wände mit Bindfaden verbinden (siehe Seite 147). Legen Sie probeweise, beginnend am Kreuzungspunkt der Bindfäden, eine Reihe Fliesen zu jeder Wand, damit Sie sehen können, wie schmal die Fliesen an der Peripherie des Raumes geschnitten werden müßten. Falls erforderlich, verlegen Sie Ihren Mittelpunkt, um sehr schmale Fliesen an den Rändern zu vermeiden, denn sie sind schwer zu schneiden. Wenn Sie mit dem Resultat zufrieden sind, markieren Sie den Mittelpunkt auf dem Fußboden. Beginnen Sie mit dem Verlegen in der Ecke, die am weitesten von der Tür entfernt ist und verwenden Sie Holzleisten, die Sie auf dem Boden festpinnen, als Richtlinien. Verlegen Sie die Fliesen abschnittweise.

### *Die Oberfläche des Fußbodens vorbereiten*

Bestehende Fußbodenbeläge entfernen. Vinyl- oder Korkfliesen können liegenbleiben, wenn sie fest auf einem Betonunterboden verklebt sind. Die Wachsschicht muß mit einem handelsüblichen Mittel vollkommen entfernt werden, damit die neuen Fliesen besser kleben. Legen Sie über einen Holzfußboden 1 cm starke Sperrholzplatten für den Außenbereich und befestigen Sie sie mit Nägeln, um die Oberfläche möglichst stabil zu machen, damit sie sich bei Temperatur- und Feuchtigkeitsschwankungen nicht verschiebt, was zu Rissen in den Fliesen führen könnte.

Bei staubigen Betonunterböden die Oberfläche mit einem Versiegelungsmittel auf Vinylbasis versiegeln. Überprüfen Sie, wieviel Zwischenraum zwischen der Unterkante der Tür und dem Fußboden besteht. Wenn der Zwischenraum zwischen Tür und der neuen Fliesenschicht nicht groß genug ist, heben Sie die Tür aus den Angeln und hobeln die Unterkante ab.

### *Die Holzleisten befestigen*

Befestigen Sie zwei Holzleisten in der Ecke, wo Sie mit dem Verlegen beginnen wollen, im rechten Winkel zueinander auf dem Boden. Schlagen Sie die Nägel nicht fest ein, damit Sie sie wieder entfernen können ohne die Fliesen zu beschädigen. Bei festen Böden Stahlnägel verwenden.

### *Die Randfliesen schneiden*

*Auf die letzte ganze Fliese einer Reihe eine zweite Fliese legen, und darauf eine dritte, die mit einer Kante an die Fußleiste stößt. Auf die mittlere Fliese entlang der Kante der oberen Fliese eine Linie ziehen und die Fliese an dieser Linie zerschneiden. Der freiliegende Teil der mittleren Fliese paßt genau in den Zwischenraum zwischen der letzten ganzen Fliese und der Fußleiste.*

### *Keramikfliesen verlegen*

Verteilen Sie genügend Fliesenkleber in dem Winkel zwischen den Holzleisten, so daß etwa 1 $m^2$ bedeckt ist, und verteilen Sie ihn mit einem Zahnspachtel oder einer Traufel. Drücken Sie die gezahnte Kante des Schabers gegen den Boden, so daß ein gleichmäßiges, gerilltes Klebebett entsteht.

Die erste ganze Fliese gegen die Holzleisten fest in das Klebebett drücken. Eine Fliese neben der anderen entlang der Holzleiste bis zum Ende des Klebebettes verlegen. Verwenden Sie Fugenhölzer um gleichmäßige Zwischenräume zu erhalten.

Eine zweite Reihe entlang der anderen Holzleiste verlegen. Dann die L-Form mit weiteren Fliesen füllen, bis die ganze Fläche verlegt ist. Während der Arbeit ab und zu mit einer Wasserwaage kontrollieren, ob alle Fliesen waagrecht liegen und darauf achten, daß die Reihen in beiden Richtungen gerade und parallel verlaufen. Wenn die Fliesen erst verfugt sind, treten selbst die kleinsten Diskrepanzen zutage.

Einen weiteren Abschnitt mit Fliesenkleber bedecken und weitere Fliesen verlegen. Die Holzleisten falls erforderlich verschieben. Fortfahren, bis Sie die Tür erreicht haben. Den Fliesenkleber über Nacht trocknen lassen.

Bevor Sie mit der Arbeit fortfahren, die Holzleisten entfernen. Die schmalen Randfliesen eine nach der anderen schneiden (siehe Abbildung links unten). Den Fliesenkleber auf die Rückseite jeder geschnittenen Fliese auftragen und die Fliese auf den Kleber legen und gegen die Fußleiste drücken.

Wenn eine der Randfliesen an ein Hindernis wie einen Türrahmen stößt, schneidet man am besten den Türrahmen an dieser Stelle aus und schiebt die Fliese darunter. Sie können auch mit Hilfe eines Profilmeßgerätes eine Schablone anfertigen, das Profil auf der

Fliese einzeichnen und mit dem Fliesenschneider oder der Fliesensäge ausschneiden. Wenn Rohre im Weg sind, die Fliese U-förmig einschneiden. Die neu verlegten Bereiche am Rand über Nacht trocknen lassen.

### *Verfugen*

Beginnen Sie in der gleichen Ecke wie beim Verlegen, pressen Sie den Fugenfüller mit einem elastischen Schaber in die Fugen. Überschüssigen Fugenfüller laufend abstreifen. Mit einem abgerundeten Holzstab die Fugen entlangfahren, um den Fugenfüller glattzustreichen. Wenn er sich gesetzt hat, die Fliesen mit einem feuchten Tuch abwischen und polieren.

### *Bruchsteinfliesen in Mörtel verlegen*

Probeweise eine Reihe von fünf oder sechs Fliesen einschließlich Fugenhölzern an den Holzleisten entlang auf den Boden legen und eine dritte Holzleiste im rechten Winkel anschließen, so daß die Fläche ein Rechteck ergibt. Die Fliesen wieder wegnehmen.

Fertigen Sie einen gezahnten Spachtel an, mit dem Sie zwischen den parallelen Holzleisten den Mörtel verstreichen können. Messen Sie, wie hoch das Mörtelbett sein muß, damit die Oberfläche der Fliesen mit der Oberkante der Holzleisten abschließt. Den Mörtel auftragen und mit dem Spachtel gleichmäßig zwischen den Holzleisten verteilen.

Die erste Fliese in einen Winkel von zwei Holzleisten auf den Mörtel legen. Die erste Reihe Fliesen daran anschließend, bis zur dritten Holzleiste verlegen. Die nächsten Reihen verlegen, bis die eingegrenzte Fläche gefüllt ist. Mit einer Wasserwaage kontrollieren, ob die Fliesen waagerecht liegen und mit der Oberkante der Holzleisten abschließen.

Die dritte Holzleiste entfernen und parallel zur Kante der letzten Fliesenreihe befestigen, so daß ein neues Rechteck entsteht. Das Rechteck mit Mörtel auffüllen und weitere Fliesen verlegen, dabei die Kanten der bereits verlegten Fliesen als Richtlinie verwenden. Fortfahren bis alle Fliesen verlegt sind. Den Mörtel über Nacht trocknen lassen. Am nächsten Tag die Randfliesen wie oben beschrieben verlegen und den Fugenfüller auftragen.

Wenn Sie die Bruchsteinfliesen lieber mit Fliesenkleber verlegen, können Sie wie bei Keramikfliesen beschrieben vorgehen.

# HOLZFUSSBÖDEN ABSCHLEIFEN

*Wenn Ihr Holzdielenfußboden noch einigermaßen instand ist, könnten Sie, anstatt einen Bodenbelag zu verlegen, die Dielen blank lassen und Teppiche auf den Boden legen. Sie müßten nur die Oberfläche abschleifen und Flecken oder schadhafte Stellen entfernen und den Boden mit mehreren Schichten Firnis versiegeln.*

### *Werkzeuge und Ausrüstung*

Die einzigen Spezialwerkzeuge, die Sie benötigen, sind zwei elektrische Schleifmaschinen, die Sie sich ausleihen können. Die große Schleifmaschine gleicht einem zylinderförmigen Rasenmäher, um dessen Trommel grobkörniges Schleifpapier gespannt wird. Während die Maschine arbeitet, saugt sie einen großen Teil des abgeschliffenen Materials ab. Mit der kleineren Schleifmaschine bearbeitet man die Ecken und Ränder des Bodens, die man mit der großen Maschine nicht erreichen kann. Als kleinere Maschine kommt eine Bandschleifmaschine oder eine Trommelschleifmaschine in Frage. Die Bandschleifmaschine ist vorzuziehen, weil sie keine Kratzspuren quer über die Holzmaserung hinterläßt.

Wenn Sie die Maschinen abholen, lassen Sie sich genau erklären, wie man sie bedient. Kaufen Sie eine ausreichende Menge Schleifpapier und -bänder mit grober, mittlerer und feiner Körnung. Es ist üblich, daß man den nicht gebrauchten Rest zurückgeben kann.

### *Den Fußboden vorbereiten*

Alle Nägel so einschlagen, daß die Köpfe mindestens 3 mm im Holz versenkt sind. Lose Dielen dadurch sichern, daß man gekürzte Nägel dicht neben existierenden Nägeln einschlägt, um zu verhindern, daß versehentlich Rohre oder Kabel verletzt werden. Wenn sich eine Diele verworfen hat, Schrauben mit Konter-

*Der Fußboden wurde mit mehreren Schichten Firnis versiegelt und nach jeder Schicht mit Sandpapier abgeschmirgelt, damit er seidig schimmert und strapazierfähiger wird. Seine Farbe hat den gleichen, warmen Holzton wie die Holzvertäfelung, die Fenster und die Türen dieses attraktiven Speisezimmers.*

mutter verwenden, um sie zu verfestigen.

Gespaltene oder beschädigte Dielen durch neue ersetzen. Bei Dielen mit Nut- und Federverbindung die Federn an den Nahtstellen mit einer Kreissäge durchschneiden. Die Diele an einem Ende mit einer Brechstange anheben, dabei ein Stückchen Holz unterlegen, um die angrenzende, heile Diele zu schützen. Eine neue Diele schneiden und einfügen.

Den Fußboden kehren, die Tür schließen, die Ritzen von innen rund herum mit Abklebeband abdichten, damit der Staub nicht in die anderen Räume eindringen kann. Die Fenster öffnen und für gute Durchlüftung sorgen.

### *Den Fußboden abschleifen*

Das grobkörnige Schleifpapier um die Trommel der Schleifmaschine spannen. Mit dem Schleifen in einer Ecke des Raumes beginnen und diagonal schleifen, damit beim Schleifen keine Höhenunterschiede zwischen den Dielen entstehen. An der gegenüberliegenden Ecke kehrt machen und die gleiche Bahn noch einmal schleifen. Die beiden dreieckigen Raumflächen auf die gleiche Art und Weise schleifen. Vorsicht bei der Fußleiste. Das Schleifpapier je nach Bedarf erneuern.

Danach den Boden mit dem etwas feineren Schleifpapier parallel zur Richtung der Dielen schleifen, bei jeder Bahn hin- und zurückgehen und so dicht wie möglich an die Fußleiste herangehen ohne sie zu beschädigen. Danach feinkörniges Schleifpapier einspannen und die Prozedur wiederholen. Von Zeit zu Zeit den Staubbeutel leeren und den Boden mit dem Staubsauger absaugen.

### *Die Ränder schleifen*

Zum Schluß die Ränder und alle Stellen, die Sie mit dem Trommelschleifer nicht erreichen konnten, mit der kleineren Schleifmaschine bearbeiten. Auch hier mit allen drei Sorten Schleifpapier arbeiten. Zum Schluß die kleinen Stellen, die mit keiner Maschine zu erreichen sind, von Hand schleifen.

Wenn Sie mit dem Resultat zufrieden sind, den Boden kehren und gründlich absaugen, besonders auf die Ritzen zwischen den Dielen, die Ecken und andere Hohlräume achten. Ein sauberes Tuch, in Terpentinersatz tauchen und die Dielen abwischen.

### *Den Boden versiegeln*

Den ersten Firnisanstrich mit Terpentinersatz mischen, im Verhältnis 9:1. Den Grundanstrich mit einem Tuch auftragen. Trocknen lassen. Um den Boden für die nächste Firnisschicht vorzubereiten, die Oberfläche leicht mit feinem Sandpapier über einem Schleifklotz glätten. Mit einem in Terpentinersatz getränkten Lappen abreiben, um alle Staubreste zu entfernen. Zwei weitere Schichten reinen Firnis mit dem Pinsel auftragen. Nach dem zweiten Auftrag mit Sandpapier glätten.

### *Sicherheitsvorkehrungen beim Schleifen von Holzböden*

- *Beim Schleifen eines Fußbodens stets eine Gesichtsmaske tragen, um zu verhindern, daß Sie den feinen Holzstaub einatmen.*
- *Es bleibt Ihnen überlassen, Ohrenschützer gegen den Lärm und eine Schutzbrille zu tragen.*
- *Verkleben Sie während der Arbeit die Türritzen von innen mit Abklebeband, damit sich der feine Holzstaub nicht in den übrigen Räumen ausbreitet. Die Fenster beim Arbeiten weit öffnen.*
- *Die Maschine nie starten, wenn die Trommel Bodenkontakt hat, sie würde unkontrolliert wegspringen.*
- *Die Schleifmaschine sofort stoppen, wenn das Schleifpapier reißt, da sonst die Maschine beschädigt werden könnte.*

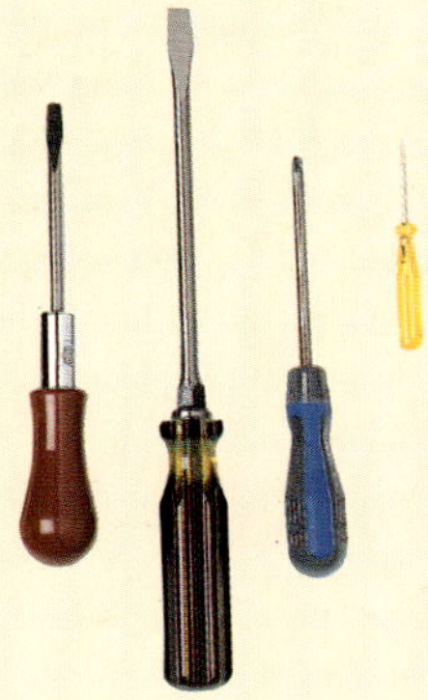

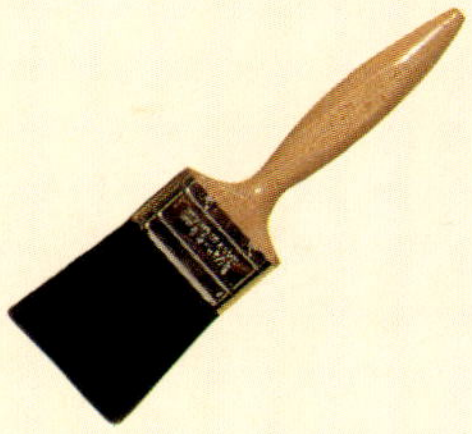

VERGLEICHE AUCH DIE SEITE:
HOLZFUSSBÖDEN SCHABLONIEREN 111

# Kork- und Vinylfliesen verlegen

*Wenn Sie keine Erfahrung mit dem Verlegen von Fußbodenbelägen haben, ist es wahrscheinlich leichter für Sie, Fliesen statt Meterware zu verlegen. Wenn man Hindernisse umgehen muß, ist es leichter, die kleineren Fliesen zurechtzuschneiden und es fällt weniger Abfall an. Kork- und Vinylfliesen können auf massiven Holzfußböden und auf Holzböden, die auf Balken ruhen, verlegt werden, vorausgesetzt die Oberfläche ist glatt und in gutem Zustand. Andernfalls müßten Sie die Dielen mit Hartholzplatten belegen oder bei massiven Böden mit Zementestrich.*

*Ein Boden aus Korkfliesen ist ein warmer, praktischer Belag für einen Küchenboden. Wenn Sie Korkfliesen ohne Vinylbeschichtung verwenden, müssen Sie mehrere Schichten matten Firnis auftragen, um den Boden strapazierfähig zu machen.*

### *Werkzeuge und Materialbedarf*

Alles, was Sie brauchen, um Kork- oder Vinylfliesen zu verlegen, sind ein paar einfache Werkzeuge und Fliesenkleber.

**Fliesenkleber** wird fertiggemischt in Tuben verkauft, meist zusammen mit einem Zahnspachtel. Nehmen Sie einen wasserlöslichen Kleber für Korkfliesen; und einen Vinylacrylkleber für vinylbeschichtete Korkfliesen. Für Vinylfliesen eignet sich eine Klebeemulsion am besten. Sie können sie mit einem alten Pinsel auftragen.

**Eine Versiegelung** ist nur erforderlich, wenn sie unversiegelte Korkfliesen verwenden. Nehmen Sie gewöhnlichen Polyurethanfirnis oder ein Spezialmittel für Fußböden.

**Eine Kreidelinie,** quer über den Raum gezogen, von Fußleiste zu Fußleiste, ist eine praktische Richtschnur für das Verlegen von Fliesen.

**Ein Metermaß,** ein Haushaltsmesser und ein Stahllineal sind wichtig zum Markieren und Schneiden von Fliesen an Außenkanten.

**Ein Profilmeßgerät** erleichtert das Schneiden der Fliesen, wenn komplizierte Hindernisse wie Türrahmenprofile oder Rohre im Weg sind. Statt dessen können Sie auch eine Musterschablone aus Pappe schneiden.

### *Den Unterboden vorbereiten*

Unebene oder stark abgenutzte Dielen kann man mit Hartfaserplatten als Unterboden belegen, die glatte Seite nach oben. Die Platten werden mit Nägeln entlang der Kanten im Abstand von 15 cm und quer über die Mitte befestigt. Zwischen den Platten und an den äußeren Rändern einen Abstand von 3 mm freilassen.

Bei massiven Böden mit rauher oder unebener Oberfläche große Risse oder Löcher mit Mörtel füllen, dann einen Zementestrich auftragen. Man kauft ihn in Pulverform, mischt ihn mit Wasser und gießt ihn auf die Bodenfläche. Die Masse mit einem Reibebrett aus Stahl verteilen – sie sollte 3 mm stark sein. Trocknen lassen.

### *Das Layout planen*

Ein gefliester Boden schaut am besten aus, wenn das Layout zentriert ist, vor allem dann, wenn man ein Muster aus verschiedenen Fliesen verwendet. Wenn das Layout von der Mitte des Raumes ausgeht, bleibt am äußeren Rand ein gleichmäßig schmaler Rand für geschnittene Fliesen. Die Mitte des Raumes (wie unten beschrieben) mit Hilfe von Bindfäden und Kreide markieren. Die Fliesen probeweise auf den Boden legen und herausfinden, wo man am besten mit dem Verlegen beginnt, damit man an Türen oder Kaminvorsprüngen keine zu schmalen Streifen schneiden muß. Die mit Kreide eingeriebenen Bindfäden auf den Boden schnappen lassen, wodurch sich zwei weiße Linien auf dem Boden abzeichnen, die als Richtlinien für das Verlegen dienen sollen. Die Bindfäden entfernen.

**Das Layout zentrieren**

*In einem einigermaßen gleichmäßigen Raum die Mitte der gegenüberliegenden Wände mit einem an der Fußleiste befestigten Bindfaden verbinden. Von der Mitte des Raumes in jeder Richtung probeweise Fliesen bis zu den Wänden legen, um zu errechnen, wie viele Fliesen benötigt werden. Wenn zwischen der letzten Fliese und der Wand nur ein schmaler Streifen übrigbleibt, den Bindfaden, der parallel mit der Wand verläuft, um eine halbe Fliese näher an die Wand verlegen und die Fliesen neu verteilen. Wenn der Zwischenraum größer als eine halbe Fliese ist, den Bindfaden etwas weiter von der Wand wegbewegen und den Zwischenraum vergrößern, so daß eine ganze Fliese hineinpaßt.*

### *Die Fliesen verlegen*

Den Fliesenkleber auf einem Rechteck, im Schnittpunkt der Linien beginnend, verstreichen. Bei einem Kleber für Korkfliesen einen Zahnspachtel verwenden. Bei einer Kleberemulsion für Vinylfliesen einen alten Pinsel benutzen.

Die erste Fliese in der Mitte des Raumes dicht an den Markierungslinien verlegen; mit der Handfläche fest auf den Boden drücken. Denken Sie daran, daß bei unversiegelten Korkfliesen eine Seite glatter ist als die andere; die rauhere Seite ist die untere.

Fahren Sie mit dem Verlegen entlang der Kreidelinien fort, bis das mit Kleber bedeckte Rechteck fertig ist. Eine weitere Fläche mit Klebstoff bestreichen und mit dem Verlegen fortfahren, bis das erste Viertel des Raumes fertig ist und Sie sich von rückwärts der Tür nähern. Knieen Sie auf einem schmalen Holzbrett, damit Sie die bereits verlegten Fliesen nicht verschieben.

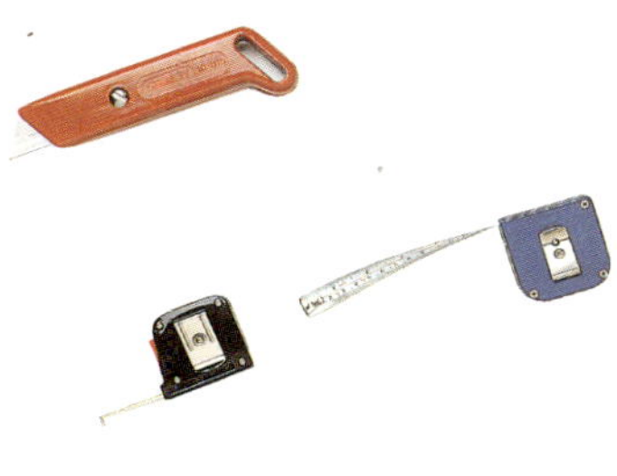

### *Die Randstreifen verlegen*

Die Fliesen, die den Randstreifen bis zur Fußleiste füllen sollen, markieren – wie bei Keramikfliesen beschrieben (siehe Seite 142).

Die Fliesen mit Hilfe des Lineals mit dem Haushaltsmesser schneiden. Ein wenig Kleber auf dem Boden verteilen, die Fliese hineindrücken. Die Prozedur wiederholen, bis der Rand ausgefüllt ist. Falls die Lücke zwischen Fußleiste und Boden noch nicht ganz geschlossen ist, den Zwischenraum mit einer schmalen Profilleiste schließen. Die Kante der Fliesen mit einer flachen Schwelle verdecken.


VERGLEICHE AUCH DIE SEITEN:

| | |
|---|---|
| FLIESENLEGERWERKZEUGE | 135 |
| FUSSBÖDEN VERFLIESEN | 142 |

# VINYLBAHNEN VERLEGEN

*Ein Vinylbodenbelag ist ideal für Küche und Bad, wo sich vergossene Flüssigkeiten und Spritzer nicht vermeiden lassen. Außerdem ist Vinyl ein preiswerter Bodenbelag für Dielen und Kinderzimmer. Zum Verlegen brauchen Sie keine Spezialwerkzeuge – nur eine Art Apparatur, die Sie selbst basteln können.*

*Vinylbelag gibt es in den verschiedensten Preislagen. Die besten Qualitäten gleichen hochwertigen Fliesen oder Fertigparkettböden – auch was die Preise anbetrifft. Die Vorteile beim Vinylbelag sind, daß es keine Nahtstellen gibt, durch die Wasser in den Boden eindringen könnte, was ihn besonders für Badezimmer zum idealen Bodenbelag macht.*

### Den Fußboden vorbereiten

Vinyl kann auf massiven Betonböden und auf Holzböden, die auf Balken ruhen, verlegt werden. Bereits existierende Fußbodenbeläge entfernen (fest klebende Fliesen jeder Art und fest verlegtes, sonstiges Material in Bahnen muß nicht entfernt werden). Bei Holzböden, die auf Balken ruhen, alle Nagelköpfe versenken, denn die Oberfläche muß absolut plan sein; wenn der Boden uneben oder gespalten ist, müssen darüber Hartfaserplatten als Unterboden verlegt werden. Staubige Betonböden mit einem verdünnten Vinylbindemittel versiegeln; unebene Betonböden brauchen einen Estrichbelag.

### Die Bahnen auslegen

Eine Bahn parallel zur längsten, geraden Wand, die keine großen Hindernisse aufweist, ausrollen und mit einer Kante bis an die Fußleiste schieben. Die kurzen Enden dürfen locker gegen die Wände gelehnt sein. Dann schieben Sie die Vinylbahn 2,5 cm von der Fußleiste weg und drücken Ihr Kopierhilfsgerät im rechten Winkel gegen die Fußleiste, so daß der Kugelschreiber am anderen Ende der Holzleiste auf der Vinylbahn aufliegt. Die Holzleiste an der Fußleiste entlangführen, so daß der Kugelschreiber das Profil der Fußleiste auf die Vinylbahn zeichnet.

### Wie man ein Kopierhilfsgerät anfertigt

*Mit diesem Gerät wird das Profil der Fußleiste an der Längskante der Vinylbahn eingezeichnet, damit der ausgeschnittene Bodenbelag genau an der Fußleiste anschließen kann. Man braucht nur ein kleines Stück Vierkantholz mit 5 cm x 2,5 cm Durchmesser und 10 cm Länge. Etwa 2,5 cm von einem Ende entfernt ein Loch bohren, in das ein Kugelschreiber paßt. Den Kugelschreiber durch das Loch stecken und mit dem Gerät das Profil der Fußleiste auf der langen Kante der Vinylbahn markieren.*

### Nach Maß ausschneiden

Die Vinylbahn mit einem scharfen Haushaltsmesser entlang der eingezeichneten Linie ausschneiden. Dicht an die Wand schieben und prüfen, ob die Kante genau anschließt oder nachgebessert werden muß.

An den anderen drei Wänden das Material so zuschneiden, daß es etwa 5 cm an den Fußleisten hochsteht. Zum Schluß die Feinheiten nachbessern. Lassen Sie an den Türöffnungen reichlich Material übrig, so daß der Bodenbelag bis zur Mitte der Schwelle reicht.

### *Wie man mit Ecken umgeht*

An den Raumecken muß man vorsichtig nach und nach das überschüssige Material abschneiden: Man drückt den Belag so gut es geht flach auf den Boden und schneidet quer über die Ecke, und zwar so lange bis der Belag glatt auf dem Boden liegt. Nicht zuviel auf einmal abschneiden – Abgeschnittenes kann man nicht mehr anfügen.

Ecken, die in den Raum hineinragen, zum Beispiel bei Kaminen, mit besonderer Sorgfalt schneiden. Die Bahn fest in den Winkel drücken, den überschüssigen Belag zurückklappen, auf der Unterseite die Ecke markieren und wieder zurückklappen. Von der Seite des überschüssigen Materials her bis zu der Markierung in einem Winkel von 45 Grad vorsichtig einschneiden, so lange bis der Belag auf beiden Seiten der Ecke flach auf dem Boden liegt und das überschüssige Material sich an der Fußleiste hochschiebt.

### *Der Feinschnitt*

Beginnen Sie auf der Seite der Wand, wo Sie anfangs das Wandprofil auf den Vinylbelag eingezeichnet haben. Den Vinylbelag mit dem Lineal so fest wie möglich in den Winkel zwischen dem Boden und der Fußleiste drücken. Die Messerklinge durch den Vinylbelag stechen und das Messer am Lineal entlangziehen. Leicht schräghalten, so daß man mit den Fingerknöcheln nicht gegen die Fußleiste stößt. Die Prozedur an allen übrigen Kanten wiederholen und das überschüssige Material rundherum abschneiden.

### *Die Kanten verkleben*

Zum Verkleben der Kanten Bodenkleber oder doppelseitig klebendes Band verwenden. Die Kanten nach und nach hochheben, Kleber auf dem Boden verstreichen oder Klebeband auf den Boden kleben. Die Kanten rund herum fest auf den Boden drücken. An der Türöffnung beginnen und eine Profilleiste als Schwelle quer über der Türöffnung befestigen. Die Prozedur an allen Kanten wiederholen.

### *Eine Musterschablone verwenden*

*In Badezimmern wird man häufig mit dem unangenehmen Problem konfrontiert, um die Konsolen des Waschbeckens und um die Toilette herumschneiden zu müssen. Am besten fertigen Sie sich zu diesem Zweck eine Musterschablone an.*

*Kleben Sie ein paar Papierbögen zusammen und befestigen Sie sie, 5 cm von der Fußleiste entfernt, mit Klebeband auf dem Boden des Badezimmers. Schneiden Sie das Papier mit der Schere aus, so daß es einigermaßen um Konsolen und sonstige Hindernisse paßt. Dann zeichnen sie mit Ihrem Kopierhilfsgerät (siehe oben) den genauen Grundriß des Raumes einschließlich aller Hindernisse auf das Papier auf.*

*Nehmen Sie das Papiermuster vom Boden auf, legen Sie es auf die in einem anderen Raum ausgerollte Vinylbahn und zeichnen Sie die Umrisse auf dem Vinylbelag ein, und zwar umgekehrt wie oben beschrieben: Folgen Sie den Umrissen auf dem Papier mit dem glatten Ende der Kopierhilfe, und der Kugelschreiber zeichnet die Linie auf der Vinylbahn ein. Schneiden Sie das Vinyl mit einem Messer oder einer Schere nach der Vorlage aus – mit der Schere ist es leichter, einen Bogen zu schneiden. Wenn Sie eine Öffnung für eine Konsole ausschneiden, machen Sie zuerst einen geraden Schnitt von der Kante des Materials aus, so daß sich die beiden losen Enden hinter dem Sockel wieder schließen.*

### *Kreative Tips*

- *Bei schwierigen Hindernissen wie Türrahmen ein Profilmeßgerät verwenden, das den Umriß des Türrahmens aufzeichnet und auf das Material überträgt.*
- *Wenn Rohre den Fußboden durchbrechen, das Material von der Kante her im rechten Winkel bis zum Rohr durchschneiden und einen Kreis ausschneiden, der dem Durchmesser des Rohres entspricht.*
- *Wenn Sie an einer Kante zuviel abgeschnitten haben, verbergen Sie den Fehler mit einer Profilleiste, die Sie zwischen Unterkante der Fußleiste und den Bodenbelag schieben und in der Farbe der Fußleiste bemalen.*
- *Legen Sie den Vinylbelag 48 Stunden vor dem Verlegen in den betreffenden Raum, damit er sich akklimatisieren kann. Rollen Sie die Bahn auf und legen Sie sie flach auf den Boden (schlagen Sie sie ein- oder zweimal quer über die Breite zusammen) oder rollen Sie ihn mit der Außenseite nach innen locker zusammen und stellen die Rolle auf.*
- *Ein Bodenbelag aus Vinyl ist auch für das Spielzimmer oder das Kinderzimmer eines Kleinkindes sehr praktisch. Man kann den Bodenbelag durch einzelne, weiche Brücken ergänzen.*
- *Ein Vinylbelag bekommt natürlich auch Flecke, aber sie fallen weniger auf, wenn der Belag ein texturiertes Muster hat.*
- *Bei einem Raum mit unregelmäßigem Grundriß ist es praktischer, Vinylfliesen zu verwenden, die sich leichter zurechtschneiden lassen. Man kann auch in der Mitte des Raumes einen größeren Vinylblock im Stück verlegen und ihn rundherum durch Vinylfliesen ergänzen – vielleicht in einem Karomuster oder einem anderen geometrischen Muster.*
- *Räumen Sie den Raum vor Beginn der Arbeit völlig aus, denn es ist unmöglich, um Möbel herumzuarbeiten.*

VERGLEICHE AUCH DIE SEITE:
KORK- UND VINYLFLIESEN VERLEGEN 146

# TEPPICHBÖDEN VERLEGEN

*Das Grundgewebe der meisten Teppichböden ist aus Jute; man verlegt sie auf einer separaten Unterlage und spannt sie mit Nagelschienen von Wand zu Wand. Teppiche mit Schaumstoffrücken, die mit einem Grundmaterial verklebt sind, werden lose verlegt, nur die Ränder werden mit doppelseitig klebendem Band, Stahlstiften oder Heftklammern befestigt – was natürlich viel einfacher ist. Wenn Sie Ihren ersten Teppich verlegen, sollten Sie sich einen kleinen Raum vornehmen, vielleicht ein Schlafzimmer, in dem es wenige Hindernisse gibt und kaum schwierige Schneide- und Verlegemanöver erforderlich sind.*

*Ein gemusterter Kokosbelag wird genauso verlegt wie ein Teppichboden mit einem Grundgewebe aus Jute. Hier verbindet der originelle und außerordentlich haltbare Bodenbelag Arbeitszimmer, Treppe und Schlafzimmer.*

***Was Sie brauchen***

Um Teppiche mit Schaumstoffrücken zu verlegen, brauchen Sie nur wenige Werkzeuge – ein Metermaß, ein scharfes Teppichmesser, doppelseitig klebendes Band und einen Tacker. Für einen Teppich mit einem Grundgewebe aus Jute müßten Sie sich ein Spezialwerkzeug – einen Knieschützer – leihen oder kaufen, mit dessen Hilfe man den Teppich von Wand zu Wand spannt, und Nagelschienen, an denen man die Teppichkanten befestigt. Um die Schienen zu schneiden und am Teppich zu befestigen, brauchen Sie einen Fuchsschwanz, einen Hammer oder Holzkleber. Und schließlich brauchen Sie noch eine kleine Bügelsäge, um die Metallschienen für die Türschwelle zu schneiden.

***Teppich mit Schaumstoffrücken verlegen***

Den alten Belag entfernen und den Boden wie üblich vorbereiten (siehe Seite 142). Danach eine Unterlage aus kräftigem, braunen Packpapier oder eine spezielle Glasfaserunterlage auf den Boden legen, die verhindert, daß Staub vom Boden in den Teppich eindringt oder daß die Schaumstoffschicht unter Möbeln oder an stark beanspruchten Stellen am Boden festklebt. Die Unterlage auf den Boden legen, etwa 5 cm von der Fußleiste entfernt, und mit Heftklammern befestigen.

Das doppelseitig klebende Band rund um den Raum auf den Boden kleben und den Papierstreifen auf der Oberseite vorläufig noch nicht entfernen.

### *Einen Teppichboden mit Schaumstoffrücken befestigen*

Den Teppichboden parallel zur längsten Wand des Raumes ausrollen. Die Kante soll mit der Fußleiste abschließen. Die Kanten an der gegenüberliegenden Wand und an den Seitenwänden biegen sich an der Fußleiste leicht nach oben. An diesen drei Wänden die überschüssige Länge auf 7,5 cm reduzieren. An den beiden Ecken des Teppichs an der gegenüberliegenden, langen Wand einen Schnitt quer über die Ecken machen, bis der Teppich flach auf dem Boden liegt.

Die erste Kante des Teppichs an dem Klebeband befestigen. Den Papierstreifen entfernen und die Teppichkante fest andrücken. Den Teppich von der langen Wand aus zur gegenüberliegenden Wand durch kleine schlürfende Schritte glattstreichen und das überschüssige Material abschneiden. Den Teppich mit einem Metall-Lineal fest in den Winkel zwischen Boden und Fußleiste drücken und mit dem Messer abschneiden.

Den Teppich von der Mitte aus zu beiden Seiten, wie oben beschrieben, glattstreichen und das überschüssige Material abschneiden. Den Papierstreifen von dem Klebestreifen an den drei anderen Wänden abziehen und die Teppichkanten fest andrücken.

### *Einen Teppichboden mit Juterücken verlegen*

Die Nagelschienen an den Wänden entlang auf den Boden kleben oder nageln, etwa 1 cm von der Fußleiste entfernt.

Die Unterlage schneiden und bis zu den Schienen mit Heftklammern auf dem Boden befestigen, damit sie beim Verlegen des Teppichs nicht verrutscht.

### *Einen Teppichboden mit Juterücken verlegen*

Den Teppich ausrollen, die Ränder an den Fußleisten hochkriechen lassen. Das überschüssige Material rund herum bis auf 7,5 cm abschneiden. An den vier Raumecken »Befreiungsschnitte« quer über die Ecken machen, damit der Teppich flach liegen kann. An Ecken, die in den Raum hineinragen, wie Kamine, Schnitte im rechten Winkel zur Teppichkante machen, so daß sich das lose Stück des Teppichs zurückklappen läßt. Nicht vergessen, an Türen genug Material stehenzulas-

sen, damit der Teppichboden bis zur Mitte der Schwelle reicht. Wenn der Teppich flach liegt, die erste lange Kante mit dem Haushaltsmesser schneiden – das Messer dabei schräg halten. Den Teppich ein ganz klein wenig zu groß schneiden.

Den Teppich auf die Haken der Schiene drücken und die Kante mit einem sauberen Breiteisen in den Zwischenraum zwischen Schiene und Wand drücken. Dann mit Hilfe des Knieschützers den Teppich an der angrenzenden Wand bis zur nächsten Ecke spannen. Die Kante wie oben beschrieben schneiden und befestigen.

Die Spannprozedur wiederholen: Von der Ecke zwischen den beiden bereits befestigten Kanten diagonal über die Fläche arbeiten und den Teppich an den Schienen der gegenüberliegenden Ecke befestigen.

Zum Schluß den Teppich von der Diagonalen zu den beiden noch freien Kanten spannen und ihn an den Schienen befestigen. Das überschüssige Material abschneiden und die Kanten in den Zwischenraum zwischen Schienen und Wand drücken.

### *Kreative Tips*

❍ *Denken Sie an Ihre Lebensgewohnheiten, wenn Sie einen Teppichboden auswählen. Wer auf dem Lande wohnt, ist gut beraten, wenn er an die morastigen Stiefel denkt, die vielleicht darüberlaufen. Sicherlich haben Sie keine Lust, stundenlang auf Knien und Händen den Schmutz vom Teppich zu entfernen. Erstaunlich, daß Schmutz bei dunklen, einfarbigen Teppichen – zum Beispiel in tiefem Königsblau – mehr auffällt als bei einfarbigen, hellen.*

❍ *Damit Sie bei der Ausstattung mehr Freiheit haben, wählen Sie einen Teppich in einer neutralen Farbe und kombinieren Sie ihn mit Dhurries und farbigen Teppichen.*

❍ *Wenn Ihnen ein Malheur passiert ist und Sie ein Stück des Teppichs ersetzen müssen, schneiden Sie ein rundes Loch (bei viereckigen Löchern heben sich die Ecken) aus einer Stelle des Teppichs heraus, die sich mit einem Möbelstück verdecken läßt.*

❍ *Wenn Sie einen Teppich in der Diele verlegen, könnten Sie gleichzeitig eine Fußmatte im Bereich der Eingangstür einarbeiten. Das ist praktischer als eine Matte auf den Teppich zu legen.*

❍ *Bevor Sie einen scheußlichen, alten Teppich wegwerfen, überlegen Sie, ob Sie ihn nicht umdrehen könnten – häufig ist das Grundgewebe aus Jute, die sich ganz gut als Unterlage für Teppiche oder Dhurries eignet.*

❍ *Wenn Sie umgezogen sind und Ihr Lieblingsteppich ist zu klein, könnten Sie einen gemusterten Teppich mit einer einfarbigen Bordüre umranden und einen einfarbigen Teppich mit einer gemusterten Bordüre.*

VERGLEICHE AUCH DIE SEITEN:
BODENBELÄGE 140
FUSSBÖDEN VERFLIESEN 142

# Mosaik-Fertigparkett verlegen

*Mosaik-Fertigparkett – quadratische Platten, belegt mit schmalen Hartholzriemen im Würfelmuster – ist eine amüsante Alternative zu Hartholzriemen und den hellen Kiefernholzdielen, die einst mit nassem Sand gescheuert wurden. Es wird in diversen, attraktiven Harthölzern hergestellt und läßt sich leicht verlegen.*

### Was Sie brauchen

Um Mosaik-Fertigparkett zu verlegen, brauchen Sie: Kleber und einen Pinsel oder Spachtel zum Auftragen, Bindfaden und Kreide, um gerade Linien zu ziehen, ein Stahlband-Metermaß, ein Haushaltsmesser, einen Fuchsschwanz oder eine elektrische Bogensäge, einen zusammenklappbaren Arbeitstisch, Schleifpapier nebst Schleifklotz oder eine elektrische Schleifmaschine, Firnis (für unversiegelte Hölzer), ein paar fusselfreie Tücher und einen Malerpinsel.

### Errechnen des erforderlichen Materials

Informieren Sie sich über die Maße der Holzplatten, die Sie verlegen möchten; die meisten sind 30 $cm^2$ oder 45 $cm^2$ groß. Zeichnen Sie sich einen Grundriß des Raumes und rechnen Sie aus, wie viele Reihen Platten erforderlich sind, um den Boden zu bedecken, und wie viele Platten eine Reihe hat. Multiplizieren Sie die beiden Zahlen und addieren Sie 5 % für Verschnitt dazu. Schätzen Sie, wie viele Platten Sie für schwierige Stellen wie Erkerfenster brauchen und zählen Sie jede angeschnittene Platte als eine ganze.

### Den Unterboden vorbereiten

Den Unterboden wie für das Verlegen von Vinylbahnen (siehe Seite 148) vorbereiten. Entscheiden Sie sich, ob Sie die Fußleiste abmontieren und nach dem Verlegen des Parketts wieder anbringen möchten oder ob Sie mit der Fußleiste an Ort und Stelle arbeiten möchten. Kürzen Sie die Unterkante der Türen, so daß sie auch bei der neuen Bodenhöhe genügend Abstand haben.

Markieren Sie den Anfangspunkt in der Mitte des Raumes auf die gleiche Art und Weise wie beim Verlegen von Korkfliesen (siehe Seite 146). Auf diese Art und Weise kann man davon ausgehen, daß die Platten am äußeren Rand des Raumes gleich breit sind, obwohl das bei Parkettböden nicht immer so auffällt wie bei gemusterten Vinylfliesen.

*Tafeln aus Fertigparkett als Imitation echter Parkettböden gibt es hauptsächlich in Fischgrät- und Würfelmustern. Parkettböden aus Hartholz, wie hier abgebildet, waren aus Massivholz, während die heutigen Fertigparkett-Tafeln meist furniert und daher leichter – auch leichter zu verlegen – sind.*

### *Die Platten verlegen*

Wenn Sie das Layout beendet haben, verteilen Sie Klebstoff im ersten Abschnitt, den Sie verlegen wollen und der am weitesten von der Tür entfernt ist. Die erste Platte auf den Kleber drücken und mit einem Hammer anklopfen, damit die Platte rundherum gut haftet. Zwischen Hammer und Parkett zum Schutz der Oberfläche ein Stückchen Holz legen. Mit dem Verlegen von der Mitte zu den Außenkanten fortfahren und ein Feld nach dem andern verlegen. Darauf achten, daß die Kanten dicht aneinanderstoßen und die rechten Winkel exakt eingehalten werden; ein kleiner Fehler kann sich am Ende einer Reihe leicht zu großen Fehlern akkumulieren. Wenn Kleber aus Versehen auf das Holz tropft, sofort abwischen. Wenn er bereits begonnen hat zu trocknen, mit Stahlwolle und Terpentinersatz entfernen.

### *Das Verlegen an der Peripherie des Raumes*

Wenn alle ganzen Platten verlegt sind, mit dem Verlegen der geschnittenen Platten am äußeren Rand und um die Hindernisse herum beginnen. Wenn die Platten nur kleiner geschnitten werden müssen, den Zwischenraum zwischen der letzten ganzen Platte und der Wand messen, 1 cm für die mögliche Ausdehnung des Holzes zugeben. Die Platte in der gewünschten Größe schneiden und in den Kleber drücken.

Wenn Sie Platten um einen Türrahmen oder um Rohre herum verlegen müssen, die Umrisse mit dem Kopiergerät (siehe Seite 148) oder mit Hilfe einer Musterschablone auf das Holz übertragen. Schwierige Formen mit einer Bogensäge ausschneiden.

### *Das Finish*

Die Fußleiste wieder anbringen. Falls Sie sie nicht abgenommen haben, einen schmalen Korkstreifen in dem 1 cm breiten Zwischenraum legen oder ihn mit einer schmalen Profilleiste verdecken, die unten an der Vorderseite der Fußleiste angebracht wird. Die Profilleiste streicht man am besten in der Farbe der Fußleiste an, bevor man sie anbringt. Die Löcher der Nägel kann man danach mit etwas Farbe betupfen. Befestigen Sie eine Profilleiste als Schwelle.

**_Kreativer Tip_**

*Die Platten mit dem Mosaik-Fertigparkett auspacken und sie mindestens sieben Tage lang in dem Raum lagern, wo sie verlegt werden sollen, damit sie sich an Temperatur und Luftfeuchtigkeit des Raumes anpassen können. Dadurch wird das Austrocknen und Schrumpfen des Holzes nach dem Verlegen auf ein Minimum reduziert.*

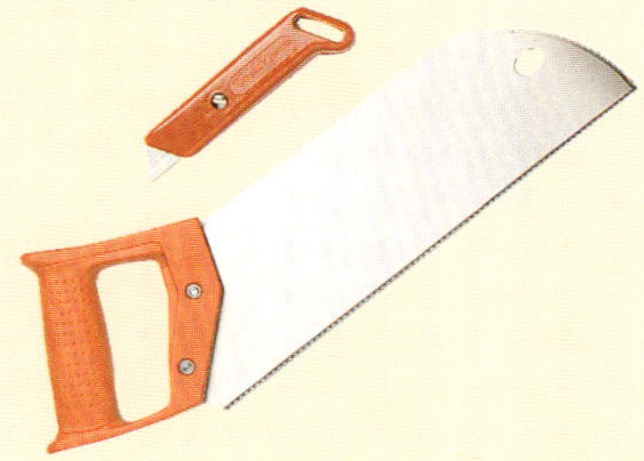


| VERGLEICHE AUCH DIE SEITEN: | |
|---|---|
| FUSSBODENBELÄGE | 140 |
| KORK- UND VINYLFLIESEN VERLEGEN | 146 |
| VINYLBAHNEN VERLEGEN | 148 |

Staub und Abfall aufkehren und versiegelte Mosaikplatten polieren. Wenn die Parkettplatten nicht versiegelt sind, mit Schleifpapier abschleifen, den Staub absaugen und reinigen. Mit drei Schichten Firnis versiegeln.

# Riemen und Dielen verlegen

*Wenn Sie das Finish von Holzböden lieben, sind Hartholzriemen oder -dielen die richtige Antwort. Sie können sie auf Holzböden oder auf massiven Böden verlegen, vorausgesetzt, Sie widmen der Vorbereitung des Unterbodens ein wenig Zeit.*

*Die Parkettriemen wurden auf einem Unterboden aus Hartholz verlegt, damit die Fläche gleichmäßig wird. Der Boden wurde mehrfach mit mattem Firnis versiegelt, damit er den Strapazen einer Familienküche standhalten kann.*

### *Was Sie brauchen*

Um einen Riemenboden zu verlegen, brauchen Sie ein Stahlbandmaß, einen Hammer mit Nagelklaue, einen Fuchsschwanz oder eine elektrische Bogensäge, einen tragbaren Arbeitstisch, eine Reißschiene, einen Durchschläger, ein Haushaltsmesser, einen Profilkopierer (wahlweise) und Holzkleber oder Stahlstifte (je nach Arbeitsanleitung).

Zur Vorbereitung des Unterbodens brauchen Sie Hartfaserplatten, falls die Holzdielen abgenutzt sind, Fußbodennägel oder Holzschrauben (nebst Ahle und Schraubenzieher), um lose Dielen zu verankern, eine Zementmischung für den Estrich und eine Unterlage, wenn vom Hersteller empfohlen.

### *Den Fußboden vorbereiten*

Der Boden läßt sich sauberer verlegen, wenn Sie die Fußleiste rundherum abmontieren und sie nach dem Verlegen der Riemen wieder anbringen. So läßt sich auch der 1 cm breite Zwischenraum an der Peripherie des Raumes für eine mögliche Ausdehnung der Dielen verbergen. Die Unterkanten der Türen müssen wahrscheinlich abgehobelt werden, damit der neue Boden darunterpaßt. Wenn Ihnen das Abmontieren der Fußleiste zu unbequem ist, können Sie den erforderlichen Zwischenraum zwischen den neuen Holzriemen und der Fußleiste freilassen und ihn mit einem schmalen Korkstreifen oder mit einer Profilleiste, die Sie unten an der Fußleiste annageln, kaschieren.

### *Die Riemen verlegen*

Legen Sie, falls vom Hersteller der Riemen empfohlen, eine Unterlage auf den Boden (sie kann aus Plastik, Glasfasern oder Schaumstoff sein) und verbinden Sie die Bahnen mit Klebeband oder mit dem Tacker und Metallklammern.

Denken Sie daran, daß sich die Oberfläche des Bodens durch den neuen Belag beträchtlich erhöht, so daß die Türen etwas gekürzt werden müssen. Es ist wichtig, daß das vor dem Verlegen geschieht.

Beginnen Sie mit dem Verlegen an einer geraden Wand oder wählen Sie die Wand mit den wenigsten Hindernissen. Legen Sie den ersten Riemen an der Wand an und stecken Sie kleine Holzkeile zwischen Wand und Riemen, wodurch der 1 cm breite Abstand zwischen Holzboden und Fußleiste entsteht. Wenn es Hindernisse an der Wand gibt, übertragen Sie das Profil auf den Riemen und schneiden ihn mit dem Fuchsschwanz oder der Bogensäge aus.

Wenn Sie die Riemen mit unsichtbaren Stahlstiften befestigen wollen, vergewissern Sie sich, daß die Kante mit der Nute zur Wand zeigt. Dann schlagen Sie Stahlstifte durch die Federn in den Unterboden.

Wenn Sie mit Metallklammern arbeiten, tackern Sie sie in den empfohlenen Abständen auf der Unterseite des Riemens in die Nuten und legen den ersten Riemen mit der genuteten Seite zur Wand gegen die Holzklötzchen.

Die nächsten Riemen schließen an den kurzen Seiten an, bis die erste Reihe fertig ist. Ein wenig Holzkleber auf ein Ende der Riemen auftragen. Die zweite und nachfolgenden Reihen mit

den Nuten über die Federn der vorherigen Reihe schieben. Schützen Sie die Kanten mit den Federn, wenn Sie die Riemen aneinanderklopfen, mit einem kleinen Stück Holz. Wenn Sie Metallklammern verwenden, klopfen Sie die Kanten der Riemen fest, damit die Klammern sich in die Nuten drücken und die Riemen zusammenhalten.

Denken Sie auch daran, daß an den Enden jeder Reihe der 1 cm breite Abstand eingehalten wird – erleichtern sie sich die Arbeit mit kleinen Holzkeilen.

### *Die allerletzte Reihe verlegen*

Die Riemen der allerletzten Reihe müssen vermutlich paßgenau zugeschnitten werden. Verlegen Sie die beiden letzten Reihen paßgenau ohne Metallklammern oder Klebeband. So kann man die erforderlichen Maße für die allerletzte Reihe nehmen. Rechnen Sie einen gewissen Spielraum (10 mm) ein.

Sie können die Nuten durch unsichtbare Stahlstifte befestigen.

Wenn Sie die Riemen verleimt haben, können Sie die Schlußreihe mit Klebeband fixieren. Haben Sie Stahlstifte verwendet, so sollten Sie die Reihe mit Dübeln befestigen. Wenn Sie Metallklammern verwenden, kann es schwierig sein, die Reihe zu fixieren. Am besten ist hier einfaches Verleimen.

### *Das Finish*

Entfernen Sie die Holzkeile rund um den Raum, befestigen Sie die Fußleiste, so daß sie den 1 cm breiten Abstand verdeckt.

Wenn Sie die Fußleiste nicht abmontiert haben, schieben Sie einen schmalen Korkstreifen (den der Fußbodenfabrikant liefert) in den Zwischenraum oder nageln Sie eine schmale Profilleiste an die untere Kante der Fußleiste. Befestigen Sie quer über die Schwelle zum nächsten Raum eine abgeschrägte Holzleiste, um den Höhenunterschied der Fußböden zu kaschieren.

### *Tips*

❍ *Packen Sie die Riemen aus und lassen Sie sie etwa eine Woche lang in dem Raum liegen, in dem sie verlegt werden sollen, damit sie sich dem Feuchtigkeitsgrad und der Temperatur des Raumes anpassen können. Das soll verhindern, daß sie sich nach dem Verlegen wölben oder schrumpfen.*

❍ *Wenn Sie die Riemen um ungünstig geschnittene Hindernisse wie Türrahmen oder Rohre herum verlegen müssen, plazieren Sie den Riemen so, daß das Ende angepaßt werden muß oder übertragen Sie den Umriß auf den Riemen. Zum Ausschneiden komplizierter Formen brauchen Sie eine Bogensäge.*

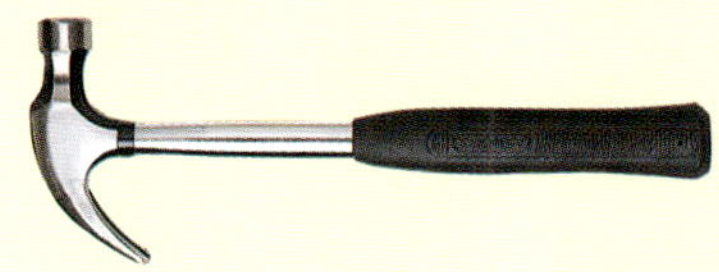

VERGLEICHE AUCH DIE SEITEN:
FUSSBODENBELÄGE 140
VINYLBAHNEN VERLEGEN 148

Das Sägemehl aufkehren und den Raum aufräumen für das Finish. Wenn die Riemen unversiegelt sind, den Boden gründlich staubsaugen und drei Schichten Firnis auftragen.

# RAUMGESTALTUNG MIT TEXTILIEN

*Textilien machen das Heim wohnlich: Sie bringen Farbe, Muster, Stil und Wärme in jeden Raum und geben ihm sein unverwechselbares Gesicht. Gestalten mit Textilien ist die handwerkliche Kunst, aus Stoffen Vorhänge und Gardinen, Rollos, Bezüge, Kissenhüllen und sonstige Zutaten aller Art zu fertigen, die die Strenge eines Raums mildern, ihm einen einladenderen Charakter verleihen und den Stempel der Originalität aufdrücken. Im Gegensatz zu textilen Fertigprodukten mit ihrer zwangsläufig begrenzten Skala an Farben und Dessins lassen sich selbstgefertigte Textilien vollendet auf den eigenen Dekorationsentwurf abstimmen, ohne daß deshalb auf die wünschenswerten professionellen Details verzichtet werden müßte.*

*Machen Sie sich deshalb die Mühe, die Stoffe sorgfältig auszuwählen und nach den geeignetsten Posamenten zu fahnden und widmen Sie den schmückenden Details ein wenig Zeit: Sie werden sehen, daß sich der Aufwand durchaus lohnt.*

*Auf den folgenden Seiten finden Sie neben Anleitungen, textile Accessoires in den beliebtesten und gebräuchlichsten Geschmacksrichtungen zu gestalten, eine Fülle von Anregungen und Ideen, ihnen individuelle Akzente zu verleihen.*

LINKS: *Raffrollos mit sommerlich gelb-weißem Streifenmuster verbreiten eine freundlich-heitere Atmosphäre in diesem hellen Wohnzimmer. Die Rollos werden in gewohnter Weise angefertigt, wobei zur Erzielung der lose fallenden Enden an den Seitenkanten die Zugkordeln fortgelassen werden. Durch die Schrägblende mit diagonalem Streifenmuster wird jeder protzige Anhauch vermieden: Der Gelbton klingt auch in Polsterrolle und Kissen der Couch an, die mit naturbelassenem Musselin bezogen sind.*

RECHTS: *Stoffe aus Naturfasern in hellen, neutralen Tönen wirken, wie diese Kissen mit glatter Zierkante beweisen, immer kühl und frisch. Um den Diagonaleffekt zu erzielen, sind Stoffe mit aufgedruckten Schrägstreifen zu empfehlen, da sich schräg geschnittene Kissenhüllen leicht verziehen.*

# VORHÄNGE PRÄGEN DEN RAUM

*Fenster sind die Augen eines Raums und die Vorhänge ein Blickfang. Man sollte daher ihre Rolle niemals unterschätzen. Eine Fensterdekoration, die mit der Umgebung harmoniert, wird stets die beste Wirkung erzielen. Wählen Sie daher, wenn Sie die Vorhangfrage zu entscheiden haben, einen Stil, der zum einen die Form des Fensters vorteilhaft zur Geltung bringt, zum anderen aber auch zur Architektur des Raums und anderen wichtigen Elementen wie Tapeten und Wandverkleidungen, Möbeln oder bestimmten Accessoires paßt. Denn mögen die in einem Zimmer versammelten Einrichtungsgegenstände und Besitztümer auch noch so verschiedenartig sein, sorgt doch fast immer ein unverkennbarer stilistischer Grundton, der jedem Raum seinen Charakter gibt, für den nötigen Zusammenhalt. Machen Sie sich diesen wesentlichen Zug bewußt, und Sie haben den Schlüssel zur Stilform für Ihre Fensterdekoration bis hin zur geeignetsten Stoffart gefunden.*

Die Zeit, die Sie der Suche nach dem passenden Stil für Ihre Vorhänge widmen, ist gut angewandt. Zeichnen Sie zunächst eine grobe Skizze der Ihnen vorschwebenden Raumgestaltung und differenzieren Sie Ihren Entwurf anschließend anhand von Abbildungen aus Zeitschriften oder Ansichtskarten historischer oder moderner Häuser; sammeln Sie Stoffmuster und Posamenten, die der von Ihnen angestrebten Stilrichtung entsprechen, bis Ihre Vorstellungen Gestalt gewinnen. Wollen Sie Ihr Heim in einem bestimmten historischen Stil ausstatten, kommt der Gestaltung der Vorhänge besondere Bedeutung zu: Unter Umständen empfiehlt sich ein Besuch in öffentlich zugänglichen historischen Bauwerken, in denen Sie Nachforschungen anstellen und stilgerechte Anregungen sammeln können. Die Bürger der viktorianischen Ära zum Beispiel liebten schwere, prunkvolle Vorhangensembles aus mehreren Lagen luxuriöser Samte und Brokate mit Querbehängen, Fransenborten und Raffhaltern. Der Stil der Jahrhundertwende dagegen bevorzugte Chintze und andere bedruckte Stoffe mit auf die Tapete abgestimmten floralen Mustern; Querbehänge und Lambrequins oder Schabracken blieben zwar weiterhin in Mode, hatten aber ihre Schwere verloren. Zwischen den dreißiger und den sechziger Jahren unseres Jahrhunderts bürgerte sich dann ein wesentlich schlichterer Stil ein; die Vorhänge – falls überhaupt vorhanden – waren in der Regel an einer Schiene oder Stange befestigt und fielen gerade bis zum Fensterbrett oder zum Fußboden.

Um hier einen kurzen Überblick über die beliebtesten Möglichkeiten der Raumgestaltung zu geben, sei als erstes das Stadthaus in seinen verschiedenen Erscheinungsformen benannt. Seine Ausstattung im klassischen Stil erfordert eine eher förmliche Fensterdekoration mit bodenlangen, säuberlich in Falten gelegten Vorhängen mit Raffhaltern aus Stoff oder Raffkordeln und einem korrekt angeordneten, versteiften Querbehang. Farblich abgesetzte Einfassungen oder ein kontrastierendes Futter verleihen dem Arrangement den entsprechend professionellen Anstrich. Seidenstoffe, Streifenmuster, einfarbige schwere Baumwollgewebe oder Samt erwecken den Eindruck der Gewichtigkeit und Fülle.

Vorhänge in Landhäusern dagegen können trotz Anlehnung an traditionelle Stilformen weniger förmlich sein. Geblümte – vorzugsweise mit Originalmodeln bedruckte – Chintze, verblichen wirkende Leinenmischgewebe und Baumwollstoffe mit Streublümchenmuster auf einfarbigem Grund sind für den Zweck bestens geeignet. Verarbeiten Sie sie zu langen, bauschigen Vorhängen, die von einem gekräuselten Querbehang oder einer gerafften Oberkante bis zum Boden fallen. In rustikalen Cottages, wo die Fensterdekoration unprätentiöser und entspannter wirken sollte, verwendet man am besten kurze bedruckte Baumwollvorhänge mit oder ohne gekräuselten Querbehang. Gerade fallend oder mit Raffhaltern zurückgenommen, umrahmen sie den Ausblick auf die offene Landschaft oder den Blumengarten.

In einem moderneren rustikalen Interieur mit weißgetünchten Wänden, farbig abgesetzten Details, Bodenbelägen aus Kokos und einfachen Möbeln muß die Fensterdekoration wesentlich schlichter gehalten werden. Hier erweisen sich ungefütterte Baumwoll- oder Leinengewebe, Karos und Streifenmuster als ideale Materialien für einfach gekräuselte,

*LINKS AUSSEN: Überlange, gefütterte Seidenvorhänge und eine in ebenso tadellose Falten gelegte, geraffte Schabracke umrahmen dieses im offiziellen Stil dekorierte Fenster. Stoffrosetten, Quasten und Raffkordeln eignen sich als Schmuckelemente für diesen Vorhangstil.*

*LINKS: Die ältesten Vorhänge waren aus feinen, durchsichtigen Stoffen gefertigt und sollten das Verbleichen der Einrichtungsgegenstände durch Sonnenlicht verhüten. Das Fenster in diesem Zimmer wurde dem kopierten Zeitstil entsprechend dekoriert, doch wurde zusätzlich ein kariertes Springrollo zur Abschirmung der Privatsphäre angebracht.*

*UNTEN: Diese hauchzarten, mit andersfarbigen Kanten abgesetzten Vorhänge stoßen in der Mitte zusammen und sind weit oben zurückgebunden, um die Höhe der mit Pfosten unterteilten Fenster zu betonen und den wunderbaren Ausblick zu umrahmen. Die Raffhalter aus dem gleichen Stoff sind der fülligeren Wirkung zuliebe gefüttert und mit einer weichen Schleife mit lose herabfallenden Enden verziert.*

*Für diese kleinen Schlafzimmerschiebefenster kommt nur ein Minimum an Dekoration in Betracht. Während sich der untere Schiebeflügel mit Jalousieläden verschließen läßt, verbirgt sich hinter dem lustigen karierten Querbehang ein Rollo, das nachts den oberen Flügel abdeckt.*

an einer Vorhangstange oder mit Anknipsringen an nahezu flachen Leisten befestigte Vorhänge. Sie wirken ungekünstelt, sommerlich und schlicht. Als Posamenten eignen sich Raffkordeln aus Naturfasern und ungefärbte Baumwoll-Fransenborten. Dagegen werden die Räume in modernen Stadthäusern und -wohnungen in der Regel zwar gleichfalls zurückhaltend, aber stilbewußter und komfortabler ausgestattet. Zur Fensterdekoration empfehlen sich bodenlange Vorhänge aus seidigen Rippenstoffen, gestreiften oder gemusterten Geweben. Man fertigt sie mit regelmäßig gefältelten Oberkanten und läßt sie entweder lose fallen oder bindet sie mit passenden, halbmondförmigen Raffhaltern zurück. Schön gearbeitete Vorhangstangen mit kunstvollen Endknäufen, Kordelposamenten und breite Fransenborten zählen zu den wesentlichen Details.

Manchmal ist Stimmung wichtiger als ein bestimmter Stil, und Vorhänge helfen sie erzeugen. So beschwören in einem Schlafzimmer verschwenderisch um Bett und Fenster drapierte Gazeschwaden eine romantische Atmosphäre herauf, lassen doch die schwebend zarten Stoffwolken die Konturen des Raums wie ein Weichzeichner verschwimmen. Dagegen kann in einem Eßzimmer eine theatralische Dekoration mit ganz anderen Zutaten wie mehrschichtigen Vorhängen, Raffbogen mit lose fallenden Enden, Quasten, Posamenten und luxuriösen Stoffen jeder Tafelrunde einen dramatischen Akzent verleihen.

Vorhänge sind ein probates Mittel, die Proportionen eines Raums optisch zu korrigieren. Da ein Übermaß an Farben und Mustern in einem kleinen Raum beengend wirkt, sollte man in diesem Fall Vorhangstoffe im gleichen Ton oder Muster wie die Wände wählen, um durch Kontinuität den Eindruck der Geräumigkeit zu erzeugen. Und da lichte, helle Räume immer größer und luftiger erscheinen als sie wirklich sind, sollte man Vorhänge aus zarten, transparenten Geweben in Betracht ziehen.

Erscheint ein Raum zu niedrig, läßt sich der Blick durch bodenlange Vorhänge nach oben lenken und so der Eindruck größerer Höhe erzielen. Umgekehrt allerdings versagt diese Technik – kurze Vorhänge wirken in überhohen Räumen schlicht knausrig.

### *Problemfenster*

Wenn die Vorhangfrage auch gelegentlich Schwierigkeiten aufwirft, lassen sich doch im allgemeinen für alle Fensterformen und -größen Lösungen finden.

*Das Nebeneinander von schweren Brokatdraperien, dicken Raffkordeln mit Quasten und frischen, transparenten Taftgardinen ergibt den typischen Landhauslook. Bestechend die Kombination der verschiedenartigen, teils affinen, teils kontrastierenden Gewebe und Strukturen.*

**Erkerfenster** bieten je nach Größe und Proportionen eine Reihe von Dekorationsmöglichkeiten. Kleine Erker mit großen Zwischenräumen zwischen den Scheiben erfordern Vorhänge, die, zur Seite gezogen, die gesamte verglaste Fläche freilegen. Man verwendet entweder nach der Fensterkurve gebogene Vorhangschienen oder führt bei flachen Erkern die Schiene gerade über die Öffnung. Bei großen Erkern, bei denen diese Methode unter Umständen allzu kahl und schmucklos wirkt, kann es vorteilhafter sein, die Breite durch Vorhänge in den Erkerecken und in der Mitte zu unterbrechen. Ein Querbehang oder eine diese Unterteilungen betonende Schabracke verleiht dem Fenster ein dekoratives Gepräge. Befindet sich im Erker ein Heizkörper oder eine Sitzbank, sollten die mittleren Vorhänge nur bis auf Höhe des Fensterbretts reichen beziehungsweise durch gleichfarbige oder abstechende Rollos ersetzt werden.

**Französische Fenster** werfen nur dann Probleme auf, wenn sie sich nach innen öffnen. Die beste Lösung besteht in diesem Fall darin, die Schiene oder Vorhangstange beiderseits so weit zu verlängern, daß sich die Fensterflügel bei zurückgezogenen Vorhängen ungehindert öffnen lassen. Die günstigste Wirkung läßt sich erzielen, wenn man die gesamte Fensterfront wie ein einziges Fenster behandelt.

**Terrassentüren** geben gewöhnlich den Blick in einen gepflegten Garten oder auf eine besonders schöne Aussicht frei, verwandeln sich aber nachts in schwarze, spiegelnde Glasflächen, die nach Vorhängen verlangen. Dem modernen Design der Tür entsprechend, sollte man auf aufwendiges Beiwerk wie Querbehänge, Schabracken und Raffhalter verzichten und sich auf bodenlange Vorhänge beschränken.

**Bogenfenster.** Während es ein Jammer wäre, ein Bogenfenster hinter konventionellen Vorhängen zu verstecken, können mit der Oberkante am Bogen befestigte Vorhänge dessen Form vorteilhaft zur Geltung bringen, wobei höher als üblich angebrachte Raffhalter ein Maximum an Licht einlassen. Eine andere Möglichkeit besteht darin, zuziehbare Vorhänge an einer ein gutes Stück über dem Fenster angebrachten Schiene aufzuhängen und die Bogenform durch eine Schabracke oder einen Querbehang nachzuzeichnen.

**Dachgaubenfenster** und Fenster in tiefen Mauernischen werfen insofern ein Problem auf, als die zurückgezogenen Vorhänge viel Licht schlucken. Spezielle Vorhangstangen bringen hier eine gute Lösung: An Scharnieren befestigt, stoßen sie in der Mitte zusammen, lassen sich aber untertags samt dem Vorhang gegen die Fensterlaibung zurückklappen. Eine andere Möglichkeit besteht darin, die Schienenenden über die Laibungen der Nische hinaus weiterzuführen, um so die Öffnung beim Zurückziehen des Vorhangs gänzlich freizulegen. Beide Methoden wirken wesentlich ansprechender, wenn die Vorhänge mit Raffhaltern zurückgenommen werden.

### *Kreative Gestaltungsideen*

- *Soll eine Fensternische dekoriert werden, muß man sich entscheiden, ob man die Vorhänge inner- oder außerhalb des Fenstereinschnitts anbringen will. Scheibennahe Vorhänge entfalten zwar eine bezaubernd ländliche Wirkung, schlucken aber, aufgezogen, unter Umständen zu viel Licht. Dagegen kann man außerhalb des Einschnitts lange oder kurze Vorhänge verwenden, die, zurückgezogen, die ganze Öffnung freigeben.*
- *Wechseln Sie Ihre Vorhänge mit der Jahreszeit: Leichte Baumwollvorhänge geben dem Raum eine frische, sommerliche Note, schwere lassen ihn im Winter gemütlicher erscheinen.*
- *Vorhänge sind mehr als nur eine Fensterdekoration: Im Badezimmer um ein Waschbecken gezogen, kaschieren sie häßliches Röhrenwerk und schaffen Stauraum. Entdecken Sie den Toilettentisch mit bodenlanger Stoffdraperie mit seiner ländlich-femininen Note neu, bringen Sie Vorhänge zum Schutz vor Zugluft vor Türen an oder befestigen Sie sie als Kronenbaldachin über dem Kopfende Ihres Betts.*
- *Bevor Sie sich zum Kauf eines kühn gemusterten Stoffes entschließen, raffen Sie ihn in der Hand, um festzustellen, wie die Kräuselung das Muster verändert. Manche gemusterten Stoffe kommen plan ausgebreitet wie bei Rollos oder Bettdecken am besten zur Geltung.*
- *Verwenden Sie für Ihre Fensterdekorationen getrost auch ungewöhnliche Textilien: Tagesdecken, Schals, Tischdecken und Laken lassen sich in wunderbare Vorhänge verwandeln.*
- *Vorhänge aus zweiter Hand können noch gute Dienste leisten, zumal sie sich leicht abändern lassen: Fahnden Sie danach bei Hausverkäufen, auf Auktionen und mittels Zeitungsannoncen.*

VERGLEICHE AUCH DIE SEITEN:
VORHANGSTOFFE 162
UNGEFÜTTERTE VORHÄNGE 170
QUERBEHÄNGE UND SCHABRACKEN 174

# VORHANGSTOFFE

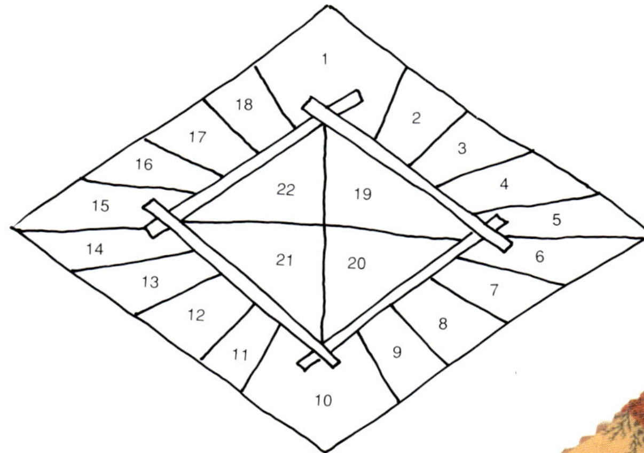


*Für Vorhänge stehen je nach Art des Fensters, des Raums und seiner Ausstattung und des angestrebten Stils Stoffe in reicher Auswahl zur Verfügung. Gewebe von so unterschiedlicher Beschaffenheit wie Musselin und Brokat, Fasern so konträren Charakters wie Nylon und Wolle, dazuhin einfarbige oder gemusterte Ware mit Karos, Streifen, floralen Motiven, mit satinierter, samtiger oder genoppter Oberseite lassen sich im rechten Kontext allesamt wirkungsvoll einsetzen.*

**Eingewebter Streifen (1).** Schwerer Jacquard, gewöhnlich ein Mischgewebe aus Natur- und Kunstfasern, mit mehrfarbigem Webmuster. Eignet sich für bodenlange Vorhänge und für Portieren.

**Bedruckter Moiré (2).** Seidiges Gewebe in Ripsbindung mit dem charakteristischen Wellenmuster, farbig bedruckt. Luxuriöser Stoff, nicht waschbar, verträgt häufiges Reinigen nicht.

**Samt (3).** Dieses schwere, dichte Florgewebe aus Baumwolle, Kunstfasern oder einem Gemisch aus beiden läßt sich besonders gut in Falten legen und ergibt Vorhänge und Draperien von verschwenderischer Pracht.

**Brokat (4).** Prächtiges, reichgemustertes Gewebe mit erhabenen Motiven. Dieses teure und prunkvolle Material kommt als langer Vorhang an großen Fenstern am besten zur Geltung.

**Kleinbedruckte Stoffe (5).** Mit regelmäßigen kleinen Dessins bedruckte Stoffe eignen sich ideal für Vorhänge an kleinen Fenstern und als abstechendes Futter für kräftig gemusterte Vorhänge.

**Kretonne (6).** Glanzloses, bedrucktes Baumwollgewebe, geeignet für Vorhänge mit einer matten Oberseite.

**Gingham (Gingan) (7).** Diese leichten Stoffe mit eingewebtem Karo werden gewöhnlich aus Baumwolle hergestellt, doch finden sich auch Baumwoll-Polyester-Mischgewebe im Angebot. Karos gibt es in verschiedenen Größen und Farben. Gut waschbar, daher vor allem für Küchenvorhänge geeignet.

**Bauerndruck (8, 17).** Einfache, mit kräftigen, volkstümlichen Motiven in Erdfarben bedruckte Baumwollgewebe.

**Toile de Jouy (9).** Glänzender Baumwollstoff mit einfarbigen, detailreichen Druckmustern, gewöhnlich ländlich-idyllischen Motiven, auf weißem oder cremefarbigem Grund. Empfehlenswerte Alternative zum geblümten Chintz.

**Krüwellstickerei (10).** Schwerer, grobgewebter Baumwollstoff mit ein- oder mehrfarbiger Wollstickerei. Die Folkloremuster sind oft floral.

**Damast (11).** Dekorationsstoff mit langer Tradition, dessen eingewebte Muster sich aus teils seidenglänzenden, teils matten Partien zusammensetzen. Reiches Angebot an Farben und Mustern für klassische Dekorationsentwürfe.

**Chintz (12, 13).** Mit farbenfrohen, oft floralen Mustern bedrucktes, feines Baumwollgewebe mit glänzender Oberseite. Beliebter Vorhangstoff, der sich gut raffen läßt und in einer breiten Palette von Farben und Mustern angeboten wird.

**Streifensatin (14).** Ungemusterter, mittelschwerer Stoff, der seine Wirkung dem abwechselnd matten und seidig glänzenden Streifen verdankt. Macht sich als Vorhang am besten mit einer in regelmäßige Bleistift- oder Kelchfalten gelegten Oberkante.

**Webkaro (15).** Fester, mittelschwerer Stoff mit eingewebtem Karo. Eignet sich auch für Polstermöbelgarnituren und bietet dort die ideale Lösung, wo die Vorhänge zu einem Stuhl oder Sofa passen sollen.

**Bedruckter Baumwollsatin (16).** Glatter Stoff mit Satinappretur, der sich gut raffen läßt. Großes Angebot an Druckmustern, zum Teil mit metallischen Glanzeffekten.

**Dupion (18).** Seidiges Noppengewebe, bei dem Kette und Schuß gelegentlich zur Erzielung von Schillereffekten in verschiedenen Tönen gehalten sind. Läßt sich gut drapieren und wirkt mit Seidenkordeln und Fransen besonders prunkvoll.

**Madrasspitze (19).** Bei dieser Baumwollspitze werden die Muster gesondert in den feinen, gitterartigen Stoff eingewebt und die Verbindungsfäden zwischen den einzelnen Motiven anschließend abgeschnitten, so daß opake Muster auf transparentem Grund entstehen.

**Polyesterspitze (20).** Lockere, gemusterte Spitze in Weiß oder Cremetönen mit leichtem Glanz. Wäscht sich gut und trocknet rasch.

**Baumwollspitze (21).** Dieses wahlweise als Meterware oder Fertigstore angebotene, duftige Baumwollgewebe mit seinen Blüten- und Blattmotiven oder abstrakten Mustern läßt sich leicht drapieren und besticht durch seinen nostalgischen Anhauch.

**Getupfter Voile (22).** Zartes, transparentes Gewebe mit regelmäßigem, erhabenem Tupfenmuster. Hübsch und von schlichter Eleganz, eignet sich dieser Stoff ebenso gut für traditionelle wie für moderne Dekorationsentwürfe.

***Einfarbige Stoffe selbst dekorieren***

*Mit der Entscheidung, das Stoffmuster selbst zu entwerfen, erschließen Sie sich eine weitere Dimension textiler Gestaltungskunst. Dabei steht Ihnen eine reiche Auswahl an Stoffarben zur Verfügung, mit denen sich auf Geweben aus Naturfasern ohne spezielle Appretur wie Baumwolle oder Seide die besten Wirkungen erzielen lassen. So können Sie einfarbige Stoffe mit Einfassungen, Bordüren oder Streifen verzieren oder sie auch gänzlich übermustern, den Stoff sogar wie eine Malerleinwand vollständig mit Farbe bedecken – ein Verfahren vor allem für kleinflächige Details wie Raffhalter oder Schabracken.*

***Stoffmalerei.*** *Können Sie mit Farbe und Pinsel umgehen, stellt Sie die Stoffmalerei vor keine Schwierigkeiten. Legen Sie den gut gebügelten Stoff auf einer ebenen Fläche aus und befestigen sie ihn mit Klebeband oder Klammern. Bemalen Sie zum Beispiel feine, glatte Baumwoll- oder Seidenstoffe mit verschlungenen Mustern, gröbere Gewebe dagegen mit kühnerem Pinselstrich. Falls Sie einen eher graphischen Stil bevorzugen, sollten Sie zum Zeichnen, Skizzieren oder Umreißen der Formen Stoffmalstifte verwenden.*

***Dekorieren mit Schablone.*** *Mit den neuerdings angebotenen Fertigschablonen lassen sich wunderbare Effekte erzielen. Probieren Sie das Muster zunächst auf Papier aus und markieren Sie die Ansatzpunkte auf dem gebügelten, plan ausgebreiteten Stoff. Legen Sie nun die Schablone auf und tragen Sie die Stoffarbe mit einem Schablonierpinsel oder einem Schwamm auf. Verwenden Sie die Farbe sparsam, aber in mehreren Schichten, damit sie Leuchtkraft gewinnt.*

***Stoffdruck.*** *Handbedruckte Stoffe entfalten einen naiven Zauber, der ein rustikales Dekor vorteilhaft ergänzt. Mit Kartoffeldruck lassen sich sehr hübsche Wirkungen erzielen, vor allem mit kräftigen Erdfarben auf neutralem oder dunklem Grund.*

# VORHANGSTANGEN UND -SCHIENEN

*Sämtliche Vorhänge und ein Teil der Rollos müssen an Schienen oder Stangen befestigt werden, bei deren Auswahl Sie neben dem Stil des Raums und der Fensterdekoration vor allem auch das Gewicht der Vorhänge berücksichtigen sollten. Zur Montage selbst genügt bei allen angebotenen Modellen neben durchschnittlichem handwerklichem Geschick ein mit Stahlbandmaß, Drillbohrer, Schraubenzieher, Wasserwaage und Metallsäge ausgestatteter Werkzeugkasten. Anschließend brauchen Sie nur noch die Haken zum Aufhängen des Vorhangs durch die Schlaufen des Faltenbands auf der Rückseite der Oberkante zu schieben.*

***Vorhangschienen***

Vorhangschienen gibt es aus Kunststoff und Metall in verschiedenen Längen, Breiten, Stärken und Farben. Die meisten werden in genormten Längen zusammen mit den passenden Laufrollen und Halterungen angeboten. Kunststoffschienen, gewöhnlich in Weiß, gelegentlich auch mit Goldverzierungen, sind preiswert, biegbar und einfach zuzuschneiden und eignen sich vor allem für leichte bis mittelschwere Vorhänge. Metallschienen werden aus Aluminium oder Stahl hergestellt. Aluminiumschienen, durchaus erschwinglich und leicht zu schneiden, gibt es in Weiß, Gold oder metallischem Grau in verschiedenen Stärken für leichte, mittelschwere und schwere Vorhänge. Stahlschienen mit weißer oder metallisch grauer Beschichtung eignen sich aufgrund ihrer Stärke und Stabilität für Vorhänge aller Art, auch für schwere, gefütterte. Achten Sie beim Einkauf von Schienen für Erkerfenster darauf, daß sie sich von Hand zurechtbiegen lassen. Manche Schienen können nur gerade montiert, andere müssen vom Fachmann auf Bestellung gebogen werden, bei wieder anderen funktioniert die zum Auf- und Zuziehen von Erkervorhängen erforderliche, doppelt gebogene Laufvorrichtung nicht zufriedenstellend.

Laufrollen, die normalerweise mit der Schiene geliefert werden, sind zum Teil mit Haken versehen, die direkt am Faltenband befestigt werden. Überlappende Führungsschienen verhindern, daß beim Zuziehen der Vorhänge in der Mitte ein Spalt offenbleibt. Schienen mit Zugvorrichtung

*Diese drei gleichmäßig über die Wand verteilten Fenster sind alle mit dem gleichen einteiligen, mit Anknipsringen an einer Metallstange befestigten Vorhang geschmückt. Die Methode ist einfach: Eine lose von einer Schiene herabfallende Gardine wird von einem ungemusterten, einseitig zurückgezogenen Vorhang mit glatter Oberkante überdeckt. Die schwarzen Raffhalter setzen einen überraschenden Akzent.*

***Wie lang muß die Schiene sein?***

*Fensterbreite abmessen und auf beiden Seiten zirka 20 cm zugeben, damit die Scheiben bei geöffnetem Vorhang frei bleiben. Bei besonders bauschigen Vorhangstoffen Zugabe etwas vergrößern.*

schonen die Vorhänge vor ständigem Zuziehen per Hand, Schienen mit elektronischer Fernbedienung oder Zeitschalter kommen wohl teurer, doch erfolgt das Öffnen und Schließen der Vorhänge automatisch. Im übrigen lassen sich auch an Schienen ohne Zugvorrichtung aufgemachte Vorhänge mittels einer an der innersten Laufrolle befestigten Schleuderstange öffnen und schließen, ohne daß Hände den Stoff strapazieren.

Mehrteilige Fensterdekorationen aus Vorhang, Rollo und Querbehang erfordern ein Mehrfachschienensystem. Für Raffrollos, Wolkenstores und Faltrollos gibt es eigene Schienen. Durch ausziehbare Halterungen läßt sich der Vorhang weit genug vor einem stark vorspringenden Architrav oder einem Rollo anbringen.

***Montage von Schienen und Stangen***

Schrauben Sie die Vorhangschiene mit Hilfe der zugehörigen Halterungen und Schrauben passender Größe direkt an die Wand, die Decke oder den Fensterrahmen an. Bei Gipsputz ist unter Umständen Verdübelung erforderlich. Eine andere Möglichkeit besteht darin, die Schiene an der Unterseite des Querbehangbretts festzuschrauben. Bei schweren Vorhängen empfiehlt es sich, die Halterungen für Schiene oder Stange an einer über dem Fenster fest an die Wand geschraubten Holzleiste zu verankern.

***Vorhangstangen***

Vorhangstangen können je nach Stil elegant, rustikal, imposant oder schlicht wirken und sollten als dekoratives Element nicht von einem Querbehang oder einer Schabracke verdeckt werden. Als Material dienen Rundstäbe aus Holz oder Metall, die rechts und links, bei breiten Fenstern zusätzlich auch in der Mitte, an Halterungen fixiert werden. Auf die Stange werden Ringe mit Ösenschrauben zum Einhaken der Vorhänge aufgereiht, deren Oberkante die Ringe frei lassen oder halb bedecken kann, je nachdem, in welcher Höhe man die Vorhanghaken am Faltenband befestigt. Vorhangstangen sind an beiden Enden mit Knäufen versehen – einem Schmuckelement, das gleichzeitig der Befestigung des äußersten Ringes dient – und werden in Stärken zwischen 13 mm und 7,5 cm angeboten: Richten Sie sich bei der Auswahl nach der Fenstergröße.

Vorhänge an Vorhangstangen müssen von Hand gezogen werden, bei zarten und empfindlichen Stoffen kann man auch Schleuderstangen benutzen.

Vorhangstangen eignen sich in erster Linie für gerade Führung, lassen sich mittels Eckstücken oder Eckhalterungen aber auch an Erkerfenstern anbringen. Für Dekorationsensembles werden Doppelhalterungen für zwei Stangen angeboten. Außerdem gibt es Modelle für besondere Zwecke, zum Beispiel dünne Stangen für Kaffeehausgardinen, die nur den unteren Teil des Fensters bedecken, zurückklappbare Stangen mit Scharnier am einen Ende für kleine Erkerfenster und Portierenstangen, mit denen sich eine Portiere beim Öffnen der Tür anheben und beim Schließen wieder senken läßt.

*Eine eingelegte orientalische Truhe und ein bemalter Korb bestimmten die Wahl des Vorhangs für dieses Fenster: Ein bedruckter indischer Stoff, an einer Vorhangstange aufgemacht und mit einer über die eine Halterung geschlungenen Raffkordel zurückgenommen. Wird der Vorhang heruntergelassen, bieten sich seine figürlichen Szenen den Blicken dar.*

**Kreative Gestaltungsidee**

❍ *Verwandeln Sie ein Rundholz von entsprechender Länge durch dekorative Bemalung wie Marmorieren oder Patinieren oder durch metallisch glänzendes Gold- oder Silber-Finish in eine stilvolle Vorhangstange und krönen Sie das Ganze durch den Kauf effektvoller Endknäufe.*

VERGLEICHE AUCH DIE SEITEN:
VORHANGOBERKANTEN 166
QUERBEHÄNGE UND SCHABRACKEN 174

# VORHANGOBERKANTEN

*Vom Stil der Oberkante, ihrer Faltung oder Kräuselung, hängt es ab, wie der Vorhang fällt und wieviel Stoff zu seiner Anfertigung benötigt wird. Während man früher den oberen Rand mit Steifleinen verstärkte, die Falten von Hand legte und in der gewünschten Form festnähte, verwendet man heute meist ein vorgefertigtes Faltenband mit Zugschnüren. Es wird auf der linken Vorhangseite an die Oberkante angesteppt und ergibt nach Anziehen der Schnüre eine regelmäßige Faltung oder Kräuselung. Faltenbänder sind als Meterware in verschiedenen Breiten und Stärken zu haben und ermöglichen die Gestaltung von Faltenabfolgen unterschiedlichen Stils.*

***Gestaltung der Oberkante***

**Standardtyp**

Einfache, gekräuselte Oberkante, empfehlenswert für leichte Vorhänge in Küche, Bad, Schlafzimmer und überall dort, wo eine ungezwungene Wirkung erzielt oder die Oberkante mit einer Schabracke oder einem Querbehang kaschiert werden soll. Das Faltenband für diesen Typ, der an Stoff das Eineinhalb- bis Zweifache der Schienenbreite erfordert, ist 28 mm breit und mit nur einer Schlaufenreihe versehen: Soll die Schiene verdeckt werden, beim Ansteppen mindestens 2,5 cm Abstand zur Oberkante halten.

**Bleistiftfalten**

Dichte Abfolge schmaler Falten von gefälliger, korrekter Wirkung. Der Handel

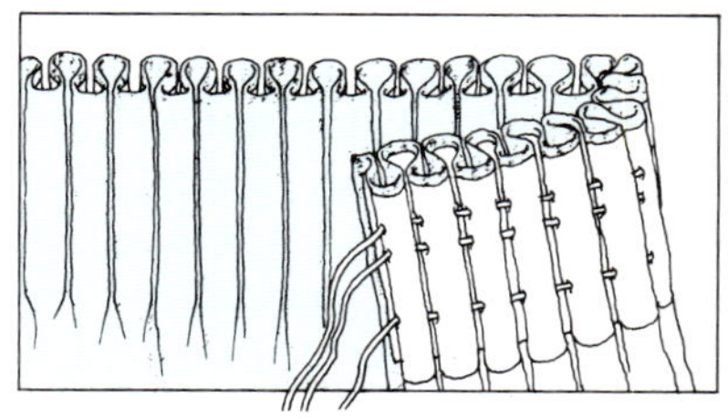

bietet Faltenbänder von unterschiedlicher Breite an, wobei Sie die Höhe der Falten auf die Länge des Vorhangs abstimmen sollten. An Stoff ist das Doppelte bis Zweieinhalbfache der Schienenbreite erforderlich. Breitere Faltenbänder sind mit drei Schlaufenreihen versehen, das heißt, der Vorhang kann so

*Da die Kelchfalten dieses Drillichvorhangs bei geschlossenen Flügeln am besten zur Geltung kommen, läßt man diese oben in der Mitte aneinanderstoßen und nimmt sie mit Raffhaltern zurück. Die Matratzenknöpfe an der Faltenbasis sind ein ebenso amüsanter wie dekorativer Einfall.*

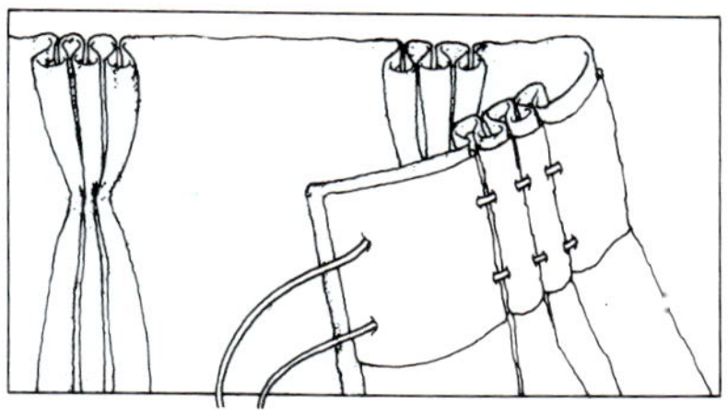

aufgemacht werden, daß er die Schiene frei läßt oder verdeckt.

**Dreifachfalten**

Das Faltenband für das sogenannte Kirschsystem, das nach Anziehen der Schnüre Falten in Dreiergruppierungen ergibt und an Stoff das Doppelte der Schienenbreite erfordert, wird in verschiedenen Breiten angeboten. Breitere

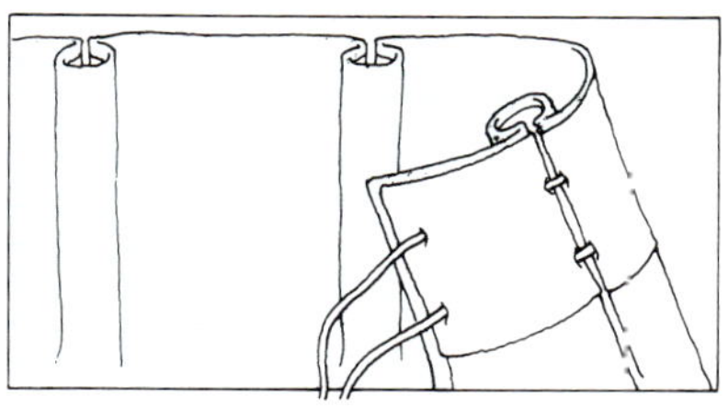

Bänder sind mit drei Schlaufenreihen versehen, so daß der fertig aufgehängte Vorhang die Schiene oder Stange verdecken oder frei lassen kann.

**Zylinderfalten**

Bei dieser Variante mit ihren hohen Röhrenfalten, die mit Spezialhaken in Form gehalten werden müssen, ergibt sich eine gleichmäßig korrekte, besonders für bodenlange Vorhänge geeignete

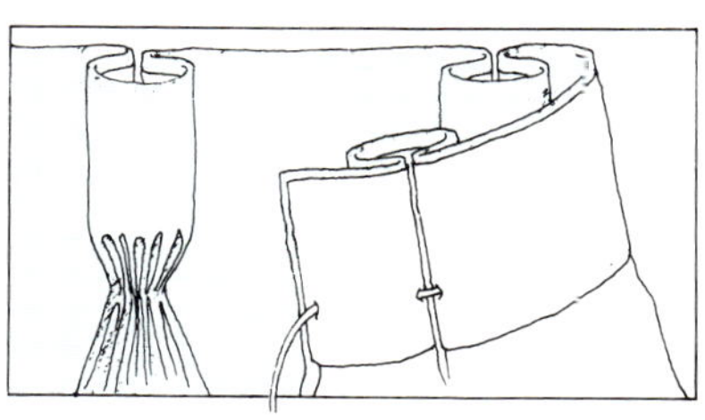

Faltung. Die erforderliche Stoffmenge beträgt das Doppelte der Schienenbreite. Bringen Sie das Faltenband so an, daß sich die regelmäßige Abfolge von Falten und Zwischenräumen bei geschlossenen Vorhängen über die ganze Breite fortsetzt.

**Kelchfalten**

Bei dieser Gestaltung der Oberkante entstehen in regelmäßigen Abständen zylindrische, an der Basis spitz zulaufende Falten. Die benötigte Stoffbreite beläuft sich auf die doppelte Schienenlänge.

### *Querbehänge und fixierte Oberkanten*

**Kellerfalten.** Das Band ergibt breite Falten, die zu flachen Kellerfalten gesteppt werden. Die erforderliche Stoffbreite beträgt das Dreifache der Schienenbreite.

**Gesmokte Oberkante.** Beim Anziehen des Faltenbandes entsteht ein dekorativer Smokeffekt, der vor allem an Unistoffen sehr schön zur Geltung kommt. Die Stoffbreite beträgt das Doppelte der Schienenbreite.

### *Faltenbänder für besondere Zwecke*

**Transparentes Faltenband.** Leichte, unauffällige Bänder für Netzgewebe und transparente Vorhänge. Die erforderliche Stoffbreite beträgt das Doppelte bis Zweieinhalbfache der Schienenbreite.

**Klettverschlußbänder.** Diese für fixierte Vorhänge und Querbehänge gedachten Faltenbänder funktionieren nach dem Prinzip des Klettverschlusses und machen Haken und Schiene überflüssig. Das zweiteilige System besteht aus einem selbstklebenden Haftstreifen, der am Fensterrahmen, an der Wand oder der Tragleiste angebracht wird, und einem Faltenband mit Schlingenflor. Es wird an den Vorhang gesteppt.

**Bänder für Stoffrollos.** Diese in verschiedenen Ausführungen hergestellten Bänder für Faltrollos, Raffrollos und Wolkenstores sind mit Schlaufen für die Zugkordeln und beim Wolkenstore mit Schnüren zum Rüschen versehen.

**Faltenband für separates Futter.** Um ein separates Futter am Faltenband des Vorhangs zu befestigen, verwendet man ein schmales, doppeltes Futterband, schiebt die Oberkante des Futters in die doppelte Unterkante des Bandes, steppt sie fest und kräuselt das Futter durch Anziehen der Schnüre auf Breite.

### *Vorhanghaken*

Dieses wesentliche Bindeglied zwischen Vorhang und Stange oder Schiene gibt es in verschiedenen, auf die Art des Vorhangs abgestimmten Ausführungen. Ist die Oberkante mit Faltenband gearbeitet, werden die Haken in die obere, mittlere oder untere Schlaufenreihe eingehängt, je nachdem, ob die Vorhangoberkante unterhalb der Schiene verlaufen oder sie verdecken soll. Wählen Sie die Abstände zwischen den Haken eng genug, um einen geraden Verlauf der Oberkante sicherzustellen. Bei besonders schweren Vorhängen sind unter Umständen zusätzliche Haken erforderlich.

**Einzinkige Haken** aus Kunststoff, Nylon, Aluminium oder Messing eignen sich für die meisten Faltenbänder, wobei man für leichte und mittelschwere Vorhänge Plastik- und Nylonhaken, für schwere Metallhaken verwendet.

**Zweizinkige Haken** sind speziell für Quetschfalten, Zylinderfalten und Kellerfalten gedacht. Damit jede einzelne Falte ihre Form behält, werden die beiden Zinken auf der Rückseite durch benachbarte Schlaufen des Faltenbandes geschoben.

**Haken für hohe Falten** haben lange Zinken, um breite, in Falten gelegte Oberkanten in Form zu halten. Die Länge der Haken richtet sich danach, ob die Oberkante des Vorhangs ober- oder unterhalb der Schiene oder Stange verlaufen soll.

**Nadelhaken** werden bei handgenähten Oberkanten von hinten in jede Falte gesteckt.

**Haken zum Annähen** werden an handgearbeitete Oberkanten angenäht.

**Ringe zum Anknipsen** werden mittels Federklammer an der Oberkante des Vorhangs befestigt und auf die Stange geschoben; Haken entfallen bei dieser Aufhängung.

### *Kreative Gestaltungsideen*

*❍ Probieren Sie auch die alternative Möglichkeit aus, Ihre Vorhänge an Stoffschlaufen aufzumachen oder Ösen in die versteifte Oberkante zu stanzen und eine Kordel zum Aufhängen durchzuziehen.*

*❍ Um Ihr Fenster einheitlich zu gestalten, können Sie die Vorhangstange mit einem zu den fixierten Vorhängen passenden Stoffüberzug versehen. Nähen Sie einen Stoffschlauch von doppelter Länge der Vorhangstange und weit genug, um einen lockeren Sitz zu garantieren und ziehen Sie ihn auf. Schieben Sie dann die eine Hälfte der Ringe auf den Stoffbezug, die andere auf die unbezogene Stange, schiebt sich der Schlauch rüschenartig zusammen.*

*❍ Wird die Oberkante des Vorhangs von einem Querbehang oder einer Schabracke verdeckt, können Sie unbesorgt Geld sparen und billige Faltenbänder und Schienen wählen.*

*❍ Ungefaltete, ungefütterte Vorhänge an Ringen, die man in regelmäßigen Abständen an der eingesäumten Oberkante annäht, wirken leicht und luftig.*

*❍ Futteralkanten, bei denen die Vorhangstange durch einen unterhalb der Oberkante abgesteppten Schiebesaum geschoben wird, sind bei transparenten Geweben sehr beliebt, können aber an schwereren, mit Raffhaltern zurückgenommenen Vorhängen ebenso effektvoll wirken. Plazieren Sie den Schiebesaum in solcher Höhe, daß die Vorhangoberkante als steife Rüsche über der Stange steht.*

*❍ Geben Sie nichtwaschbaren Vorhängen dadurch einen professionellen Akzent, daß Sie die Faltengruppen jeweils an der Basis von Hand zusammennähen.*

*❍ Wattieren Sie Kelchfalten leicht mit Füllwatte, damit sie in Form bleiben.*

*❍ Bezogene Knöpfe oder eine Kordelverzierung an der Basis der Oberkantenfalten wirken wie vom Berufsdekorateur.*

*❍ Vorhangringe zum Anknipsen sind eine zeitsparende Alternative zu Faltenband und Haken.*

# VORHÄNGE ZUSCHNEIDEN

*Exaktes Maßnehmen bildet die Voraussetzung für die Berechnung des benötigten Vorhangstoffs, Futterstoffs und Faltenbands. Da die erforderliche Stoffmenge außer von den Fenstermaßen und der vorgesehenen Vorhanglänge auch von der Wahl der Schiene oder Stange und der Behandlung der Oberkante abhängt, müssen diese Details im Frühstadium der Planung entschieden werden. Wobei Sie zum Maßnehmen ein Stahlbandmaß oder ein Metall-Lineal verwenden sollten.*

***Maßnehmen***

**Vor Arbeitsbeginn** empfiehlt es sich, die Schiene oder Vorhangstange in der gewünschten Höhe über dem Fenster anzubringen und auf beiden Seiten soviel zuzugeben, daß sich die geöffneten Vorhänge zurücknehmen lassen. Vorhangstange etwas höher als die Schiene plazieren, damit der Vorhang den Fensterrahmen oder Architrav in Gänze bedeckt.

**Vorhanglänge.** Legen Sie fest, welche Länge Ihr Vorhang bekommen soll. Bis zum Fensterbrett reichende beziehungsweise bodenlange Vorhänge sind am gebräuchlichsten, doch können Sie auch jede beliebige Länge dazwischen wählen. Ermitteln Sie zunächst das Maß von der Unterkante der Schiene oder der Vorhangringe bis zur unteren Vorhangkante und rechnen Sie dann die Oberkante (den Abstand von den Hakenschlaufen bis zum vorgesehenen oberen Abschluß des Vorhangs plus 2,5 cm Zugabe) und 15 cm für den Saum dazu.

**Vorhangbreite.** Messen Sie die Gesamtlänge der Schiene oder Stange und multiplizieren Sie dieses Maß mit dem für Ihr Faltenband empfohlenen Faktor (vgl. Seite 166), beispielsweise mit 2 für ein Normalband und mit 2,5 für Bleistiftfalten. Geben Sie weitere 8 cm pro Vorhang für die seitlichen Einschläge zu und teilen Sie das Resultat durch die

*Ein so präzises Muster wie das abgebildete muß an beiden Vorhängen und ihren Flügeln stets genau aufeinander abgestimmt werden, da selbst die geringste Verschiebung auffiele. Man sollte sich aber auch bei weniger klar gegliederten Mustern diese Mühe machen, da der Rapport aus einer gewissen Entfernung deutlich zu erkennen ist.*

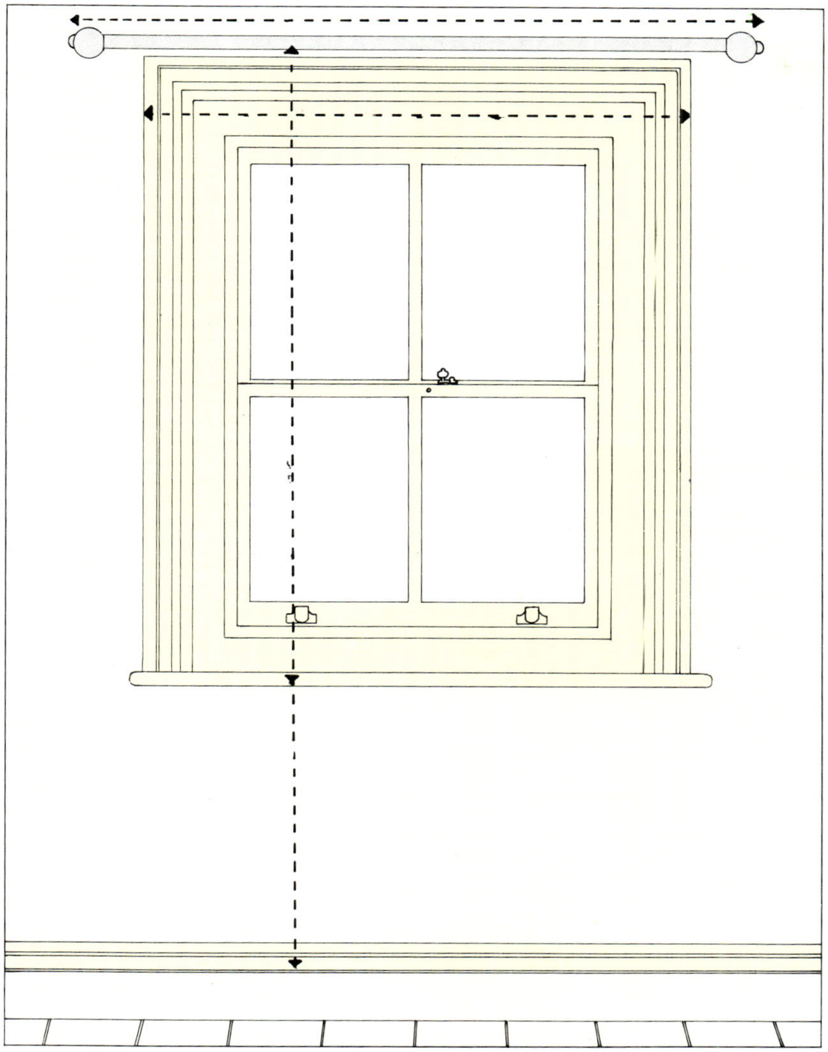

Stoffbreite – gewöhnlich 122 oder 137 cm, um die Anzahl der benötigten Stoffbahnen zu ermitteln. Geht die Teilung nicht genau auf und fällt ein Rest von mehr als der halben Stoffbreite an, rundet man zur vollen Breite auf; einen Rest von weniger als der halben Bahnenbreite kann man vernachlässigen.

Muß für die Anfertigung von zwei Vorhangflügeln eine Bahn geteilt werden, legt man den Stoff zunächst der Länge nach zusammen und bügelt ihn. Anschließend wird er wieder ausgebreitet und längs der Bügelfalte auseinandergeschnitten.

**Stoffbedarf.** Um den gesamten Stoffbedarf für Vorhang und Futter zu errechnen, einfach die Länge mit der Zahl der benötigten vollen Bahnenbreiten multiplizieren.

### *Zuschneiden*

Da sich Fehler nachträglich nur schwer korrigieren lassen, sollten Sie vor dem Zuschneiden alle Maße sorgfältig überprüfen.

Arbeitsmaterial:
- Metall-Lineal
- Winkelmaß
- Schneiderkreide
- eine scharfe Schneiderschere

**Fadengerades Zuschneiden der Kante.** Damit ein Vorhang korrekt fällt, muß er in aller Regel fadengerade zugeschnitten werden. Um bei dichtgewebten Stoffen den Fadenlauf zu ermitteln, schneidet man die Webkante mit der Schere ein und reißt dann den Stoff quer durch. Bei lockereren Geweben zieht man vorsichtig einen der waagrecht verlaufenden Schußfäden heraus und legt den Schnitt durch die so entstandene Lücke.

**Zuschneiden der Bahnen.** Nach dem fadengeraden Zuschneiden der Kante Vorhanglänge an den beiden Webkanten abmessen und mit Stecknadeln markieren. Zwischen den Markierungspunkten eine Linie ziehen und ihr folgend zuschneiden. Bei allen für den Vorhang benötigten Stoffbahnen so verfahren.

Unregelmäßig bedruckte Stoffe so zuschneiden, daß das Muster gerade erscheint: Stoff 15 cm unterhalb des untersten vollständigen Motivs fadengerade schneiden, dann die Vorhanglänge an den beiden Webkanten abmessen und mit Stecknadeln markieren. Zwischen den Markierungspunkten ein Linie ziehen und ihr folgend zuschneiden. Diese Methode hat den Vorteil, daß an der Unterkante das komplette Motiv erscheint, während Unregelmäßigkeiten der Musterung in der gefalteten Oberkante verschwinden. Sämtliche Bahnen nach Vorgabe der ersten zuschneiden, um sicherzugehen, daß das Muster beim Zusammennähen aufeinanderpaßt und sich nicht verschiebt.

### *Kreative Gestaltungsideen*

- *Sparen Sie nie an der Vorhangbreite: Bauschige Vorhänge aus billigerem Stoff sehen weit besser aus als knappe aus teurem Material.*
- *Wählen Sie ein zu den Raummaßen passendes Muster. Große Muster erdrücken einen kleinen Raum, während kleine Dessins in einer weiträumigen Umgebung hausbacken wirken.*
- *Ein farbiges Futter steigert die Dramatik der Farbkomposition; nehmen Sie die Vorhänge so zurück, daß die Farbe des Futters in Erscheinung tritt.*
- *Ein gemustertes Futter ergibt eine interessantere Wirkung und sieht auch von außen gut aus: Wählen Sie ein zugehöriges Muster, einen passenden Streifen oder einen kleinbedruckten Stoff.*
- *Bringen Sie in sonnigen Räumen hinter den Vorhängen ein Rollo an, um ein Verschießen der Farben durch starke Sonneneinstrahlung zu verhüten.*
- *Müssen Sie beim Umzug in ein Haus mit höheren Fenstern Ihre Vorhänge verlängern, nähen Sie farblich passend abgestimmte oder abstechende Streifen an den Saum an. Verwenden Sie, um eine einheitliche Wirkung zu erzielen, dasselbe Material auch für Querbehang und Raffhalter.*
- *Für breite Fenster, für die reguläre Vorhänge zu teuer kämen, empfehlen sich dekorativ rechts und links drapierte, fixierte Flügel. Da sie sich nicht zuziehen lassen, schirmt man die Privatsphäre mit einem Rollo ab.*
- *Entscheiden Sie sich für ein ausgeprägtes Muster, müssen Sie den Rapport über die ganze Vorhangbreite durch entsprechende Zugaben abstimmen. Stoffhersteller geben die Rapporthöhe vielfach an, doch können Sie sie auch selbst ermitteln, indem Sie die Spanne vom oberen Ende des Musters bis zu seinem neuerlichen Ansatz abmessen. Geben Sie zur erforderlichen Gesamtlänge pro Bahn jeweils die Länge eines Rapports zu.*

# Ungefütterte Vorhänge

*Ungefütterte Vorhänge dämpfen das Licht, ohne es auszusperren. Sie eignen sich aufgrund ihrer luftigen, leichten Wirkung für Küche, Bad und alle anderen Räume, in denen man sich eine schlichte, ungekünstelte Fensterdekoration wünscht und sie sind, aus nicht einlaufenden Stoffen gefertigt, obendrein waschmaschinenfest. Vor allem aber sind sie leicht zu nähen und damit für Anfänger das ideale Einstiegsprojekt, das außer der Fähigkeit, exakt Maß zu nehmen und eine gerade Naht zu steppen, keine Vorkenntnisse erfordert.*

*Um diesen Vorhängen aus naturbelassener Baumwolle ihren ganz auf den zwanglosen Stil abgestimmten, ansprechend gekräuselten oberen Abschluß zu geben, wurde die Oberkante breit eingeschlagen und ca. 10 cm unterhalb der umgelegten Kante ein einfaches Faltenband angenäht. An dem festen Stoff halten die Kräuselfalten besonders gut.*

### *Vorhänge nähen*

Benötigte Stoffbahnen zuschneiden (siehe Seite 168), Webkanten ab- oder in Abständen von 5 cm einschneiden, damit sich die Nähte nicht kräuseln.

Bahnen übereinanderlegen, stecken, heften und mit französischer Naht oder Kappnaht (siehe Seite 220) aneinandersteppen, halbe Bahnen an die Außenkanten nehmen und gegebenenfalls auf Musteranschluß achten.

### *Ecken schräg arbeiten*

An der Unterkante 7,5 cm für den Saum und an beiden Seitenkanten jeweils 2 cm einschlagen und bügeln. Dann an der Unterkante weitere 7,5 cm einschlagen, bügeln und wieder auffalten, und in gleicher Weise mit einem weiteren Einschlag von 2 cm an den Seitenkanten verfahren. Anschließend die Ecke so auf die linke Stoffseite umlegen, daß die diagonale Bruchkante durch den Schnittpunkt der inneren seitlichen und unteren Bügelfalten verläuft; Seitenkanten und Saum wieder, wie oben beschrieben, einschlagen und mit Fallstich annähen, und zum Schluß die an der Ecke diagonal aneinanderstoßenden Säume gleichfalls mit Fallstich aneinandernähen (siehe Seite 220).

### *Oberkante*

Obere Schnittkante 2,5 cm einschlagen, Vorhanglänge nachmessen und Einschlag, wenn nötig, korrigieren. Faltenband von entsprechender Länge (Vorhangbreite plus 5 cm Zugabe) auf der linken Vorhangseite so feststecken, daß es die Schnittkante bedeckt; Enden lose lassen.

An der Innenkante beider Vorhangflügel die eingezogenen Schnüre des Faltenbands herausziehen und zusammenknoten. Schnittkante des Faltenbands einschlagen und in gleicher Linie mit der Vorhanginnenkante so feststecken, daß der Knoten verschwindet. An der Vorhangaußenkante Schnüre des Faltenbands herausziehen und lose hängen lassen, Schnittkante des Bandes auf Höhe der Vorhangaußenkante einschlagen, Faltenband anheften und an den Längskanten ansteppen – beide Male in gleicher Richtung, damit keine Kräuselung entsteht. Beim Ansteppen der kurzen Enden Schnüre des Faltenbands an der Innenkante feststeppen, an der Außenkante dagegen lose lassen. Fäden nach links durchziehen und vernähen.

Beide Schnüre des Faltenbands an der Vorhangaußenkante gleichzeitig so an-

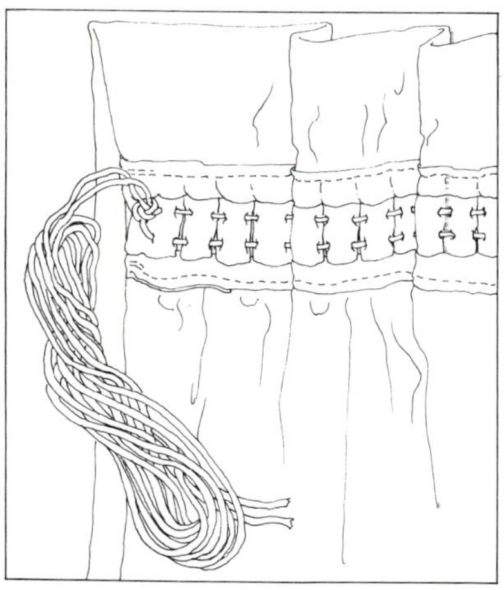

ziehen, daß sich eine gleichmäßige Kräuselung oder Fältelung von halber Schienenbreite ergibt. Schnüre mit Laufknoten sichern, dann zu einer sauberen Schlinge knüpfen oder auf Halter aufwickeln; nicht abschneiden, da sich sonst die Oberkante vor der Wäsche nicht mehr glattziehen läßt. Haken in die Bandschlaufen einhängen, zunächst einen an jedem Ende, dann die restlichen in Abständen von ca. 7,5 cm.

### *Einfassungen und Borten*

***Dekorative Einfassungen*** *unterscheiden handgearbeitete Gardinen von Fertigware, wobei vor allem Univorhänge von dezenten Posamenten profitieren. Manche Einfassungen können an den fertigen Vorhängen angebracht, andere dagegen müssen vor Beginn der Arbeit eingeplant werden. Entscheiden Sie sich für eine Möglichkeit, die zum Stil und den Maßen Ihrer Vorhänge paßt: Breite, schwere Vorhänge verlangen imposantere Verzierungen als leichte Gardinen für kleine Fenster, für die sich ein zarteres Schmuckwerk empfiehlt. Verschönern Sie die Innenkanten, um den Raffbogen oder die Faltengruppierungen zu betonen.*

***Bommelfransen*** *wirken besonders hübsch an transparenten und leichten, ungefütterten Vorhängen. Sie werden als Meterware verkauft und weisen an einer schmalen Tresse in regelmäßigen Abständen kleine Pompons auf. Man steckt sie auf der Oberseite des fertigen Vorhangs an der Kante fest und näht sie entweder mit Fallstich von Hand oder mit der Maschine an.*

***Zierborten*** *sind in allen möglichen Breiten, Farben und Musterungen zu haben und eignen sich gleichermaßen für gefütterte und ungefütterte Vorhänge, an die sie vor dem Aufmachen angenäht werden. Soll die Borte dicht an der Seitenkante des Vorhangs verlaufen, wird diese eingeschlagen und gebügelt; anschließend legt man die Borte an die Bruchkante an und steppt sie fest. Soll hingegen zwischen Borte und Vorhangkante ein Zwischenraum bleiben, werden die Seitenkanten nach innen umgelegt und gebügelt und dann über die ganze Vorhanglänge mit Schneiderkreide eine Linie parallel zur Bruchkante markiert.*

***Kontrastblenden*** *sind abstechende, beim Zusammennähen der Bahnen an der Vorhanginnenkante angebrachte Stoffstreifen, deren Breite sich nach den Vorhangmaßen richten sollte. Schneiden Sie einen Stoffstreifen von der doppelten Breite der vorgesehenen Blende plus 3 cm Zugabe und von der Länge des Vorhangs vor dem Einschlagen der Säume zu. Stecken Sie den Streifen rechts auf*

*rechts kantengleich an die Vorhanginnenkante und steppen Sie ihn mit 1,5 cm Abstand zur Kante fest. Bügeln Sie die Naht aus und schlagen Sie die Blende in der gewünschten Breite ein. Bei ungefütterten Vorhängen werden die Schnittkanten längs der Naht eingeschlagen und mit Fallstich angenäht. Bei gefütterten wird der Umschlag der Blende erst geheftet und dann festgenäht.*

***Kanten mit Rüschenbesatz*** *wirken an gefütterten Vorhängen hübsch und ungekünstelt, wobei Sie die Rüschen auf die Innenkante beschränken und allenfalls an Vorhängen für kleine Fenster auch am Saum und der Außenkante fortsetzen sollten. Der Stoffstreifen für die Rüsche muß doppelt so lang wie die Vorhangkante und doppelt so breit wie die fertige Rüsche plus 3 cm Nahtzugabe sein. Man legt ihn der Länge nach, rechte Seite nach außen, zusammen, näht an den Schnittkanten einen Kräuselfaden ein, zieht ihn an, bis die Rüsche die Länge der Vorhangkante aufweist und steckt, heftet und steppt die gleichmäßig gekrauste Rüsche Schnittkante auf Schnittkante auf die Vorhangoberseite. Dann legt man den Vorhang samt Rüsche und das Futter rechts auf rechts aufeinander und steppt das Ganze längs der Nahtlinie.*

### *Kreative Gestaltungsideen*

*❍ Gardinen an Glastüren wirken ansprechend und intim. Nähen Sie an jeder Gardine oben und unten einen Streifen ab, stecken Sie einen plastikumkleideten Draht oder eine dünne Gardinenstange durch und befestigen Sie Draht oder Stange am oberen und unteren Rand der verglasten Fläche.*

*❍ Sehen Sie sich nach preiswerten Stoffen um: Leinen, Drillich, Stoff für Bettzeug und Gingham machen sich an ungefütterten Vorhängen sehr gut und kosten kein Vermögen. Möbeln Sie Unistoffe mit Borten, Fransenbesätzen und Kontrastblenden auf.*

*❍ Kleiderstoffe lassen sich zu dekorativen Vorhängen verarbeiten, die am besten an kleinen Fenstern, an denen sich das feine Gewebe sanft in jedem Lufthauch bauscht, zur Geltung kommen.*

*❍ Ungefütterte, legere Vorhänge sehen besonders hübsch aus, wenn man sie mit einer breiten Stoffschleife umfängt, ohne sie an den Fensterrahmen zurückzunehmen.*

*❍ Gefältelte Kanten wirken weich und doch kunstvoll. Schneiden Sie einen Stoffstreifen wie für eine Rüschenkante zu und legen Sie ihn in Falten. Stecken, heften und steppen Sie diese nahe der Kante fest und bringen Sie den Streifen anschließend wie eine Rüsche an der Vorhangkante an.*

*❍ Fransenborten kauft man als Meterware und näht sie entweder mit Fallstich an die Innenkante der fertigen Vorhänge oder steppt sie mit der Webborte zwischen Vorhang und Futter fest.*

*❍ Paspeln ergeben an gefütterten Vorhängen eine saubere Umrandung, lassen sich aber auch mit Rüschenkanten kombinieren. Stellen Sie einen Paspel (siehe Seite 209) von der Länge der Innenkante vor den Einschlägen her und nähen Sie ihn Schnittkante auf Schnittkante an, ehe Sie das Futter anbringen.*


| VERGLEICHE AUCH DIE SEITEN: | |
|---|---|
| VORHANGOBERKANTEN | 166 |
| PASPELIERTE KANTEN | 209 |
| NÄHANLEITUNGEN | 220 |

# Gefütterte Vorhänge

*Gefütterte Vorhänge fallen dank ihres Gewichts und ihrer Stoffülle gut, dunkeln den Raum ab und isolieren ihn besser gegen Zugluft und Wärmeverlust als ungefütterte; außerdem bewahrt das Futter den Oberstoff vor Sonnenschäden und Verschmutzung. Als traditionelles Vorhangfutter dient gelbbrauner oder weißer Baumwollsatin. Zum Abdunkeln und Isolieren stehen spezielle Futterstoffe zur Verfügung; als Zwischenfutter nimmt man ein dickes, vliesartiges Gewebe, das zwischen Futter und Oberstoff eingearbeitet wird.*

Die Anfertigung gefütterter Vorhänge stellt an sich keine Schwierigkeit dar. Das kniffligste Problem – die Bewältigung der erforderlichen Stoffmenge – ist schon halb gelöst, wenn Sie zum Arbeiten einen großen Tisch oder eine freie Bodenfläche zur Verfügung haben. Außerdem brauchen Sie auch rings um Ihre Nähmaschine genügend Ablageflächen, auf denen Sie den Stoff während der Arbeit ausbreiten können.

In Anbetracht der Stoffmassen, aber auch der Gefahr, daß Futter und Oberstoff unterschiedlich einlaufen, empfiehlt sich für die meisten gefütterten Vorhänge chemische Reinigung. Sie ist seltener erforderlich, wenn Fenster, Fensterrahmen und Schienen saubergehalten und die Vorhänge von Zeit zu Zeit leicht abgesaugt werden. Ziehen Sie es vor, Ihre Vorhänge selbst zu waschen, sollten Sie das Futter separat arbeiten und auch gesondert waschen und bügeln.

### *Anfertigung gefütterter Vorhänge*

Wie bei ungefütterten Vorhängen Maß nehmen, Vorhangbahnen zuschneiden und aneinandersteppen; dabei gegebenenfalls auf Musteranschluß achten. Webkanten ab- oder einschneiden, Nähte ausbügeln. Anschließend Futterbahnen in gleicher Weise ausmessen, zuschneiden und zusammensteppen.

*Eine abstechende dunkle Seidenblende, phantasievoll auf die Einfassungen der gefütterten Vorhänge abgestimmt, verwandelt diese an ein Brett geheftete Stoffbahn in eine stilvoll-elegante Schabracke. Bemerkenswert der zu den Vorhangkanten passende, senkrechte Streifenverlauf der Blende und die Raffung durch das Mittelband, die der Schabracke ihre wohlproportionierte Form verleiht.*

### *Beschweren des Saums*

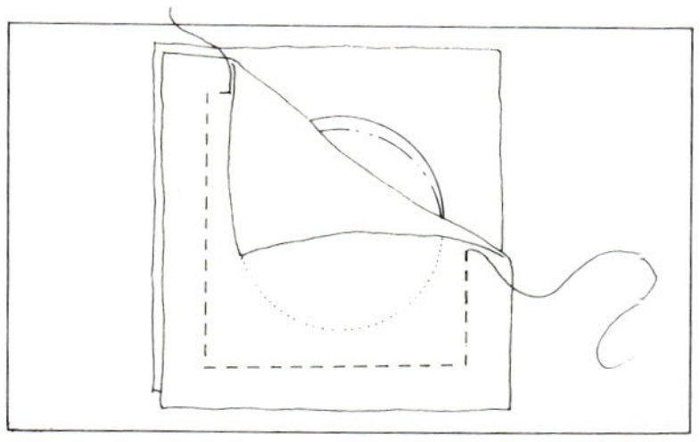

Gewichte garantieren einen besseren Vorhangfall: Man näht sie in kleine rechteckige Beutel aus Futterstoff ein und schiebt sie in die unteren Vorhangecken, wo sie nicht weiter auffallen.

### *Zurichten des Futters*

Vorhangstoff mit der Oberseite nach unten ausbreiten und an den Seitenkanten

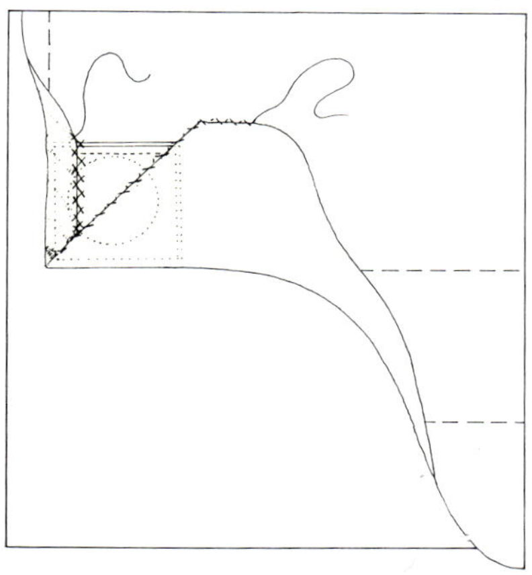

4 cm einschlagen und bügeln. An der Unterkante 7,5 cm breiten Doppelsaum umlegen und bügeln. Seitliche Einschläge und zweiten Saumeinschlag wieder auffalten und Ecken (wie auf Seite 170 beschrieben) schräg verarbeiten. In jede Ecke einen Beutel mit Gewicht schieben und links durch den Saum hindurch festnähen. Dann die Seiteneinschläge erneut umlegen, mit Hexenstich annäher und zum Schluß den Saum wieder einschlagen und mit Fallstich befestigen.
Nun das Futter Oberkante auf Oberkante auf die linke Vorhangseite legen und die Seitenkanten des Futters in gleicher Linie mit den eingesäumten Vorhangkanten abschneiden; die untere Futterkante 2,5 cm kürzen, einen 7,5 cm breiten Doppelsaum umlegen, stecken, heften und steppen; dann die beiden Seitenkanten 2,5 cm einschlagen, stecken und heften.

### *Futter anstaffieren*

Das so vorbereitete Futter Mitte auf Mitte, links auf links und Oberkante auf Oberkante auf den Vorhang legen. Mittellinie abstecken, das Futter bis an die

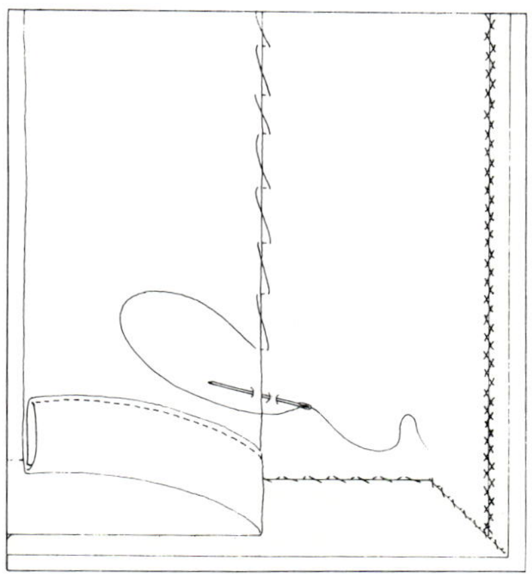

Nadelreihe zurückschlagen und längs des Bugs bis ca. 5 cm über dem Saum an den Vorhang anstaffieren. Von der Mitte ausgehend nach beiden Seiten an jeder Nahtlinie und in der Mitte jeder Bahn ebenso verfahren. Seitenkanten des Futters mit Fallstich annähen und diese Befestigung ca. 7,5 cm weit an der Saumkante fortsetzen.
Geraden Verlauf der Oberkanten von Futter und Vorhang überprüfen; stimmen sie überein, beide wie eine einzige Kante behandeln und Faltenband wie bei ungefütterten Vorhängen anbringen. Schnüre anziehen, bis die gewünschte Fältelung erreicht ist, dann die Haken einhängen und den Vorhang aufmachen.

### *Vorhänge mit Zwischenfutter*

Gefütterte Vorhänge mit Zwischenfutter lassen sich besser drapieren, haben eine längere Lebensdauer und wirken voller und schwerer. Für das Zwischenfutter nimmt man Flanell oder Molton, der in der Länge nach den fertigen Vorhängen und in der Breite mit 8 cm Zugabe zugeschnitten wird.

### *Anfertigung*

Vorhang-, Futter- und Zwischenfutterbahnen zuschneiden; während man die Vorhang- und Futterbahnen wie bei gefütterten Vorhängen aneinandersteppt, werden die Zwischenfutterbahnen an den Kanten 2 cm übereinandergelegt und mit Hexenstich zusammengenäht.
Vorhangstoff mit der rechten Seite nach unten ausbreiten, Zwischenfutter darüberlegen, ringsum Spielraum für Säume lassen. Die beiden Stoffstücke längs der Mittellinie zusammenstecken, Zwischenfutter bis zur Nadelreihe zurückschlagen und an der Faltlinie, wie bei gefütterten Vorhängen, anstaffieren. Vorgang in Abständen von je einer halben Bahn über die ganze Vorhangbreite wiederholen, letzte Staffierstichfolge 4 cm vor den Seitenkanten anbringen. Des weiteren wie bei gefütterten Vorhängen verfahren.

### *Kreative Gestaltungsideen*

- *Trennvorhänge an Durchgängen mit dem gleichen Stoff füttern, damit sie auf beiden Seiten gleich aussehen.*
- *Vorhänge an Erkerfenstern können entweder auf beiden Seiten so weit zurückgezogen werden, daß die Fenster frei bleiben oder aber, in den Fensterecken drapiert, die Fensterform unterstreichen. Befindet sich eine Sitzbank im Erker, bringt man am besten kurze Gardinen oder Rollos an und kombiniert sie mit bodenlangen, nicht zuziehbaren Seitenflügeln.*
- *Befindet sich ein Heizkörper unter dem Fenster, Vorhanglänge auf Höhe des Fensterbretts beschränken, da bodenlange Vorhänge die Wärme zurückstauen und Energie vergeuden würden.*
- *Bei vorspringenden Fensterbrettern Vorhänge 1 cm über Bretthöhe säumen, bei flachen den Vorhang über das Fensterbrett führen.*


| VERGLEICHE AUCH DIE SEITEN: | |
|---|---|
| VORHANGSTOFFE | 162 |
| UNGEFÜTTERTE VORHÄNGE | 170 |
| NÄHANLEITUNGEN | 220 |


### *Sackartige Futterverarbeitung*

*Sackfutter können fast in Gänze mit der Maschine genäht werden und bedeuten eine große Zeitersparnis. Sie wirken zwar nicht so professionell wie die hier beschriebene, handgearbeitete Spielart, erfüllen aber in vielen Fällen durchaus ihren Zweck.*
*Vorhang- und Futterbahnen wie oben beschrieben zuschneiden und aneinandernähen, das Futter aber 20 cm schmäler halten. An Oberstoff und Futter Mittellinie mit Heftstichen markieren, beide Teile mit der rechten Seite so aufeinanderlegen, daß sich die Seitenkanten decken, zusammenstecken, heften und mit 2 cm Abstand zu den Kanten steppen. Kanten ab- oder einschneiden und ausplätten, dann nach rechts drehen.*
*Die gehefteten Mittellinien aufeinanderlegen und Vorhang glattbügeln, dann die Oberkanten einschlagen und das Faltenband wie beschrieben annähen. Vorhänge aufhängen, die gewünschte Saumkante markieren und die Saumzugabe auf 15 cm kürzen. Vorhang mit 7,5 cm breitem Doppelsaum versehen, wozu unter Umständen das Unterende der Seitennähte aufgetrennt werden muß; dann die Futterunterkante so weit einschlagen und säumen, daß der Oberstoff 2,5 cm über das Futter reicht.*

# Querbehänge und Schabracken

*Querbehänge und Schabracken oder Lambrequins, ursprünglich dazu bestimmt, die Vorhangschiene und -oberkante auf ansprechende Weise zu kaschieren, das Licht zu dämpfen und Zugluft abzuhalten, haben sich in jüngster Zeit mehr und mehr zum Schmuckelement gewandelt und weisen oft markantere Züge auf als die unterhalb aufgemachten Vorhänge, ja, dienen gelegentlich sogar als einziger kunstvoller Fensterschmuck.*

Obgleich sie denselben Zweck erfüllen, sehen Schabracken und Querbehänge recht unterschiedlich aus und werden auch auf unterschiedliche Art und Weise angefertigt. Die steifen, glatten, feierlich-korrekten Schabracken aus Sperrholz, Steifleinen oder einem speziellen, selbstklebenden Versteifungsmaterial, die gewöhnlich eine kunstvoll geformte Unterkante aufweisen, werden mit Stoff bezogen und über dem Fenster an einem Querbehangbrett angebracht. Die gekräuselten oder gefältelten Querbehänge dagegen sind wesentlich weicher in der Wirkung; sie werden gleichfalls an einem Brett oder an einer über dem Fenster an die Wand geschraubten Schiene aufgemacht.

### *Wahl der Schabracke*

Schabracken vervollständigen Fensterbekleidungen unterschiedlichen Stils, von vornehmen, bodenlangen Vorhänge bis zu kurzen, gekräuselten Gardinen. Sie verdanken ihren besonderen Charakter ihrer Form: Die angebotenen Spezialversteifungen haben verschiedene Kanten aufgedruckt – Sie brauchen den von Ihnen bevorzugten Umriß nur auszuschneiden. So können Sie sich etwa für die klassische Zinnenform, für eine Zickzack- oder Schlangenlinie entscheiden, sich aber ebensogut auch von fließenden Formen des Stoffmusters inspirieren lassen. Eine Schabracke kann die ansprechenden Konturen eines Bo-

*Die auf ein leicht gepolstertes Brett montierte, tief eingeschnittene Zickzack-Schabracke bildet das Hauptschmuckelement dieser schlichten Fensterdekoration. Ein zurückhaltender, schräggestreifter Paspel und winzige Glöckchen an den Spitzen unterstreichen die Wirkung.*

gen- oder Spitzbogenfensters nachzeichnen oder ungünstige Proportionen kaschieren. So täuscht sie, bogenförmig ausgeschnitten, größere Höhe vor, während sie als schmale Leiste mit gleichmäßig gewellter oder ausgebogter Kante den Eindruck größerer Breite erweckt. Schneiden Sie probehalber verschiedene Formen aus Papier aus, bis Ihnen ein Entwurf zusagt, und benutzen Sie diese Schablone dann als Schnittmuster: Auf die Hälfte zusammengefaltet, liefert sie eine Form von vollendeter Symmetrie.

Überziehen Sie die Schabracke mit Stoff – wobei Sie bei gemustertem Material darauf achten müssen, daß der Rapport mit dem der Vorhänge oder des Rollos übereinstimmt – und verzieren Sie sie anschließend mit passenden Borten, Kontrastblenden oder Kordeln.

### *Montage eines Querbehangbretts*

Für das Querbehangbrett benötigen Sie eine 10 cm breite Holzleiste, die 10 cm länger als die Vorhangschiene sein soll. An die Leistenenden werden 10 cm lange und breite Seitenteile, gleichfalls aus

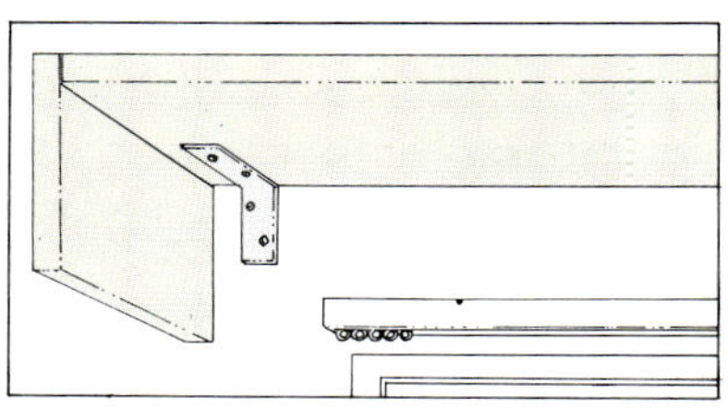

Holz, geleimt und genagelt. Bei hohen Schabracken empfiehlt es sich, zur besseren Verankerung ein zusätzliches Brett an die Vorderfront zu leimen und zu nageln.

Markieren Sie 5 cm über der Vorhangschiene mit Hilfe eines Holzlineals und einer Wasserwaage die Position des Querbehangbretts, schrauben Sie rechts und links ein Winkeleisen an die Wand, bringen Sie dazwischen in Abständen von ca. 30 cm weitere an und schrauben Sie das Querbehangbrett daran fest.

### *Anfertigung einer einfachen Schabracke*

Arbeitsmaterial:
- Oberstoff
- Futterstoff
- Steifleinen, selbstklebendes Versteifungsmaterial oder Sperrholz
- Klettverschluß

Gesamtlänge des Querbehangbretts (Vorderfront und Seitenteile) ausmessen und seine Höhe festlegen. Einen Streifen Steifleinen oder anderes Versteifungsmaterial auf dieses Maß zuschneiden. Schnittmuster aus Papier oder Druckvorlage Mitte auf Mitte auflegen, Unterkante der Versteifung in der gewünschten Form ausschneiden, Seitenteile umbiegen. Bei Schabracken aus Sperrholz Vorderfront und Seitenteile separat aussägen und an den Eckkanten durch angeleimte Stoffstreifen scharnierartig verbinden.

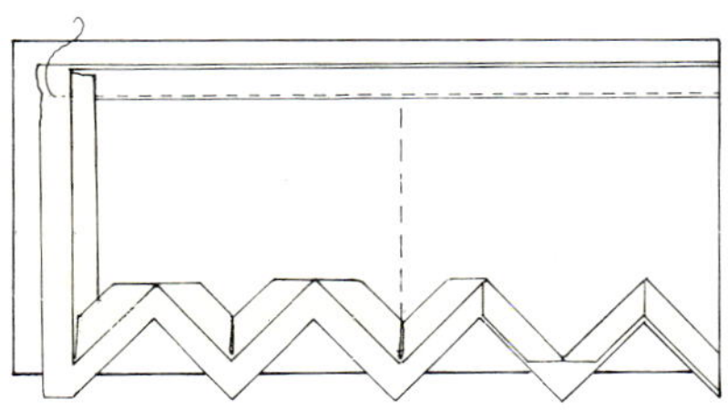

Die Anzahl von Stoffbahnen, die für einen Stoffstreifen von ausreichender Länge zum Beziehen des Bretts benötigt werden, zuschneiden und aneinandernähen. Dabei gegebenenfalls auf Musteranschluß achten und in der Mitte eine ganze Bahn, Teilabschnitte dagegen seitlich anbringen. In gleicher Weise einen Futterstreifen vorbereiten, dann die Versteifung auf Oberstoff und Futter legen und diese in der vorgesehenen Form zuschneiden. Ringsum 2 cm zum Einschlagen zugeben und Klettverschluß in Länge des Querbehangbretts zuschneiden.

Bei Schabracken aus selbstklebendem Versteifungsmaterial Schutzfolie abzie-

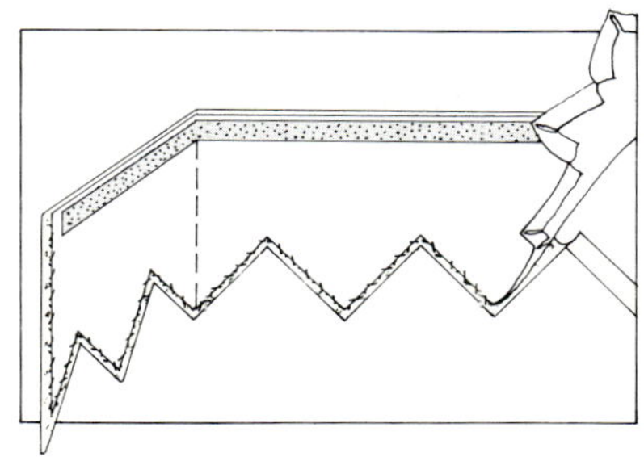

hen und Versteifung glatt auf den Oberstoff kleben. Schnittkanten auf die linke Seite umschlagen und heften oder feststecken, an ausgebogten Stellen einschneiden. Den einen Klettverschlußstreifen 2 cm unterhalb der Oberkante auf die Futteroberseite steppen. Haftet das Versteifungsmaterial nur auf einer Seite, Futter links auflegen, Schnittkanten einschlagen, dann heften und mit Fallstich festnähen. Haften dagegen beide Seiten, zweite Folie abziehen und Futter aufkleben und glattstreichen, dabei die Schnittkanten einschlagen.

Soll die Schabracke mit Steifleinen verstärkt werden, Oberstoff und Futter rechts auf rechts legen und an der Oberkante zusammennähen. Dann nach rechts drehen und den einen Klettverschlußstreifen dicht an der Naht aufs Futter nähen. Steifleinen so auf die linke Oberstoffseite legen, daß sich seine Oberkante an die Naht anschließt, Schnittkanten auf die Rückseite des Steifleinens umschlagen und mit heißem Bügeleisen festplätten. Futter über die Rückseite der Schabracke ziehen, Schnittkanten einschlagen und mit Fallstich festnähen.

Bei Schabracken aus Sperrholz die vorbereitete Form mit dünner Baumwollwatte polstern, dann wie oben beschrieben mit Stoff beziehen, der auf der Rückseite festgeklebt oder mit Heftklammern befestigt wird.

Bei allen Schabracken wird der zweite Klettverschlußstreifen mit Heftklammern oder Klebstoff an der Kante des Querbehangbretts befestigt und mit seinem Gegenstück zusammengepreßt.

### *Kreative Gestaltungsideen*

- *Schabracke im rechten Verhältnis zu den Vorhängen halten. Als Faustregel für die Höhe ungefähr ein Sechstel der Vorhanglänge ansetzen.*
- *Um der Schabracke einen Hauch von Luxus und Komfort zu geben, Sperrholzbrett vor dem Beziehen mit dicker Watteschicht polstern.*
- *Soll das Fenster höher wirken, Vorhangschiene ein gutes Stück oberhalb des Fensterrahmens anbringen und die Schabracke hoch genug halten, um den Zwischenraum zwischen Schiene und oberem Fensterrahmen zu verdecken.*
- *Um eine schöne Fensterform zu betonen, Schabracke dem Fensterprofil anpassen.*
- *Durch eine dekorative Schabracke gewinnt auch ein schlichtes Fenster Charakter.*
- *Wird eine feierliche Wirkung angestrebt, Schabracke mit Querbehang kombinieren. Schmale, straff und korrekt bezogene Schabracke so über einer Doppelschiene für Vorhang und Querbehang anbringen, daß der gefältelte oder dichtgeraffte Querbehang unterhalb in Erscheinung tritt.*

*Ein gekräuselter Querbehang bildet den einzigen Schmuck dieses Fensters mit seinen nach innen aufklappbaren Läden. Aus gestreiftem Baumwollkleiderstoff ohne Futter gefertigt und mit Hilfe eines einfachen Faltenbandes gekräuselt, paßt er vorzüglich in diese ungezwungene Umgebung.*

### *Kreative Gestaltungsideen*

*❍ Bauschige Querbehänge, die wie kurze Wolkenstores oder Raffrollos wirken, werden wie Stoffrollos (siehe Seite 190–193) angefertigt, zum Schluß aber durch Verknoten der Kordel dauerhaft in Form gehalten.*

*❍ Um phantasievolle Querbehangformen zu kreieren, braucht man nur Stoffbahnen, um eine über der Schiene aufgemachte Vorhangstange zu drapieren.*

*❍ Drapierte Querbehänge können mit Heftklammern, Klebeband oder Klettverschluß fixiert werden, wobei man die Befestigungen mit Stoffalten kaschiert.*

*❍ Wer Querbehänge zwar der Optik wegen schätzt, aber statt Schienen Vorhangstangen bevorzugt, sollte sich für einen Vorhang mit angearbeitetem Querbehang entscheiden: Dabei wird einfach ein hoher, gefütterter Volant aus dem gleichen Stoff so an die Oberkante des Vorhangs genäht, daß er über die rechte Seite herunterhängt.*

*❍ Ziereinfassungen spielen beim Entwurf von Querbehängen eine wichtige Rolle, können Zutaten wie Rüschen, Falten, Fransen oder Quasten doch einer schlichten Fensterdekoration einen professionellen Anstrich verleihen.*

### *Auswahl eines Querbehangs*

Querbehänge sind, technisch gesehen, Teil einer hübschen, unprätentiösen Fensterdekoration, eignen sich aber bei der richtigen Kombination von Stoff, Fältelung und Posamenten ebensogut auch für anspruchsvollere Ensembles. Sie können gerade fallen oder, wie eine Schabracke, eine ausgebogte, zickzackförmige oder geschwungene Unterkante aufweisen.

Querbehänge werden wie Vorhänge genäht und mit Hilfe von Faltenbändern gerüscht oder gefältelt. Da sie die obere Vorhangpartie verdecken, können Sie Geld sparen und für den Vorhang ein einfacheres Faltenband nehmen, um Ihre Mittel auf die dekorative Gestaltung des Querbehangs zu konzentrieren.

Wählen Sie für den Querbehang Stoff vom selben Gewicht wie für die Vorhänge und statten Sie ihn wie diese gegebenenfalls mit Futter und Zwischenfutter aus. Da man für die Kräuselung das Zwei- bis Zweieinhalbfache der Brett- oder Schienenbreite rechnet, müssen Sie beim Aufzeichnen des Musters für die Unterkante Ihren Entwurf entsprechend verlängern.

### *Anfertigung eines einfachen Querbehangs*

Arbeitsmaterial:
- Stoff
- Futter und Zwischenfutter, sofern bei den Vorhängen verwendet
- Faltenband
- Klettverschluß (bei Verwendung eines Querbehangbretts)

Breite des Querbehangbretts (zur Montage siehe Seite 174) oder der Querbehangschiene einschließlich der Seitenteile abmessen. Mit dem für das gewählte Faltenband zutreffenden Faktor multiplizieren (siehe Seite 166). Höhe des Querbehangs festlegen, 3 cm für Saum und 4 cm für oberen Einschlag zugeben. Stoff und Futter nach Maß zuschneiden, Bahnen, wenn nötig, aneinandernähen. Faltenband von entsprechender Länge bereithalten.

Querbehang nach der für gefütterte Vorhänge beschriebenen Methode (siehe Seite 172) füttern, obere Schnittkante einschlagen und Faltenband annähen. Durch Anziehen der Zugschnüre Querbehang auf Brett- oder Schienenlänge kräuseln oder fälteln. Schnüre befestigen. Bei Verwendung eines Querbehangbretts aus Futterstoff einen Streifen, 3 cm breiter und 3 cm länger als das Faltenband, schneiden, ringsum 1,5 cm einschlagen und bügeln.

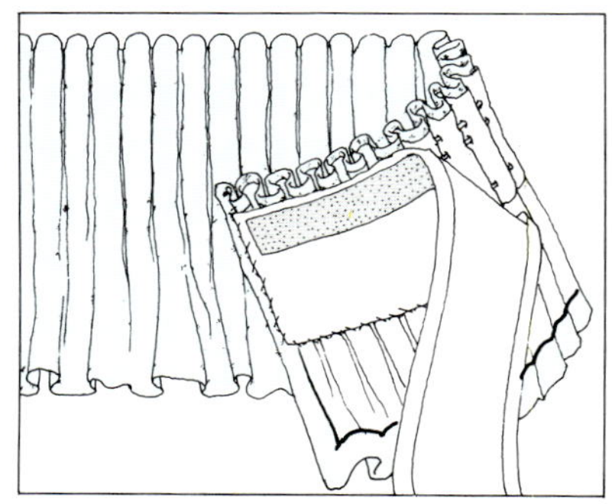

Den einen Klettverschlußstreifen in geringem Abstand zu einer der Längskanten auf den Futterstreifen steppen und diesen dann links mit Fallstich so auf das Faltenband nähen, daß der Klettstreifen dicht unterhalb der Oberkante verläuft. Den anderen Klettverschlußstreifen mit Klebstoff oder Heftklammern an der Kante des Querbehangbretts anbringen und Querbehang aufdrücken. Bei Verwendung einer Querbehangschiene Haken in Abständen von 10 cm ins Faltenband einhängen und an den Laufrollen aufmachen.

# QUERBEHÄNGE MIT SEITENSCHÄRPEN

*Gewöhnlich sind drapierte Querbehänge mit Seitenschärpen Teil einer anspruchsvollen Fensterdekoration, doch bewährt sich die hier vorgestellte simple Version für sich allein oder in Verbindung mit Vorhängen auch an schlichten Fenstern.*

*Über stoffbezogene Vorhangstangen drapierte, klassische Querbehänge mit lose fallenden Enden schmücken die Fenster dieses konventionellen Empfangszimmers in vollendeter Symmetrie. Die Rolle aus gleichem Stoff zwischen den Schiebefenstern, die Zugluft abhalten soll, setzt einen praktischen Akzent.*

***Anfertigung eines drapierten Querbehangs mit Seitenschärpen***

Arbeitsmaterial:
- Vorhangstoff
- abstechendes Futter
- Klettverschluß
- eine Holzleiste von 2,5 x 5 cm und 15–20 cm länger als die Fensterbreite
- ein Paar Winkeleisen
- 2 Zierhaken

***Berechnung der Maße***

Die Länge der Oberkante errechnet sich aus der Länge der Leiste plus dem doppelten Abstand zwischen Leistenende

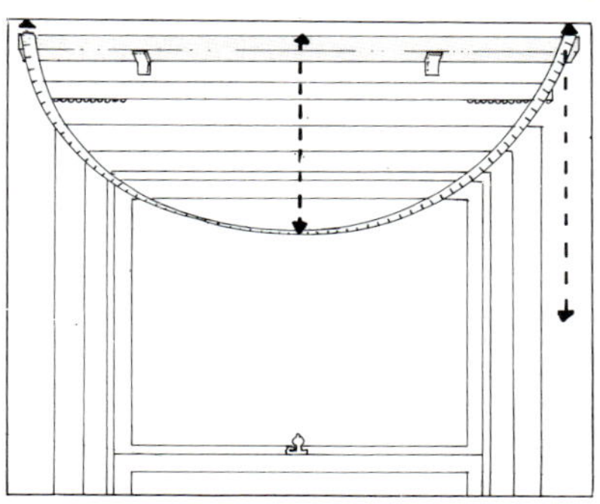

und tiefstem Punkt der Seitenschärpen, die der Unterkante aus der Kurve des vorgesehenen Faltenbogens plus 30 cm fürs Drapieren um die Haken; die Breite des erforderlichen Stoffstreifens ergibt sich aus dem Abstand zwischen Leistenmitte und tiefstem Punkt des Faltenbogens mal zwei.

Zeichnen Sie anhand der ermittelten Maße ein Schnittmuster auf: Ober- und Unterkante verlaufen parallel und sind zentriert; der Abstand zwischen ihnen ergibt die Bogenhöhe.

***Anfertigung***

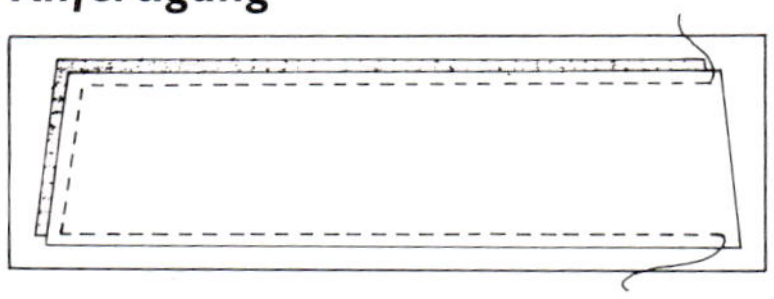

Oberstoff und Futter nach dem Schnittmuster zuschneiden, dabei ringsum 2 cm zugeben. Dann mit den Oberseiten aufeinanderlegen und mit 2 cm Abstand zur Kante zusammensteppen, dabei eine der Schmalseiten zum Wenden offenlassen. Kanten bis dicht an die Naht abschneiden, nach rechts drehen und bügeln. An der Öffnung Schnittkanten nach innen

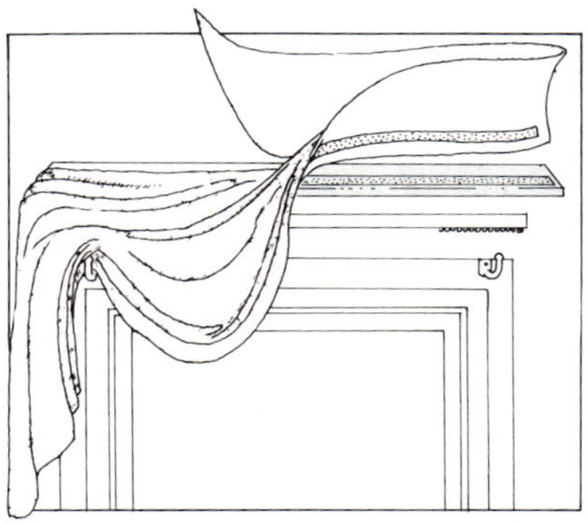

schlagen und mit Fallstich aneinandernähen.

Klettverschluß in Länge der Leiste zuschneiden, den einen Streifen Mitte auf Mitte links an die Oberkante des Querbehangs steppen. Anschließend den anderen Streifen mit Heftklammern oder Klebstoff an der Leistenoberkante befestigen.

Querbehang mit Hilfe des Klettverschlusses gleichmäßig auf die Leiste drücken. Zierhaken nahe den oberen Ecken in den Fensterrahmen schrauben, die Seitenschärpen des Querbehangs über die Haken schlingen und in ansprechenden Falten drapieren.

# Raffhalter und Posamenten

*Raffhalter nehmen die Vorhänge zurück, um soviel Tageslicht wie möglich einzulassen und fassen sie gleichzeitig zur reizvoll geschwungenen Fensterumrahmung zusammen. Unter den verschiedenartigen brauchbaren Modellen, darunter solchen aus Messing oder Holz sowie Raffkordeln, bieten Raffhalter aus Stoff der Kreativität den größten Spielraum. Man kann sie in stilistisch schier unbegrenzten Varianten aus dem gleichen Material wie die Vorhänge anfertigen und zu Fensterdekorationen von vollendeter Harmonie kombinieren. Zum Zurücknehmen näht man an beiden Enden der Raffhalter Messingringe an, die auf Haken gehängt werden.*

*Der Dekorationsentwurf für dieses kultivierte, in Grün und Weiß gehaltene Badezimmer beruht wesentlich auf dem starken Kontrast zwischen den Vorhängen mit ihren einfachen, halbmondförmigen Raffhaltern aus dem gleichen Stoff und den gußeisernen Vorhangstangen.*

***Raffhalter in der klassischen Halbmondform***

Dieser traditionelle, in der Mitte breitere und nach den Enden hin schmäler zulaufende Raffhalter läßt sich durch paspelierte oder gekräuselte Kanten individuell variieren.

Schlingen Sie, um seine Länge zu ermitteln, ein Textilmaßband in der gewünschten Höhe (sie liegt gewöhnlich bei rund zwei Dritteln der Vorhanglänge von oben gerechnet) um den Vorhang und nehmen Sie ihn straff, aber ohne die Falten zu zerdrücken, zurück. Geben Sie 5 cm zur Kaschierung der Ringe zu. Legen Sie Ihren Vorhangmaßen entsprechend die Breite des Mittelabschnitts (durchschnittlich 7,5–10 cm) fest und fertigen Sie aus Papier ein halbmondförmiges Schnittmuster in der angegebenen Größe mit abgerundeten Ecken an.

Schneiden Sie nach diesem Muster für jeden Raffhalter Ober- und Futterstoff mit einer Zugabe von 1,5 cm ringsum sowie (bei Bedarf) ein Stück Zwischenfutter mit 1 cm Zugabe ringsum und ein Stück Steifleinen oder selbstklebendes Versteifungsmaterial in Schnittmustergröße zu. Breiten Sie den Oberstoff mit der rechten Seite nach unten aus und legen Sie Zwischenfutter und Steifleinen, jeweils Mitte auf Mitte, darüber. Nähen Sie das Steifleinen mit Hexenstich fest und legen

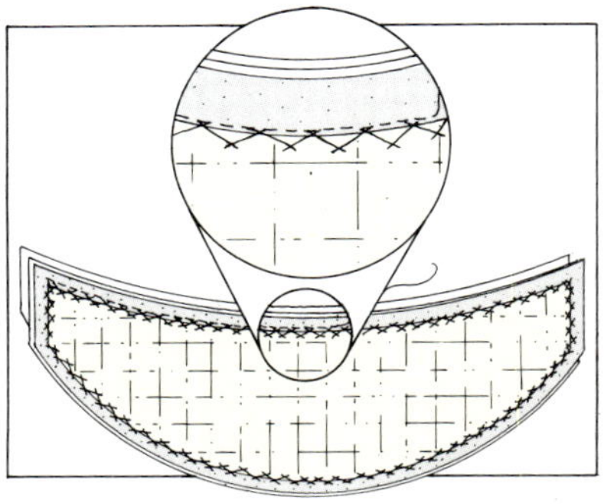

Sie den so verstärkten Oberstoff und das Futter rechts auf rechts aufeinander. Steppen Sie die Unterkante dicht an der Schnittkante des Steifleinens und lassen Sie die Oberkante offen. Kante bis dicht an die Naht ab- und Bogen einschneiden, rechte Seite nach außen wenden. Die restlichen Schnittkanten einschlagen und mit Fallstich aneinandernähen.

Nun brauchen Sie nur noch an jedem Ende des Raffhalters auf der Innenseite einen Messingring fest anzunähen, in vorgesehener Höhe einen Messinghaken an

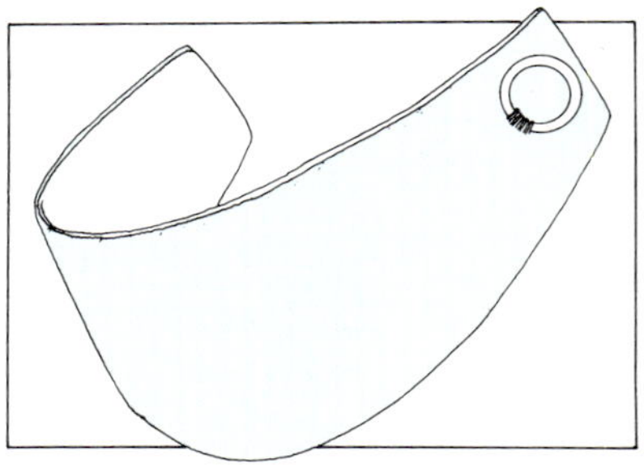

die Wand zu schrauben und den Raffhalter daran zu befestigen.

***Geflochtener Raffhalter***

Diese wattierten Raffhalter, die mit ihrer

gefälligen Zopfgliederung besonders an Vorhängen mit weich fallenden Falten gefallen, können aus drei unifarbenen oder kontrastierenden Stoffstreifen geflochten werden.

Berechnen Sie die fertige Länge wie für den klassischen Halbmondraffhalter und schneiden Sie für jedes Exemplar drei eineinhalbmal so lange und 12 cm breite Streifen aus Stoff und aus Füllwatte mittlerer Stärke zu.

Heften Sie auf die linke Seite jedes Stoffstreifens einen Wattestreifen und falten

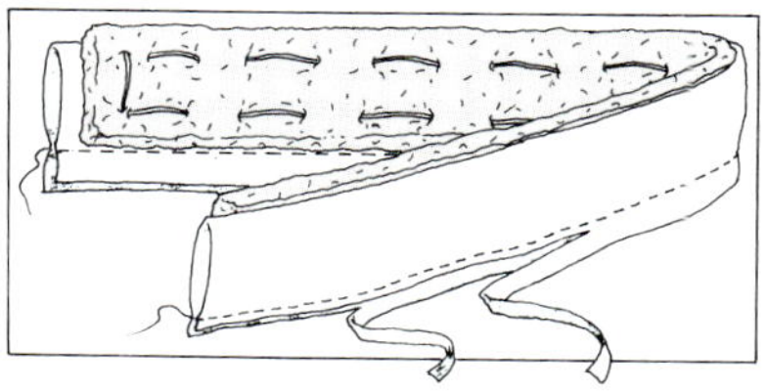

Sie den Stoff dann der Länge nach so, daß Kante auf Kante trifft. Steppen Sie die Kanten, ohne die Wattierung zu erfassen, mit 1 cm Nahtzugabe zusammen, versäubern Sie die Naht ab und drehen Sie den Schlauch nach rechts. Schlagen Sie am einen Ende die Schnittkanten ein und nähen Sie sie mit Fallstich aneinander.

Flechten Sie aus den drei Schläuchen, nachdem Sie sie, Naht nach unten, flach-

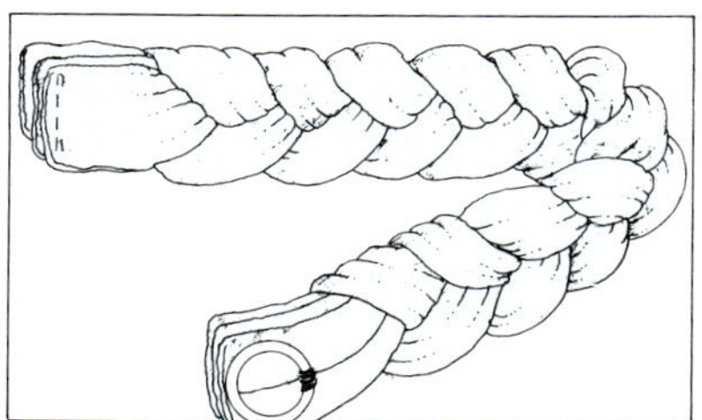

gedrückt und die mit Fallstich geschlossenen Enden aufeinandergenäht haben, einen gleichmäßigen Zopf und kürzen Sie ihn, wenn nötig, auf die gewünschte Länge. Schlagen Sie an den drei noch offenen Schlauchenden gleichfalls die Schnittkanten ein, schließen Sie sie mit Fallstich, nähen Sie die Streifen fest aufeinander und bringen Sie an jedem Zopfende möglichst haltbar einen Messingring an.

### *Raffhalter mit Schleife*

Dieser leger wirkende Raffhalter mit seinen schleppenartig herabfallenden, spitz zulaufenden Enden gibt gekräuselten Vorhängen den letzten Pfiff.

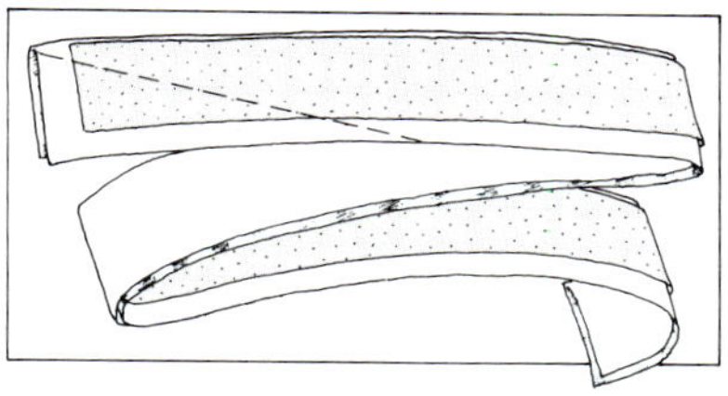

Für jeden Raffhalter zwei 24 x 130 cm große Stoffstreifen und zwei Streifen von 10,5 x 127 cm aus mittelstarkem, aufbügelbarem Versteifungsmaterial zuschneiden. Die beiden Stoffstreifen der Länge nach falten, bügeln und wieder auffalten. Nun einen Versteifungsstreifen so auf die linke Stoffseite stecken, daß seine eine Kante an der mittleren Bruchkante entlangläuft und an den kurzen Enden jeweils ein Stoffrand von 1,5 cm freibleibt. Versteifungsstreifen nach Gebrauchsanweisung aufbügeln.

Als nächstes die Streifen einzeln vornehmen, erneut der Länge nach falten, die beiden unterschiedlich starken Stoffhälften zusammenstecken und vom einen Ende des gefalteten Streifens zu einem 15 cm weiter innen liegenden Punkt an der offenen Kante eine Diagonalnaht für das Schleifenende steppen. Stoff längs der Naht bis auf 1,5 cm abschneiden. Die offenen Kanten mit 1,5 cm Nahtzugabe zusammensteppen, an der Längsseite Schlitz zum Wenden lassen. Naht versäubern, nach rechts wenden, offene Kanten einschlagen, mit Fallstich schließen. Bügeln.

An der Unterseite der kurzen, rechtwinkligen Streifenenden Vorhangringe aus Messing annähen. Ringe auf den Raffhalter-Haken hängen, dann die beiden Streifen um den Vorhang schlingen und zur Schleife binden. Schleife und lose Enden nach Gefallen arrangieren, zum Schluß die Schleife von Hand festnähen.

### *Posamenten und schmückende Details*

Mehr oder minder bauschige Stoffrosetten und Schleifen geben, an Rollos, Vorhangoberkanten, Querbehänge, Schabracken und Raffhalter geheftet, einer Fensterdekoration ein vornehmes Flair und lassen obendrein so manche Naht verschwinden.

### *Rosetten*

Sie lassen sich als Eckverzierungen an Vorhangoberkanten oder als Schmuckelement über lose herabhängenden Stoffenden, auf der Vorderseite von Raffhaltern oder am oberen Rand von Rollos anbringen und sollten in jedem Fall zierlich und gefällig wirken.

Arbeitsmaterial:

- 2 Streifen aus glattem, an einer der Längskanten ausgezacktem Baumwollstoff von 60 x 6 und 45 x 4 cm
- 1 mit Stoff überzogener Knopf

An beiden Streifen kurze Kanten mit 5 mm Nahtzugabe zusammennähen, so daß zwei Stoffringe entstehen; an einer der Längskanten jedes Rings eine Reihe Kräuselstiche anbringen, den Kräuselfaden straff anziehen und verknoten.

Die kleinere Rosette auf die größere legen, beide in der Mitte zusammennähen und zur Kaschierung der Schnittkanten im Mittelpunkt der Rosette Knopf anbringen.

### *Kreative Gestaltungsideen*

*❍ Raffhalter stets weit genug arbeiten, um die Vorhänge schonend und ohne den Stoff zu zerknittern zurückzunehmen.*

*❍ Raffhalter können die Form eines Fensters verändern. Weit oben angebracht, lassen sie es hoch und schmal erscheinen, tief unten verleihen sie ihm mehr Breite. Durch asymmetrische Plazierung der Raffhalter in unterschiedlicher Höhe erfährt das Fenster eine dramatische Verwandlung.*

*❍ Bei mehrschichtigen Fensterdekorationen Raffhalter so einsetzen, daß sich die Formen der einzelnen Schichten zu einer dreidimensionalen Fensterumrahmung ergänzen.*

*❍ Um einen etwas unkonventionelleren Akzent zu setzen, kann man Segeltaue, Ketten, Seidenschals, Perlenschnüre oder künstliche Efeuranken als Raffhalter verwenden.*

*❍ Sollen die Raffhalter durch Posamenten auf die Vorhänge abgestimmt werden, Rüschen- und Faltenbesätze in ausgewogenem Verhältnis zur Raffhalterbreite halten.*

*❍ Einfarbige Vorhänge gewinnen durch gemusterte Raffhalter. Das gleiche Material für Querbehang oder Schabracke verwenden.*

*❍ Mit zwei bis drei engen Raffhaltern an jedem Vorhangflügel, zwischen denen sich der Stoff bauscht, läßt sich eine prunkvolle Wirkung erzielen.*

### *Billige und doch schicke Raffhalter*

*Halbwegs kunstvolle und dekorative fertige Raffkordeln und Quasten kommen teuer, doch kann man einfachen, preiswerten Raffhaltern durchaus eine eigene Note geben. So verleihen Stoffmalfarben in Gold oder Silber, mit leichtem Pinselstrich auf die Quasten getupft, einer von Haus aus eher nichtssagenden Verzierung einen prunkvollen Anstrich, und auch sonst lassen sich mit Farben, die mit dem Vorhangstoff oder anderen Elementen der Einrichtung harmonieren oder kontrastieren, reizvolle Effekte erzielen.*

# TRANSPARENTE KAFFEEHAUSGARDINEN

*Die große Gruppe der transparenten Gewebe umfaßt neben Spitze, Gaze und Netzgeweben, neben Voile und dünnen Synthetics viele weitere duftige, durchscheinende Stoffe, teils gitterartig locker, teils hauchzart, gemustert oder ungemustert, bedruckt oder bestickt. Kurzum, die Vielfalt ist so groß, daß sich für jedes Fenster und jeden Dekorationsstil etwas Passendes findet. Neben ihrer Hauptaufgabe: die Privatsphäre abzuschirmen, ohne die Sicht zu behindern, erfüllen transparente Vorhänge noch manch andere nützliche Funktion: Sie dämpfen grelles Sonnenlicht, verleihen dem Fenster weichere Konturen und eröffnen weitgespannte Möglichkeiten dekorativer Gestaltung. Die Kaffeehausgardinen nicht zu vergessen, die, ungekräuselt an einer dünnen Stange auf der Höhe der mittleren Fenstersprosse aufgemacht und meist zugezogen, eine intime Atmosphäre verbreiten, ohne das Tageslicht auszuschließen.*

### *Anfertigung transparenter Gardinen*

Nähte sind an transparenten Gardinen sehr auffällig. Wählen Sie daher möglichst breite Stoffe und verbinden Sie die Bahnen mit französischer Naht.

Vermeiden Sie bei transparenten Stoffen außerdem nach Möglichkeit das Einsäumen. Kaufen Sie Stores und Gardinen mit fertigen Seitenkanten und Säumen, bei denen sich eine weitere Versäuberung erübrigt. Achten Sie, wenn sich das Einsäumen nicht umgehen läßt, beim doppelten Einschlagen auf gleiche Breite, damit später keine Unregelmäßigkeiten durchscheinen; bügeln Sie alle Einschläge vor dem Nähen und wählen Sie einen langen, lockeren Steppstich bzw. nähen Sie, wenn sich das Gewebe kräuselt, sämtliche Säume von Hand.

### *Zierkanten und Besätze*

Wählen Sie für transparente Gewebe nur leichte Posamenten und Besätze. Bommel-, Schlingen- oder leichte Fransenborten betonen den Bogen eines zurückgenommenen Vorhangs oder die Unterkante eines Rollos.

**Rüschenkanten** geben Vorhängen aus Baumwollvoile oder Seide eine feminin-verspielte Note. Man schneidet aus dem Vorhangstoff einen 10 cm breiten Streifen von doppelter Länge der Kante, die verziert werden soll, säumt ihn ringsum mit einem 5 mm breiten Doppelsaum ein, macht in 2 cm Abstand von der einen Kante eine Reihe Kräuselstiche, zieht den Faden so weit an, daß die Rüsche auf

*Gardinen von durchsichtiger Zartheit scheinen wie geschaffen für dieses hohe Fenster, dessen anmutiger Bogen durch einen mitternachtsblauen Gaze-Querbehang ins Blickfeld gerückt wird.*

die Vorhangkante paßt und verknotet ihn dann. Anschließend steckt und heftet man die gleichmäßig zusammengeschobene Rüsche so an den Vorhang, daß der Kräuselfaden dicht an der Kante verläuft und der größte Teil der Rüsche über sie vorsteht und steppt die Rüsche dem Verlauf des Kräuselfadens folgend fest.

**Eingefaßte Kanten** betonen die Konturen eines in Falten drapierten, zurückgebundenen Vorhangs. Man schneidet für eine 2 cm breite Kante 8 cm breite Schrägstreifen aus leichter Baumwolle zu und steppt sie, um die benötigte Länge zu erhalten, aneinander. Dann werden die Längskanten bis zur Mitte eingeschlagen und gebügelt und der Streifen mit der Oberseite nach außen der Länge nach zusammengelegt und gebügelt. Anschließend faltet man ihn wieder auf, legt ihn rechts auf rechts mit der einen Schnittkante auf die Schnittkante des Vorhangs und steppt ihn auf der ersten Bruchkante an. Zum Schluß klappt man ihn um die Vorhangkante und näht seine noch lose, eingeschlagene Kante mit Fallstich auf der linken Vorhangseite fest.

### *Kaffeehausgardinen*

Die Fläche, die der Vorhang bedecken soll, ausmessen; in der Breite 8 cm zum Einsäumen der Seitenkanten und in der Länge 18 cm für Oberkante und Saum zugeben.

### *Bogenförmig ausgeschnittene Oberkante*

Zunächst gilt es ein Schnittmuster anzufertigen: Schneiden Sie einen 8 cm breiten Papierstreifen von der Länge der endgültigen Vorhangbreite zu und zeichnen Sie an einer seiner Längskanten mit Hilfe einer Schablone (Weinglas oder kleine Tasse) 5 cm tiefe Einbuchtungen ein. Die erste und die letzte sollen sich in je 3 cm Abstand zum Anfang bzw. Ende des Streifens befinden, die Zwischenräume (auf die Vorhangbreite abgestimmt) ca. 3 cm betragen. Schneiden Sie das fertig aufgezeichnete Muster aus.

Als nächstes schneiden Sie einen 7 cm breiten Streifen aus aufbügelbarem Steifleinen in Vorhangbreite zu und bügeln ihn in 1 cm Abstand von der Oberkante auf die linke Stoffseite auf. Schlagen Sie die Schnittkante des Stoffs über den Versteifungsstreifen und steppen Sie sie fest. Drehen Sie nun die versteifte Vorhangkante nach rechts und stecken Sie Ihr papierenes Schnittmuster mit je 4 cm Abstand zu den Seitenkanten so fest, daß die Oberkanten der Einbuchtungen auf gleicher Linie mit der Stoffkante liegen. Zeichnen Sie die Einbuchtungen mit Schneiderkreide auf den Stoff auf und steppen Sie die Linien nach. Schneiden Sie nun die Einbuchtungen so aus, daß neben den Stepplinien ein 5 mm breiter Stoffrand bleibt, der in den Rundungen keilförmig eingeschnitten wird; drehen Sie die Kante

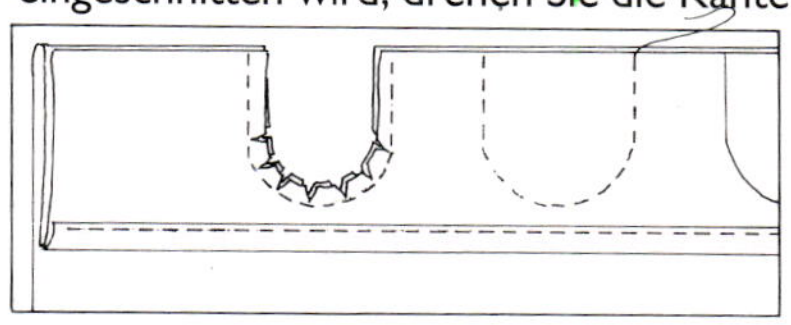

nach rechts und bügeln Sie sie aus. Schlagen Sie an beiden Seitenkanten und an der Unterkante einen 2 cm breiten Doppelsaum ein und nähen Sie ihn mit Fallstich fest. Schließen Sie zu guter Letzt an den Streifen zwischen den Einbuchtungen die noch offenen Oberkanten gleichfalls mit Fallstich und nähen Sie an jeden dieser Streifen einen Messingring an.

### *Oberkante mit Schlaufen*

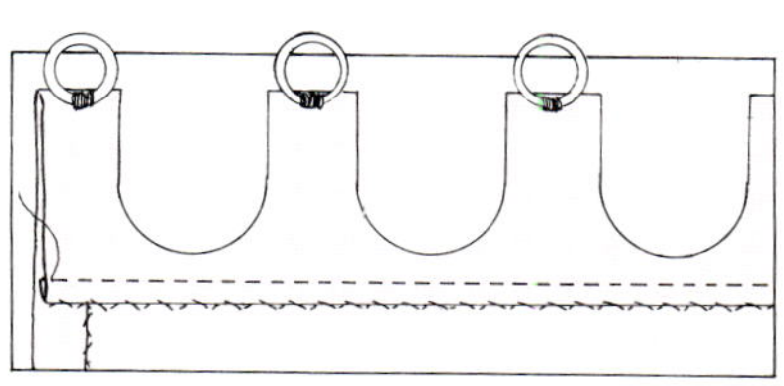

Schneiden Sie den Vorhang 6,5 cm kürzer als vorher und bereiten Sie aus dem gleichen Stoff sowie aus aufbügelbarem Steifleinen einen 8 cm breiten Streifen von der Länge der Vorhangbreite vor und bügeln Sie das Steifleinen auf die linke Seite des Stoffstreifens auf. Markieren Sie, um die Zahl der benötigten Schlaufen zu ermitteln, die Vorhangoberkante alle 12,5 cm mit einer Stecknadel und halten Sie jeweils 6,5 cm Abstand zu den beiden Seitenkanten.

Schneiden Sie für jede Schlaufe zwei 18 x 8 cm große Stoffstreifen und einen Steifleinenstreifen von gleicher Größe zu. Kürzen Sie den Versteifungsstreifen ringsum um 1,5 cm und bügeln Sie ihn dann, Mitte auf Mitte, auf die linke Seite des einen Stoffstreifens auf. Legen

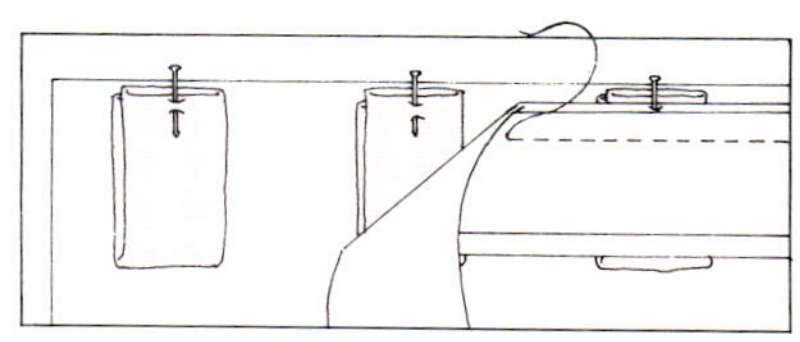

Sie nun die Stoffstreifen rechts auf rechts und Kanten auf Kanten aufeinander, steppen Sie sie an den Längsseiten mit 1,5 cm Nahtzugabe zusammen. Schneiden Sie den überflüssigen Stoff dicht an der Stepplinie ab, drehen Sie die Schlaufen nach rechts und bügeln Sie sie aus.

Falten Sie die Schlaufen auf halbe Länge, stecken Sie sie auf der rechten Vor-

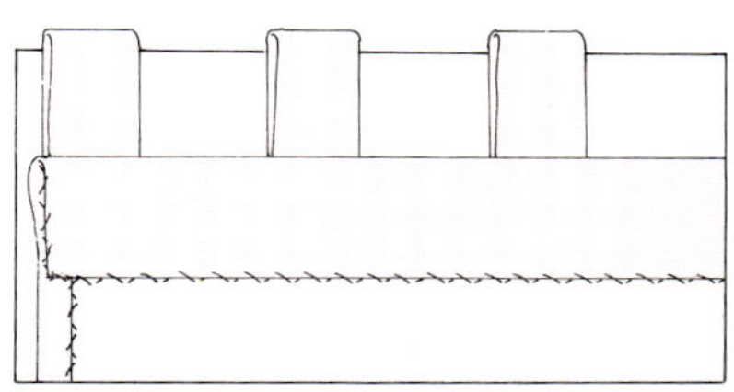

hangseite so fest, daß die Schnittkanten aufeinandertreffen und die Markierungspunkte in der Mitte liegen und heften Sie sie an. Legen Sie nun den Versteifungsstreifen rechts auf rechts, die oberen Schnittkanten in gleicher Linie, auf die Schlaufen und steppen Sie ihn in 2 cm Abstand zu den Kanten fest. Dann die Nahtkanten kürzen, rechte Seite nach außen drehen, bügeln und wie beim vorigen Beispiel beschrieben fertigstellen.

### *Kreative Gestaltungsideen*

❍ *Gaze und Flor kommen in Weiß und Creme, aber auch in leuchtenden Farben in den Handel. Experimentieren Sie mit diesen Möglichkeiten, geben Sie Ihrem Fenster eine heiter-mediterrane Note!*

❍ *Mit schwebend zartem Voile, in dichten Schwaden gerafft und in Bogen zurückgebunden, lassen sich romantische Effekte erzielen.*

❍ *Möchten Sie in eine halbtransparente Scheibengardine eine antike Spitze einarbeiten, schieben Sie diese zunächst zwischen zwei Streifen aus weißem Netzgewebe und bringen Sie da und dort ein paar Heftstiche an, um die drei Lagen zusammenzuhalten. Nähen Sie die netzbedeckte Spitze dann auf eine Gardine aus feinem Baumwollstoff und schneiden Sie den Stoff hinter der Spitze heraus. Fassen Sie den Vorhang mit einer passenden Spitzenborte ein.*

❍ *Geben Sie transparenten Fertiggardinen durch Bommelfransen, Seidenbänder oder Borten einen persönlichen Akzent.*

❍ *Borten erleichtern die Eingliederung transparenter Gardinen in mehrschichtige Fensterdekorationen und machen sich auch an Querbehängen und Raffhaltern aus dem gleichen Stoff recht wirkungsvoll. Nähen Sie sie mit der Maschine oder von Hand dicht an die Innenkanten der fertigen Vorhänge.*

❍ *Um transparente Gardinen vor Schäden durch regelmäßiges Auf- und Zuziehen zu bewahren, Schiene mit Zugvorrichtung verwenden.*

❍ *Sehen Sie sich, um Ihre Vorhänge vollendet aufeinander abzustimmen, nach Stoffkollektionen um, die passende gemusterte Voiles einschließen.*

❍ *Fertigen Sie für ein Fenster mit Kaffeehausgardinen eine kurze Schabracke aus dem gleichen Stoff an.*

❍ *Gewöhnliche leinene Geschirrtücher, an Anknipsringen aufgemacht, ergeben originelle Kaffeehausgardinen für ein Küchenfenster.*

VERGLEICHE AUCH DIE SEITEN:
MASSNEHMEN 168
UNGEFÜTTERTE VORHÄNGE 170

# ROLLOS: IDEENREICHTUM UND PHANTASIE

*Rollos sind die vielseitigste und wandelbarste Form der Fensterbekleidung: Sie können für sich allein genommen oder mit Vorhängen zum mehrschichtigen Ensemble kombiniert, rein funktional oder mit dekorativem Anspruch eingesetzt werden. Und da sie vielfach weniger Stoff als konventionelle Vorhänge erfordern, bieten sie außerdem Hobbydekorateuren mit schmalem Geldbeutel die Möglichkeit einer billigen und doch stilvollen Fensterdekoration, für die neben Springrollos, Faltrollos, Raffrollos und Wolkenstores als gebräuchlichsten Typen zahllose weitere Spielarten zur Auswahl stehen.*

***Springrollos***

Dieser einfachste Typ, bei dem eine glatte Stoffbahn über eine Rolle mit Federmechanismus am oberen Ende des Fensters läuft, eignet sich zwar nach allgemeiner Ansicht in erster Linie für Küche und Bad, läßt sich aber auch darüber hinaus äußerst vielseitig einsetzen und mit nahezu allen anderen Arten von Rollos und Vorhängen kombinieren.

Während die Urform aus einfarbigem, gesteiftem Baumwollstoff mit gerader Unterkante und Kordelzug mit ihrem minimalistischen Appeal in moderne Interieurs von puritanischer Strenge paßt, finden gemusterte Exemplare häufig als Teil einer sorgfältig aufeinander abgestimmten Fensterdekoration in traditioneller Umgebung Verwendung. Dank ihrer festen, papierartigen Beschaffenheit lassen sich Springrollos auch farbig verzieren, sei es freihändig mit Stoffmalfarben, sei es mit Hilfe von Schablonen (siehe Seite 163). Da von ihnen untertags oft nur die Unterkante querbehangähnlich im obe-

*Einfacher Fensterschmuck für eine ländliche Küche: Dieser an einer dünnen Messingstange aufgemachte Behang aus leuchtendem provenzalischem Druckperkal mit Bändern aus dem gleichen Material wirkt hochgebunden wie ein Raffrollo, erfordert aber nur einen minimalen Arbeitsaufwand: man braucht lediglich Unter- und Seitenkanten einzusäumen und an der Oberkante einen Schiebesaum für die Stange sowie etliche vorn und hinten angenähte Bänderpaare zum Hochbinden anzubringen.*

ren Teil des Fensters sichtbar ist, wird sie vielfach ausgebogt oder in Zickzack- oder Zinnenform ausgeschnitten; die Rolle selbst, die optisch keine Reize bietet, kann entweder sauber in einer Verkofferung untergebracht oder mit einem kunstvoll um eine Vorhangstange geschlungenen Querbehang kaschiert werden.

***Faltrollos***

Faltrollos sind zwar weicher als Springrollos, erwecken aber aufgrund ihrer Gliederung den Eindruck strengerer Architektonik. Auch sie hängen, heruntergezogen, plan vor dem Fenster, verbreiten jedoch dank ihrer Fütterung eine heimeligere Atmosphäre und wirken einen Stich eleganter. Diese Rollos, die sich beim Hochziehen in tiefe Querfalten legen, machen sich aus Unistoffen am besten, können aber, wenn es der Dekorationsentwurf erfordert, auch aus gemustertem Material angefertigt werden. Wählen Sie jedoch kleinformatige Dessins, die durch die Faltung nicht weiter beeinträchtigt werden und wagen Sie sich an Streifen und Karos nur dann heran, wenn Ihre Zuschneide- und Nähkünste einen absolut geraden Musterverlauf garantieren.

***Raffrollos und Wolkenstores***

Diese gerafften und oft rüschenbesetzten Rollos, die im Vergleich zu ihren einfachen Pendants einen besonderen, leicht extravaganten Zauber entfalten, sind für Fenster aller Formen und Größen und für jeden Raum einschließlich des Badezimmers geeignet. Breiter und länger als das Fenster, das sie bedecken, schmücken sie es, hochgezogen, mit bauschigen Raffbogen. Doch während Wolkenstores ihre Raffung auch im geschlossenen Zustand behalten, fallen Raffrollos glatt wie ein normaler Vorhang.

Beide Typen lassen sich aus Stoffen unterschiedlichster Art, von Spitze bis Kattun und von bedruckter Baumwolle bis Seide anfertigen, vorausgesetzt, das Material besitzt die nötige Festigkeit und Dichte, um die Bogen zu halten und vor dem Durchsacken zu bewahren.

Durch Stoffwahl und Art der Posamenten läßt sich der Charakter von Raffrollos und Wolkenstores vielfältig variieren. Ein unverziertes Rollo aus festem weißem Baumwollstoff wirkt völlig anders als ein mit floralen Motiven bedrucktes mit Rüschenbesatz oder als ein schweres Seidenrollo mit kordelgeschmückter Oberkante und Quasten.

*Gestreifte Stoffe sind für Raffrollos besonders beliebt, geben die Streifen doch die Kordelführung vor und erleichtern so die Bogeneinteilung. Im vorliegenden Fall löst das um einen flachen Erker gezogene Raffrollo auch das Problem, Vorhänge über einer Fensterbank anzubringen.*

# STOFFE FÜR ROLLOS

*Welche Stoffart sich für ein Rollo eignet, hängt von seiner Konstruktion ab: Während Springrollos feste, dichte Gewebe, die mit einem Versteifungsspray vorbehandelt werden müssen, erfordern, können Faltrollos aus weicherem, mittelschwerem Material und Raffrollos bzw. Wolkenstores aus einer Vielzahl von Stoffen vom festen Baumwollstoff bis zu so luxuriösen Materialien wie Samt und Spitze angefertigt werden.*

**Bedruckter Baumwoll-Ikat (1).** Einfarbiger Baumwollstoff mit aufgedruckten, an indisch-südostasiatische Webmuster anklingenden Dessins. Für Falt- und Raffrollos geeignet.
**Ungemusterter Baumwollstoff (2).** Festes, gleichmäßiges Baumwollgewebe, für Spring- und Faltrollos geeignet.
**Madras (3, 4).** Leichter indischer Baumwollstoff mit eingewebtem Karo. Preiswert, farbenfroh, für Spring- und Raffrollos, aber auch für Wolkenstores geeignet.
**Drell (Drillich, Zwillich) (5).** Dichtes, starkes Baumwoll- oder Leinengewebe in Köperbindung, das ursprünglich in Schwarzweiß für Matratzenbezüge und Kisseninletts hergestellt wurde, heute aber in größerer Farbenauswahl auf weißem oder cremefarbigem Grund angeboten wird. Eignet sich für Spring-, Falt- und Raffrollos.
**Chintz (6, 7, 10).** Dieser leichte bis mittelschwere Baumwollstoff mit seiner glänzenden Oberseite eignet sich für alle Arten von Rollos. Chintz ist in farbenfrohen floralen Mustern (6), anspruchsvollen Streifen (7) und gefälligen, regelmäßigen Druckmustern (10) zu haben.
**Musselin (Kaliko) (8).** Billiger, schlichter Baumwollstoff. Musselin ist gebleicht oder rohfarben zu haben und kann für Rollos aller Art verwendet werden.
**Toile de Jouy (11).** Dichtes Baumwollgewebe, dessen feinziselierte figürliche Muster mit gravierten Kupferplatten einfarbig auf cremefarbigen oder grauweißen Grund gedruckt werden. Wie Chintz zu verwenden.
**Webstreifen (9, 12).** Grober Baumwollstoff mit eingewebtem Streifenmuster, ideal für Spring und Faltrollos.
**Webkaro (13).** Kräftiger Baumwollstoff in Fischgratbindung mit eingewebtem Karo. Alternative zum Drell.
**Batist (14).** Feines, transparentes Baumwollgewebe, das ungemustert, bedruckt oder mit eingewebtem Streifen oder Karo in den Handel kommt.
**Bedruckter Voile (15).** Zartes, fast durchsichtiges, bedrucktes Gewebe. Wird gelegentlich in gleicher Musterung wie bedruckte Baumwolle bzw. zum Kombinieren geeigneten Dessins angeboten.
**Feines Noppengewebe (16).** Dieser transparente Stoff aus Baumwolle, Polyester oder einer Mischung aus diesen beiden Fasern verdankt seine ansprechende Noppenstruktur den unregelmäßig versponnenen Fäden und kann bedruckt werden, was ihn für große Fenster besonders interessant macht.
**Baumwollspitze (17).** Schwere Webspitze mit großflächigen, durchbrochenen Mustern, unter denen florale Motive traditionellerweise überwiegen. Vielfach mit eingewebten Borten an den Seitenkanten.

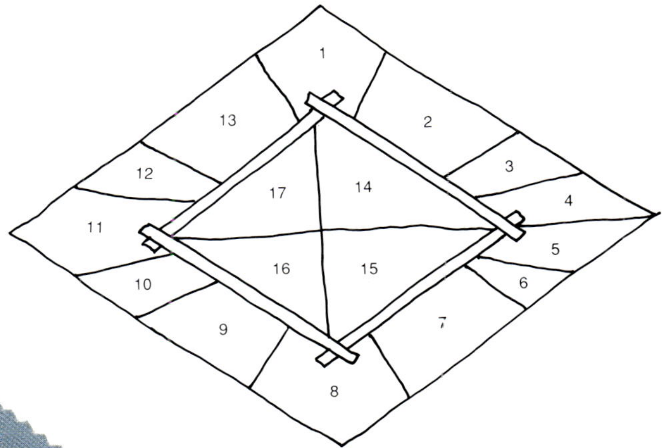
1
2
3
4
5
6
7
8
9
10
11
12
13
14
15
16
17

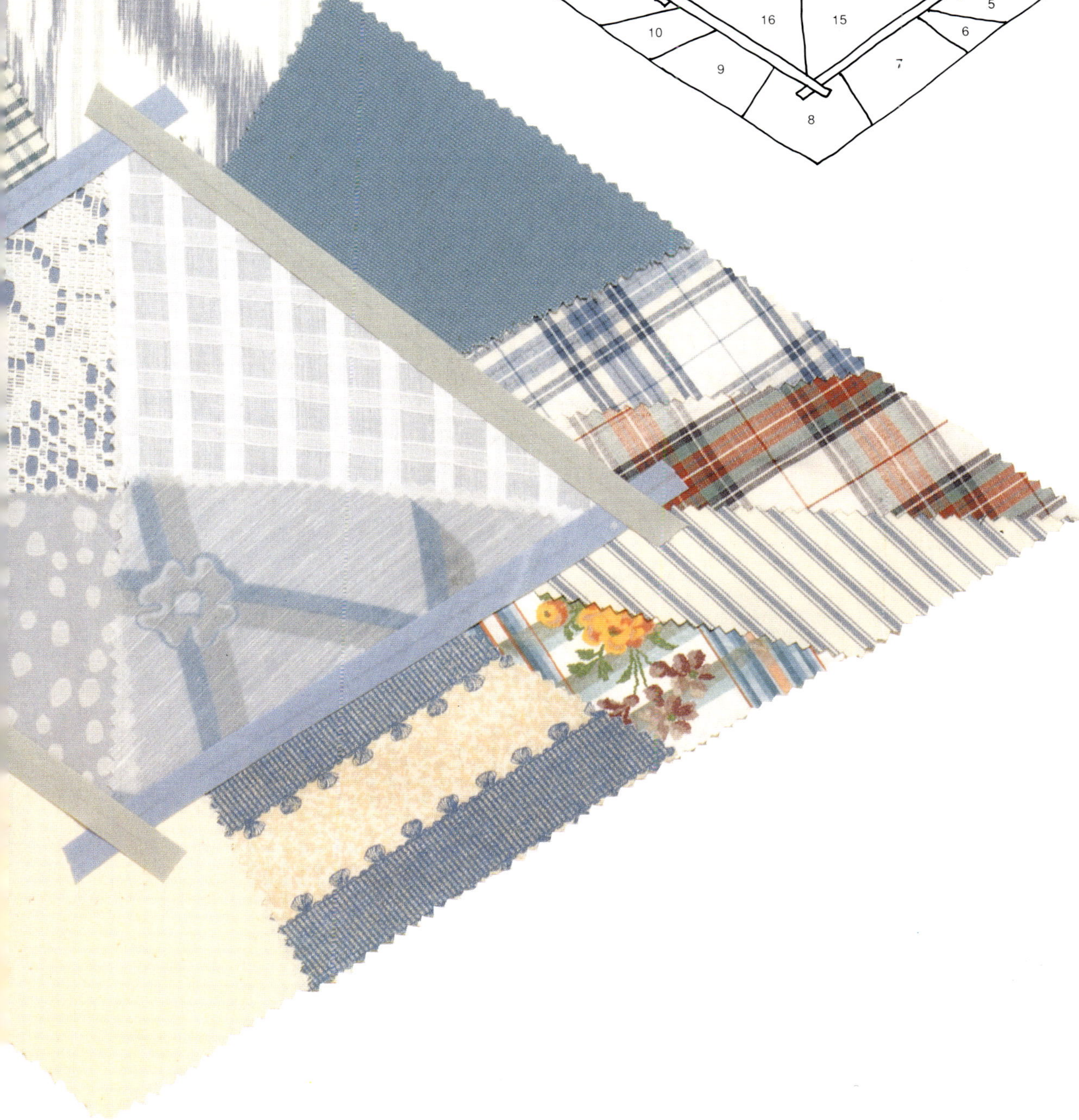

# ZUSCHNITT VON SPRINGROLLOS

*Springrollos sind einfach anzufertigen: Sie bestehen aus einem versteiften Stoffbehang, der über eine am oberen Ende des Fensters angebrachte Rolle mit Federmechanismus läuft. Eine schmale, in einen an der Unterkante des Rollos abgenähten Saum eingeschobene Querleiste dient als Beschwerung und sichert den geraden Stoffverlauf. Springrollos lassen sich entweder ganz über das Fenster herunterziehen oder auf beliebiger Höhe fixieren.*

Zur Anfertigung eines Springrollos eignet sich jeder mittelschwere, dichtgewebte Stoff, der allerdings zuvor mit einem Spezialspray, das man in Einrichtungsgeschäften und Kaufhäusern bekommt, versteift werden muß. Zwar gibt es auch fertig vorbehandelte Rollostoffe, die aber nicht allzu viele Geschäfte führen. Vermeiden Sie es nach Möglichkeit, Stoffbahnen zusammenzunähen, da Nähte unter Umständen zu sehr auftragen und das reibungslose Aufrollen des Stoffs behindern. Auch die Seitenkanten brauchen nicht eingesäumt zu werden, da die Versteifung ein Ausfransen des Stoffes verhindert. Das Zubehör – Rolle, Federmechanismus, Winkeleisen, Leiste, Zugkordel und manchmal auch das Versteifungsspray – werden als Set angeboten; wählen Sie einen mit exakt zu Ihrer Fensterbreite passender oder nur geringfügig längerer Rolle, die Sie nach Bedarf kürzen können.

Arbeitsmaterial:
- Springrolloset
- dichtgewebter Dekorationsstoff und Versteifungsspray
- Stahllineal, Winkelmaß und weicher Bleistift
- Abdeckband
- Heftpistole oder Hammer und Zwecken

*Springrollos, seit der Mitte des 18. Jahrhunderts in Gebrauch, bilden ein stilgerechtes Element traditioneller Fensterdekorationen. Im vorliegenden Fall weist die Unterkante des Rollos eine zum dekorativen Fransenbesatz der Vorhänge passende Fransenborte auf.*

### *Maßnehmen*

Messen Sie zunächst die Fenstergröße exakt aus (siehe Seite 168). Soll das Rollo in der Fensternische laufen, Nischenbreite messen und 3 cm abziehen, damit an den Seiten genügend Spielraum bleibt. Ist das Fenster nicht zurückgesetzt oder soll das Rollo vor der Nische hängen, Breite des Fensterrahmens oder der Nische ausmessen und zur besseren Abdunkelung 4 cm zugeben. Rolle auf die errechnete Länge zuschneiden.

Zur Ermittlung der Behangbreite Rolle ohne Zubehör abmessen. Die erforderliche Stofflänge errechnet sich aus dem Abstand zwischen Rollenoberkante und Fensterbrett (oder einem beliebigen tieferen Punkt) plus 30 cm Zugabe für die Befestigung des Stoffes an der Rolle, den Schiebesaum für die untere Leiste und gegebenenfalls die Gestaltung der Unterkante.

### *Montieren der Winkeleisen*

Kappe auf die Rolle stecken und Stift in die Öffnung in der Mitte der Rolle treiben. Winkeleisen an der Wand oder dem Fensterrahmen festschrauben (das mit dem Schlitz links); mit Hilfe der Rolle und einer Wasserwaage nachprüfen, ob sich die Halterungen im richtigen Abstand zueinander befinden und die Rolle absolut in der Waagrechten halten. In einer Fensternische müssen die Winkeleisen ca. 3 cm unterhalb der Nischenoberkante angebracht werden, damit das aufgewickelte Rollo genügend Spielraum hat. Soll das Rollo vor der Nische oder an einem mit der Wand bündigen Fenster angebracht werden, Winkeleisen ca. 5 cm über dem Fensterrahmen oder dem oberen Nischenabschluß anschrauben.

### *Vorbereitung des Stoffs*

Stoff nach Gebrauchsanweisung mit Versteifungsspray einsprühen und bügeln. Behang unter Zuhilfenahme von Winkelmaß und Lineal zuschneiden, dabei darauf achten, daß sämtliche Kanten gerade und im rechten Winkel zueinander verlaufen.

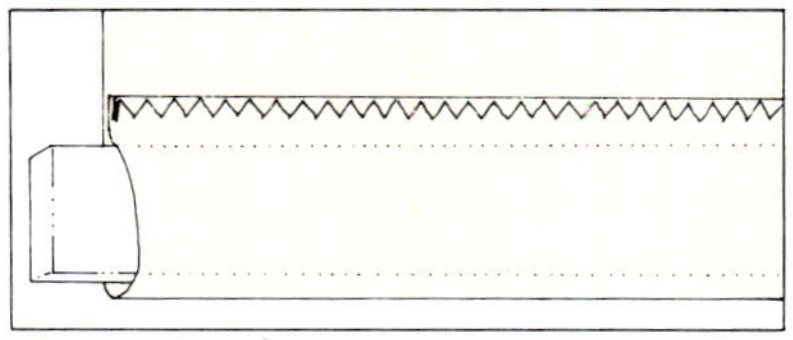

An der Unterkante 4 cm breiten Saum einschlagen, bügeln und mit Zickzackstich so feststeppen, daß die Querleiste eingeschoben werden kann. Diese 2,5 cm kürzer als die Rollobreite zuschneiden und in den Schiebesaum stecken, der anschließend an beiden Enden mit Fallstich zugenäht wird.

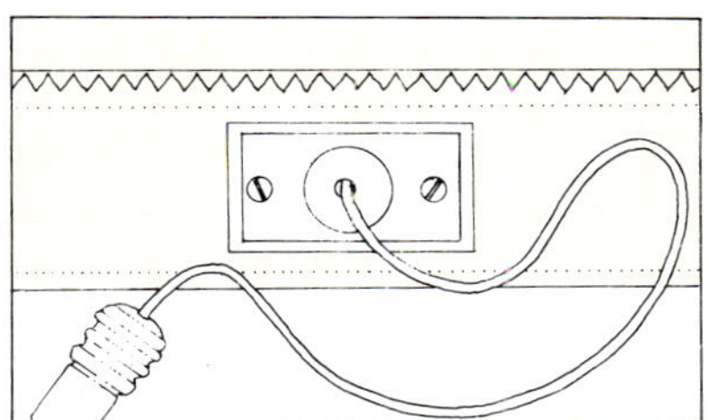

Zugschnur mit dem hölzernen Zugknopf auf der Rollounterseite auf die Mitte der Querleiste schrauben.

### *Befestigung des Behangs*

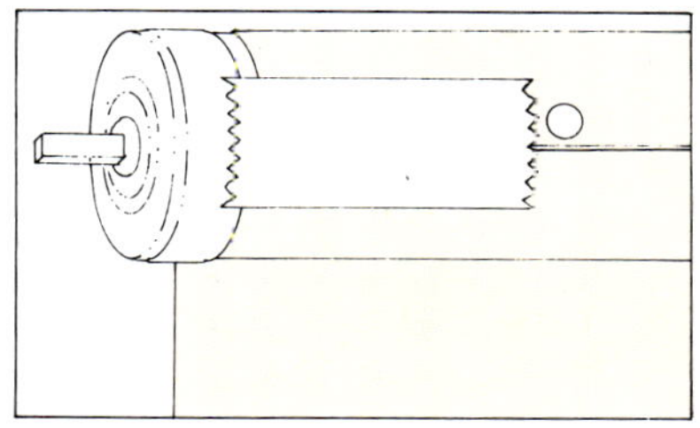

Ist auf der Rolle keine Linie zum Anlegen der Stoffkante markiert, mit Bleistift eine Gerade vom einen Ende zum anderen ziehen. Behang mit der rechten Seite nach oben ausbreiten und Rolle nahe der Stoffoberkante so auflegen, daß der vierkantige Stift nach links zeigt. Stoffoberkante längs der Geraden mit Abdeckband festkleben, dann mit Zwecken oder Heftklammern in Abständen von 2,5 cm an der Rolle befestigen.

Rolle mit dem aufgewickelten Rollo in den Halterungen befestigen, Rollo herunterziehen und so weit wie möglich zurückspringen lassen. Dann die Rolle wieder abnehmen, Rollo erneut aufwickeln, Rolle in die Halterungen zurückstecken und Rollo herunterziehen. Läßt man es nun los, sollte es sich in Gänze aufwickeln.

### *Kreative Gestaltungsideen*

- *Da breite Rollos nicht so reibungslos funktionieren wie schmale, an überbreiten Fenstern zwei oder drei gleichartige anbringen.*
- *Verzieren Sie die Rollounterkante mit Spitze, einer Borte, einer farblich abstechenden Einfassung, einem Zierbesatz oder Applikationen wie Blüten, Blättern oder Muscheln.*
- *Kleinen Fenstern in Küche oder Bad kommt es zugute, wenn man den Aufrollmechanismus mit einem zur Rollounterkante passenden versteiften Querbehang kaschiert.*
- *Sind auf die Wand mit Schablone Zierstreifen aufgemalt und ist das Rollo einfarbig, diese Verzierungen über das Rollo fortführen.*
- *In Souterrainräumen Rollos herunterziehen und unterhalb der Fenstermitte festmachen; das schirmt den oberen Fensterteil ab und läßt doch genügend Licht herein.*
- *Um in ebenerdigen Räumen genügend Licht einzulassen und die Privatsphäre dennoch abzuschirmen, bringt man die Springrollos unten am Fenster an und fixiert sie auf halber Höhe an seitlichen Haken.*

| VERGLEICHE AUCH DIE SEITEN: | |
|---|---|
| KÜCHENKONZEPTE | 41 |
| ROLLOS: IDEENREICHTUM UND PHANTASIE | 182 |
| STOFFE FÜR ROLLOS | 184 |
| NÄHANLEITUNGEN | 220 |

# Zuschnitt von Faltrollos

*Weich und doch schlicht in der Wirkung und bei aller Eleganz sparsam im Stoffverbrauch, decken Faltrollos das Fenster plan ab, um sich beim Hochziehen in gleichmäßige Falten zu legen. Um diese Faltung zu erzielen, werden am Futter Säume zum Einschub von Querleisten abgenäht und an diese Schiebesäume Ringe für die Zugkordeln zur Bedienung des Rollos angenäht. Das Rollo selbst ist an einer über die Fensteroberkante laufenden Querleiste befestigt, die Zugkordeln sind alle nach einer Seite geführt und an einem Halter fixiert.*

Am besten eignen sich für Faltrollos dichtgewebte Stoffe, die sich nicht verziehen. Streifen und Karos sehen zwar großartig aus, doch ist bei ihrer Verarbeitung Vorsicht geboten: Jede noch so kleine Unregelmäßigkeit fällt unweigerlich auf.

Arbeitsmaterial:
- mittelschwerer, dichtgewebter Dekorationsstoff
- Vorhangfutter
- Winkelmaß, Lineal und Bleistift
- dünne, ca. 12 mm breite Holzstäbe, und zwar einen pro Falte plus einen zusätzlich für die Unterkante
- eine Rollo-Oberleiste in Fensterbreite von 5 x 2,5 cm
- Winkeleisen und Schrauben
- Plastikringe von 12 mm, von denen je einer am Anfang und Ende der Schiebesäume für die Querleisten und die restlichen in Abständen von 30 cm angebracht werden
- Nylonkordel
- Ringschrauben für die durch die Ringe laufenden Zugkordeln
- Heftpistole oder Hammer und Zwecken
- Kordelhalter und Schrauben

**Maßnehmen**

Höhe und Breite der Fensternische oder des -rahmens ausmessen. In der Breite 6 cm für Stoffeinschläge, in der Länge 10 cm für Saum und Aufhängung zugeben. Oberstoff und Futter nach diesen Maßen zuschneiden, beim Futter jedoch in der Länge für jeden Schiebesaum (siehe rechts) 5 cm zugeben.

*In diesem frisch und kühl wirkenden Eßzimmer sind die Fenster und die halbverglaste Tür mit den gleichen Faltrollos ausgestattet und erwecken so nach Einbruch der Dunkelheit den Eindruck einer fortlaufenden Fensterreihe. Beim Hochziehen legen sich die Rollos in flache Falten.*

### *Abstände zwischen den Schiebesäumen*

Bestimmen Sie, in wie viele Falten sich Ihr Rollo legen soll, ziehen Sie von der Stofflänge 10 cm für Einschläge ab und teilen Sie den Rest durch die gewünschte Faltenzahl. Die Faltentiefe sollte in einem angemessenen Verhältnis zur Fensterhöhe stehen, kann aber im Schnitt mit 15 cm angesetzt werden.
Um 15 cm tiefe Falten zu erhalten, müssen die Schiebesäume in Abständen von

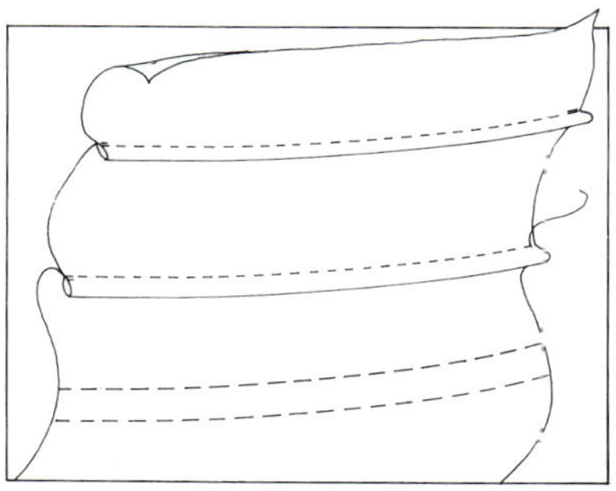

30 cm angebracht werden. Stellt sich bei Ihren Berechnungen heraus, daß die Falten wesentlich flacher oder tiefer ausfallen würden, ändern Sie die Faltenzahl entsprechend und berücksichtigen Sie, daß für jede Falte ein Schiebesaum genäht werden muß.

### *Vorbereitung des Futters*

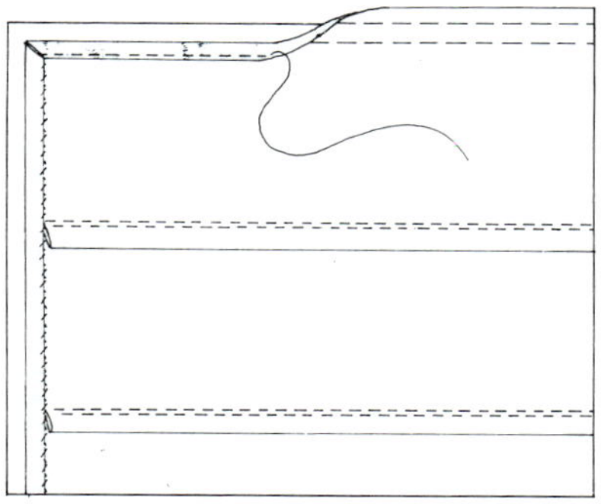

Ziehen Sie auf der Futteroberseite 4 cm von der Unterkante entfernt eine Linie für den Saum und 5 cm unterhalb der Oberkante eine weitere für die Rollo-Oberleiste. An den beiden Längskanten des Futters 4 cm, an denen des Behangs 3 cm einschlagen und bügeln.
Auf der Futteroberseite im Abstand von 6 cm parallele Markierungslinien für die Schiebesäume ziehen. Das erste Linienpaar 15 cm bzw. eine halbe Faltentiefe über der Saumlinie einzeichnen, das nächste 30 cm oder eine volle Faltentiefe darüber. Fahren Sie in diesem Abstand bis zur Futteroberkante fort. Legen Sie dann, um die Schiebesäume fertigzustellen, die markierten Linien paarweise aufeinander, stecken Sie sie fest und steppen Sie sie anschließend ab.

### *Fertigstellung des Faltrollos*

Futter und Oberstoff rechts auf rechts und Unterkante auf Unterkante legen, zusammenstecken, heften und in 1,5 cm Abstand zu den Kanten steppen. Mit der Naht nach unten auf die rechte Seite drehen und bügeln. Markierte Saumlinie mit der Maschine steppen.
Oberstoff und Futter, dieses oben, ausbreiten, ringsum stecken und zusammenheften.
Schiebesäume durch beide Stofflagen hindurch steppen, um das Futter am Oberstoff befestigen zu können. Futter an den Seitenkanten mit Fallstich an den Oberstoff nähen, dabei Schiebesäume offenlassen. Daran anschließend die oberen Schnittkanten von Oberstoff und Futter einschlagen und steppen.

### *Anbringung der Querstäbe und Kordeln*

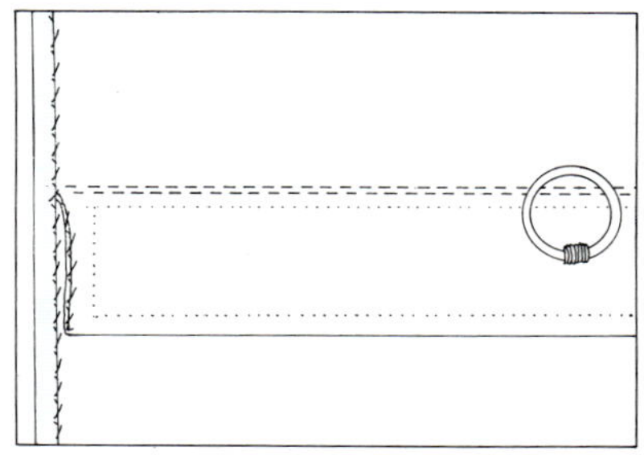

Querstäbe 2 cm kürzer als Futterbreite schneiden, in jeden Schiebesaum einen stecken, Enden mit Fallstich schließen. Nylonringe fest ans Futter nähen, die ersten von den beiden Querstabenden 10 cm nach innen, die übrigen in Abständen von 30 cm.
Für jede senkrechte Ringreihe eine Kordel von doppelter Rollolänge plus Rollobreite zuschneiden, am untersten Ring festknüpfen, durch sämtliche Ringe der Reihe nach oben durchziehen und das Ende lose hängen lassen.

### *Montage des Rollos*

Winkeleisen für die Rollo-Oberleiste in entsprechender Höhe über dem Fenster montieren. Leiste abnehmen und Oberkante des Behangs so darüberschlagen, daß die Markierungslinie mit der vorderen Oberkante zusammentrifft.
Behang an der Oberleiste in regelmäßigen Abständen mit Heftklammern oder Zwecken befestigen; an der Unterkante der Leiste über jeder Ringreihe eine Ringschraube anbringen. Oberleiste auf die Winkeleisen schrauben.
Die losen Kordelenden jeweils durch die oberhalb befindliche Ringschraube und anschließend durch alle anderen bis zur rechten Fensterseite ziehen. Kordelenden geradeschneiden, durch Zugknopf schieben und miteinander verknoten. Zum Fixieren seitlich am Fenster Kordelhalter anschrauben.
Bei heruntergezogenem Rollo letzten Querstab am Unterende durch den Saum schieben und die offenen Enden mit Fallstich schließen.

### *Kreative Gestaltungsideen*

- *Durch eine Borte an den Seitenkanten oder ringsum erhält ein einfarbiges Faltrollo eine vornehme Note.*
- *Ungefütterte Faltrollos aus dünnem Baumwollstoff bewähren sich als eleganter, durchscheinender Sicht- und Sonnenschutz. Berechnen Sie den Stoff und nähen Sie die Schiebesäume wie beim gefütterten Pendant, aber säumen Sie die Kanten nach links ein.*
- *Faltrollos ergeben, für sich allein genommen, eine prächtige Fensterbekleidung, doch können Sie, falls Ihr Einrichtungsstil eine weichere Note verlangt, über das Oberende einen einfachen Faltenbogen drapieren.*

VERGLEICHE AUCH DIE SEITEN:

| | |
|---|---|
| ROLLOS: IDEENREICHTUM UND PHANTASIE | 182 |
| STOFFE FÜR ROLLOS | 184 |
| NÄHANLEITUNGEN | 220 |

# ZUSCHNITT VON RAFFROLLOS

*Während diese üppig aufgemachten Rollos beim Hochziehen im oberen Fensterbereich tief durchhängende Bogen bilden, gleichen sie, heruntergelassen, einem reichgekräuselten Vorhang mit femininem Charakter und mit leicht gerafftem Saum.*

Raffrollos werden an hölzernen Oberleisten oder an Spezialschienen aufgemacht und mit Zugkordeln bedient, für deren senkrechten Durchlauf in regelmäßigen Abständen auf die Rollorückseite aufgenähte Textilbänder mit Ringen oder Schlaufen dienen. Anschließend werden die Kordeln durch Ringschrauben an der Rückseite der Leiste geführt und an einem seitlich angebrachten Halter befestigt. Je nachdem, ob man sie füttert oder ungefüttert beläßt, können Raffrollos schwerer und voluminöser oder leichter und luftiger wirken.

Arbeitsmaterial:
- mittelschwerer, dichtgewebter Dekorationsstoff
- Futterstoff
- Vorhangband und kleine Spaltringe aus Messing oder Spezialband für Raffrollos
- Nylonkordel

dazu entweder:
- 1 auf die Fensterbreite zugeschnittene hölzerne Oberleiste in den Maßen 5 x 2,5 cm
- Winkeleisen und Schrauben
- Ringschrauben
- Heftpistole oder Hammer und Zwecken
- Klettverschluß

oder:
- Raffrolloschiene in Fensterbreite samt Haken
- Halter zum Fixieren der Zugkordeln und Schrauben (in beiden Fällen erforderlich)

*Dieses unprätentiöse Raffrollo, das oben statt des üblichen Faltenbands einen Schiebesaum aufweist und weder Rüschen noch Posamenten trägt, lenkt alle Aufmerksamkeit auf die prachtvollen Farben.*

### Maßnehmen und Zuschneiden

Oberleiste oder Schiene über dem Fenster anbringen, ihre Breite abmessen und mit 2,5 multiplizieren. Anschließend Fensterhöhe von der Oberkante der Leiste oder Schiene bis zum Sims messen und 50 cm zugeben. Ober- und Futterstoff für den Behang nach diesen Maßen zuschneiden, wenn nötig, mehrere Bahnen mit Kappnaht zusammensteppen. Für die Rüsche aus dem Oberstoff der Breite nach so viele 15 cm breite Streifen schneiden, daß sie, aneinandergenäht, ein Band von der doppelten Länge der Seitenkanten und der Unterkante des Behangs ergeben.

Beim Zuschneiden der Textilbänder für die Führung der Zugkordeln Bogenzahl plus eins zugrunde legen, Bänder genauso lang schneiden wie den Behang. Beim Faltenband zur Behangbreite 5 cm zugeben.

### Anfertigung der Rüsche

Den fortlaufenden Stoffstreifen mit der Oberseite nach innen der Länge nach falten. Kurze Enden zusammensteppen, Kanten bis dicht an die Naht abschneiden. Streifen nach rechts drehen, erneut so falten, daß die Längskanten aufeinanderliegen und in drei Abschnitte von jeweils doppelter Länge der für die Rüschenverzierung vorgesehenen Behangkanten einteilen. Teilungslinien mit weichem Bleistift oder Schneiderkreide markieren.

An den Schnittkanten der drei Rüschenabschnitte, die gesondert gekräuselt werden müssen, zwei Stichreihen durch beide Stofflagen machen, Fäden anziehen, bis die Rüsche um Seitenkanten und Unterkante des Rollobehangs paßt. Dann die Rüsche mit beiderseits 1,5 cm

Abstand zur Oberkante so um die drei Seiten des nach rechts gewendeten Behangs legen, daß die Schnittkanten aufeinander und die Teilungslinien auf die Rolloecken treffen. Kräuselfalten gleichmäßig verteilen, stecken und heften.

***Annähen der Rüsche***

Futter rechts auf rechts so auf den Oberstoff mit der angehefteten Rüsche legen, daß die Schnittkanten aufeinandertreffen und die Rüsche sich zwischen den beiden Stofflagen befindet. Die drei Seiten mit der Rüsche stecken, heften

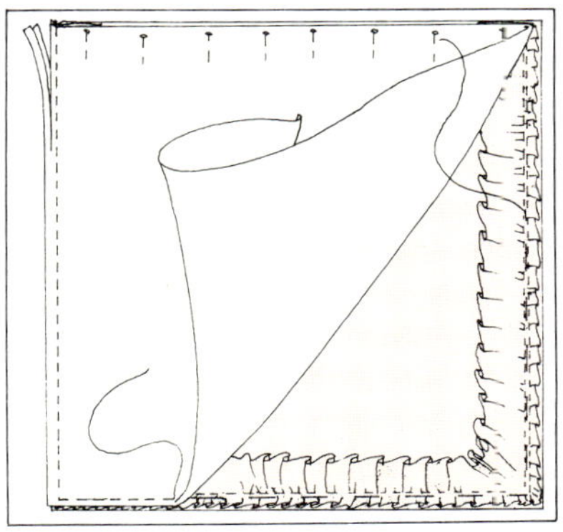

und in 1,5 cm Abstand zu den Kanten steppen. Kanten bis dicht an die Naht abschneiden, rechte Seite nach außen wenden und bügeln. Dann die oberen Schnittkanten zusammenstecken und heften.

***Annähen der Bänder für den Durchlauf der Zugkordeln***

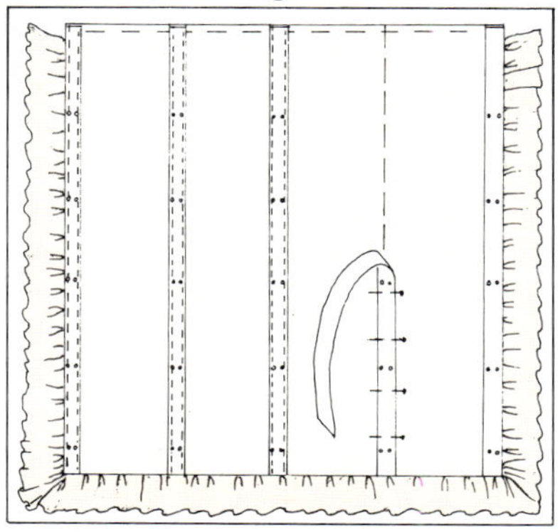

Rollobreite (ohne Rüsche) durch die Zahl der vorgesehenen Bogen teilen und die Teilungslinien auf der linken Seite des Behangs mit weichem Bleistift senkrecht aufs Futter zeichnen. An den beiden Seitenkanten unmittelbar an die Rüschennaht anschließend je einen Streifen Vorhang- oder Raffrollo-Band anstecken, Bandende an der unteren Rüschennaht einschlagen. Die erste Schlaufe des Raffrollo-Bands sollte sich ca. 5 cm oberhalb der unteren Nahtlinie befinden. Die restlichen Bandstreifen in gleicher Weise auf die eingezeichneten Teilungslinien stecken, dabei darauf achten, daß sich die Öffnungen oder Schlaufen der Bänder über die ganze Breite des Rollos auf gleicher Höhe befinden. Bänder ansteppen.

***Befestigung der Zugkordeln***

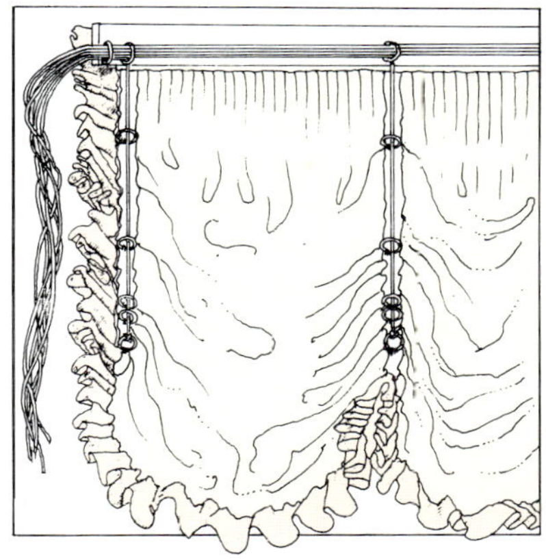

Für jedes senkrecht aufgenähte Band eine Kordel von der doppelten Länge plus der Breite des Rollos schneiden. Bei Verwendung von Vorhangband Spaltringe einziehen, den ersten 5 cm über der Unterkante, die anderen in Abständen von 30 cm, den letzten 25–30 cm unterhalb der Oberkante. Nachprüfen, ob alle Ringe waagrecht in gleicher Linie sitzen. Zugkordelende am untersten Ring festbinden, Kordel durch sämtliche Ringe der betreffenden Reihe bis zur Rollo-Oberkante durchziehen.

***Fertigstellung der Oberkante***

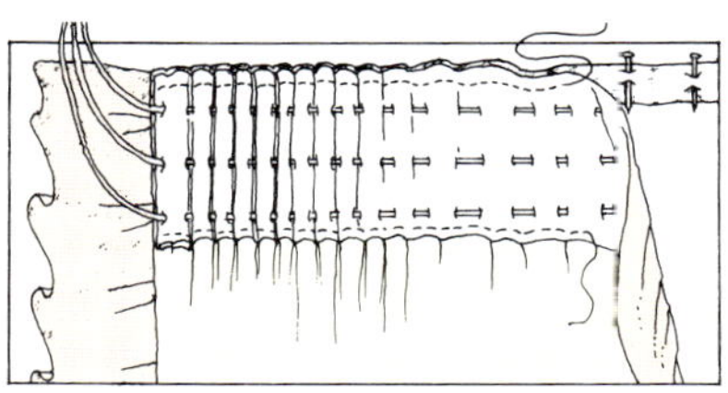

Obere Schnittkante 1,5 cm einschlagen, Faltenband kantengleich auf den Einschlag legen und anstecken. Zugschnüre des Faltenbands am einen Ende miteinander verknoten, am anderen herausziehen und lose hängen lassen, Schnittkanten des Bands bis zu den Seitennähten einschlagen, feststecken und das Faltenband ringsum ansteppen.

Soll das Rollo mit Klettverschluß an der Oberleiste befestigt werden, aus Futterstoff einen Streifen, 3 cm breiter als das Faltenband und 3 cm länger als die Oberleiste, zuschneiden. Klettverschluß von gleicher Länge schneiden, den einen Klettstreifen in 2,5 cm Abstand zu einer der Längskanten auf den Futterstreifen steppen, diesen anschließend ringsum 1,5 cm einschlagen und bügeln.

***Anbringen des Rollos***

Die Schnüre des Faltenbands anziehen, bis die Rollo-Oberkante der Länge der Schiene oder der Oberleiste entspricht, dann verknoten und Falten gleichmäßig anordnen. Bei Schienenaufhängung Vorhanghaken in die Oberkante schieben und mit ihnen das Rollo an der Schiene befestigen. Bei Verwendung einer Oberleiste Rollo-Oberkante so mit Heftklammern oder Zwecken befestigen, daß diese von den Falten verdeckt werden.

Soll das Rollo mit Klettverschluß befestigt werden, den Futterstreifen mit dem aufgesteppten Klettstreifen, linke Seite nach unten, über das angezogene Faltenband legen und ringsum von Hand annähen. Den zweiten Klettstreifen mit Heftklammern oder Zwecken an der Oberleiste befestigen und das Rollo durch Zusammenpressen des Klettverschlusses aufhängen.

Bei Schienenaufhängung Halterungen für die Zugkordeln über den senkrecht aufgenähten Bändern fixieren. Bei Montage an einer Oberleiste über jedem Band eine Ringschraube in die Unterseite der Leiste schrauben sowie eine zusätzliche Ringschraube nahe der rechten Leistenkante anbringen. Leiste an den Winkeleisen festschrauben, jedes Kordelende durch die unmittelbar darüber befindliche Ringschraube oder Halterung ziehen und anschließend durch alle anderen auf die rechte Fensterseite fädeln. Bei heruntergelassenem Rollo die Kordeln dicht an der Schiene oder Oberleiste zusammenknoten, dann zusammenflechten, Enden erneut verknoten und abschneiden.

Auf der rechten Seite Kordelhalter an die Wand oder den Fensterrahmen schrauben, Rollo hochziehen und die Zugkordel um den Kordelhalter schlingen und so befestigen.

# Zuschnitt von Wolkenstores

*Hochgezogen, gleichen sich Wolkenstores und Raffrollos zum Verwechseln – der Unterschied wird erst beim Herablassen sichtbar: Während Raffrollos in Senkrechtfalten fallen, bleibt bei Wolkenstores der Stoffbehang über die ganze Länge gerafft – auch an den Seitenkanten, weshalb man allenfalls die Unterkante mit einer Rüsche (oder einem Volant) verzieren sollte.*

*Dieser halbtransparente Wolkenstore, der das einfallende Licht dämpft und auch heruntergelassen seine Raffung behält, fügt sich vollendet in das anspruchsvolle, dem eleganten Raum gemäße Dekorationsensemble mit seinen fixierten Seitenschals und seinen Raffbogen mit den kunstvoll drapierten Schärpen ein. Auch der fransenbesetzte Saum ist auf den Fransenschmuck der Vorhänge abgestimmt.*

Wolkenstores werden im Prinzip wie Raffrollos genäht, doch erfordern ihre Raffnähte mehr Stoff und machen sie voluminöser. Man wählt daher am besten ein leichtes, gut drapierbares Material, das man ungefüttert lassen und zur Erleichterung der Bedienung mit Faltenband für transparente Gewebe verarbeiten sollte.

Arbeitsmaterial:

- leichten, transparenten oder halbtransparenten Baumwoll- oder Seidenstoff
- Bleistiftfaltenband für transparente Gardinen und Vorhanghaken
- durchscheinendes, schmales Kräuselband und kleine Messingspaltringe oder Spezialband für Wolkenstores
- Nylonkordel

dazu entweder:

- 1 auf Fensterbreite zugeschnittene hölzerne Oberleiste 5 x 2,5 cm
- einen ebenso langen Klettverschluß
- Ringschrauben, Winkelkonsolen und zugehörige Schrauben

oder:

- Raffrolloschiene in Fensterbreite
- Kordelhalter und Schrauben (in beiden Fällen erforderlich)

### *Maßnehmen und Zuschneiden*

Oberleiste oder Raffrolloschiene über dem Fenster anbringen, ihre Breite abmessen, mit 2,5 multiplizieren und 10 cm für die Seiteneinschläge zugeben. Fensterhöhe von der Oberkante der Querleiste oder Schiene bis zum Sims messen, mit 1,5 multiplizieren. Stoff nach diesen Maßen zuschneiden, Bahnen mit Kappnaht zusammensteppen. Für die Rüsche 15 cm breiten Stoffstreifen schneiden und zu einem Band von der doppelten Rollobreite aneinandernähen.

Zahl der Bogen festlegen und vom Kräuselband oder Raffrolloband ebenso viele Streifen plus einen zusätzlichen in Länge des Behangs zuschneiden; Faltenband (Breite des Behangs plus 5 cm Zugabe) schneiden.

### *Anfertigung der Rüsche*

Den vorbereiteten Streifen rechts auf rechts der Länge nach falten, kurze Enden zusammensteppen, Nahtkanten abschneiden. Dann den Streifen nach rechts drehen, seine Schnittkanten aufeinanderlegen, beide Stofflagen parallel zum Kantenverlauf mit Kräuselstich zu-

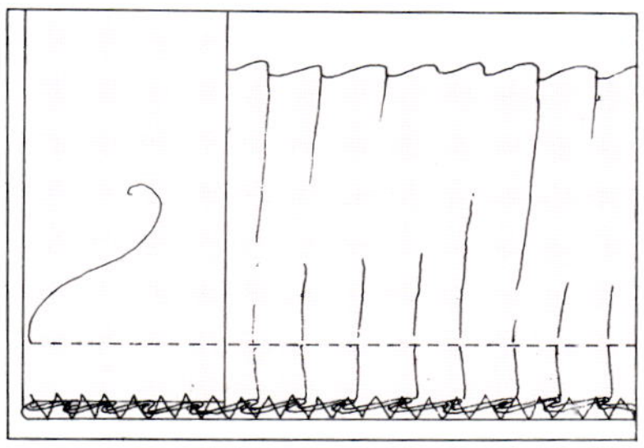

sammennähen, Faden anziehen und die Rüsche auf die erforderliche Länge (Breite des Wolkenstores minus 10 cm) zusammenschieben.

Rüsche rechts auf rechts so auf die Unterkante des Behangs legen, daß 5 cm Abstand zu den beiden Seitenkanten bleiben und die Schnittkanten gleich verlaufen. Kräuselfalten gleichmäßig verteilen, dann die Rüsche anstecken und festheften. Die beiden Seitenkanten des Wolkenstores 5 cm einschlagen und bügeln, Rüschenenden mit erfassen. An der Unterkante 1,5 cm breite Naht steppen, Kanten abschneiden und mit Zickzackstich überwendlich steppen, dann Seiteneinschläge nach links umlegen und bügeln. Rüschennaht auf den Behang zu bügeln.

### *Aufnähen der Bänder*

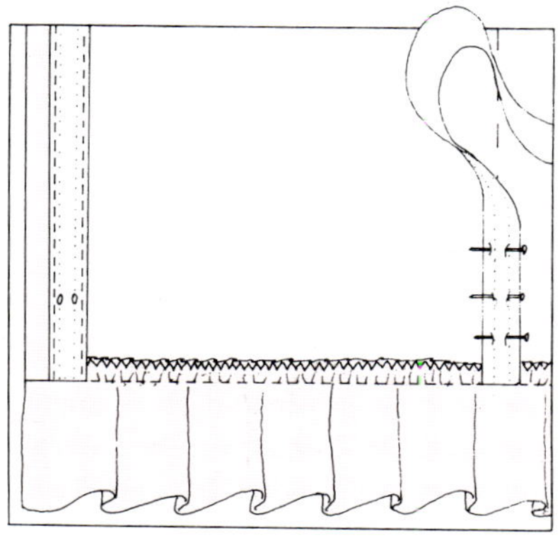

An beiden Längsseiten Kräusel- oder Wolkenstoreband so auf die Schnittkanten der Einschläge stecken, daß sich die erste Schlaufe des Wolkenstorebands ca. 6,5 cm über der Rüschennaht befindet. Stoffbreite zwischen den beiden Bändern abmessen, durch die Zahl der vorgesehenen Bogen teilen und die senkrechten Teilungslinien mit weichem Bleistift auf der Unterseite des Wolkenstores einzeichnen. Auf diesen Linien die restlichen Bandstreifen wie beschrieben feststecken und nachprüfen, ob die Öffnungen des Kräuselbands oder die Schlaufen des Wolkenstorebands über die ganze Storebreite in gleicher Linie verlaufen.

Bänder unten auf Höhe der Rüschennaht einschlagen und feststeppen. Die eingezogene Schnur ca. 6,5 cm von der Oberkante entfernt herausziehen, damit sie nicht unter das Faltenband gerät, das wie beim Raffrollo angenäht und in Falten gezogen wird.

### *Anbringung der Zugkordeln*

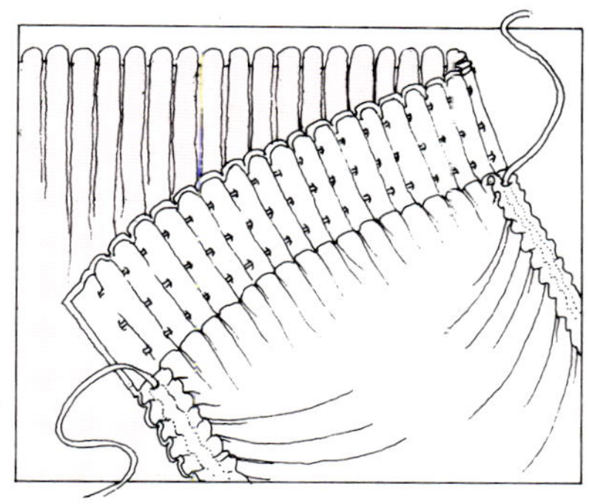

Die in die senkrecht angenähten Bänder eingezogenen Schnüre nach oben ziehen, bis der Wolkenstore die gewünschte Länge aufweist, die überschüssigen Schnurenden durch Verknoten befestigen, die Kräuselfalten über die ganze Schnurlänge so verteilen, daß der Wolkenstore gleichmäßig gerafft erscheint. Gegebenenfalls Spaltringe einziehen und Zugkordeln wie beim Raffrollo anbringen.

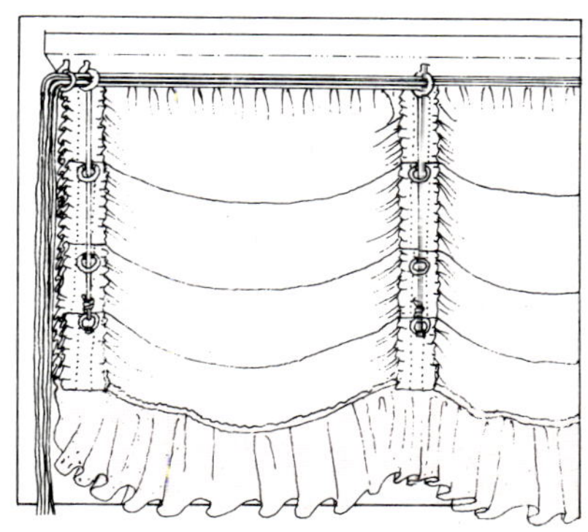

### *Anbringen des Wolkenstores*

Wolkenstore an der Schiene oder Oberleiste befestigen und Kordelführung wie beim Raffrollo vervollständigen. Auf der rechten Fensterseite Kordelhalter an die Wand oder den Fensterrahmen schrauben, Wolkenstore hochziehen und mit der Zugkordel am Halter fixieren.

### *Kreative Gestaltungsideen*

- *Stoffe wie Satin oder Taft lassen sich nicht nur zu Ballkleidern, sondern auch zu ganz zauberhaften Rollos verarbeiten.*
- *Soll ein Raffrollo in ein Dekorationsensemble eingegliedert werden, muß die Vorhangschiene weit genug vorspringen, damit beim Hochziehen die Falten des Rollos nicht zerknittert werden.*
- *Ein schwerer Spitzenbesatz an der Unterkante verleiht einem Raffrollo einen ansprechend ländlichen Charakter.*
- *Möchten Sie es der Gründerzeit gleichtun, wählen Sie ein Raffrollo aus Brokat oder Seide und besetzen Sie es mit schweren Fransenborten.*
- *Raffrollos wirken weniger voluminös, wenn man schmälere Stoffe wählt und statt Bleistiftfalten über jedem Kräuselband eine Quetsch- oder Kellerfalte anbringt (bei Kellerfalten muß das Kräuselband auf der Rückseite auf die Mitte treffen). Rollos dieser Machart haben weniger Bogen und wirken zurückhaltender.*
- *Läßt man an Raffrollos die beiden äußersten Kräuselbänder weg, entstehen beim Hochziehen Seitenschärpen.*
- *Um ohne große Näharbeit ein Raffrollo zu kreieren, braucht man am Fenster nur eine plane Stoffbahn aufzumachen, an deren Oberkante vorn und hinten zwei bis drei Bänderpaare befestigt sind. Hebt man die Unterkante des Behangs mit Hilfe der zu einer Schleife gebundenen Bänderpaare an, hängt der Stoff dazwischen in Bogen durch.*

VERGLEICHE AUCH DIE SEITEN:

# KISSEN: FORM UND STIL

*Kissen dienen, wo es not tut, als Stütze und schaffen Bequemlichkeit und Behagen. Doch von ihren praktischen Vorzügen noch ganz abgesehen, bedeuten Kissen auch vom dekorativen Blickwinkel aus ein großes Plus. Sie können einen Dekorationsentwurf zusammenschließen, die Farbgebung durch Glanzpunkte und Kontraste beleben, die Handarbeitskünste der Hausfrau ins rechte Licht rücken oder einen bestimmten Einrichtungsstil unterstreichen.*

*OBEN: Kissen in verschiedenen Formen und Größen lockern das strenge Erscheinungsbild dieser Couch auf und schaffen eine Atmosphäre des Behagens. Die eher willkürliche Ansammlung mit ihren provenzalischen Druckmustern, ihren Damasten und kontrastierenden Unistoffen wird durch fein aufeinander abgestimmte Einfassungen zusammengeschlossen.*

*LINKS: Die weißen Kissen dieser Gruppe sind wie Kopfkissenbezüge mit Lasche gearbeitet und mit Stoffbändern gebunden. Die übrigen Kissen wirken durch Farbe und Musterung – ein Beispiel für eine ebenso geschickte wie geglückte Kombination.*

*Die Bordürenumrandung dieser quadratischen Kissen zieht sich auch um die Enden der Polsterrollen und schließt so die verschiedenen Formen zusammen. In ihrer symmetrischen Anordnung unterstreichen die Kissen die Form des eleganten Sofas und heben sich wirkungsvoll von seinem ruhigen Damastbezug ab.*

Kissen sind in allen Größen und Formen – rechteckig, rund und sogar dreieckig – zu haben und können, abwechslungsreich zusammengestellt und bezogen, durch ihre Formen- und Farbenvielfalt eine wahre Augenweide sein. Kleine quadratische Exemplare in bestickten, rüschenbesetzten oder spitzenverzierten Hüllen sehen in einem Schlafzimmer zum Verlieben aus, während große Kissen die ausladenden Dimensionen einer voluminösen Couch angenehm auflockern. Eine Mittelstellung zwischen Kissen und Polstern nehmen Polsterkissen ein: Fester als normale Kissen, erwecken sie als Formelemente und Stützen auf geradlinigen Couchen und Diwanen einen korrekteren Eindruck als ihre beliebig verstreuten weichen Pendants. Mit Zwischenstreifen gearbeitete Kissen, eine andere hybride Variante, werden gern als elastische Polster für harte Holzstühle verwendet und gewinnen, sobald der Sitzende aufsteht, ihre schachtelartige Form zurück.

Kissenbezüge zu arbeiten ist einfach, und beherrschen Sie erst einmal die Grundregeln, können Sie sie ganz dem Stil des Raums entsprechend gestalten und verzieren. Kissen mit paspelierten oder gefältelten Kanten etwa sind die bevorzugte Spielart für klassisch ausgestattete Räume: Gemustert oder uni, aus dem gleichen Stoff wie Vorhänge oder abnehmbare Möbelbezüge oder auch in abstechenden Tönen gehalten, vervollständigen sie den Dekorationsentwurf und verleihen ihm eine nahtlose Kontinuität. Mit Kissenbezügen aus alten Stoffresten (Damasten, Brokaten, Gobelins) mit Kordelverzierungen, Bordüren, Fransen und Quasten wiederum läßt sich ein kultivierter Landhauslook erzielen. Und wer es lieber zwangloser und bäuerlicher hat, kann mit bedruckten, gestreiften oder karierten Baumwoll-, Leinen- oder auch Wollstoffen die erwünschte ländliche Atmosphäre schaffen. Auf jeden Fall aber stimme man, was immer einem auch vorschweben mag, die Kissen in Stil und Verzierung auf die übrigen Einrichtungsgegenstände ab: Während Kissen mit floralen Druckmustern und Rüschen an den Kanten für schmucke rustikale Räume mit Trockenblumen und Antiquitäten wie geschaffen scheinen, sehen in schlichterer Umgebung einfache, quadratische Kissen mit karierten oder gestreiften Bezügen besser aus.

Auch in modernen Räumen – außer solchen mit minimalistischem Dekor – können sich Kissen als recht brauchbare Accessoires erweisen. Bezüge aus einfarbigem, glänzendem Chintz oder robusten Geweben mit abstechenden Paspeln machen sich auf modernen Polstermöbeln modisch und flott, vor allem, wenn sie in kühnen, leuchtenden Farben gehalten sind. In ruhigeren Interieurs dagegen nehmen sich große Kissen mit glatter Zierkante aus grob strukturierten Naturfasergeweben in neutralen Tönen oder unkomplizierten Farben wie Marineblau, Terrakotta, Türkis und Salbeigrün im Verein mit der gedämpften Bemalung und klaren Linienführung amerikanischer Bauernmöbel prachtvoll aus.

Kissen für Schlafzimmer schließlich dürfen ruhig ein bißchen aufgeputzter und verspielter sein.

### *Kreative Gestaltungsideen*

- *Eine Kissenhülle läßt sich im Nu improvisieren, wenn man ein Seidentuch um das Kissen wickelt und die vier Zipfel in der Mitte zusammenknotet.*
- *Mit Zwischenstreifen gearbeitete quadratische, runde und dreieckige Kissen in Unibezügen wirken modern und aktuell.*
- *Durch Kombination von Rüschen und Paspeln oder Borten und Kordeln erhält die Kisseneinfassung mehr Gewicht.*
- *Kantenverzierungen aus dicken Kordeln, die an den Ecken verknotet oder in Schlingen- oder Kleeblattform gelegt werden, machen ungemusterte Kissen interessanter.*
- *Behandeln Sie ungefütterte Rüschen an Kissen mit der Zickzackschere – das geht schneller als Säumen.*
- *Um einen einfachen Bezug für eine Nackenrolle zu erhalten, wickle man sie in ein ca. 50 cm breiteres Stoffstück und binde sie an den Enden mit quastenverzierten Kordeln wie ein Knallbonbon ab.*
- *Um rechteckige Kissenformen zu betonen, nur die kurzen Enden mit Fransen besetzen.*
- *Aus zwei zusammengenähten Servietten läßt sich ein mit Borten bedrucktes Kissen zaubern.*

# STOFFE FÜR KISSEN

*Nahezu jeder Stoff, ob einfarbig oder gemustert, ob mit Webstruktur oder glatt, kommt für Kissenbezüge in Frage, vorausgesetzt, er ist robust genug, um der künftigen Beanspruchung standzuhalten. Zierkissen fürs Schlafzimmer können aus zarten, exquisiten Geweben angefertigt werden, doch die Sofakissen im Familienwohnzimmer halten länger, wenn man sie in Bezüge aus Kett- oder Schußgobelin, Köper oder aus einem anderen strapazierfähigen Material steckt. Zwischen diesen beiden Extremen erfüllt jeder Chintz, jeder Baumwollstoff mit aufgedrucktem oder eingewebtem Muster seinen Zweck, doch sollten Sie bei gemusterten Stoffen auf eher kleinformatige Dessins ausgehen, damit das Motiv in Gänze auf dem Bezug erscheint.*

**Bedruckte Baumwolle (1, 8).** Mittelschwere bis leichte Baumwollstoffe mit Druckmustern auf einfarbigem Grund. In der Regel entsprechen sich Größe des Musters und Art des Materials, d. h. feingewebte Baumwollstoffe weisen meist kleinere, etwas gröbere Gewebe dagegen großflächigere Muster auf.

**Gestreifter Köper (2).** Festes Gewebe mit deutlich hervortretender Fischgratstruktur. Das abgebildete Stoffmuster erinnert in der Streifung an Drell, wirkt aber kultivierter.

**Chintz (3).** Feingewebter, bedruckter Baumwollstoff mit glänzender Oberseite. Traditionellerweise tragen Chintze realistische florale Dessins, doch steht inzwischen darüber hinaus ein breites Musterangebot zur Verfügung.

**Bedruckter Moiré (4).** Das feingerippte, seidige Grundgewebe mit seinem mattschimmernden Wellenmuster ist im vorliegenden Fall mit einem Gitter aus Bambusstäben und zartem Laubwerk überdruckt. Moiré ist ein ausgesprochener Luxusstoff, der das Waschen schlecht verträgt.

**Damast (5).** Ursprünglich aus Seide auf speziellen Damastwebstühlen, inzwischen aber auch aus Baumwolle, Wolle, Leinen und Kunstfasern auf Jacquardmaschinen hergestellter Stoff, dessen Musterung durch den Wechsel von Kett- und Schußbindung optisch hervortritt und sich auf der Rückseite umkehrt.

**Gestreifter Baumwollsamt (6).** Dekorativer Stoff mit abwechselnd samtigen und glatten Streifen.

**Schaftgewebe (7).** Dieses einfarbige Gewebe mit seinen regelmäßigen geometrischen Dessins erfüllt überall da seinen Zweck, wo ein zurückhaltendes Muster gebraucht wird, zum Beispiel in Verbindung mit farbenprächtigen bedruckten Stoffen.

**Dupion (9).** Glänzender Stoff aus grob versponnener Seide oder Kunstfasern. Wird meist im Rahmen klassisch-traditioneller Dekorationsentwürfe für Vorhänge, Querbehänge und Kissen verwendet.

**Kett- oder Schußgobelin (10).** Festes, grobstrukturiertes Gewebe, dessen Muster an traditionelle Stickereien, Gobelins und Kelims anklingen. Kissen aus diesem starken Material sollten nicht paspeliert, sondern mit Kordeln oder Fransenborten eingefaßt werden.

**Satin (11).** Gewebe in Satin- oder Atlasbindung weisen aufgrund der verstreut liegenden Bindungspunkte eine glatte, glänzende Oberfläche auf. Durch Wechsel der Bindungstechnik lassen sich Muster mit abwechseln glänzenden und matten Streifen erzielen.

**Indische Baumwolle (12).** Grobgewebter, billiger Baumwollstoff in anzie-

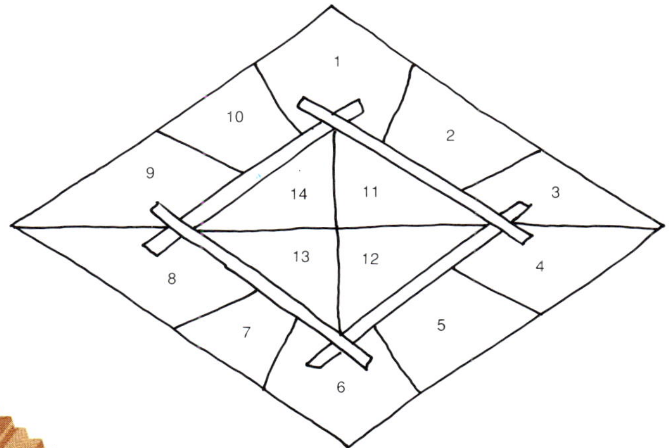


hender, etwas unregelmäßiger Webtechnik. Wird häufig in farbenfrohen Schottenkaros hergestellt.

**Jacquardgewebe (13).** Dieser Stoff ist auf einer Jacquardmaschine gewebt, auf der die einzelnen Kettfäden unabhängig voneinander angehoben werden. Das abgebildete Muster bringt diese Technik mit ihren Positiv-/Negativeffekten deutlich zur Geltung.

**Tartan (14).** Wollstoff, dessen Karomuster durch Verweben von Gruppen farbiger Kett- und Schußfäden zustande kommt. Die Dessins reichen von echten Tartans schottischer Clans bis zu Plaidmustern von freierer Farbgebung.

### *Verwendung gekaufter Posamenten*

#### *Kordelverzierungen*

*Diese elegante Art der Einfassung läßt sich an gekauften wie handgenähten Kissen anbringen. Umfang des fertigen Kissens abmessen und 10 cm mehr Kordel kaufen. Kordel sauber von Hand so um die Kanten der Kissenhülle nähen, daß die Naht verdeckt wird. Kordelenden zusammendrehen, miteinander vernähen, durch einen kleinen Schlitz in der Naht nach innen stecken und die Öffnung wieder zunähen.*

#### *Fransen*

*Fertige Fransenborten geben einfachen, selbstgenähten Kissen einen professionellen Touch. Kissenumfang messen, dann die 10 cm längere Fransenborte wie eine Rüsche (siehe Seite 199) an die Kissenplatte stecken, heften und steppen, anschließend das Kissen wie üblich fertigstellen.*

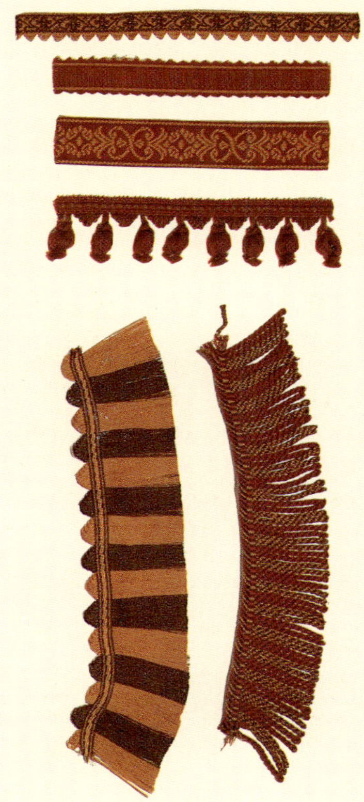

# Quadratische und runde Kissen

*Ob einladend auf einer Couch angeordnet, am Kopfende des Betts aufeinandergetürmt oder achtlos in einen Lehnstuhl geworfen, immer sorgen Kissen am rechten Ort für Farbe und Bequemlichkeit. Als Kissenfüllungen dienen Federn oder synthetisches Material: Federkissen bauschen sich wunderbar auf, doch synthetische Füllungen bieten den Vorzug der Waschbarkeit. Von Kissen mit Schaumgummiabschnitten als Füllung ist allerdings abzuraten, da sich ihr Inhalt zusammenklumpt und sie rasch jede Form verlieren. Dagegen sind feste Schaumgummiblöcke als Füllmaterial für Sitz- und Polsterkissen ideal.*

***Anfertigung quadratischer Kissenbezüge***

Quadratische und rechteckige Kissenbezüge sind am einfachsten anzufertigen – beide werden nach dem gleichen Verfahren genäht.

Zunächst mißt man die beiden Seiten des unbezogenen Kissens von Naht zu Naht, gibt jeweils 3 cm für die Nähte zu und schneidet zwei Stoffstücke von entsprechender Größe zu.

Dann legt man die beiden Stücke rechts auf rechts kantengleich aufeinander, steckt und heftet sie ringsum und steppt sie in 1,5 cm Abstand zu den Kanten zusammen, wobei man auf einer Seite in der Mitte einen Schlitz von ausreichender Länge zum Einschieben des Kissens läßt. Hat man die Nahtzugaben und Ecken abgeschnitten und die Heftfäden entfernt, dreht man die Hülle nach rechts und bügelt sie aus.

**Reißverschluß in die Seitennaht einarbeiten**

Die beiden Stoffstücke wie oben aufeinanderlegen und an einer Seite heften. Reißverschlußöffnung abmessen, und von der Mitte ausgehend, auf der Naht markieren. Naht jeweils von der Ecke bis zum Markierungspunkt steppen, die beiden Öffnungsenden ca. 3 cm durch Rückstich verstärken. Naht auseinanderbügeln, ohne die Heftstiche zu entfernen, Reißverschluß auf der linken Seite, mit der Oberseite nach unten, Mitte auf Mitte auf die Naht legen, feststecken und heften. Mit Reißverschlußfuß in 5 mm Abstand zu den Zähnen ringsum ansteppen.

Heftstiche entfernen, Fäden auf der linken Seite sauber vernähen. Die beiden Bezugshälften rechts auf rechts aufeinanderlegen, dabei den Reißverschluß ein Stückchen offenlassen und die Hülle, wie oben beschrieben, fertigstellen.

*Dank des Farbkontrasts von Vorder- und Rückseite, der auf dem abgebildeten Arrangement deutlich zu sehen ist, muten diese zweifarbigen Samtkissen ausgesprochen modern an. Sie weisen keinerlei Verzierung auf – Kordel- oder Fransenbesätze und selbst Paspeln würden die Wirkung nur beeinträchtigen.*

**Reißverschluß in der Kissenmitte anbringen**

Kissenplatte, wie oben angegeben, zuschneiden. Kissenrückseite ebenso breit, aber 3 cm länger halten und der

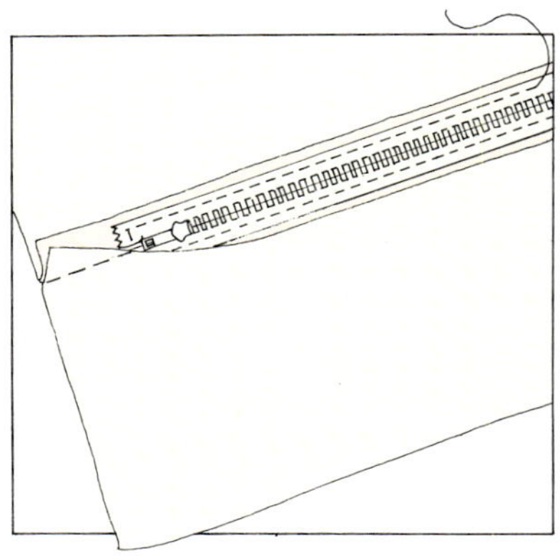

Länge nach halbieren. Beide Hälften rechts auf rechts aufeinanderlegen, stecken und an einer der langen Kanten heften. Reißverschluß wie oben einsetzen, dann die Kissenrückseite ausbreiten und den Bezug in gewohnter Weise fertigstellen.

***Anfertigung runder Kissenbezüge***

Durchmesser des Kissens ermitteln. 3 cm für die Naht zugeben, dann aus Papier Schnittmuster für diese Größe anfertigen (siehe Seite 206) und zwei Stoffstücke danach zuschneiden.

Diese Stücke rechts auf rechts kantengleich aufeinanderlegen, zusammen-

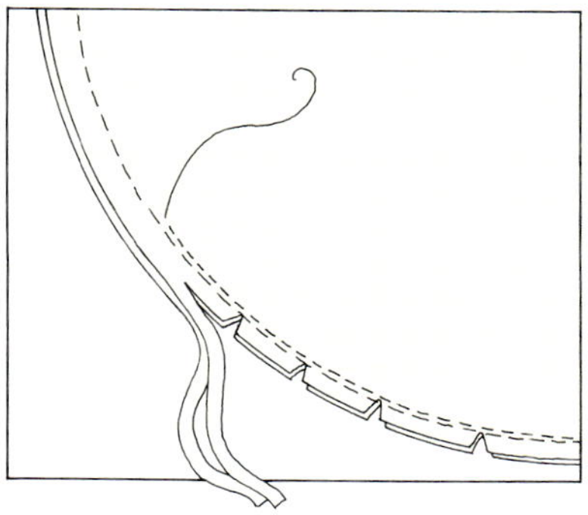

stecken, heften und ringsum mit 1,5 cm Abstand zur Kante steppen. In der Naht Schlitz zum Einschieben des Kissens offenlassen. Kanten kürzen und in regelmäßigen Abständen keilförmig einschneiden, damit die Naht glatt liegt. Heftfäden entfernen, Bezug nach rechts drehen und bügeln.

Kissen in die Hülle stecken, Schnittkanten des Schlitzes bis zur Naht einschlagen und die Öffnung mit Falstich zunähen.

***Ziereinfassung***

Einfassungen wirken professionell und können ganz nach Belieben schlichter oder kunstvoller gestaltet werden. Verwenden Sie dazu entweder gekaufte Kordeln oder Fransen (siehe Seite 197) oder fertigen Sie selbst aus dem Bezugsstoff oder einem abstechenden Material einen Paspel oder eine Rüsche an.

**Paspelierte Kante**

Paspelierte Kanten geben einem Kissen den letzten, wie maßgeschneidert anmutenden Pfiff. Während sich an gemusterten Kissen einfarbige Paspeln empfehlen, sollten Sie für Unibezüge eine abstechende Farbe oder den Kissenstoff in einem dunkleren Ton wählen.

Fertigen Sie, bevor Sie sich ans Kissennähen machen, einen Paspel von der Länge des Kantenumfangs plus 7,5 cm Nahtzugabe (Nähanleitung siehe Seite 209) an. Stecken und heften Sie ihn, Schnittkante auf Schnittkante, um die Oberseite der Kissenplatte. Damit sich an quadratischen oder rechteckigen Kissen die Ecken mühelos wenden lassen, Paspel von der Schnittkante zur Stepplinie einschneiden. Ebenso bei runden Kissen Paspel in ganzer Länge in regelmäßigen Abständen einschneiden.

Paspelenden sauber aneinandernähen, Naht bei quadratischen und rechteckigen Kissen auf die Mitte der Unterkante verlegen. Kissen wie beschrieben fertigstellen, dabei mit Paspelfuß so dicht wie möglich an der Paspelschnur steppen.

**Rüschenbesetzte Kanten**

Kissen mit rüschenbesetzten Kanten machen sich in Schlafzimmern und rustikalen Wohnräumen besonders hübsch. Die Breite der Rüsche sollte sich nach der Kissengröße richten, liegt aber meist zwischen 4 und 7,5 cm.

Hat man sich für eine bestimmte Breite entschieden, gibt man 3 cm für Nähte und Säume zu und setzt für die Länge rund das Doppelte des Kissenumfangs an. Dann schneidet man der Breite nach eine entsprechende Anzahl von Stoffstreifen zu, näht sie mit französischer Naht aneinander, bis die benötigte Länge erreicht ist, und verbindet Anfang und Ende zu einem Ring.

Zum Einsäumen der Rüsche die Außenkante erst 5 mm, dann 1 cm nach links umlegen, beide Einschläge bügeln. Anschließend den Saum dicht an der Kante steppen.

An der verbliebenen Schnittkante zwei Reihen Kräuselstiche anbringen, die Rü-

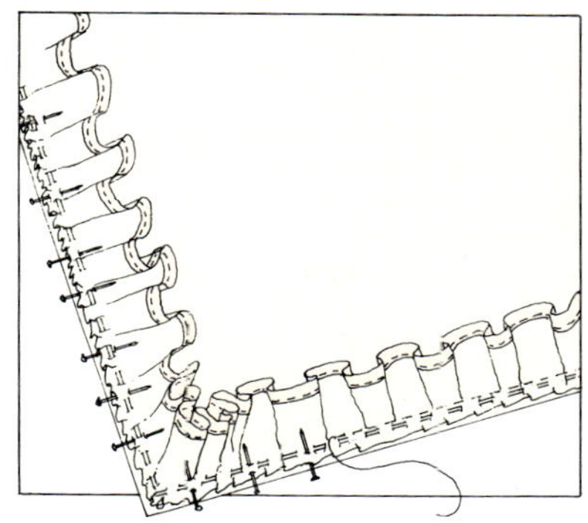

sche auf das erforderliche Maß zusammenschieben und rechts auf rechts kantengleich rings um die Kissenplatte stecken (um die Kräuselfalten nicht zu quetschen, werden die Nadeln senkrecht zur Kante eingesteckt). Kräuselfalten gleichmäßig verteilen, an den Ecken etwas dichter zusammenschieben.

Die Rüsche in ca. 1 cm Abstand zur Kante an die Kissenplatte steppen, Bezug in üblicher Weise fertigstellen.

**Doppelseitige Rüsche**

Für diese Rüsche, die vorn und hinten die rechte Stoffseite zeigt, muß ein Streifen von der doppelten Fertigbreite plus 3 cm Nahtzugabe geschnitten werden. Streifen an den kurzen Enden mit einfacher Naht zum Ring schließen, dann mit der Oberseite nach außen der Länge nach so falten, daß die Schnittkanten aufeinandertreffen; Rüsche und Bezug in der beschriebenen Weise fertigstellen.

**Gefältelte Einfassung**

Wohnzimmerkissen mit gefältelten Einfassungen wirken korrekt und ein wenig förmlicher. Bereiten Sie einen Streifen wie für eine doppelseitige Rüsche vor, nähen Sie ihn an den Enden zum Ring zusammen und falten Sie ihn der Länge nach mit der rechten Seite nach außen. Teilen Sie ihn für ein quadratisches Kissen in vier gleiche Abschnitte ein und markieren Sie die Trennpunkte mit Stecknadeln oder Schneiderkreide – sie treffen am fertigen Bezug auf die Ecken. Legen Sie jeden Abschnitt in gleich viele Falten, bringen Sie beidseits der Markierungspunkte zwei kleinere, enger nebeneinander sitzende Falten an, damit die Ecken fülliger wirken. Stecken Sie den gefältelten Streifen, wie bei der Rüsche beschrieben, um die Kissenplatte und ordnen Sie die Falten gleichmäßig an. Heften und steppen Sie dann den Streifen an und stellen Sie den Bezug in gewohnter Weise fertig.

**Glatte Zierkante**

Eine glatte Zierkante ringsum sieht namentlich an mittelgroßen bis großen quadratischen Kissen gut aus.

Länge der beiden Kissenkanten messen und jeweils 13 cm für Zierkanten und Nähte zugeben. Kissenplatte in dieser Größe zuschneiden, auf der Rückseite für die zentrale Einarbeitung eines Reißverschlusses 3 cm zugeben. Die beiden Hälften der Rückseite zusammennähen, Reißverschluß (wie auf Seite 198 beschrieben) in die Mittelnaht einarbeiten.

Kissenplatte und Rückseite rechts auf rechts kantengleich aufeinanderlegen, stecken, heften und in 1,5 cm Abstand zu den Kanten ringsum steppen. Kanten bis dicht an die Naht abschneiden, Bezug nach rechts drehen und bügeln.

In der Mitte der Kissenplatte mit Schneiderkreide oder Heftstichen ein Quadrat in Größe des Kissens umreißen und längs der Markierungslinien durch beide Stofflagen steppen, die Stepplinie anschließend mit Flachstich übernähen.

# Polsterkissen und Polsterrollen

*Polsterkissen erhöhen den Sitzkomfort von Fensterbänken, Holzstühlen, Korbsesseln und anderen ungepolsterten Sitzgelegenheiten. Sie verdanken ihre rechteckig-schachtelartige, oft durch Paspelierung der Nähte zusätzlich betonte Form einem auch am Inlett zwischen Ober- und Unterseite eingearbeiteten Zwischenstreifen und sind entweder mit Federn oder mit einem nach Maß zugeschnittenen Schaumgummiblock gefüllt.*

*Sitz und Rückenlehne dieser Fenstereckbank sind mit soliden Polsterkissen versehen. Die Bezüge für die Sitzkissen sind mit ihren abgeschrägten Kanten dem Verlauf der Sitzfläche angepaßt, die Rückenpolster mit Stoffbändern an Schubladenknöpfen befestigt, die in den Holzrahmen geschraubt wurden.*

### Quadratische und rechteckige Polsterkissen

Länge und Breite der Polsterplatten abmessen, jeweils 3 cm für die Nähte zugeben und zwei Stoffstücke in dieser Größe zuschneiden. Dann auf beiden Polsterseiten die Länge und Höhe des Zwischenstreifens messen, gleichfalls 3 cm für die Nähte zugeben und für jede der vier Seiten eigenen Zwischenstreifen zuschneiden. Diese rechts auf rechts kantengleich aufeinanderlegen, stecken, hef-

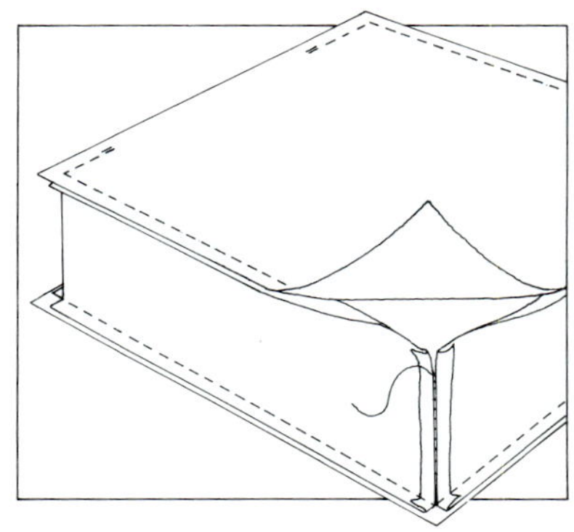

ten und mit 1,5 cm Abstand zum Kantenring aneinandersteppen. Bei rechteckigen Kissen darauf achten, daß auf den gegenüberliegenden Seiten die beiden Streifen gleicher Länge verarbeitet werden. Den Zwischenstreifen um die eine Platte des Bezugs stecken und heften, daß seine Nähte auf die Ecken treffen. Um Kräuseln der Nähte zu verhüten, an beiden Nahtenden ein paar Stiche wieder auftrennen; den Zwischenstreifen in 1,5 cm Abstand zu den Kanten an die Platte steppen.

Zweite Platte des Bezugs an die gegenüberliegenden Kanten des Zwischenstreifens nähen; auf einer Seite offen lassen, gegebenenfalls Reißverschluß einarbeiten (siehe Seite 198). Kanten dicht an Naht abschneiden, Bezug nach rechts drehen.

***Runde Polsterkissen***

Durchmesser des Polsters oder Schaumgummiblocks messen, 3 cm für die Naht zugeben, aus Papier Schnittmuster in dieser Größe anfertigen (siehe Seite 107) und die beiden Kissenplatten danach zuschneiden. Dann Umfang und Höhe des Polsters messen und nach diesen Maßen Zwischenstreifen mit jeweils 3 cm Nahtzugabe zuschneiden.

Den Zwischenstreifen an den beiden kurzen Enden ringförmig zusammenstecken und -steppen. An den Längsseiten 1,2 cm von den Schnittkanten entfernt eine Linie steppen und die Nahtzugaben in regelmäßigen Abständen keilförmig einschneiden, damit sich der Streifen glatt um die beiden Kissenplatten legen läßt.

Den Zwischenstreifen rechts auf rechts und Schnittkante auf Schnittkante um

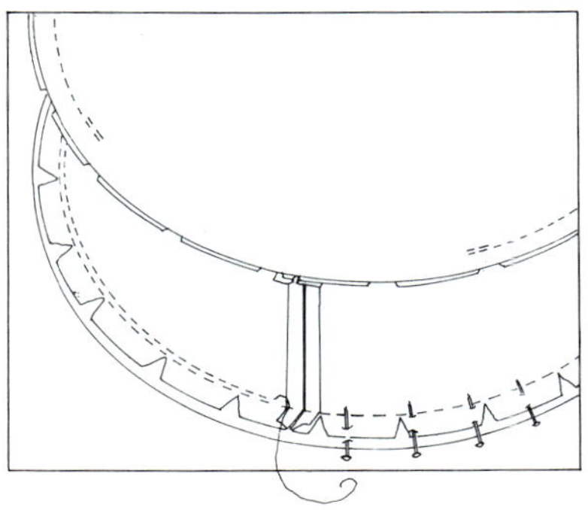

eine der Kissenplatten legen, stecken und heften, dann innerhalb der ersten Stepplinie ringsum ansteppen. Darauf die andere Kissenplatte in gleicher Weise an die gegenüberliegende Kante des Zwischenstreifens nähen, in der Naht einen Schlitz offenlassen und gegebenenfalls einen Reißverschluß einarbeiten (siehe Seite 198). Die Kanten bis dicht an die Naht abschneiden, den Bezug nach rechts drehen und bügeln. Das Polster in den Bezug stecken und, falls man keinen Reißverschluß angebracht hat, die Schnittkanten des Schlitzes sauber bis zur Naht einschlagen und mit Falstich aneinandernähen.

***Polsterrollen***

Diese festen, zylindrischen Polster finden in verschiedenen Größen, von der kleinen Nackenrolle bis zur Rolle fürs Doppelbett, Verwendung. Exemplare zwischen diesen beiden Extremen dienen beispielsweise als zusätzliche Armstützen für eine Couch oder als Rückenpolster für einen gleichzeitig als Sofa verwendeten Diwan. Die Bezüge können entweder glatt anliegend oder mit gekräuselten Enden gearbeitet sein.

***Glatt anliegender Bezug für eine Polsterrolle***

Dieser maßgeschneiderte Bezug mit den flachen Endstücken kann zur Betonung seiner Form an den Kanten mit Paspeln oder Kordeln verziert werden.

Länge und Umfang der Polsterrolle messen, jeweils 3 cm Zugabe für die Nähte dazurechnen. Stoff nach diesen Maßen zuschneiden. Durchmesser des Endstücks der Rolle abmessen, Schnittmuster aus Papier von entsprechender Größe anfertigen (siehe Seite 207) und zwei Stoffstücke danach zuschneiden.

Stoff für den zylindrischen Teil der Rolle rechts auf rechts und Schnittkante auf Schnittkante der Länge nach zusammenfalten, stecken, heften und steppen, in die Mitte der Naht Reißverschluß einarbeiten (siehe Seite 198). An den beiden Enden, 1,2 cm von der Schnittkante entfernt, eine Linie steppen und die Nahtzugabe in regelmäßigen Abständen keilförmig einschneiden, damit sich die run-

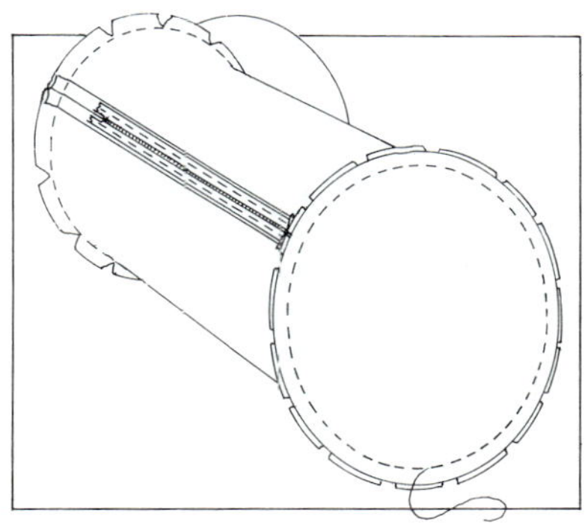

den Endstücke leichter anbringen lassen. Nun eins dieser runden Endstücke rechts auf rechts an das eine offene Ende der zylindrischen Hülle stecken, heften und mit der Maschine innerhalb der ersten Stepplinie ringsum ansteppen. Mit dem zweiten Endstück genauso verfahren. Kanten bis dicht an die Naht abschneiden, Bezug nach rechts drehen und das Polster hineinstecken.

***Bezug für Polsterrolle mit gekräuselten Enden***

Bei diesem Bezug wird der Stoff an den Enden einfach zusammengezogen und in der Mitte gewöhnlich ein Knopf oder eine Quaste zur Verzierung und Kaschierung der gekräuselten Kante angebracht. Länge der Rolle plus Durchmesser des Endstücks messen und 3 cm für Nähte zugeben. Dann den Umfang der Rolle ermitteln, wiederum 3 cm Nahtzugabe hinzurechnen und den Stoff nach diesen Maßen zuschneiden.

Längskanten wie bei der Rolle mit glatt

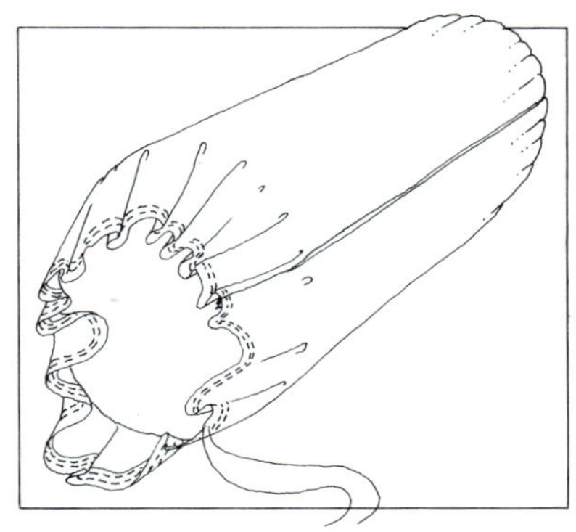

anliegendem Bezug zusammensteppen und Reißverschluß einarbeiten. Bezug nach rechts drehen und die offenen Enden 1,5 cm breit einsäumen, dann dicht an der Kante zwei Reihen Kräuselstiche einziehen. Am einen Ende Kräuselfäden fest anziehen und verknoten. Polsterrolle in den Bezug stecken und Kräuselfäden am anderen, noch offenen Ende so anziehen und verknoten, daß der Bezug gut sitzt.

Polster wieder herausnehmen, auf die Mitte der gekräuselten Enden einen stoffbezogenen Knopf oder eine Quaste nähen, die Rolle wieder in die Hülle stecken und den Reißverschluß schließen.

# Abnehmbare Bezüge: Form und Stil

*Lose Bezüge können abgenutzten Möbeln ein neues Gesicht geben, ein Sammelsurium schlecht zusammenpassender Stühle zur Einheit zusammenschließen, eine bis zum Überdruß bekannte Farbkombination durch neue Nuancen beleben. Im Gegensatz zu Polsterbezügen, die nicht entfernt werden können und vom Fachmann nach Maß angefertigt und angebracht werden sollten, lassen sich lose Bezüge zum Waschen oder auch schlicht zur Abwechslung jederzeit abnehmen. Sie sind entgegen der landläufigen Meinung auch nicht auf Lehnstühle und Couchen beschränkt, sondern können Sitzmöbeln aller Art ein gefälligeres Aussehen verleihen: zum Beispiel Schlafzimmerstühlen ihre Steifheit benehmen oder abstoßende alte Eßzimmerstühle modernisieren.*

### Den Möbeln ein neues Gesicht geben

Abnehmbare Bezüge geben den Möbeln ein neues Gesicht. So gleichen Korbsessel und andere Stühle fürs Freie mit bodenlangen Bezügen und einem passenden Sitzkissen eher Klubsesseln als ins Wohnzimmer verpflanzten Gartenmöbeln. Küchenstühle oder eine bunt zusammengewürfelte Sammlung von Eßzimmerstühlen verwandeln sich durch lose Baumwollbezüge in ein zusammengehöriges Set, schick genug, um sich um eine Festtafel zu gruppieren. Und wenn die üblichen Polstergarnituren aus Couch und zwei Sesseln oder zwei Couchen und einem Sessel ihren Besitzern plötzlich zu brav erscheinen, läßt sich mit simplen Mitteln Abhilfe schaffen: Ein loser Bezug für einen der Sessel aus einem fein abgestimmten Unistoff oder einem zu den vorhandenen Bezügen passenden gemusterten Material bringt schlagartig Leben in die Gruppe. Stil und Art eines losen Bezugs müssen sich weitgehend nach der Form des betreffenden Sitzmöbels richten, doch können oft schon geringfügige Veränderungen einiges bewirken. So sieht zum Beispiel ein gepolsterter Ohrensessel mit abstehenden Beinen in einem losen Bezug mit bodenlangem Volant gleich weniger förmlich aus, und ein aus der Fasson geratener Lehnstuhl gewinnt durch einen sauber geschneiderten Bezug mit paspelbesetzten Nähten eine gewisse Eleganz, vor allem, wenn obendrein sein Sitz mit einem festen neuen Kissen belegt wird.

### Welcher Stoff eignet sich am besten?

Der Stil abnehmbarer Möbelbezüge wird außerdem entscheidend von der Stoffwahl mitbestimmt. Stühle gleicher Machart wechseln mit Bezügen aus bedruckter Baumwolle, Damast, Drell oder einem Stoff mit eingewebtem Muster von Grund auf ihren Charakter und kommen damit jeweils für ein ganz bestimmtes Interieur in Frage. Welches Muster oder welche Stoffart zu welcher Art Sitzmöbel paßt, läßt sich in keine festen Regeln fassen, doch sollten Sie bei der Auswahl eines Stoffs immer auch seine praktische Eignung

*Wie dieser Raum beweist, können abnehmbare Bezüge Sitzmöbel sehr unterschiedlicher Art harmonisch zusammenschließen. Strapazierfähige, preiswerte Stoffe wie Drillich oder Baumwollduck eignen sich vorzüglich und schonen den Geldbeutel. In diesem Dekorationskonzept mit seinen hellen Tönen machen sie den farbenprächtigen Brücken keinerlei optische Konkurrenz.*

im Auge behalten. Fragen Sie sich, wie es mit seiner Strapazierfähigkeit, seiner Knitterfestigkeit und seiner Waschbarkeit steht. Da nicht jeder Stuhl in einem Haushalt den gleichen Bezug bekommen muß, bleibt ein breiter Spielraum für Abwechslung.

Wie abnehmbare Bezüge unter anderem die wichtige Aufgabe erfüllen, die Lebensdauer der Polstermöbel zu verlängern und sie vor Abnutzung und Verschmutzung zu schützen, können Sie auch die Lebensdauer Ihrer Schonbezüge erhöhen: Legen Sie sich einfach zwei Garnituren zu und benutzen Sie sie im Wechsel. Wenn Sie die eine aus leichten, sommerlich hellen Stoffen anfertigen und die andere aus schwererem, wärmer getöntem Material für den Winter, können Sie die Atmosphäre Ihres Raums den Jahreszeiten anpassen. Sackleinwand in gebrochenem Weiß zum Beispiel, ein strapazierfähiges und preiswertes Material, verleiht, zu einfachen, glatten Bezügen verarbeitet, einem Zimmer eine sommerliche Note.

Großgemusterte Stoffe sehen auf wuchtigen Sesseln und ausladenden Couchen prächtig aus, doch lassen sich Unistoffe und kleine, regelmäßige Dessins, bei denen auf keine Musteranschlüsse geachtet werden muß, wesentlich leichter verarbeiten und verursachen nur wenig Abfall. Und wenn Sie im Schneidern loser Bezüge Anfängerin sind, sollten Sie sich die Wahl von Streifen oder Karos doppelt überlegen: beide verlangen beim Zuschneiden größte Genauigkeit, um einen absolut geraden Musterverlauf zu garantieren.

*Modische Bezüge aus blau-weiß gestreiftem Baumwollduck verwandeln diese Regisseursstühle von Garten- in Wohnzimmermöbel. Dieser strapazierfähige, preiswerte Stoff läßt sich ohne weiteres waschen.*

***Kreative Gestaltungsideen***

- *Neue Bezüge können alten Trödelkram an Mobiliar fraglos aufpolieren – doch vergeuden Sie keinesfalls Mühe und Geld mit dem Beziehen unbequemer Sitzgelegenheiten!*
- *Fertigen Sie, um Sessel und Couch an den meiststrapazierten Stellen zu schützen, für die Armlehnen Schoner an.*
- *Zeichnen Sie die Möbelform durch farblich abstechende Paspeln nach. Kühne Kombinationen wie Grünrot, Blaugelb oder Gelbrot wirken frisch und modern.*
- *Verleihen Sie einfarbigen Bezügen durch einen gerüschten Paspel einen Hauch von Luxus. Fertigen Sie den Schrägstreifen etwas breiter und etwa doppelt so lang wie für einen normalen Paspel an und rüschen Sie den Stoff beim Einziehen der Paspelschnur.*
- *Kaufen Sie, um Zeit zu sparen, fertige Paspeln, die einfarbig als Meterware zu haben sind.*
- *Für Plüschmöbel sind lose Bezüge nicht geeignet: Läßt man sich darauf nieder, verschiebt sich durch die Bewegung des Flors der Stoff und knittert.*
- *Um einem Stuhl oder einer Couch ohne viel Umstände ein neues Aussehen zu geben, ein Laken, eine Tagesdecke oder ein großes Tischtuch darüber breiten, Sitz glattstreichen, Stoff an den Seiten andrücken und mit einer dicken Kordel unterhalb des Sitzes festbinden.*
- *Ein Patchwork-Quilt, über Sitz und Rückenlehne gebreitet, gibt einer Couch ein ländliches Aussehen.*
- *Leichte, über einen Stuhl oder eine Couch drapierte Decken aus Tartan wirken im Winter warm und behaglich. Mit drei oder vier verschieden gemusterte Plaids läßt sich eine hochherrschaftliche Wirkung erzielen.*
- *Um einen Sessel oder eine Couch mit neuem Bezug in ein existentes Dekorationsschema einzugliedern, Kissen auflegen, deren Bezüge mit anderen Textilien im Raum harmonieren.*

# STOFFE FÜR ABNEHMBARE MÖBELBEZÜGE

*Haltbarkeit, Lichtechtheit und eine dichte Webstruktur sind die Eigenschaften, auf die es bei einem Möbelstoff vor allem ankommt. Bei abnehmbaren Bezügen spielt außerdem das Volumen eine Rolle, da man beim Nähen manchmal durch vier oder noch mehr Stofflagen stechen muß. Man kann sich die Arbeit in diesem Fall allerdings durch Paspelieren mit einem festen, aber leichten Stoff oder durch Verzieren der Nähte mit Kordeln oder Fransenborten erleichtern. Und schließlich ist da noch die Frage der Brennbarkeit. Zwar sind die meisten Möbelstoffe heutzutage feuerhemmend imprägniert, doch sollten Sie vor dem Kauf die Materialangaben sorgfältig studieren.*

**Einfarbiges Baumwollgewebe (1, 3, 12, 14).** Dichtgewebte, ungemusterte Baumwolle ist ein robuster Bezugsstoff, der sich leicht verarbeiten läßt und mit Paspeln aus einem ähnlichen, farblich abstechenden Material am besten zur Geltung kommt. Ein einfarbiges Polstermöbel, ob Sessel oder Couch, stellt die ideale Folie für starkgemusterte Vorhänge und Tapeten und den idealen Hintergrund für dekorative Kissen dar.

**Drell, Drillich (2).** Dieser geschmackvolle Stoff ist nicht nur haltbar und leicht zu verarbeiten, sondern obendrein preiswert und daher Hobbydekorateuren mit schmalem Geldbeutel besonders zu empfehlen. Das glatte Gewebe ist unempfindlich und waschbar, obwohl sich in Anbetracht seines Volumens unter Umständen chemische Reinigung empfiehlt.

**Schaftgewebe (4, 5, 7, 11, 13).** Diese auf einem Spezialwebstuhl, der sogenannten Schaftmaschine, hergestellten Baumwollstoffe mit ihren kleinen, regelmäßigen und unauffälligen eingewebten Dessins stellen die ideale Ergänzung zu großflächigeren Druckmustern dar. Die in dieser Webtechnik hergestellten Dessins sind abwechslungsreich, bedecken aber stets in geordneter, klarer Abfolge die ganze Oberfläche.

**Brokat (6).** Bei diesem unverwechselbaren Stoff hebt sich das Muster plastisch vom Webgrund ab. Ein vor allem für traditionelle Interieurs geeigneter Bezugsstoff.

**Querrips (8).** Kräftiges Gewebe, dessen Rippen durch den Wechsel dünner und dicker Schußfäden entstehen. Das abgebildete Gerstenkornmuster geht auf einen zusätzlichen Schußfaden zurück. Aufgrund seiner robusten Webstruktur verlangt Rips schwere Posamenten.

**Leinenmischgewebe (9).** Dieser altbewährte Möbelbezugsstoff aus Leinen, Baumwolle und unter Umständen einer kleinen Nylonbeimischung wird einfarbig und bedruckt hergestellt und gelegentlich als Teil eines harmonisch abgestimmten Textil- und Tapetenprogramms angeboten.

**Damast (10).** Die charakteristische Ton-in-Ton-Musterung dieses Jacquardgewebes kommt durch den Wechsel von Kett- und Schußbindung zustande. Damast ist elegant und haltbar und läßt sich gut mit anderen gemusterten Textilien kombinieren.

1
2
3
4
5
6
7
8
9
10
11
12
13
14

# ABNEHMBARE BEZÜGE ZUSCHNEIDEN

*Wirklich zuverlässig läßt sich die für Stuhl- oder Couchbezüge erforderliche Stoffmenge zwar nur durch Aufzeichnen auf Millimeterpapier ermitteln, doch benötigt man im Durchschnitt für einen Sessel 6 und für eine dreisitzige Couch 10 m Stoff, 122 cm breit, sowie zusätzlich 1 m pro Sitzpolster. Da sich der Stoffverbrauch außerdem nach der Größe des Musterrapports und dem Stil des betreffenden Möbels richtet, sollte man vor dem Kauf des Bezugsstoffs jedes einzelne Stück ausmessen und das rationellste Zuschneideverfahren austüfteln, wobei die Methode des Maßnehmens für Sessel und Couchen die gleiche ist.*

*Die leuchtend himbeerroten Bezüge dieser breiten Couch sind aus einem robusten Baumwoll-Leinen-Mischgewebe angefertigt. Der glatte, bis zum Boden reichende Volant und die paspelierten Kanten der Sitzpolster betonen die Form und unterstreichen den fast professionell-korrekten Charakter.*

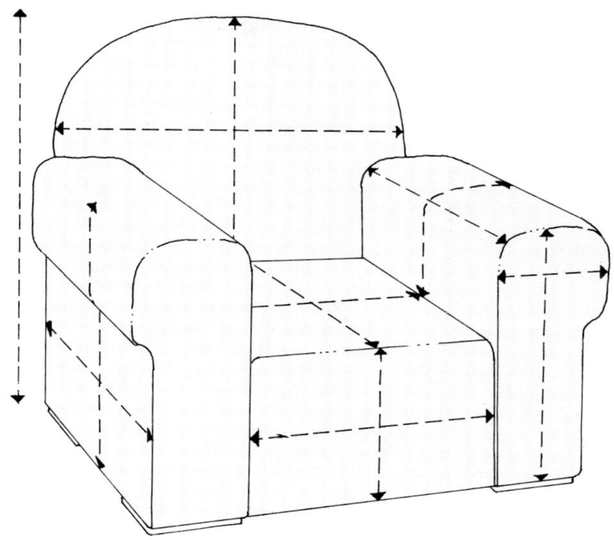

### *Maßnehmen*

Messen Sie nach Entfernung der Kissen Länge und Breite:

- der Rückenlehne außen;
- der Rückenlehne innen;
- der Sitzfläche;
- der Armlehne innen von der Sitzfläche bis über die Rundung;
- der Armlehne außen von der Rundung bis zum Fußboden;
- der Vorderseite der Sitzfläche von der Kante bis zum Boden (die Vorderseiten der Armlehnen können oft aus Stoffresten geschnitten werden – nur bei Überbreiten müssen auch ihre Maße genommen werden).

Rechnen Sie zu sämtlichen Maßen 4 cm für die Nähte dazu. Geben Sie außerdem überall da, wo der Bezug in eine Ritze gestopft werden muß, 15 cm zu, nämlich: an der Unterkante des vorderen Teils der Rückenlehne und des inneren Teils der Armlehnen; an der hinteren Kante des Innenteils der Armlehnen und an der hinteren und den seitlichen Kanten der Sitzfläche.

Der Volant setzt sich aus vier Einzelstreifen – einem für jede Seite – zusammen. Messen Sie die Unterkante jeder Seite ab. Rechnen Sie für einen gekräuselten oder einen in Kellerfalten gelegten Volant das Doppelte des ermittelten Maßes, für einen glatten Volant mit Falten an den Ecken die Seitenlänge plus 30 cm. Die Höhe des Volants wird mit durchschnittlich 10–15 cm angesetzt, sollte sich aber nach der Größe des Möbels richten. Geben Sie zu beiden Maßen 4 cm zu.

Verfahren Sie beim Maßnehmen für die Sitzpolster wie bei den Bezügen für Polsterkissen mit Zwischenstreifen.

### *Berechnung des Stoffbedarfs*

Zeichnen Sie, um den Stoffbedarf (bei einer Stoffbreite von 122 cm) zu berechnen, die einzelnen Teile des Bezugs maßstabgerecht auf Millimeterpapier auf und vergessen Sie dabei nicht, daß Sie das Innen- und Außenteil für die Armlehnen zweimal berücksichtigen müssen. Beschriften Sie jedes Teil, markieren Sie die Oberkante und schneiden Sie es dann aus. Zeichnen Sie den Stoff im gleichen Maßstab mit Hilfe von zwei parallelen Linien auf, vermerken Sie gegebenenfalls den Musterrapport und ordnen Sie nun Ihre ausgeschnittenen Teile so zwischen den beiden Linien an, daß die Musteranschlüsse stimmen und nach Möglichkeit Stoff gespart wird. Handelt es sich um eine Couch mit über 115 cm breiter Rückenlehne, muß das Teil für diese und für die Sitzfläche zusammengenäht werden – also Zugabe nicht vergessen. Und sollen aus dem gleichen Material Paspeln oder Sitzpolster angefertigt werden, entsprechend mehr Stoff vorsehen (für einen Paspel rechnet man 1 m).

Ordnen Sie auf Ihrer maßstabgerechten Vorlage die einzelnen Teile so an, daß etwaige Muster richtig laufen: auf der Innenseite der Armlehnen von der Sitzfläche und auf der Außenseite der Armlehnen vom Boden nach oben; außerdem muß die Musterung sämtlicher Teile über die Nähte weg zusammenpassen. Handelt es sich um ein großflächiges Muster, die Teile so zuschneiden, daß auf der Rückenlehne innen und außen sowie auf der Sitzfläche jeweils zentral ein komplettes Motiv erscheint.

### *Zuschneiden*

Breiten Sie den Stoff mit der rechten Seite nach oben aus, zeichnen Sie die einzelnen Teile des Bezugs nach Ihrer Vorlage maßstabgerecht mit Schneiderkreide auf und schneiden Sie sie zu.

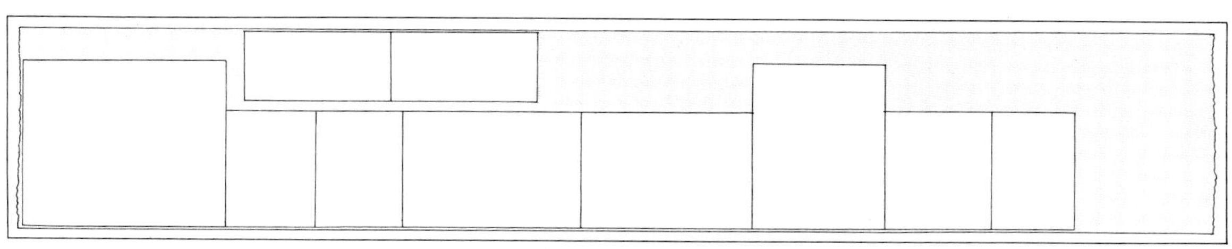

### *Kreative Gestaltungsideen*

❍ *Falls Sie abgenutzte Bezüge durch neue ersetzen wollen, die alten auftrennen, ausbügeln und beim Zuschneiden der neuen als Schnittmuster benutzen.*

❍ *Wollen Sie einen waschbaren Stoff verwenden, nachprüfen, ob er sanforisiert ist; im Zweifelsfall vor Anfertigung des Bezugs waschen.*

❍ *Leichte Stoffe mit aufbügelbarem Zwischenfutter verstärken, um ihnen mehr Dichte zu geben.*

❍ *Eine andere Möglichkeit, dünne Stoffe zu verstärken, besteht im Wattieren und Steppen: Leichtes Wattiermaterial zwischen den gemusterten Oberstoff und das Futter schieben, zusammenheften und anschließend die Hauptumrisse des Musters durch alle drei Stofflagen steppen. Bezüge aus gepolstertem Material eignen sich vor allem für Schlafzimmerstühle und Hockersitze.*

VERGLEICHE AUCH DIE SEITEN:

POLSTERKISSEN UND POLSTERROLLEN 200

STOFFE FÜR ABNEHMBARE MÖBELBEZÜGE 204

NÄHANLEITUNGEN 220

# EIN ABNEHMBARER COUCHBEZUG

*Abnehmbare Bezüge zum Binden wirken lockerer und entspannter als solche mit Klett- oder Reißverschluß. Bringt man die Öffnung auf der Vorderseite an, müssen ihre Kanten allerdings weit genug übereinandergreifen, daß der vom Bezug verdeckte Polsterstoff nicht sichtbar wird.*

Hat man den Bezugsstoff in annähernd rechteckige, den einzelnen Teilen der Couch entsprechende Stücke geschnitten, steckt man diese auf das Möbelstück und schneidet sie – mit Zugaben für die Nähte und die Partien, die in die Ritzen gestopft werden müssen – auf Form. Da Polstermöbel niemals völlig symmetrisch sind, wird der Stoff, um einen perfekten Sitz zu garantieren, mit der Oberseite nach außen aufgelegt. Etwaige Schonbezüge vor Beginn der Arbeit entfernen.

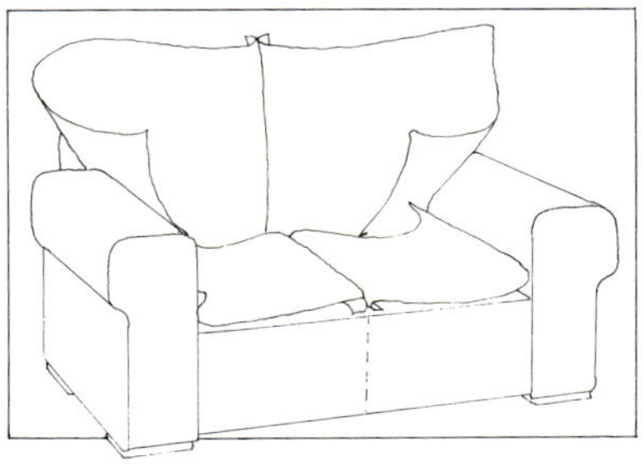

Falls die Stoffbreite nicht ausreicht und Teile aneinandergenäht werden müssen, bringt man bei einer zweisitzigen Couch die Naht in der Mitte, bei breiteren Modellen eine komplette Stoffbreite in der Mitte und die Teilstücke an den Seiten an. Schrägstreifen um die Paspelschnur steppen (siehe gegenüberliegende Seite).

Die Mitte der Rückenlehne auf der Innen- und Außenseite sowie die Mitte der Sitzfläche mit einer Reihe Stecknadeln oder einer Kreidelinie markieren. Dann die Stoffstücke mit der Oberseite nach außen Mitte auf Mitte so auf den Sessel oder die Couch stecken, daß sie glatt anliegen und das Muster gerade verläuft. Die Teile für die Innenseite der Rückenlehne, die Sitzfläche und die Innenseiten der Armlehnen so auflegen, daß sich die 15-cm-Zugabe zum Hineinstopfen am Hinterende und den Seiten der Sitzfläche bzw. am Hinterende der Armlehnen befinden. Die exakte Form jedes Einzelteils mit dicht aneinandergereihten Stecknadeln oder einer Kreidelinie markieren.

Nun die Teile wieder abnehmen und auf Form schneiden, dabei an den Stellen, an denen der Bezug in die Ritzen gestopft werden soll, nämlich der Unterkante des Innenteils für die Rückenlehne, der hinteren und den seitlichen Kanten der Sitzfläche und den hinteren Kanten der Innenteile für die Armlehnen 15 cm. An allen übrigen Kanten 2 cm Zugabe lassen. An der hinteren Kante der Armlehnen-

Innenteile die Zugabe zum Hineinstopfen so zuschneiden, daß sie sich von 15 cm innen auf 2 cm außen verjüngt.

Die einzelnen Teile wieder mit der Oberseite nach außen auf das Möbelstück legen und längs der markierten Linien in dieser Reihenfolge aneinanderstecken:

- Außenteil der Rückenlehne an Innenteil der Rückenlehne;
- Innenteil der Rückenlehne längs der Kante zum Hineinstopfen an Sitzfläche;
- Sitzfläche an Sitz-Vorderteil;
- Innenteil der Armlehne an Außenteil der Armlehne;

– Innenteil der Armlehne an Innenteil der Rückenlehne und Sitzkante zum Hineinstopfen.

Vorderteil der Armlehnen an die bereits angesteckten Teile der Armlehnen und das Sitzvorderteil stecken. Beim Stecken auf guten Sitz achten, Nahtzugaben auf exakt 2 cm kürzen, die Kanten zum Hin-

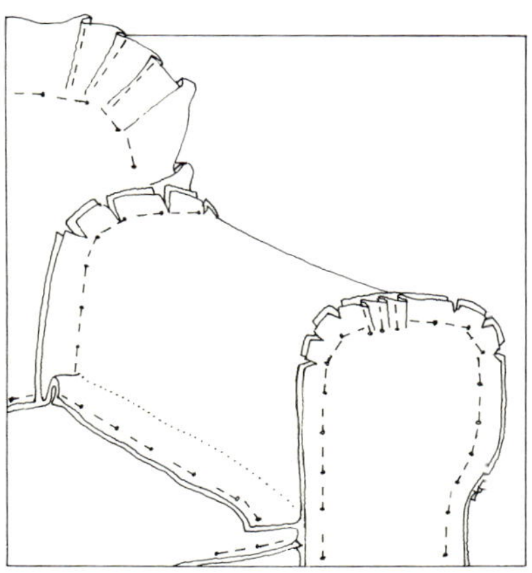

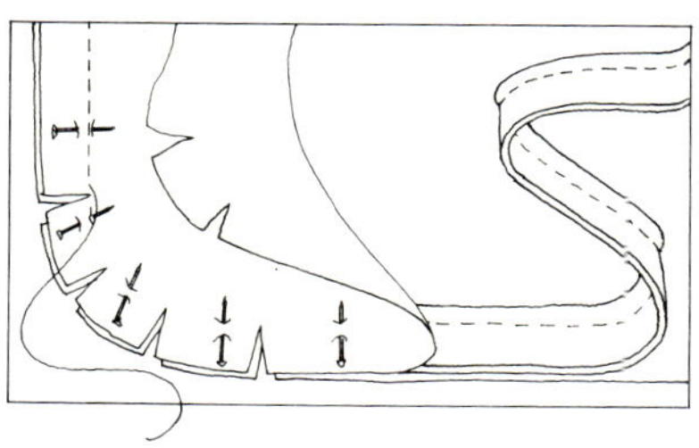

einstopfen jedoch nicht beschneiden. Die bogenförmig verlaufenden Kanten an den Oberseiten der Armlehnen und den oberen Ecken der Rückenlehne kräuseln oder fälteln, Nahtzugaben durch beide Stofflagen hindurch keilförmig einschneiden, um anschließend das Aufeinanderpassen der Teile zu erleichtern. Nadeln entfernen und die einzelnen Teile des Bezugs von der Couch nehmen.

Die Teile in der gleichen Reihenfolge wie zuvor auf der Couch zusammenstecken und heften, dabei die keilförmig eingeschnittenen Kanten genau aufeinanderpassen und gegebenenfalls den Paspel einarbeiten. In 2 cm Abstand zu den Kanten steppen. Die hinteren Kanten werden in diesem Stadium noch offengelassen.

Den Bezug über den Sessel oder die

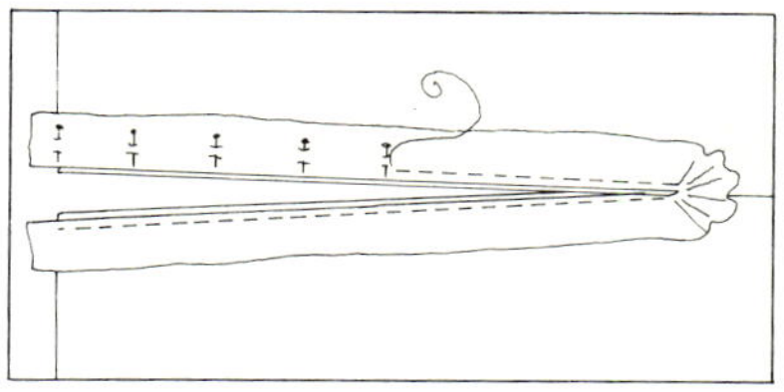

Couch ziehen, die hinteren Kanten zusammenstecken, dabei jedoch eine ungefähr von der Mitte an abwärts offenlassen, damit der Bezug wieder entfernt werden kann. Bezug abnehmen und die gesteckten Kanten zusammensteppen.

Zum Einfassen des Schlitzes 8 cm breiten Stoffstreifen von doppelter Länge der Öffnung plus 4 cm Nahtzugabe zuschneiden. Den Streifen rechts auf rechts um die beiden Schnittkanten des Schlitzes stecken und ringsum ohne abzusetzen ansteppen. Dann die Schnittkanten bis dicht an die Naht kürzen, an der verbliebenen Schnittkante schmalen Saum steppen, den Streifen auf die Innenseite des Bezugs schlagen, glattbügeln und mit Fallstich annähen.

Nun den Bezug erneut über die Couch oder den Sessel ziehen und ringsum mit Schneiderkreide oder Stecknadeln die Ansatzlinie für den Volant markieren. Unterkante des Bezugs 2 cm unterhalb dieser markierten Linie abschneiden. Die Streifen für den Volant rechts auf rechts an den kurzen Enden in der Abfolge: Rückseite, Seitenteil, Vorderseite, Seitenteil aneinandernähen, Enden des Volants dort, wo sich im Bezug der Schlitz befindet, offenlassen. Unterkante und kurze Enden so einsäumen, daß der Volant nach dem Anheften nicht auf dem Boden schleift.

Den Volant so kräuseln, in Kellerfalten oder auch nur an den Ecken in Falten legen (siehe Seite 211), daß seine Nähte auf die Ecknähte des Bezugs treffen.

Den Volant so um die Unterkante des Bezugs stecken, daß die Ecknähte aufeinandertreffen und (gegebenenfalls mit Paspel) feststeppen. Kante kürzen und Naht versäubern. Zum Schluß Haken und Ösen so an Schlitz und Volant anbringen, daß die Kanten exakt aneinanderstoßen.

***Paspelierte Kanten***

*Paspeln bestehen aus einer mit einem Stoffstreifen umkleideten Baumwollschnur und werden zwischen die beiden Stofflagen der Naht geschoben und mit eingesteppt.*

***Schrägstreifen schneiden***

*Um die Breite des Schrägstreifens festzu-*

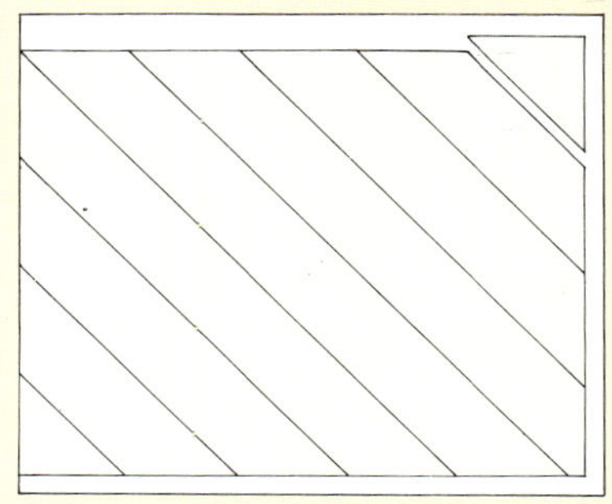

*legen, Stärke der Paspelschnur messen und doppelte Nahtzugabe dazurechnen. Bei kleinen Nähvorhaben wie Paspelieren von Kissen oder Eßzimmerstühlen ist es am einfachsten, einzelne Schrägstreifen zu schneiden und aneinanderzunähen. Benötigt man dagegen lange Paspeln, empfiehlt es sich, einen fortlaufenden Streifen zu schneiden.*

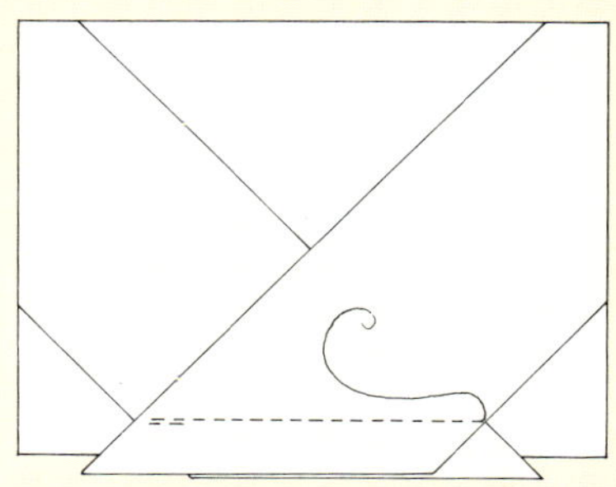

***Einzelstreifen schneiden und aneinandernähen***

*Fadenverlauf durch Herausziehen eines waagrechten Schußfadens feststellen und Stoffkante geradeschneiden. Stoff diagonal falten, so daß sich die begradigte Kante mit der Webkante deckt, bügeln und längs der Bügelfalte auseinanderschneiden. Parallel zur diagonalen Schnittkante Streifen schneiden, an den kurzen Enden rechts auf rechts im rechten Winkel aufeinanderlegen, steppen, die Nähte ausbügeln und die Zugaben abschneiden.*

***Fortlaufender Schrägstreifen***

*Stoffkante, wie beschrieben, begradigen und unter Ausnutzung der vollen Stoffbreite Quadrat schneiden. Dieses Stoffstück an den jeweils gegenüberliegenden Seiten mit farbigen Fäden markieren, dann, wie im vorigen Beispiel, diagonal zusammenfalten und längs der Bruchkante auseinanderschneiden. Die so entstandenen Dreiecke rechts auf rechts mit dem einen der zusammengehörigen Seitenpaare aufeinanderlegen und in 1 cm Abstand zur Kante steppen. Naht ausbügeln, das andere Seitenpaar aufeinanderlegen, so daß eine Röhre entsteht, die Seiten aber so verschieben, daß an beiden Enden eine Kante in Breite des Schrägstreifens vorsteht. An einem die-*

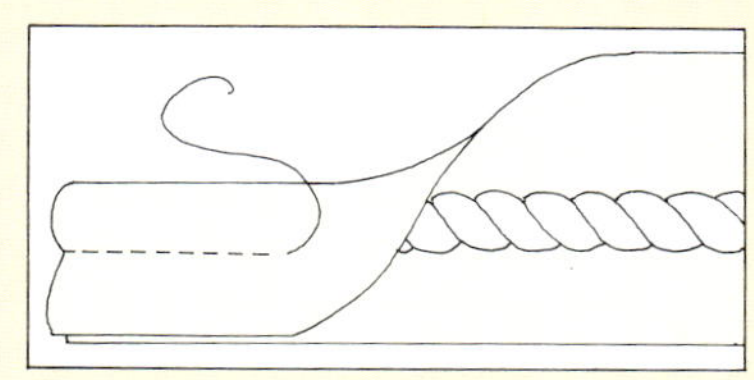

*ser vorstehenden Enden beginnend, spiralig um die Röhre schneiden, so daß ein fortlaufender Schrägstreifen entsteht.*

***Umkleiden der Paspelschnur***

*Schnur 10 cm länger als benötigt und Schrägstreifen von gleicher Länge zuschneiden. Den Streifen mit der Oberseite nach außen so über die Schnur schlagen, daß seine Längskanten aufeinandertreffen; stecken, dann dicht an der Schnur heften.*

***Paspelieren der Kanten***

*Den Paspel an der vorgesehenen Kante so auf die Stoffoberseite stecken, daß die Schnittkanten aufeinandertreffen; anheften. Um die beiden Paspelenden miteinander zu verbinden, die Enden der zuvor exakt auf die benötigte Länge zugeschnittenen Paspelschnur durch Umwickeln mit Faden zusammenschließen. Restliche Arbeit entsprechend Erklärung oben.*

# Ein Bezug für einen Esszimmerstuhl

*Durch lose Bezüge lassen sich abgenutzte oder schlecht zusammenpassende Eßzimmerstühle in stilvoll-elegante Möbel verwandeln. Der Bezug – er wird über die Rückenlehne gestreift und hat einen bodenlangen Volant mit Falten an den Ecken – besteht aus sechs Teilen: der aus einem einzigen Stück geschnittenen Rückseite sowie den separat zugeschnittenen Stücken für die Innenseite der Lehne, die Sitzfläche und die drei restlichen Seiten des Volants. Als Material für Stuhlbezüge dieser Art eignet sich jeder strapazierfähige Stoff.*

**Stilformen für Volants**

*Für Sessel und Couchen:*
*Volant mit Kräuselkante*
*Eingefaßter gekräuselter Volant*
*Volant mit Kellerfalten*
*Gefältelter Volant in einem abstechenden Farbton*
*Für Eßzimmerstühle:*
*Volant mit Falten an den Ecken*
*Gekräuselter Volant*
*Kurzer Volant*
*Volant mit Quetschfalte auf der Rückseite*

*Lange Bezüge aus ungebleichter Baumwolle benehmen diesen gepolsterten Eßzimmerstühlen ihren allzu förmlichen Charakter. Die aus Einzelteilen gefertigten Bezüge sollen glatt, aber nicht zu straff sitzen, da sie sonst leicht Falten werfen. Exaktes Maßnehmen ist entscheidend.*

***Maßnehmen***

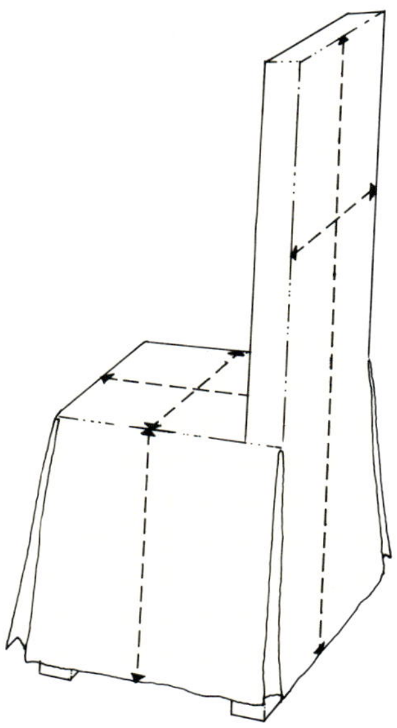

Maximale Breite und Höhe der Lehnenrückseite, Höhe und Breite der Lehneninnenseite, Breite und Tiefe der Sitzfläche und den Abstand zwischen Sitz und Fußboden abmessen und zu sämtlichen Maßen 4 cm für die Nähte zugeben. Der Volant setzt sich aus drei separaten Stücken – der Vorderfront und den beiden Seitenteilen – zusammen, die von der Sitzfläche bis zum Fußboden reichen. Zur Länge der für die Außenseite der Lehne und für den Volant bestimmten Stücke 2 cm Saumzugabe hinzurechnen. Um den Stoffbedarf (bei einer Stoffbreite von 122 cm) zu errechnen, die Stücke für die Außen- und Innenseite der Lehne, die Sitzfläche, die Vorderfront und die beiden Seitenteile des Volants maßstabgerecht auf Millimeterpapier aufzeichnen und ausschneiden. Im gleichen Maßstab den Stoff durch zwei parallele Linien aufzeichnen und die ausgeschnittenen Teile so dazwischen anordnen (siehe Anweisungen für das Maßnehmen und Zuschneiden eines abnehmbaren Couchbezugs, Seite 207), daß sich das Muster um den Volant waagrecht und über die Lehneninnenseite, Sitzfläche und Volantvorderseite senkrecht fortsetzt. Extrazugabe für Paspeln aus dem gleichen Material und für die vier Eckfalten von je 34 cm Breite und der Höhe des Volants einkalkulieren.

***Zuschneiden***

Die einzelnen Teile wie beim abnehmbaren Couchbezug (Seite 207) zuschneiden und beschriften. Für den Paspelstreifen und die Eckfalten kann auch ein abstechendes Material genommen werden.

***Anfertigung***

Die Teile für die Innen- und Außenseite der Lehne mit der Oberseite nach außen an der oberen Kante zusammenstecken, über den Stuhl hängen und an den Seiten zusammenstecken. Kanten 2 cm außerhalb der gesteckten Linie auf Form schneiden. Der Bezug soll nicht zu straff sitzen, da er sich sonst zum Reinigen nur schwer abnehmen läßt. Das Teil für die Sitzfläche mit 2 cm Nahtzugabe ringsum zuschneiden.

Paspel um die Seiten- und die Vorderkante der Sitzfläche und die Seiten- und Oberkante der Lehneninnenseite stecken und heften. Dann die Volantteile und die Faltenstreifen für ihre Seitenkanten in der Abfolge: Falte; seitlicher Volantteil; Falte; vorderer Volantteil; Falte; seitlicher Volantteil; Falte; miteinander verbinden.

Die obere Mitte jeder Falte mit einer Stecknadel markieren, dann den Volant entlang den Nahtlinien so falten, daß diese in der Mitte der Falte zusammenstoßen und heften. Dann den Volant rechts auf rechts so um die Seiten- und Vorderkante der Sitzfläche stecken, heften und steppen, daß der Mittelpunkt der Falten auf die Ecken trifft. Dabei bleibt an beiden Enden eine Faltenhälfte übrig.

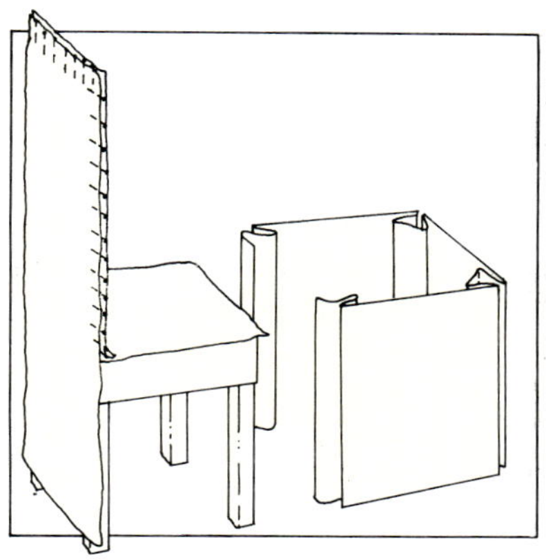

Nun die Sitzfläche an die Lehneninnenseite stecken und die Lehnenaußenseite an die Lehneninnenseite und die hintere Falte stecken, heften und steppen. Die hinteren Falten legen, bügeln und mit Fallstich befestigen.

Den Bezug über den Stuhl streifen und die Unterkante 1 cm über Bodenhöhe einschlagen. Bezug wieder abnehmen und Doppelsaum steppen.

***Falten für die Ecke legen***

*Länge der Bezugs-Unterkante auf einer Stuhlseite abmessen und durch 2 teilen. Mittelpunkt des zugehörigen Volantstreifens fixieren und von ihm ausgehend das oben ermittelte Maß nach beiden Seiten mittels Stecknadeln bezeichnen. Markierungspunkte auf gleiche Höhe mit der Naht bringen, so daß die Schnittkanten aufeinanderliegen, stecken und heften. Damit hat man eine Faltenhälfte. Den Vorgang auf allen Seiten wiederholen.*

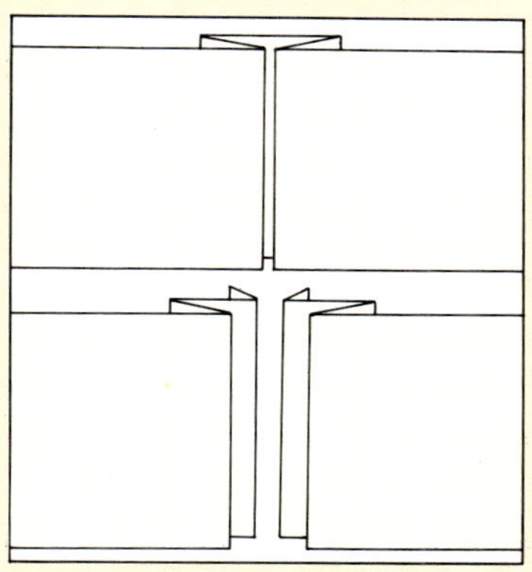

***Kreative Gestaltungsideen***

❍ *Für Stühle mit stark ausgestellten Beinen empfehlen sich straff sitzende, abnehmbare Bezüge zum Anbinden: Das heißt, man läßt den Volant weg und näht statt dessen auf allen vier Seiten eine Stofflasche mit Bindeband an die Unterkante. Zum Abschluß werden die Bänder unter dem Sitz zusammengebunden.*

❍ *Um sich das Anpassen zu erleichtern, kann man abnehmbare Bezüge für Eßzimmerstühle in zwei Teilen arbeiten: einen Überzug mit Volant für den Sitz und einen Bezug zum Überstreifen für die Rückenlehne.*

❍ *Kellerfalten an Volants kann man mit einfarbig bezogenen Knöpfen verzieren, die man als oberen Abschluß auf jede Falte näht.*

❍ *Breite Musterborten an bedruckten Stoffen kann man abschneiden und für den Volant und den Zwischenstreifen des Sitzpolsters verwenden.*

❍ *Eine schärpenartig gebundene Schleife nimmt sich auf der Rückseite eines Eßzimmerstuhlbezugs sehr dekorativ aus. Näht man die Bänder in die Seitennähte ein, kann man sie straffer binden und den Bezug damit »taillieren«.*

❍ *Um einem Eßzimmerstuhlbezug eine feminine Note zu geben, schmale Rüsche aus zwei Stofflagen anfertigen.*

❍ *Ein gekräuselter Volant läßt sich auch anders anbringen: Man säumt die beiden Längskanten des Volantstreifens ein und zieht in 2 cm Abstand zur Oberkante einen Kräuselfaden ein. Hat man die Kräuselfalten auf das passende Maß gebracht, schiebt man die Volantoberkante über die Unterkante des Bezugs, steppt den Volant längs der Kräusellinie so fest, daß seine Oberkante eine stehende Rüsche bildet und näht mit Fallstich eine Seidenkordel auf die Stepplinie.*

VERGLEICHE AUCH DIE SEITEN:

STOFFE FÜR ABNEHMBARE MÖBELBEZÜGE 204

ABNEHMBARE BEZÜGE ZUSCHNEIDEN 206

EIN ABNEHMBARER COUCHBEZUG 208

# HAUSHALTSWÄSCHE

*Zur Haushaltswäsche zählen textile Einrichtungsartikel des täglichen Gebrauchs wie Tischdecken, Servietten, Bettlaken, Kopfkissenbezüge, Schutzbezüge mit Volant und anderes Bettzubehör – Dinge, die zwar in erster Linie einen praktischen Zweck erfüllen, darüber hinaus aber auch äußerst dekorativ sein können. So gibt mit Liebe und Geschick ausgewählte Bettwäsche dem Schlafzimmer immer wieder ein neues Gesicht, und mit der richtigen Tischdecke läßt sich der Familientisch in eine schwelgerische Kulisse für ein festliches Mahl verwandeln.*

In einer Zeit, in der es so viel schöne Gebrauchswäsche zu kaufen gibt, mag es unnötig erscheinen, sich die Plage des Selbernähens aufzuhalten – und doch bleibt oft, wenn man es recht bedenkt, gar keine andere Wahl. Hat Ihr Bett zum Beispiel ausgefallene Maße, können Sie zwar Bettwäsche anfertigen lassen, aber Sie riskieren einen hohen Preis und haben, was Farbe und Schnitt betrifft, doch nur eine begrenzte Auswahl. Nähen Sie ihre Bettwäsche dagegen selbst, können Sie Größe, Stil, Stoffart und Verzierungen nach eigenem Gutdünken bestimmen und damit sichergehen, daß das von Ihnen gestaltete Erzeugnis in jeder Hinsicht Ihren Erwartungen entspricht. Als Mittelpunkt des Raums sind Bett und Bettzeug nun einmal die wichtigsten Elemente des Schlafzimmerdekors und tragen durch ihren Stil entscheidend dazu bei, die von Ihnen gewünschte Atmosphäre zu schaffen.

Als erstes will beim Bettzeug die Art des Stoffes bedacht sein. Weißes Leinen, florale Druckmuster, Karos, pastellige oder satte Farben rufen unterschiedliche Stimmungen wach, doch ebenso entscheidend ist, wie diese Möglichkeiten eingesetzt werden. Nehmen Sie zum Beispiel schlichte weiße Baumwolle. Unverziert spricht sie in ihrer makellosen Reinheit ästhetisch an; durch eine schwarzweiße Karoborte an der Oberkante erhält sie einen intellektuellen, durch eine Spitzenrüsche mit durchgezogenem Band einen weiblich-verspielten und durch ein aufgesticktes Motiv einen nostalgischen Akzent. Mit anderen Worten, die Kombination von Stoff, Verzierung und Schnitt gibt der Bettwäsche ihren dekorativen Wert. Daneben spielen allerdings auch praktische Gesichtspunkte eine nicht unerhebliche Rolle. Welche Art Stoff und Zutaten Sie bevorzugen, hängt sicher nicht zuletzt von Ihrem Geldbeutel ab. Doch stehen Sie vor der Wahl, ob Sie Baumwolle oder Leinen nehmen sollen (die beide sorgfältig gewaschen und gebügelt werden müssen) oder lieber eins der pflegeleichten Baumwollmischgewebe, die nach der

*Gekonnt aufeinander abgestimmte Farben und Muster bringen Leben in dieses Schlafzimmer – eine Vielfalt, die Sie nur erzielen können, wenn Sie Ihr Bettzeug selber nähen. Das Bett mit seiner reichen Ausstattung an einfarbigen und karierten, mit floralen und Paisley-Mustern bedruckten Wäschestücken steht im Blickpunkt des schlicht ausgestatteten Raums. Hinter dem zentral plazierten kleinen quadratischen Kissen mit Stickerei- und Spitzenverzierung türmen sich Kissen in Bezügen aller Art – geknöpften, rüschenbesetzten und solchen mit glatter Zierkante.*

Wäsche sofort wieder gebrauchsfertig sind, könnten letztlich doch Ihre Lebensgewohnheiten den Ausschlag geben.

Tischdecken erfüllen in erster Linie den Zweck, polierte Eßzimmertische während der Mahlzeiten zu schützen und das Tafelporzellan vorteilhaft zur Geltung zu bringen, doch verwendet man sie neuerdings auch wieder dazu, Tische aller Art bis hin zum Beistelltisch und zum Schreibtisch zu schonen, aber auch zu verfremden.

Tischdecken lassen sich aus so unterschiedlichem Material wie plastikbeschichteter Baumwolle und Brokat anfertigen und auf jeden Einrichtungsstil abstimmen. Ein kurzes Tischtuch mit provenzalischem Druckmuster für einen Terrassen- oder Verandatisch, eine bestickte leinene Eßtischdecke oder ein Chintzüberwurf für einen runden Ziertisch sind zwar alle nach dem gleichen Schema verfertigt, unterscheiden sich aber grundlegend im Charakter. Eine mit Futter und Zwischenfutter gearbeitete, mit Gold- oder Silberfransen besetzte Decke für den Wohnzimmertisch erfordert mehrere Nähtechniken, während sich eine Decke für einen einfachen Eßtisch durch schlichtes Ausfransen der Kanten eines grobgewebten Baumwollstücks fabrizieren läßt.

*Charakteristisch für dieses Kinderzimmer ist die zarte Farbgebung in Rosé und Weiß, die sich von der Wäsche des Gitterbetts über das Raffrollo und die Tischdecke bis zum Stuhlbezug fortsetzt. Es gibt nur einen Weg, die textile Ausstattung eines Raums mit so viel Gespür für Stoffe und so sicherem Farbensinn zusammenzustellen: Selbernähen.*

***Kreative Gestaltungsideen***

- *Experimentieren Sie vor der Anfertigung von Bettwäschegarnituren so lange mit Ihrem Schnittmustermodell, bis Sie die rationellste Zuschneidemethode herausgefunden haben.*
- *Knopfverschlüsse wirken an Kissenhüllen sauber und gefällig. Arbeiten Sie in die offene Vorderkante Knopflöcher ein und nähen Sie Perlmutt- oder große, stoffbezogene Knöpfe an die Innenklappe.*
- *Kopfkissenbezüge mit spitzenbesetzten Kanten behalten ihre Frische, wenn man eine Stoffrüsche unterlegt.*
- *Ein zu Tagesdecke, Kopfbrett oder den Vorhängen passender, um den Bettrahmen gespannter glatter Volant mit Quetschfalten an den Ecken wirkt korrekt und elegant. Geben Sie dem Stoff durch Versteifen oder ein Zwischenfutter die nötige Dichte.*
- *Volants für Bettstellen aus Metall müssen unten an den Ecken der Beine wegen geschlitzt werden.*
- *Ein Bett mit Schubfächern unter dem Gestell umgibt man am besten mit einem gekräuselten oder gefältelten Volant.*
- *Da Volants einem ziemlichen Verschleiß durch Tritte, Staubsauger, Schmutz und Staub ausgesetzt sind, möglichst strapazierfähigen Stoff wählen, der sich leicht waschen oder reinigen läßt.*

VERGLEICHE AUCH DIE SEITEN:
STOFFE FÜR HAUSHALTSWÄSCHE 214
ANFERTIGUNG VON BETTWÄSCHE 216
ANFERTIGUNG VON TISCHWÄSCHE 218

# Stoffe für Haushaltswäsche

*Waschbarkeit, Haltbarkeit und Pflegeleichtigkeit lauten die Anforderungen an Tisch- und Bettwäsche, und dementsprechend gelten Baumwolle und Leinen als die klassischen Materialien dafür. Da man Baumwoll-Polyester-Mischgewebe jedoch weniger sorgfältig zu bügeln braucht, werden sie manchmal für Bettwäsche bevorzugt. Und da manche Synthetics gegen Fettflecken empfindlicher sind, empfehlen sich für Tischwäsche aus praktischen Erwägungen reine Naturfasern.*

**Reiner Baumwollstoff für Bettwäsche (1).** Dieser glatte, glanzlose Baumwollstoff, der extrabreit liegt und daher zu den verschiedensten Bettengrößen paßt, wird hauptsächlich einfarbig angeboten.

**Gingham, Gingan (2).** Traditionelles einfarbiges Webkaro auf weißem Grund. Typisch für Kaffeehaustischdecken, aber auch für Tischwäsche für Küche und Familieneßzimmer beliebt.

**Baumwollflanell (3).** Dieser leicht aufgerauhte, warme Baumwollstoff für Winterbettwäsche, der vor allem von Kindern und älteren Jahrgängen geschätzt wird, ist einfarbig, gestreift und bedruckt im Handel.

**Baumwollstickerei (4).** Feiner Baumwollstoff, gewöhnlich Lochstickerei, aber auch mit aufgestickten Mustern. Während sich die abgebildete Variante ohne Durchbrüche für Bettwäsche eignet, verwendet man die durchbrochene für Verzierungen und dekorative Kissenbezüge.

**Baumwoll-Polyester-Mischgewebe (5, 8).** Breiter, feingewebter Stoff, gewöhnlich im Mischungsverhältnis 50:50 aus synthetischen und Naturfasern hergestellt. Wird in großer Auswahl in Pasteltönen und anderen Nuancen einfarbig und bedruckt angeboten und eignet sich für Kinderzimmer ebenso wie für Schlafräume für Erwachsene. Waschbar und weitgehend bzw. völlig bügelfrei.

**Gestreifte Baumwolle (6).** Einfarbiger Baumwollstoff mit aufgedrucktem Streifen. Da man auf keine Musteranschlüsse achten muß, lassen sich die Bahnen leicht aneinandernähen. Eignet sich für Tisch- und sofern man eine passende Breite auftreibt, auch für Bettwäsche.

**Leinen (7).** Kräftiges Gewebe, gewöhnlich in Weiß, Creme oder Unifarben. Leinen ist waschbar, knittert aber leicht und muß sorgfältig gebügelt werden. Dieser teure Stoff ist für Bettwäsche in großen und für Tischwäsche in geringeren Breiten zu haben.

**Seersucker (9).** Bei diesem Stoff sind die (senkrechten) Kettfäden abwechselnd in straff gespannten und lockeren Gruppen angeordnet – daher das leicht wellige Aussehen. Seersucker wird gewöhnlich aus Baumwolle einfarbig, gestreift oder kariert hergestellt. Bettwäsche aus diesem Material braucht fast nicht gebügelt zu werden, Tischwäsche aus Seersucker wirkt ansprechend unprätentiös.

**Madras (10, 16).** Dieser feinfädige indische Baumwollstoff mit dem Webkaro ist für Tischwäsche hervorragend geeignet.

**Provenzalische Drucke (11, 13, 14, 15, 18).** Feine Baumwollstoffe mit typischen Druckmustern aus der Provence wie regelmäßigen Rauten, Paisley, Streifen und flächendeckenden floralen Motiven. Die meist leuchtenden, kräftigen Farben stehen auf weißem oder farbigem Grund.

**Bedruckte indische Baumwolle (12, 17).** Baumwollstoffe mit althergebrachten Pflanzenfarben oder synthetischen Farben in traditionellen Tönen mit Paisley, stilisierten Blumen, Karos und Streifen bedruckt.

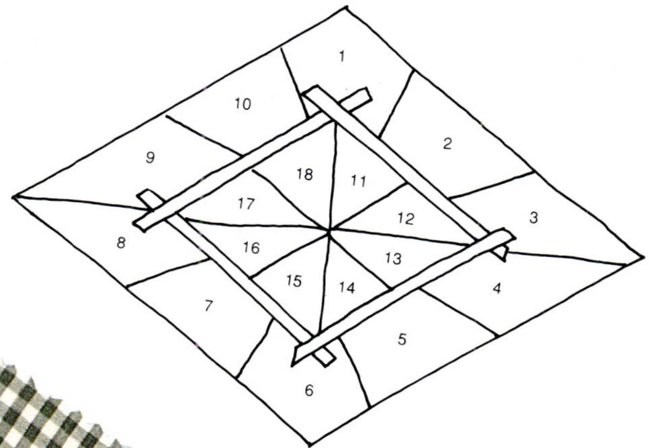

**Kreative Gestaltungsideen**

- Die sogenannte Kissendecke dient dazu, Kopfkissen untertags dekorativ zu umhüllen. Sie wird gewöhnlich aus dem gleichen Material wie die Tagesdecke angefertigt und über die auf dieser stromlinienförmig angeordneten Kissen gebreitet.
- Um Eintönigkeit zu vermeiden, Kissenbezüge und Volant nicht aus dem gleichen Stoff wie das Daunenbett anfertigen: Nehmen Sie ein anderes, passendes Material, kombinieren Sie zum Beispiel einfarbige Stoffe mit Karos, Streublümchen mit floralen Motiven, florale Motive und zartes Linienwerk mit breiten Streifen.
- Wählt man für die Ober- und Unterseite des Daunenbetts verschiedenartige, einander ergänzende Farben oder Muster, erhält man einen doppelseitig verwendbaren Bezug.
- Nicht nur eigens für diesen Zweck hergestellte Stoffe lassen sich zu Bettwäsche verarbeiten. Auch manche Kleider- und Baumwollstoffe sind durchaus geeignet, doch prüfen Sie zunächst stets, ob der ausersehene Stoff waschbar ist, sich leicht bügeln läßt und entsprechend breit liegt.
- Da erhabene Verzierungen wie Kreuzstichstickerei, Spitzen- oder Bänderbesätze beim Schlafen recht unbequem sein können, sollte man sie nur an den Kanten des Kissenbezugs anbringen und das Mittelfeld glatt lassen.
- Tischwäsche muß pflegeleicht sein: Vergewissern Sie sich daher zunächst, ob die Stoffe Ihrer Wahl auch farbecht, sanforisiert, waschmaschinenfest und leicht zu bügeln sind.
- Fahnden Sie, um Ihrem Tisch eine nostalgische Note zu geben, in Antiquitätengeschäften nach handbestickten Decken aus den vierziger und fünfziger Jahren.
- Schmücken Sie Kissenhüllen mit Stickereien, Applikationen oder einem mit Schablone und Stoffarben aufgetragenen Muster Kissen (siehe Seite 163).

# Anfertigung von Bettwäsche

*Zwei beliebte und dekorative Formen für den Kopfkissenbezug sind die schlichte Hülle »nach Hausfrauenart« und das Kissen mit glatter Zierkante. Die folgenden Anleitungen beziehen sich jeweils auf den Normalbezug von 75 x 50 cm, lassen sich aber auch auf alle anderen Maße anwenden. Volants können gerüscht, gefältelt oder glatt mit Quetschfalten an den Ecken gearbeitet werden; wünscht man sie weich, nimmt man Lakenstoff, bevorzugt man korrekte Eleganz, schneidert man sie aus dem gleichen Material wie die Vorhänge oder den Bezug des Kopfbretts.*

*Ein gekräuselter Volant und ein Sortiment Kissen in Blau und Weiß nimmt dieser Chaiselongue mit Eisengestell viel von ihrer Strenge. Die abstechende Kante des Volants findet ihre Fortsetzung in den Blenden der über der Liege angebrachten Draperie und der Vorhänge – ein Kunstgriff, der den Raum in vollendeter Harmonie zusammenschließt.*

***Anfertigung eines Kissenbezugs »nach Hausfrauenart«***

Schneiden Sie ein Stück Stoff von 174 x 54 cm zu und steppen Sie am einen kurzen Ende einen 1 cm breiten Doppelsaum. Legen Sie am anderen Ende erst 2, dann 5 cm nach rechts um, bügeln Sie die beiden Einschläge und steppen Sie den Saum dicht an der eingefalteten Kante.

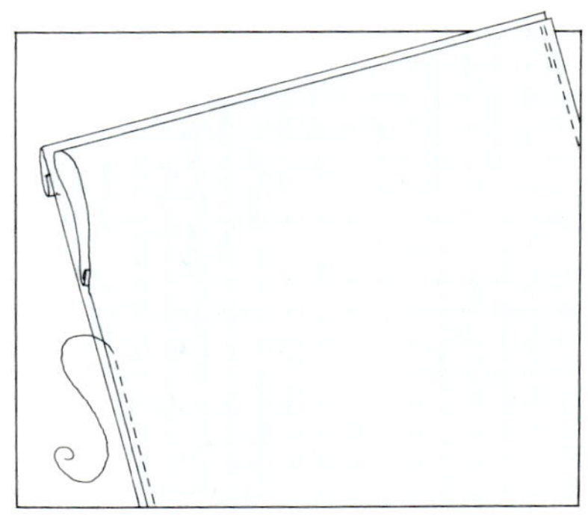

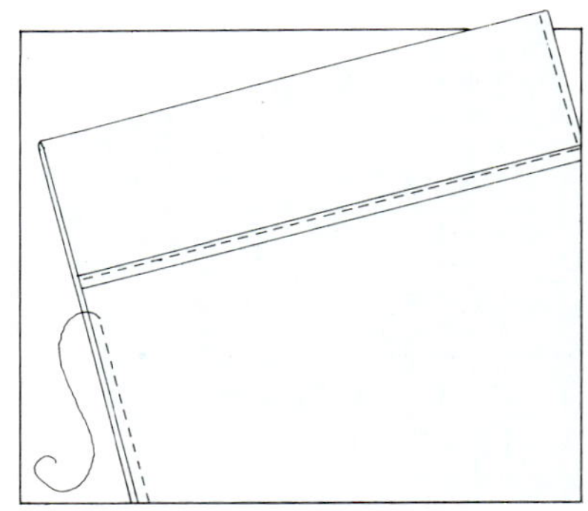

Legen Sie nun für den Überschlag die gesäumte schmale Kante links auf links 15 cm um und stecken Sie sie fest. Falten Sie das Stoffstück links auf links auf die Hälfte, so daß die breitgesäumte Kante und die Bruchkante des Überschlags aufeinanderliegen.

Stecken Sie die Seiten zusammen, steppen Sie sie in 1 cm Abstand zu den Kanten und schneiden Sie diese bis dicht an die Naht ab. Drehen Sie den Bezug nach links, so daß der Überschlag die breitgesäumte Kante überdeckt. Bügeln Sie den Bezug, steppen Sie die Seiten zur Vervollständigung der französischen Nähte in 1 cm Abstand zur Kante. Wenden Sie die Hülle zum Schluß wieder nach rechts und bügeln Sie sie aus.

***Anfertigung eines Kissenbezugs mit glatter Zierkante***

Schneiden Sie eine Kissenplatte von 103 x 78 cm; eine Kissenrückseite von 79 x 54 cm und einen Streifen für den Überschlag von 54 x 20 cm. Schlagen Sie für die Zierkante rings um die Kissenplatte erst 2, dann 6 cm ein, bügeln Sie beide Einschläge und falten Sie sie wieder auseinander.

Ecken folgendermaßen schräg arbeiten: Markieren Sie, von der Ecke ausgehend, beide Stoffkanten in 14 cm Abstand zur Ecke mit je einer Stecknadel und ziehen Sie zwischen den Markierungspunkten auf der linken Stoffseite mit Schneiderkreide eine Gerade. Legen Sie die Ecke rechts auf rechts so um, daß die Kanten gerade verlaufen und die Markierungsnadeln auf gleicher Höhe stecken und steppen Sie längs der eingezeichneten Kreidelinie von der inneren zur äußeren Bruchkante. Schneiden Sie den Stoff bis dicht an die Naht ab und bügeln Sie diese aus. Arbeiten Sie die übrigen Ecken ebenso, drehen Sie dann die rechte Seite der Zierkante nach außen, schlagen Sie ihre Schnittkanten längs der Bruchkanten ein und bügeln Sie sie aus.

Nun an einer der Längskanten des Überschlags 1 cm breiten Doppelsaum umlegen und steppen, dann den Überschlag links auf links auf die Kissenplatte legen. Schnittkante des Überschlags 2 cm unter die Zierkante schieben, feststecken, Kante so steppen, daß die Längsseite des Überschlags mit erfaßt wird.

An einer der kurzen Kanten der Bezugsrückseite erst 1 cm, dann 3 cm einschlagen und steppen, die Bezugsrückseite links auf links so auf die Platte legen, daß die gesäumte Kante der Rückseite auf die Steppkante des Überschlags trifft. Die Schnittkanten der Bezugsrückseite unter die eingeschlagene Zierkante schieben und feststecken.

An den Enden der bereits gesteppten Zierkantenseite beginnend und endend so um die drei übrigen Seiten der Zierkante steppen, daß sich die Stepplinie um alle vier Seiten fortzusetzen scheint.

### *Anfertigung von Volants*

Gewöhnlich sind Volants an einer unter der Matratze über den Bettrahmen gelegten Stoffplatte befestigt, doch können Sie auch an einem Schutzbezug angebracht werden, was das Abnehmen zur Wäsche erleichtert.

### *Anfertigung eines über den Bettrahmen gehängten Volants*

Nehmen Sie die Matratze heraus und messen Sie die Länge und Breite des Bettgestells aus. Geben Sie zu beiden Maßen 4 cm zu und schneiden Sie ein Stück Stoff von entsprechender Größe zu, nähen Sie, wenn nötig, mehrere Bahnen zusammen. Die Höhe des Volants errechnet sich aus dem Abstand von der oberen Rahmenkante bis zum Fußboden plus 7 cm Zugabe für Nähte und Säume, seine Länge entspricht der vierfachen Länge plus der doppelten Breite des Bettrahmens. Schneiden Sie der Breite nach so viele Stoffstreifen zu, wie Sie für die Länge des Volants benötigen und steppen Sie sie mit französischer Naht zu einem langen, fortlaufenden Band aneinander.

Runden Sie an der Stoffplatte, an der der Volant befestigt werden soll, die vier Ecken ab: Legen Sie dazu eine Untertasse auf die Ecke, zeichnen Sie ihren Umriß mit Schneiderkreide nach und schneiden Sie die Ecke der Kreidelinie folgend rund zu.

Teilen Sie nun mit Hilfe von Stecknadeln den Volantstreifen in drei Abschnitte für die Seiten- und die Vorderkante ein (jeder Abschnitt muß die doppelte Länge der Seite aufweisen, für die er bestimmt ist). Kräuseln Sie die Abschnitte separat durch zwei Reihen Kräuselstiche längs der Kante.

Stecken Sie nun den gekräuselten Streifen so rechts auf rechts an die untere und die seitlichen Kanten der Stoffplatte, daß die zur Markierung eingesteckten Nadeln auf die Ecken der unteren Kante treffen und ziehen Sie die Kräuselfäden an. Steppen Sie den Volant in 2 cm Abstand zur Kante an, kürzen Sie die Kanten und versäubern Sie sie mit Zickzackstichen.

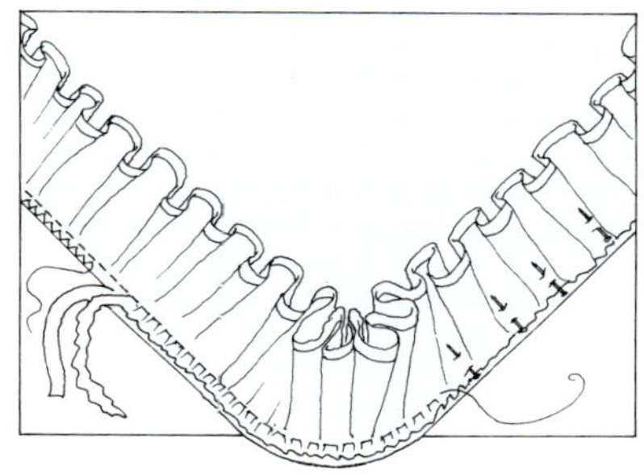

Zum Schluß am oberen Ende der Stoffplatte und an den Schnittkanten der beiden Volantenden einen 1 cm breiten Doppelsaum einschlagen und steppen. Ebenso rings um die Unterkante einen 2,5 cm breiten Doppelsaum steppen.

### *Anfertigung eines Schutzbezugs mit Volant*

Länge und Breite der Matratze messen, zu jedem Maß die doppelte Matratzenhöhe plus 4 cm Zugabe hinzurechnen. Stoff für den Schutzbezug in dieser Größe zuschneiden. Für den Volant Abstand von der Unterkante der Matratze bis zum Fußboden messen und 7 cm für Saum und Zugaben dazurechnen. Längs des Volants wie im vorigen Beispiel (siehe links) ermitteln, 60 cm zugeben, die entsprechende Anzahl von Streifen der Breite nach zuschneiden und mit französischer Naht zu einem fortlaufenden Band aneinandernähen. An den kurzen Kanten 1 cm breiten Doppelsaum umlegen und steppen.

An den vier Ecken folgendermaßen verfahren: Von der Ecke ausgehend nach beiden Richtungen Matratzenhöhe plus 2 cm abmessen und mit Stecknadeln markieren. An den Markierungspunkten mit Hilfe eines Winkelmaßes im rechten Winkel zur Kante mit Schneiderkreide eine Linie ziehen, dann den Stoff links auf links diagonal von der Ecke bis zum Schnittpunkt der Kreidelinie falten, so daß die Markierungsnadeln aufeinandertreffen. Der Kreidelinie entlang steppen, Ecke bis dicht an die Naht abschneiden, erneut, diesmal rechts auf rechts, falten und die französische Naht durch eine 1 cm von der gefalteten Kante entfernte Stepplinie vollenden.

Den Volant kräuseln und wie im vorigen Beispiel um den Schutzbezug stecken, doch in diesem Fall auch am Kopfende 15 cm um die Ecken nach innen fortfahren. Volant ansteppen, Kanten abschneiden und den Bezug wie im vorigen Beispiel beschrieben fertigstellen. An der

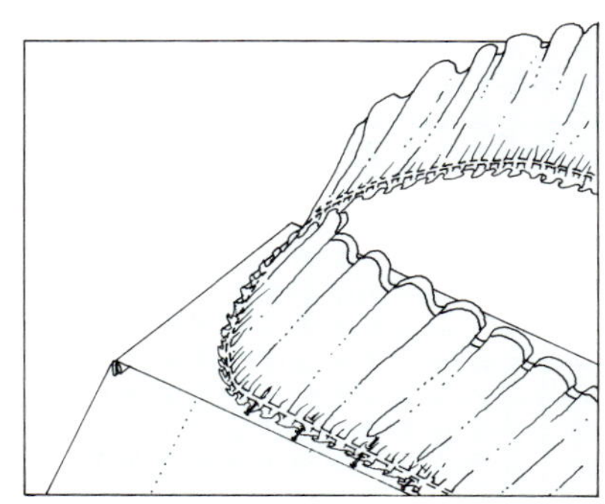

noch verbliebenen hinteren Schnittkante des Bezugs 1 cm breiten Doppelsaum einschlagen und steppen. Den Volant wie im vorigen Beispiel einsäumen.

# Anfertigung von Tischwäsche

*Eßtischdecken lassen sich praktisch aus jedem waschbaren Stoff von Seersucker bis Damast anfertigen und sollten ringsum etwa 20 cm weit über die Tischkante herunterhängen. Runde Tische, heute beliebte Wohnzimmermöbel, die an die Stelle der früheren Beistell- oder Lampentische getreten sind, werden gewöhnlich mit einer bodenlangen Decke aus Dekorationsstoff belegt, über die man eine quadratische Decke aus wesentlich leichterem Material breitet. Servietten werden immer aus waschbarem Material – vorzugsweise Baumwolle – gefertigt und können mit einfachen Mitteln wie Hohlsaum, einer abstechenden Kante, einem Spitzenbesatz oder einer Fransenborte verziert oder auch bestickt werden.*

**Stoffbahnen aneinandernähen**

Bei Tischdecken für große Tische müssen gelegentlich mehrere Stoffbahnen aneinandergenäht werden. Schneiden Sie zwei Bahnen von der erforderlichen Länge zu, falten Sie die eine so zusammen, daß die Webkanten aufeinanderliegen und schneiden Sie sie längs der Bruchkante auseinander. Legen Sie nun auf jeder Seite der ganzen Bahn eine halbe rechts auf rechts und Webkante auf Webkante auf, nähen Sie die drei Stücke mit Kappnaht (siehe Seite 220).

*In diesem gemütlichen Wohnzimmer bilden die runden Tische einen wesentlichen Bestandteil des symmetrischen Dekorationskonzepts. Über die bodenlangen, runden Tischdecken sind quadratische mit sternförmig herabhängenden Ecken gebreitet. Beachtung verdienen auch die aus demselben Material gearbeiteten Polsterrollen der Couch und der Hocker mit seinem Kelimbezug in den gleichen kräftigen, rassigen Farben.*

## *Anfertigung von Tischdecken*

Wählen Sie, um Zwischennähte zu vermeiden, möglichst breite Stoffe. Müssen bei einer Decke für einen großen Tisch dennoch Bahnen aneinandergenäht werden, nimmt man eine ganze Bahn in die Mitte und Halb- oder Teilbahnen an die Seiten und bringt bei einem rechteckigen Tisch die Nähte nach Möglichkeit so an, daß sie an den Kanten verlaufen.

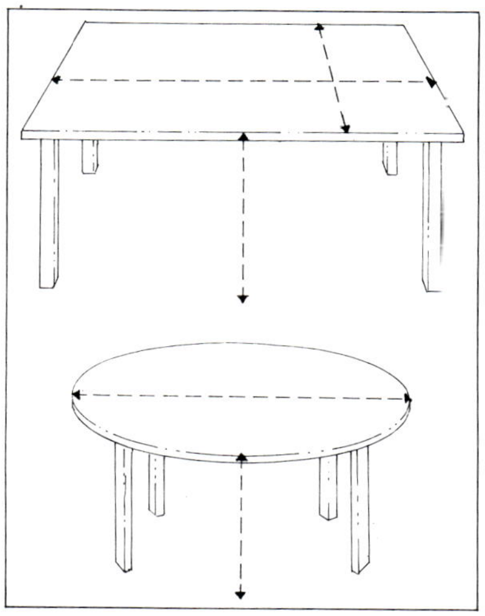

## *Quadratische oder rechteckige Tischdecken*

Länge und Breite der Tischplatte messen, zu jedem Maß 40 cm für den Überhang und 8 cm für die Säume zugeben; Stoff in dieser Größe zuschneiden. Kanten zunächst 1 cm, dann 3 cm umlegen, Einschläge bügeln, Ecken säuberlich schräg verarbeiten und mit der Maschine steppen.

## *Runde Tischdecken*

Durchmesser der Tischplatte messen, 40 cm für den Überhang und 4 cm für die Säume zugeben. Kreisrundes Stoffstück dieses Durchmessers zuschneiden (siehe Seite 220). In 2 cm Abstand zur Kante rings um das Tischtuch eine Linie steppen, dann den Saum entlang dieser Stepplinie umlegen und bügeln; die Schnittkante 5 mm einschlagen, stecken, heften und steppen.

## *Bodenlange runde Tischdecken*

Diese aus Dekorationsstoffen angefertigten Tischdecken werden häufig des üppigeren Faltenwurfs wegen mit Futter und Zwischenfutter gearbeitet und am Saum mit Bordüren oder schweren Fransenborten besetzt.

Höhe und Durchmesser des Tisches messen, zum Durchmesser die doppelte Höhe plus 4 cm Saumzugabe hinzurechnen. Kreisrundes Stück von diesem Gesamtdurchmesser aus Oberstoff, Futterstoff und Zwischenfuttermaterial ausschneiden, dazu, wenn nötig, mehrere Bahnen aneinandersetzen.

Zwischenfutter an der Kante 2 cm kürzen, dann Mitte auf Mitte auf die linke Seite des Oberstoffs legen und längs der Mittellinie sowie gegebenenfalls an den Nahtlinien an den Oberstoff anstaffieren (siehe Seite 172); die beiden Stücke rings um die Kante des Zwischenfutters zusammenheften.

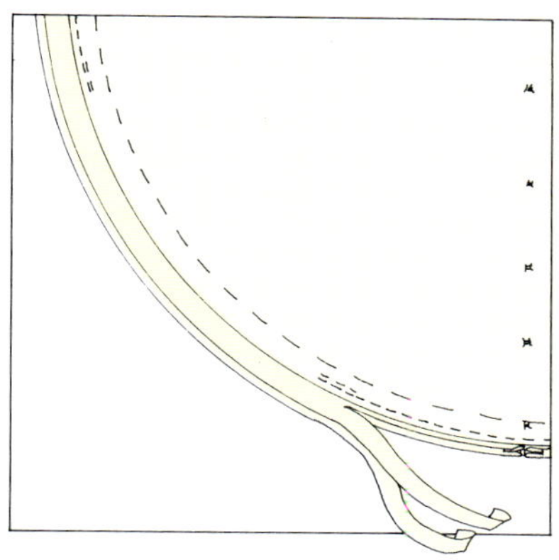

Futter und Oberstoff rechts auf rechts und Naht auf Naht aufeinanderlegen, heften und in 2 cm Abstand zur Kante ringsum steppen, dabei einen Schlitz offenlassen. Dann Nahtzugabe abschneiden und nach rechts drehen. Schnittkanten des Schlitzes auf Höhe der Saumkante einschlagen und mit Fallstich aneinandernähen.

Um die drei Stofflagen zusammenzuhalten, Futter entlang den Nahtlinien an Zwischenfutter und Oberstoff nähen. Falls gewünscht, Bordüre oder Fransen-

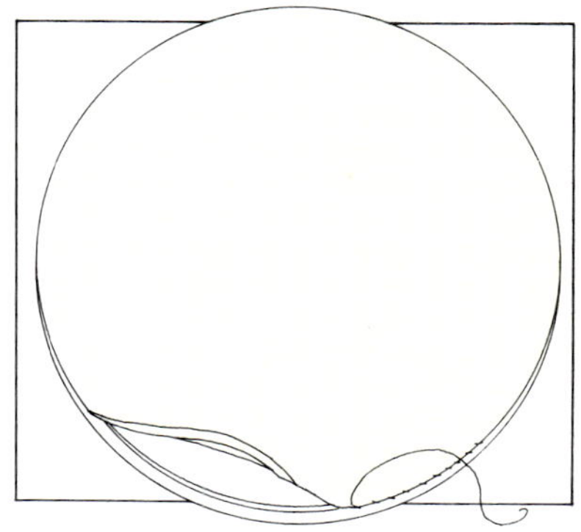

borte von Hand oder mit der Maschine um den Saum nähen, dabei die Schnittkanten sauber einschlagen.

## *Anfertigung von Servietten*

Während für den Frühstücks- und Teetisch 20 x 20 cm große Servietten genügen, sollte man sie für die Hauptmahlzeit großzügiger, etwa 40–50 cm im Quadrat, halten.

Schneiden Sie den Stoff in der entsprechenden Größe mit 3,5 cm Nahtzugabe ringsum zu, legen Sie an den Kanten erst 5 mm, dann 3 cm um, bügeln Sie die Einschläge, arbeiten Sie die Ecken schräg wie bei der rechteckigen Tischdecke und steppen Sie zum Schluß den Saum ringsum fest.

### *Kreative Gestaltungsideen*

❍ *Verwandlungsvorschlag für einen Säulentisch: Bedecken Sie die Platte mit einem Tuch, das Sie unterhalb mit einer quastenbesetzten Kordel zusammenschnüren, ergibt sich eine bauschige Stundenglasform.*

❍ *Handgestickte Monogramme geben einfarbiger Tischwäsche einen Hauch von Noblesse. Besorgen Sie sich in einem Handarbeitsgeschäft eine Vorlage zum Aufbügeln oder entwerfen Sie ihr Monogramm selbst.*

❍ *Abstechende Kanten wirken an Tischdecken und Servietten ausgesprochen kultiviert.*

❍ *Nehmen Sie sich vor einer festlichen Einladung die Zeit, Ihre Tischwäsche zu stärken – Sie werden sich durch die knisternde Frische für Ihre zusätzliche Mühe belohnt fühlen.*

❍ *Ein kleiner Patchwork-Quilt ergibt eine hübsche, rustikale Tischdecke und schützt durch seine Wattierung die Platte vor Abnutzung und Kratzern.*

❍ *Breiten Sie zu besonders festlichen Anlässen über das Tischtuch eine zarte Überdecke und raffen Sie ihre Kante in regelmäßigen Abständen durch Einziehen eines Kräuselfadens bogenförmig hoch.*

❍ *Decken für runde Tische wirken besonders opulent, wenn man sie überlang schneidet und den Saum als dicken Wulst wattiert.*

❍ *Damit bei Mahlzeiten im Freien der Wind die Tischdecke nicht wegbläst, dreieckige Säckchen über die Ecken nähen und mit Kieselsteinen füllen.*

VERGLEICHE AUCH DIE SEITEN:
STOFFE FÜR HAUSHALTSWÄSCHE 214
NÄHANLEITUNGEN 220

# NÄHANLEITUNGEN

***Nähte***

**Einfache Naht**

Diese simpelste Form einer Naht dient zum Aneinandernähen von Stoffbahnen und kann durch Auszacken oder Umnähen der Schnittkanten mit Zickzackstich versäubert werden.

Die beiden Stoffstücke rechts auf rechts und Schnittkante auf Schnittkante übereinanderlegen, stecken und, falls nötig, innerhalb der vorgesehenen Nahtlinie heften. Diese – normalerweise in 1,5–2 cm Abstand zu den Schnittkanten – steppen, an beiden Enden zur Befestigung ein paar Rückstiche machen. Stecknadeln und Heftfäden entfernen und die Naht ausbügeln.

**Französische Naht**

Diese Naht, bei der die Schnittkanten verdeckt werden, so daß der Stoff nicht

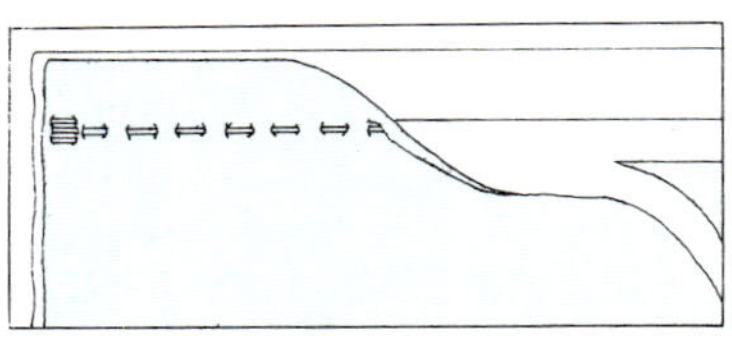

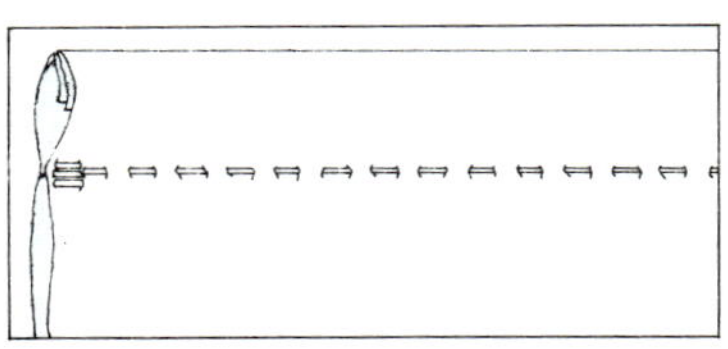

ausfransen kann, empfiehlt sich vor allem bei leichten Stoffen.

Die beiden Stoffstücke links auf links und Schnittkante auf Schnittkante übereinanderlegen und stecken. In 5 mm Abstand zu den Schnittkanten steppen, die Naht flach ausbügeln und die Zugabe auf 3 mm kürzen. Dann wenden, so daß die Stoffstücke mit den Oberseiten aufeinanderliegen und in 1 cm Abstand zur Kante steppen.

**Kappnaht**

Diese Naht, bei der die Schnittkanten gleichfalls verdeckt sind, und eine dop-

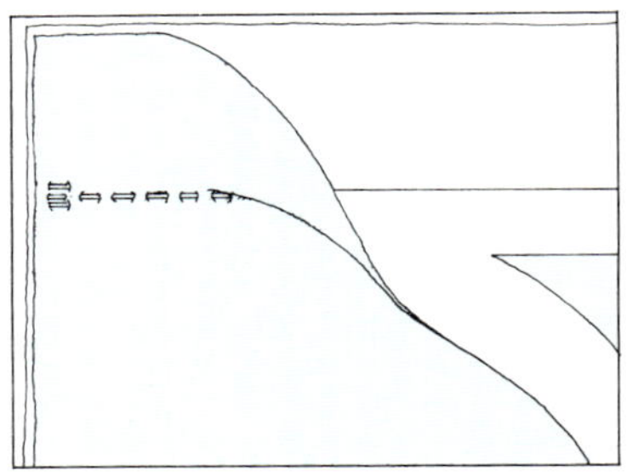

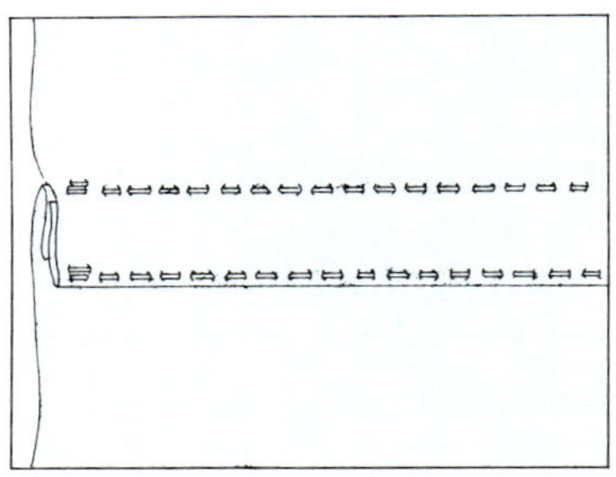

pelte Stichreihe für zusätzliche Haltbarkeit sorgt, bewährt sich besonders an doppelseitig sichtbaren oder häufigem Waschen ausgesetzten Stoffen.

Die beiden Stoffstücke rechts auf rechts aufeinanderlegen und mit einfacher Naht zusammensteppen. Am einen Stück die Nahtzugabe auf 5 mm kürzen, dann die Bahnen auseinanderfalten und die breitere Nahtzugabe über die schmälere bügeln.

Die Schnittkante des breiteren Umschlags nach innen umlegen, flach über die Naht mit der gekürzten anderen Kante stecken und den Einschlag dicht an der Bruchkante steppen.

***Nähtechniken von Hand***

**Heftstich**

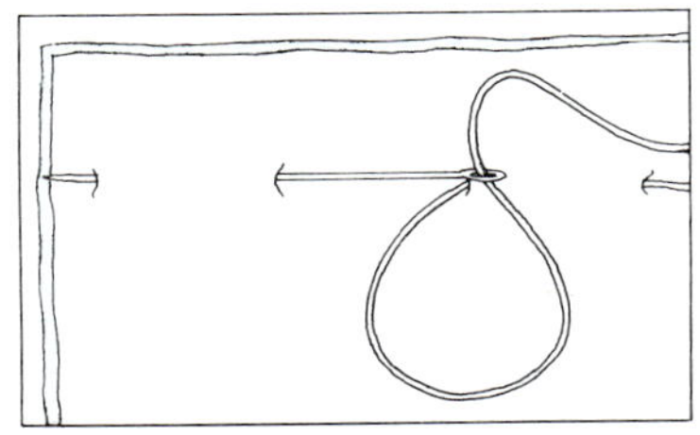

Langer Stich, mit dem mehrere Stofflagen vor dem Steppen zusammengeheftet werden. Verwenden Sie Heftfaden von abstechender Farbe – das erleichtert anschließend seine Entfernung.

Machen Sie ins Fadenende einen Knoten und nähen Sie die Stofflagen mit ca. 1,5–2 cm langen Stichen knapp innerhalb der vorgesehenen Stepplinie zusammen. Stiche und Zwischenräume sollten gleich lang sein. Machen Sie zum Abschluß wieder einen Knoten in den Faden; so brauchen Sie dann, um ihn zu entfernen, nur einen der Knoten abzuschneiden und ihn am anderen herauszuziehen.

**Fallstich**

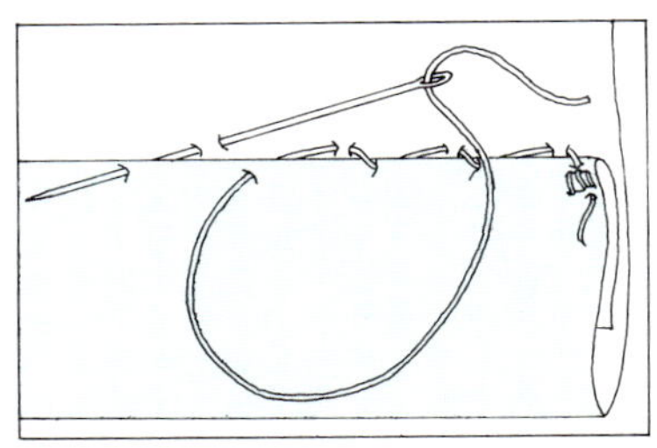

Dieser Stich dient dazu, zwei eingeschlagene Kanten zu verbinden oder eine eingeschlagene Kante an den Stoff anzunähen.

Nadel durch die Kante des Einschlags stechen, herausziehen, ein paar Fäden des anstoßenden Stoffs aufnehmen und den Faden durchziehen. Wieder einen kleinen Stich durch die Stoffkante machen, Nadel herausziehen und zum nächsten Stich ansetzen.

**Kräuselstich**

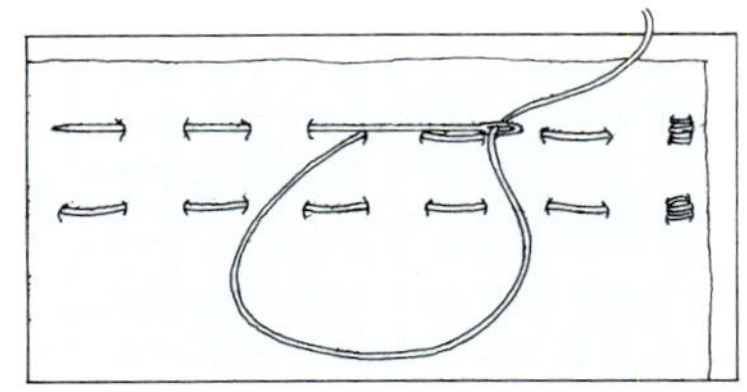

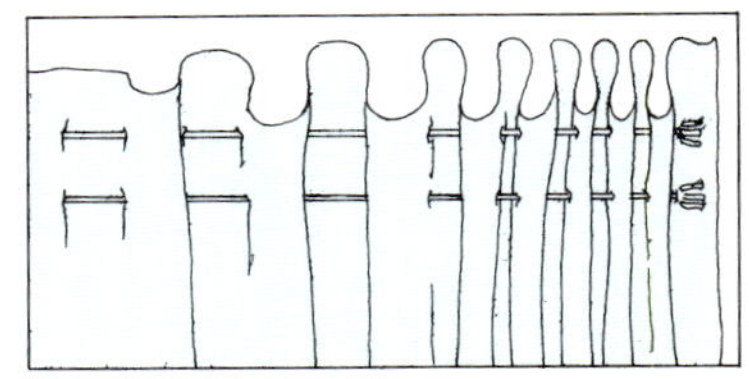

Mit diesem Stich, der von Hand oder mit der Maschine ausgeführt werden kann, lassen sich Kanten kräuseln und Stoffe um Rundungen legen. Sollen lange Partien wie zum Beispiel ein Volant um ein Bettgestell gekräuselt werden, zieht man statt eines einzigen langen besser mehrere kürzere Kräuselfäden ein.

**Kräuseln von Hand.** Faden mit ein paar Rückstichen befestigen, dann durch Ein- und Ausstechen kleine Stiche und ebenso lange Zwischenräume im Wechsel aneinanderreihen. Zwei parallele Kräuselstichreihen, die eine diesseits, die andere jenseits der Naht, einziehen; beide Kräuselfäden gleichzeitig behutsam mit der einen Hand anziehen, während man mit der anderen den Stoff zusammenschiebt. Am Ende der Kräusellinie Stecknadel im rechten Winkel zur Stoffkante einstecken und die Kräuselfäden in Form einer Acht um die Nadel wickeln und so fixieren.

**Kräuseln mit der Maschine.** Langen, etwas lockereren Stich einstellen und beidseits der Nahtlinie je eine Stichreihe steppen. Am einen Ende Fäden miteinander verknoten und den Stoff durch Anziehen der Fäden auf der Unterseite kräuseln. Kräuselfalten gleichmäßig verteilen und Fäden an Stecknadel fixieren. Kräuselfäden nach dem Steppen entfernen, indem man ihre verknoteten Enden abschneidet und sie herauszieht.

**Hohlsaumstich.** Der gewöhnliche Saumstich empfiehlt sich bei leichten Stoffen, während man bei schweren besser mit Hexenstich arbeitet.

Fadenende knoten und den Faden so in den Saum einziehen, daß der Knoten im Einschlag verschwindet. Nadel durch die umgeschlagene Oberkante des Saums stechen, mit der Spitze ein paar Fäden des unmittelbar an die Kante anstoßenden Stoffs fassen, dann die Nadel erneut durch den Saum stechen und so fortfahren. Die Stiche sollten auf der rechten Seite praktisch unsichtbar sein.

**Hexenstich**

Beim Hexenstich, bei dem man von links nach rechts arbeitet, wird zunächst der Faden mit ein paar Stichen am Saum befestigt und anschließend ein larger Schrägstich von links unten nach rechts oben gemacht, bei dem man die Nadel ca. 5 mm oberhalb der Saumkante einsticht, ein Stückchen weiter links wieder herauszieht, den nächsten Schrägstich,

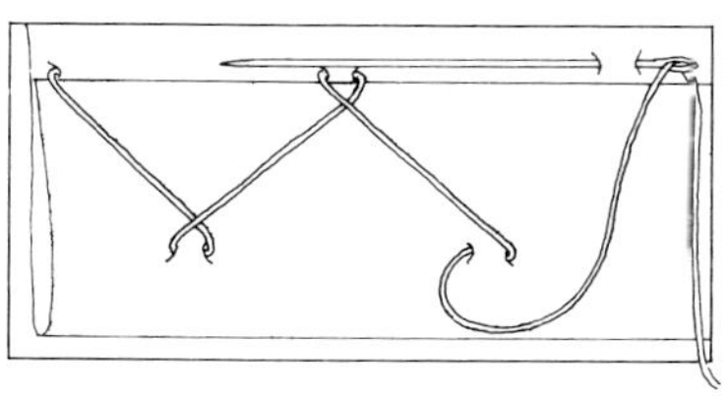

diesmal von links oben nach rechts unten macht, dabei den ersten überkreuzt und die Nadel in den Saum einsticht. Dann zieht man sie ein Stückchen weiter links wieder heraus und fährt in der beschriebenen Weise fort.

**Staffierstich**

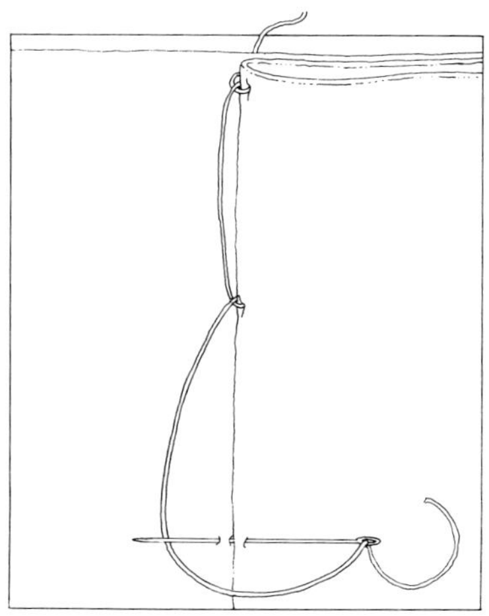

Von diesem Stich macht man unter anderem Gebrauch, um ein Zwischenfutter auf die linke Seite eines Vorhangs zu nähen.

Den Vorhang mit der rechten Seite nach unten ausbreiten und das Zwischenfutter auflegen. Die beiden Stofflagen längs der Mittellinie zusammenstecken, dann das Zwischenfutter bis zur gesteckten Linie zurückschlagen. Einen zum Vorhangstoff passenden Faden wählen und an der Oberkante mit dem Staffieren beginnen. Dabei Faden zunächst mit einem Knoten versehen und am Zwischenfutter befestigen, dann senkrecht zur Umschlagkante mit kurzem Stich einige Fäden des Zwischenfutters und des Oberstoffs aufnehmen. Ca. 7,5 cm unterhalb des ersten Stichs den nächsten anbringen, dabei die Nadel über den Faden führen. In dieser Weise die ganze Kante mit lockeren Stichen anstaffieren und zum Schluß den Faden mit ein paar kleinen Stichen vernähen.

***Ein kreisrundes Stoffstück zuschneiden***

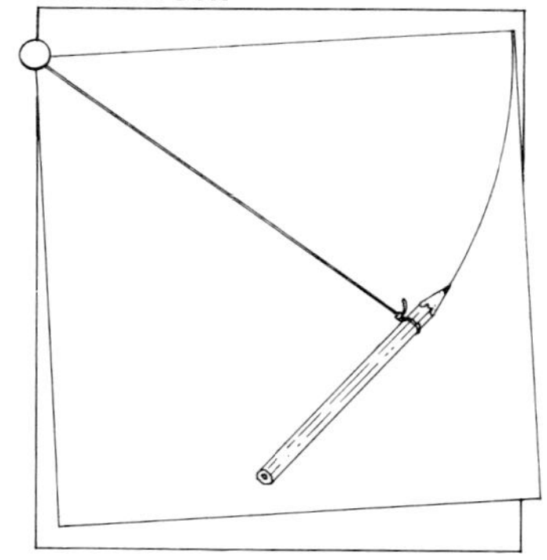

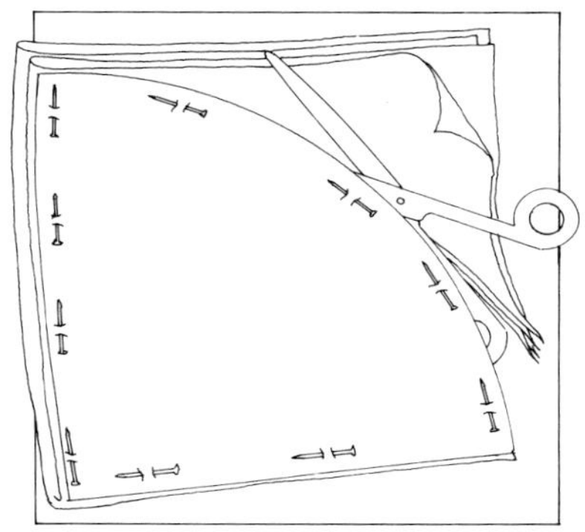

Kreisrunde Stoffstücke lassen sich in jeder beliebigen Größe auf folgende Weise zuschneiden: Man nimmt ein quadratisches Stück Stoff, dessen Seiten etwas länger als der Durchmesser des geplanten Kreises sind und faltet es doppelt zusammen, so daß seine Kanten und ggf. Nähte exakt aufeinanderliegen. Dann befestigt man ein Stück Bindfaden mit dem einen Ende an einem Reißnagel und mit dem anderen dicht unterhalb der Spitze eines weichen Bleistifts, wobei der Abstand zwischen Reißnagel und Stift dem Radius (halben Durchmesser) des Kreises entsprechen muß. Den Reißnagel nun an der Ecke, die den Mittelpunkt der Doppelfaltung bildet, in den Stoff drücken und mit gespanntem Bindfaden Viertelkreis ziehen. Stoff zusammengefaltet lassen, Viertelkreis der Bleistiftlinie folgend ausschneiden und auffalten.

***Eine Ecke schräg verarbeiten***

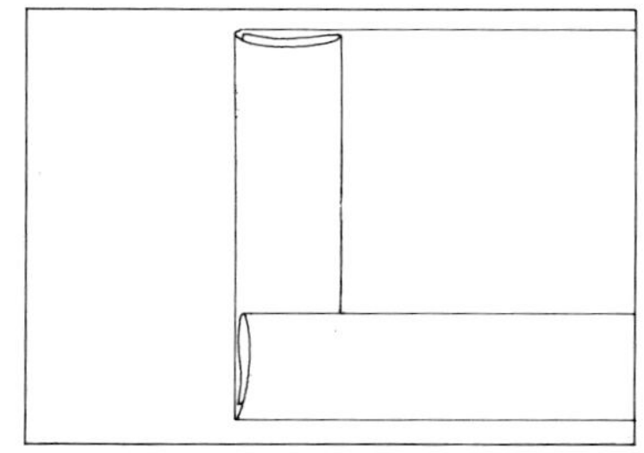

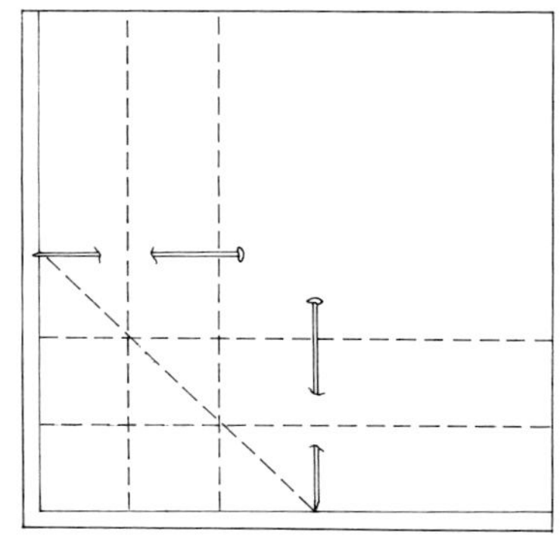

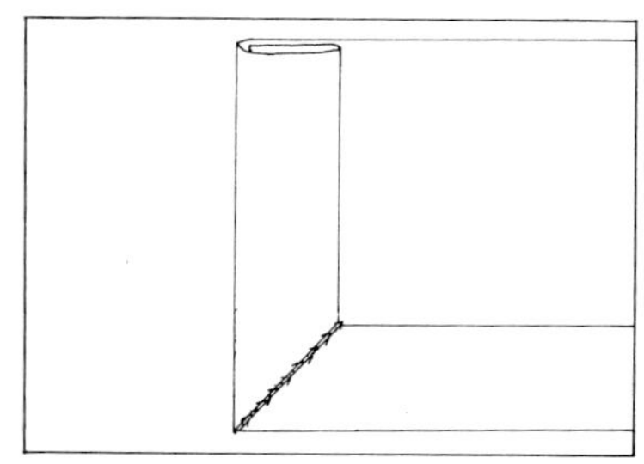

Um einen Vorhang oder eine Tischdecke korrekt einzusäumen, müssen die Ecken schräg verarbeitet werden.

An den Seitenkanten und an der Unterkante des Vorhangs Doppelsaum einschlagen und bügeln. Auffalten; an der unteren Schnittkante den Punkt, an dem die Innenkante des Seitensaums auftrifft und an der seitlichen Schnittkante den Punkt, an dem die Innenkante des unteren Saums auftrifft, mit Stecknadel markieren. Ecke diagonal von Nadel zu Nadel umlegen, Kante falzen. Säume erneut so einschlagen, daß ihre Bruchkanten an der Ecke diagonal aufeinandertreffen; diese Kanten mit Fallstich aneinandernähen.

WALTER WARSOP
STROKE-MASTER

# DER LETZTE SCHLIFF

*Der letzte Schliff, den wir unserem Heim geben – durch Bilder, Spiegel, Wandverkleidungen, Ansammlungen von Objekten und Blumen – ist ironischerweise häufig das erste, was wahrgenommen wird. Diese Dinge ermöglichen uns, etwas über uns selbst auszusagen, über unsere Vorlieben und unseren Geschmack, und gleichzeitig sind es diejenigen Bestandteile der Innendekoration, bei denen wir unseren kreativen Fähigkeiten freien Lauf lassen können. Hier bedrängt uns kein Budget – hier sind Phantasie, Persönlichkeit und künstlerische Begabung gefragt.*

*Beleuchtung und Stauraum sind zwar wesentliche Bestandteile eines Raumes, aber über sie wird im allgemeinen erst dann entschieden, wenn man sich entschlossen hat, wie der Raum genutzt werden soll und wo und all die Möbel untergebracht werden sollen.*

*Die Art der Beleuchtung beeinflußt die Atmosphäre eines Raumes, sie kann wesentlich dazu beitragen, verschiedene Stimmungen zu kreieren. Die Arbeitsbeleuchtung und die Hintergrundbeleuchtung müssen je nach Nutzung des Raumes geplant werden: ihr maßstabgetreuer Grundriß wird Ihnen helfen, die Plazierung von Schaltern und Steckdosen festzulegen.*

*Es gibt vielerlei Möglichkeiten, für alles, was den Blicken entzogen werden soll, Stauraum zu schaffen. Es bietet sich an, alle vorhandenen architektonischen Gegebenheiten zu nutzen und Nischen für Einbauschränke und -regale zu nutzen. Aber auch freistehende Möbel wie Truhen, Kleiderschränke und sonstige Schränke bieten Stauraum. Ein Mix aus freistehenden Stücken und Einbaumöbeln ergibt ein sehr flexibles Stauraumsystem.*

LINKS: *Die Diele des Hauses wirkt besonders einladend durch das Arrangement frischer Gartenblumen und die künstlerisch arrangierte Wanddekoration. Die Uhr mit der originellen Aufhängung und der dekorative Porzellanteller werden von symmetrisch gehängten Graphiken umrahmt. Der Schirmständer beherbergt neben Sportgeräten auch Schirme.*

RECHTS: *Machen Sie aus Ihren Vorräten eine Schau. Eingemachte Früchte in schmalen, hohen Gläsern auf einem Küchenregal ausgestellt, sind eine originelle, bunte Dekoration.*

# DIE BELEUCHTUNG PLANEN

*Elektrischer Strom gehört, ebenso wie Wasser und Gas, zu den wichtigsten Dienstleistungen, die man beim Planen eines Raumkonzepts von Anfang an berücksichtigen muß. Die elektrischen Leitungen müssen so verlegt werden, daß die Steckdosen und Schalter an den richtigen Stellen sitzen und daß die diversen Oberflächen möglichst wirksam beleuchtet werden können – je nach Nutzung des Raumes oder der einzelnen Bereiche. Aber Beleuchtung ist viel mehr als eine nützliche Versorgung, die es uns ermöglicht, nach Einbruch der Dunkelheit sehen zu können. Sie trägt viel zur Stimmung und Atmosphäre eines Raumes bei, sie ermöglicht uns, zu entspannen, Gäste zu bewirten oder zu arbeiten. Mit Hilfe von Beleuchtungstricks lassen sich Form und Proportionen eines Raumes verbessern, interessante Aspekte des Raumes effektvoll beleuchten oder häßliche Aspekte kaschieren.*

***Beleuchtungsarten***

Es gibt zwei Hauptkategorien, die funktionale Beleuchtung und die dekorative Beleuchtung. Die funktionale Beleuchtung richtet sich nach der Nutzung des Raumes. Sie ist unaufdringlich und wird nach der Qualität des Lichtes ausgewählt, nicht nach dem Typ des Beleuchtungskörpers; sie wird häufig in Wände oder Decken eingelassen (Deckenstrahler und Wandleuchten); in die Wand eingelassene oder freistehende Deckenfluter; einzelne Spots; an Schienen befestigte Spots oder Strahler); als Akzentbeleuchtung wird sie in Möbel oder Geräte integriert (von einer Leiste oder einem Hängeschrank verdeckt; als Teil einer Dunstabzugshaube; in Form von Leuchtröhren in Schränken).

Dekorative Beleuchtung ist gewöhnlich Teil des Dekorationskonzepts – der Beleuchtungskörper wird nicht verdeckt, er wird passend zum Stil der Ausstattung gewählt (Tischlampen, Stehlampen, Wandleuchten, Hängeleuchten und Kronleuchter). Es gibt viele Formen von schweren, schwarzen, eisernen Wandleuchten im gotischen Geschmack und von mehrarmigen, elektrifizierten Kerzenleuchtern bis zu graziösen Art-Déco-Tischlampen und -Wandleuchten.

***Beleuchtungseffekte***

Künstliche Beleuchtung kann das Aussehen einer Farbe wesentlich verändern. Daher sollte im Idealfall die Beleuch-

*Es gibt drei Beleuchtungsarten: Hintergrundbeleuchtung, Arbeitsbeleuchtung und dekorative Beleuchtung. Die meisten Räume benötigen zwei, wenn nicht alle drei Beleuchtungsarten, möglichst mit separaten Stromkreisen zur besseren Kontrolle. Die Hintergrundbeleuchtung in dem abgebildeten Wohnbereich liefert der Kronleuchter in der Mitte, und im Eßbereich die Deckenstrahler. Arbeitsbeleuchtung – wie hier zum Lesen – liefern die Tischlampen und die Spots über dem Eßtisch; die Bilder werden von speziellen Bilderleuchten angestrahlt.*

tung installiert werden, bevor das Dekorationskonzept endgültig ist, damit man die geplanten Stoffe, Malerfarben und Teppiche bei künstlicher Beleuchtung ausprobieren kann, bevor man sie kauft.

### *Einen Raum beleuchten*

Die meisten Räume erfordern einen flexiblen Beleuchtungsplan, die Beleuchtung muß sich nach der Nutzung des Raumes, der Plazierung der Möbel und der Einrichtungsgegenstände richten. Das bedeutet, daß in den meisten Fällen verschiedene Lichtquellen erforderlich sind. Ihre Positionen sollte man in einem möglichst frühen Stadium festlegen, so daß strukturelle Arbeiten – wie Vertiefungen für Deckenstrahler vorbereiten oder elektrische Leitungen unter Putz verlegen – vor Beginn der Dekorationsarbeiten erledigt werden können.

Planen Sie immer für maximalen Bedarf – sorgen Sie für genügend Lichtanschlüsse und lassen Sie getrennte Leitungen verlegen. Installieren Sie doppelt so viele Steckdosen wie Sie anfangs kalkuliert haben, und zwar Doppelsteckdosen, so daß das Verlegen elektrischer Leitungen gleich zu Anfang abgeschlossen ist.

**Hintergrundbeleuchtung** leuchtet den ganzen Raum aus, so daß man sich sicher im Raum bewegen kann, ihn putzen kann usw. Für die Hintergrundbeleuchtung verwendet man Deckenleuchten, Wandleuchten, in die Decke eingelassene Spots oder Deckenfluter, die sich von der Tür aus ein und ausschalten lassen. Die Helligkeit kann durch Dimmer geregelt werden.

**Arbeitsbeleuchtung** spendet klares, direktes (nicht blendendes) Licht, das die Oberfläche und die Materialien in eine Lichtinsel taucht und so die Erledigung besonderer Aufgaben wie Lesen, Schreiben, Zubereiten von Mahlzeiten, Kochen, Abwaschen, Nähen, Rasieren oder Auftragen von Make-up erleichtert. Arbeitslampen gibt es in großer Vielfalt, sie werden zum Teil für spezielle Zwecke konstruiert – abgeschirmte Kaltlichtröhren oder Leuchtröhren; einzelne, bewegliche Strahler oder Schienen mit mehreren Strahlern, die auf die gewünschten Objekte gerichtet werden können.

**Akzentbeleuchtung** ist eine subtile Beleuchtung, mit der sich architektonische Details oder Dekorationselemente, Pflanzen, Bilder oder ausgestellte Objekte hervorheben lassen. Als Akzentbeleuchtung kann man Strahler, Wandleuchten (besser als die konventionellen Bilderleuchten, weil sie die ganze Fläche beleuchten) und Kaltlichtglühlampen verwenden, die unsichtbar in Nischen, Schränken, unter Schabracken oder Leisten verborgen sind, Deckenfluter (sehr wirkungsvoll für die Beleuchtung von Pflanzen) oder sorgfältig plazierte Deckenstrahler einsetzen. Niedervoltleuchten sind Akzentbeleuchtungen mit eigenem Charakter.

### *Machen Sie sich einen Beleuchtungsplan*

Man kann mit der Planung der Beleuchtung nur klarkommen, wenn man einen separaten Plan macht, auf dem auch die diversen Stromkreise verzeichnet sind; das wird auch dem Elektriker nutzen. Wenn Sie Ihren maßstabgetreuen Grundriß (siehe Seite 36) fertiggestellt haben und sich entschieden haben, wo die Möbel, die Installationen und die Geräte plaziert werden, müssen Sie auch genau angeben, was beleuchtet werden soll. Am besten können Sie beurteilen, ob Ihr Beleuchtungsplan korrekt ist, wenn Sie ihn auf transparentem Papier zeichnen und ihn über Ihren Raumplan legen. Jede Leitung sollte mit einer anderen Farbe gekennzeichnet werden, damit man sehen kann, was von wo beleuchtet werden soll.

❍ Markieren Sie die geplanten Positionen von Decken- und Wandleuchten und aller Steckdosen, die zentral geschaltet werden sollen, genau.

❍ Verbinden Sie alle Lichtquellen, die zusammen geschaltet werden sollen, mit einer Linie in der gleichen Farbe (es kann sich auch um die Hauptlichtquelle handeln), die bis zum Schalter reicht.

❍ Zeichnen Sie weitere Leitungen in anderen Farben ein und markieren Sie die Positionen der Steckdosen in anderen Farben. Sie können Symbole für die diversen Beleuchtungskörper verwenden.

❍ Es ist möglich, mehrere Schalter, deren Funktionen sich überschneiden, in einem Raum anzubringen, aber vielleicht ist es praktischer, wenn man den Hauptschalter mit einem Dimmer versieht und die anderen Lichtquellen auf die gleiche Leitung legt, mit der Möglichkeit, sie einzeln ein- und auszuschalten.

#### Niedervoltbeleuchtung

*Die Vorteile der Niedervoltbeleuchtung bestehen darin, daß das Licht weich und unaufdringlich ist, die Farben nicht verändert und noch direkter auf das Objekt gerichtet werden kann. Das Licht ist physikalisch kalt, daher eignet es sich gut für Schienen mit Strahlern und Arbeitslampen. Bei Niedervoltbeleuchtung braucht man einen Transformator, der die Spannung auf 6, 12 oder 24 Volt senkt; Lampen haben meist 12 Volt, wie eine Autobatterie. Viele Lampen haben einen eingebauten Transformator, ihr Design ist schmal und geradlinig; wenn der Transformator nicht eingebaut ist, muß man ihn mit dem Stromkreis verbinden. Niedervoltbeleuchtung erfordert spezielle Glühlampen, zum Beispiel Tungsten-Halogenlampen, die kleiner sind als herkömmliche Glühbirnen.*

#### Beleuchtungstips

❍ *Wenn Sie Lampen aussuchen, lassen Sie sie sich mit und ohne Licht zeigen, damit Sie die Qualität und die Stärke des Lichtes abschätzen können. Ein farbiger Schirm sieht bei Tage ganz anders aus als mit elektrischer Beleuchtung, wenn das Licht hindurchschimmert.*

❍ *Nehmen Sie stets den Lampenfuß mit, wenn Sie einen Lampenschirm kaufen wollen, um die Proportionen abzustimmen. Wenn das nicht möglich ist, messen Sie den Lampenfuß genau aus und lassen sich außerdem vom Geschäft Umtauschmöglichkeit zusichern.*

❍ *Installieren Sie Wandleuchten niemals zu hoch, sie könnten die Decke versengen und Flecken hinterlassen.*

❍ *Vergewissern Sie sich, daß die Glühbirnen in Wandleuchten oder Tischlampen die richtige Wattzahl haben und den Schirm nicht versengen.*

❍ *Um die Wirkung einzelner Lampen auszuprobieren, können Sie selbst einen Test machen. Mit einer Monteurlampe oder einer Tischlampe mit langer Schnur können Sie die Position von Lampen ausprobieren – vergewissern Sie sich, daß Ihre Testlampe gut isoliert und geerdet ist. Mit einer starken Taschenlampe können Sie die Wirkung von Deckenflutern und Strahlern ausprobieren.*

❍ *Wenn Niedervoltlampen zu einer Leitung mit eingebautem Dimmer gehören, sollten Sie den Dimmer ab und zu voll aufdrehen; sonst könnten die Lampen wolkig werden.*

❍ *Berühren Sie Niedervoltlampen nicht mit den Fingern, Fettrückstände auf dem Glas können dazu führen, daß die Lampen mit der Zeit schwarz werden. Entfernen Sie die Plastikumhüllung erst dann, wenn Sie die Lampe in der Fassung befestigt haben.*

# BELEUCHTUNGSARTEN

*Die Farben, die Materialien und die Texturen, die Sie für die Raumdekoration auswählen, tragen zum Stil und zur Atmosphäre eines Raumes bei, genau wie die Möbel und die Fensterdekorationen. Ein ebenso wichtiger Gestaltungsfaktor für die Atmosphäre eines Raumes ist das Licht, es hilft Ihnen sogar, optische Tricks zustande zu bringen: Sie können die Decke höher oder niedriger erscheinen lassen oder in einem großen Raum eine intime Atmosphäre schaffen.*

Überlegen Sie, was Sie besonders hervorheben möchten – ein interessantes, architektonisches Detail, eine besondere Textur, eine effektvoll präsentierte Ansammlung von Objekten, eine bizarre Pflanze oder eine Skulptur. Entscheiden Sie sich, welche Art von Licht Sie einsetzen wollen, um die beste Wirkung zu erzielen – direktes Licht oder eine in den Schrank, die Nische oder das Regal eingebaute Lichtquelle, strategisch positionierte Deckenfluter oder das weiche Licht von Wandleuchten. Überlegen Sie, ob eine Beleuchtung von der Seite oder von hinten besser wäre, um interessante Schatten an die Decke, die Wand oder auf den Boden zu projizieren.

### *Atmosphärische Beleuchtung*

Es kommt sicherlich häufig vor, daß man durch einen Dreh am Schalter die Atmosphäre eines Raumes verändern möchte; das bedeutet, daß man verschiedene Stromkreise installieren und sie vielleicht sogar mit Dimmern ausstatten müßte. Sein Sie kritisch bei der Wahl der Lampen – funktionale Beleuchtungskörper und moderne Lampen passen nicht unbedingt in einen Raum mit individuell gestaltetem Deckendekor und Wandpaneelen. Derartige architektonische Details sollten allenfalls durch unauffällige Lichtquellen beleuchtet werden. Ein Fries, ein Karnies oder sonstiger plastischer Dekor kann sehr wirkungsvoll mit kleinen Niedervoltspots, die hinter einem Deckenbalken verborgen sind, von unten beleuchtet werden. In die Decke eingelassene Deckenstrahler und sonstige Deckenleuchten lenken die Aufmerksamkeit auf einen Kamin oder eine interessante Wandgestaltung.

Dekorative Beleuchtungskörper – Wandleuchten, Hängeleuchten und sonstige Lampen – können den Stil eines Raumes unterstreichen. Schwarzes Schmiedeeisen oder Grünspan passen in ein mittelalterlich geprägtes Ambiente, in Ausstattungen im Tudor-Stil oder zu viktorianischer Neugotik; glitzernde Kronleuchter unterstreichen ein klassizistisches

*Die Beleuchtung der Diele sollte einladend und funktionell genug sein, daß man die Treppenstufen erkennen kann; man muß sie vom Fuß der Treppe und auch vom Treppenabsatz aus bedienen können. Die Tischlampen werfen einen sanften Schimmer auf den kleinen Tisch und das Blumenarrangement. Wandleuchten, die zum architektonischen Stil des Hauses passen, beleuchten die Treppen ohne zu blenden, wenn man die Treppe benutzt.*

Interieur; elektrifizierte Kerzenhalter als Wandleuchten passen in ein georgianisches Ambiente oder einen Raum im Kolonialstil; elektrifizierte Öl oder Gaslampen passen in viktorianische oder edwardianische Interieurs. Zu den besonders ausgefallenen Beleuchtungskörpern gehören Jugendstillampen aus vielfarbigem Tiffany-Glas, kapriziöse Art-Déco-Lampen und High-Tech-Lampen in raffiniert einfachem Design.

### *Beleuchtungstricks*

Viele Räume sind nicht besonders gut proportioniert; andere sind quadratisch, kastenartig und langweilig; und wieder andere sind düster und traurig. Hier könnte eine raffinierte Beleuchtung einiges verbessern.

Eine Decke wirkt höher und eine schräge Decke wirkt gerade, wenn man Deckenfluter in Form von Stehlampen oder Wandleuchten einsetzt oder eine Beleuchtung hoch an der Wand anbringt, die hinter einem plastischen Fries oder einer Zierleiste verborgen ist, die rund um den Raum läuft. In der Küche kann man die Lichtquelle unsichtbar über den Hängeschränken anbringen, vorausgesetzt, daß der Abstand zur Decke groß genug ist und die Decke nicht versengt wird.

**Wenn der Raum niedriger erscheinen soll,** bringt man die Beleuchtung möglichst fern von der Decke an. Verwenden Sie Tischlampen oder Stehlampen, die Lichtinseln im Raum schaffen und der Fläche, auf der sie stehen, einen warmen Schimmer verleihen.

**Ein langer, schmaler Raum erscheint breiter,** wenn man die Aufmerksamkeit auf eine der hinteren Wände lenkt, indem man die Vorhänge durch eine Beleuchtung der Querbehänge oder durch gerichtete Strahler hervorhebt oder ein besonders interessantes Detail anstrahlt; die übrigen Wände werden in gleichmäßiges Licht getaucht.

**Ein Raum wirkt größer,** wenn Sie die Blicke auf einen entfernten Bereich lenken, indem Sie ein Detail durch besonders dramatische Beleuchtungseffekte hervorheben. Gegenüberliegende Wände werden in Licht getaucht, damit sie weiter voneinander entfernt wirken. Spiegel und Licht, geschickt verwendet, und reflektierende Oberflächen können die Größe des Raumes verdoppeln. Bringen Sie eingelassene Deckenstrahler oder Strahler auf Lichtschienen über einem Spiegel oder einer verspiegelten Wandfläche an (achten Sie darauf, daß die Installation nicht blendet); stellen Sie Lampen oder Kerzen auf, die von einem freistehenden oder an der Wand befestigten Spiegel reflektiert werden. Pflanzen oder Objekte, die zu schwimmen scheinen, täuschen Räumlichkeit vor: Installieren Sie Glastablare oder einen Tisch mit Glasplatte und beleuchten Sie das Ganze von unten oder von oben, so daß das Licht durch das Glas scheint und den Objekten den Boden entzieht.

**Eine intimere Atmosphäre** in einem großen Raum läßt sich durch Kerzenlicht herstellen – aber achten Sie stets auf Sicherheit. Stellen Sie mehrere Tischlampen auf, die intimes Licht verbreiten. Verwenden Sie warmfarbige Schirme oder Glühlampen (probieren Sie die Zusammenstellung zuerst aus); verwenden Sie Deckenstrahler mit goldschimmernden statt silbrigen Reflektoren. Verwenden Sie Wandleuchten mit breiter Lichtstreuung und warmschimmerndem Licht; sie könnten auch verschiedenfarbige Filter verwenden.

**Dramatische Effekte in großen Räumen** zaubert man durch interessante Schatten auf dem Boden, an der Decke und den Wänden (das kann bei Tageslicht genauso effektvoll sein wie bei künstlicher Beleuchtung) durch Buntglaspaneele, durchbrochene Stellschirme, Fensterläden und Rollos, durchsichtige Stoffe, Pflanzen oder andere, interessant geformte Objekte am Fenster oder dicht davor. Versuchen Sie das Ganze mit einer Nachtbeleuchtung zu kombinieren, damit sich der Effekt vervielfältigt.

*Dieses bibliotheksähnliche Wohnzimmer hat eine sehr persönliche Note. Die Leselampe und die Wandleuchten schaffen Wärme. Letztere sind tief angebracht, so daß bei gedämpftem Licht der Raum niedriger wirkt.*

### *Kreative Ausstattungsideen*

- *Wenn Sie Spiegel und Beleuchtung kombinieren, achten Sie darauf, daß keine häßlichen Beleuchtungskörper vervielfältigt werden. Um die Positionen zu testen, sind mindestens drei Personen erforderlich: einer hält den Spiegel (wenn er schwer ist, zwei), einer hält das Licht und der dritte beurteilt die Wirkung.*
- *Verwenden Sie für Kronleuchter mit elektrifizierten Kerzen kerzenförmige Glühbirnen (mit der korrekten Wattzahl), um dem Original möglichst nahe zu kommen – wenn Sie schon keine richtigen Kerzen verwenden!*
- *Wenn Ihre Decken niedrig sind, verwenden Sie keine Hängelampen oder Laternen, denn hoch gewachsene Menschen können leicht mit dem Kopf dagegenstoßen.*
- *Beleuchten Sie die Oberflächen von Unterschränken, Frisiertischen oder Spülen mit einer Beleuchtung, die etwa 60 cm oberhalb der Fläche an der Wand befestigt wird, und deren Licht nach unten gerichtet ist.*
- *Beleuchten Sie Regale mit angeklipsten Spots, die die Buchtitel beleuchten.*
- *Plazieren Sie Deckenfluter in oder neben Pflanzen, so daß sich an der Wand oder an der Decke interessante Schatten abzeichnen.*
- *In einem Wintergarten kann man Gartenlaternen verwenden, die man in den Boden oder in Blumentöpfe steckt und deren Position man nach Belieben ändern kann.*
- *Im Wintergarten ist atmosphärische Beleuchtung abends besonders stimmungsvoll, man kann sie durch Arbeitsbeleuchtung ergänzen, wenn der Raum außerdem als Speisezimmer dient. Den Speisezimmertisch kann man mit einer Hängelampe oder mit dekorativen Laternen von oben beleuchten oder mit Kerzen oder Öllampen für romantische Stimmung sorgen.*

# BELEUCHTUNG – RAUM FÜR RAUM

*Wenn es um die Beleuchtung geht, muß man jeden Raum nach seiner Funktion betrachten. Am wichtigsten ist, wie der Raum oder die diversen Bereiche genutzt werden sollen. Natürlich muß man auch berücksichtigen, welchen Charakter der Raum haben soll, besonders wenn es sich um ein Wohnzimmer oder ein Schlafzimmer handelt.*

**Der Wohnbereich.** Versuchen Sie, die Atmosphäre durch Beleuchtung, die aus verschiedenen Stromkreisen gespeist wird, variabel zu gestalten. Kreieren Sie durch geschickte Hintergrundbeleuchtung eine warme, einladende Stimmung – durch Stehlampen, Wandleuchten, Deckenfluter, beleuchtete Querbehänge und durch weiches, indirektes Licht, das die Objekte in Vitrinen und Nischen beleuchtet. In einem Raum, in dem verschiedene Aktivitäten stattfinden, ist größte Flexibilität wichtig: planen Sie zum Essen, Lesen oder Nähen die entsprechende Beleuchtung. Das kann durch mehrere Lampen geschehen: durch höhenverstellbare Hängelampen über dem Tisch, Deckenstrahler und Spots.

Verwenden Sie Akzentbeleuchtung, um Pflanzen, ein attraktives Möbelstück, oder ein architektonisches Detail ins rechte Licht zu setzen. Im Eßbereich muß außer dem Eßtisch (die Lampe darf nicht zu hoch hängen, damit niemand geblendet wird) auch der Platz beleuchtet werden, wo das Essen angerichtet wird – aber nicht zu hell. Dafür sollte ein separater Stromkreis vorhanden sein, damit man das Licht ausknipsen kann, wenn das Essen serviert ist. Außerdem sollte ein Atmosphäre schaffendes, weiches Licht vorhanden sein – zum Beispiel zum Fernsehen. Darauf achten, daß die Lampe sich nicht auf dem Bildschirm spiegelt.

**Küchen.** Der Bereich, in dem gekocht und das Essen zubereitet wird, muß hell beleuchtet sein, ebenso die Spüle (wenn sie unter einem Fenster plaziert ist, wurde möglicherweise nicht für ausreichende Beleuchtung am Abend gesorgt). Leuchtröhren lassen sich unter Hängeschränken verbergen oder in die Dunstabzughaube integrieren; weiches Licht erzielt man mit Deckenstrahlern, die in die Decke eingelassen werden und auf den Arbeitsbereich gerichtet sind oder an einer Schiene befestigt sind und auf die gewünschten Stellen gerichtet werden können. In anderen Teilen des Raumes, wo bestimmte Hausarbeiten erledigt werden (Bügeln oder Waschen), ist ausreichende Arbeitsbeleuchtung erforderlich. Eine Frühstücksbar oder ein Eßtisch sollten separat beleuchtet werden (siehe oben). Tiefe Schränke kann man von innen beleuchten, am besten mit Hilfe eines Schalters, der am Türpfosten befestigt ist und sich einschaltet, sobald die Tür geöffnet wird – was besonders praktisch ist, wenn man mehlbestäubte Hände hat! Akzentbeleuchtung kann man verwenden, um dekorative Porzellanobjekte auf einem offenen Regal oder in einem verglasten Küchenschrank zur Geltung zu bringen.

**Schlafzimmer.** Gewöhnlich braucht man im Schlafzimmer weiche Hintergrundbeleuchtung, die Atmosphäre schafft; funktionale Beleuchtung zum Anziehen und für das Make-up; und helles Licht auf dem Nachttisch, wenn man im Bett lesen will. In multifunktionalen Schlafräumen muß Arbeitsbeleuchtung, Hintergrundbeleuchtung und Akzentbeleuchtung vorhanden sein, ähnlich wie im Wohnzimmer. Einzelne Tisch- oder Stehlampen, Wandleuchten, Deckenstrahler und Deckenfluter sind adäquate Lichtquellen. Tiefe Kleiderschränke sollten innen beleuchtet werden. Interessante Details oder schöne Vorhänge sollte man durch Licht hervorheben. In Kinderschlafzimmern braucht man Arbeitsbeleuchtung, zum Beispiel um das Baby zu wickeln, beim Schularbeiten machen oder beim Spielen.

**Badezimmer.** Hier muß die Beleuchtung vor allem sicher sein (keine tragbaren Lampen) und sollte vorzugsweise durch Kordelzug oder Schalter außerhalb des Raumes reguliert werden können; Decken und Wandleuchten müssen geschlossen sein. Wichtig ist auch, daß das Licht die Farben nicht verändert: Kaltlichtlampen dürfen kein zu grelles Licht verbreiten; Deckenstrahler mit Tungsten-Halogenglühlampen geben kühles, klares Licht. Beleuchten Sie Dusche und Badewanne von oben, so daß keine Schatten entstehen können. Lampen über der Dusche müssen versiegelt sein. Für diesen Zweck gibt es spezielle Niedervoltlampen. Plan in die Decke eingelassene Deckenstrahler verhindern, daß das Licht von glänzenden Fliesen zurückgeworfen wird. Reflektoren mit Goldgrund verbreiten Wärme in einem kühlen Badezimmer.

Sorgen Sie dafür, daß die Beleuchtung des Spiegels zum Rasieren oder für das Make-up ausreichend ist, nicht blendet und das Gesicht statt den Spiegel beleuchtet.

**Diele, Treppe und Treppenabsatz.** Beleuchten Sie die Eingangstür oder wenigstens den Namen und die Hausnummer – beides sollte von der Straße aus zu erkennen sein. Die Hintergrundbeleuchtung der Diele sollte warm und einladend sein. Sorgen Sie für eine gute Beleuchtung der Stufen und der Treppenabsätze, die Kante jeder Stufe muß gut zu erkennen sein. Wenn sie Wandleuchten parallel zur Treppe anbringen, vermeiden Sie den Fahrstuhllook und sorgen Sie dafür, daß man die Glühlampen nicht sieht, wenn man die Treppe hinauf oder heruntersteigt. Der Treppenabsatz muß gut beleuchtet sein ohne zu blenden – ein Dimmer wäre angebracht, wenn Kinder im Haus sind, die sich bei Dunkelheit fürchten. Die Treppenbeleuchtung sollte von zwei Stellen aus zu bedienen sein – am Fuß der Treppe und am Treppenabsatz. Sorgen Sie für blendfreie Beleuchtung des Spiegels in der Diele.

*LINKS: In dieser großen Küche wird der Arbeitsbereich durch Deckenstrahler beleuchtet; auf einer Schiene befestigte, bewegliche Spots können auf den Eßtisch gerichtet werden oder auf die Graphiken mit den pflanzlichen Darstellungen; die unter den Wandschränken und den Tablaren des Einbauregals verborgene Beleuchtung erhellt die Arbeitsplatten und den Kochherd.*

*RECHTS: Die Beleuchtung im Badezimmer muß so geplant werden, daß sie die Gesichter beleuchtet ohne zu blenden; die in die Decke eingelassenen Deckenstrahler erfüllen diese Aufgabe perfekt, sie beleuchten außerdem den Rest des Raumes über der Badewanne und der Dusche. Badezimmerlampen sollten stets in geschlossenen Gehäusen sein, damit ihnen Feuchtigkeit und Kondensationswasser nichts anhaben können, außerdem sollte man sie durch Kordelzug oder einen Schalter außerhalb des Badezimmers bedienen können, damit man nie in Versuchung kommt, den Schalter mit feuchten Händen zu berühren.*

### *Kreative Ausstattungsideen*

- *Wenn Sie die richtige Höhe für die Nachttischlampe überprüfen wollen, stellen Sie sie auf den Nachttisch, decken Sie das Bett auf, setzen Sie sich aufs Bett und lehnen Sie den Kopf an die Kissen. Öffnen Sie ein Buch und prüfen Sie, ob das Licht auf die Buchseiten fällt. Machen Sie den gleichen Test mit der Wandbeleuchtung.*
- *Sorgen Sie dafür, daß die Bettbeleuchtung gut abgeschirmt ist, so daß der schlafende Partner auf der anderen Seite nicht gestört wird.*
- *Verwenden Sie für Hängelampen im Schlafzimmer einen geschlossenen Schirm, damit Sie nicht geblendet werden und die Glühbirnen vom Bett aus nicht sehen können.*
- *Beleuchten Sie tiefe Schränke und Abstellkammern von innen. Plazieren Sie die Beleuchtung so, daß die Kleidung und andere Dinge nicht feuergefährdet sind. Durch einen Schalter am Türpfosten schaltet sich das Licht automatisch ein, wenn die Tür geöffnet wird.*
- *Für einen Schreibtisch ist die beste Wahl eine bewegliche Tischlampe oder eine indirekte Beleuchtung, die durch eine Leiste verdeckt wird. Sorgen Sie dafür, daß das Licht nicht blendet.*
- *Wenn Sie den Spiegel im Badezimmer mit nackten Glühlampen wie in einer Theatergarderobe umranden wollen, müssen sie aus Sicherheitsgründen mit einem Plexiglas oder Glaspaneel abgedeckt werden.*
- *Beleuchten Sie den Eßtisch mit einer höhenverstellbaren Hängelampe über der Mitte des Tisches, die man tief herunterziehen kann, damit niemand geblendet wird. Für einen langen Tisch brauchen Sie möglicherweise zwei Lampen.*
- *In einem kombinierten Wohn-/Speisezimmer installiert man am besten mehrere Stromkreise; planen Sie die Beleuchtung des Eßplatzes so, daß dieser Bereich des Raumes im Dunkeln liegen kann, wenn die Mahlzeit vorüber ist – dann müssen Sie nach dem Essen nicht ständig die abgegessene Tafel sehen. Das gleiche empfiehlt sich für die Eßecke in der Küche.*

# EIN PLATZ FÜR ALLES

*Wir alle brauchen einen Platz, wo wir die nötigen Dinge des täglichen Lebens verstauen können – Kleidung; Sport und Hobbyausrüstung; Kosmetik, Schmuck und Arzneien; Regenstiefel und Schirme; Spielzeug, Bücher und Papiere; CDs und Schallplatten; Handtücher, Bett und Tischwäsche; Lebensmittel und Kochutensilien; Gartengeräte; Putzmittel usw. Die Liste nimmt kein Ende. In vielen modernen Häusern und Wohnungen gibt es kaum Platz für Regale, Schubladen und Schränke, und deshalb muß man den Stauraum, den man selbst gestaltet, möglichst effizient nutzen.*

*In der Küche kann man, mehr als in anderen Bereichen des Hauses, die in Schränken oder auf Regalen aufbewahrten Gegenstände in dekorative Objekte verwandeln. In dieser traditionellen Küche hat man den alten Küchenschrank restauriert, jedes Brett von innen beleuchtet und ihn so zum Designerobjekt gemacht. Dekorative Beleuchtung kann gleichzeitig eine warme Hintergrundbeleuchtung sein, die die Stimmung eines Raumes mitbestimmt.*

Eingebauten Stauraum gibt es in Form von Einbauschränken, Anbaumöbeln, Fensterbänken und Regalen. Außerdem gibt es Stauraum in Form von freistehenden Schränken, Wäscheschränken, Geschirrschränken, Bücherschränken, Kommoden, Bettkästen, die man unter das Bett schiebt, Aufsatzkommoden und Spielzeugkisten. Viele Firmen haben sich auf eingebaute Küchen, Schlafzimmer und Badezimmer spezialisiert, man kann sich aber auch vom Schreiner Stücke nach eigenen Angaben anfertigen lassen – oder sie selbst konstruieren. Verstellbare Regalbretter sind verhältnismäßig leicht zu montieren (siehe Seite 238), und außerdem gibt es fertig geschnittene Regaleinheiten zum Einbauen, die man nur zusammensetzen muß, und fertige Türen und Schubladen, die einem die Arbeit erleichtern.

Freistehende Möbel kann man neu oder gebraucht kaufen, wobei man natürlich überlegen muß, ob das Holz oder das sonstige Material, der Stil, die Größe oder die Form zu den übrigen Möbeln paßt – dabei ist zu bedenken, daß ein Raum voller Möbel im gleichen Stil und aus dem gleichen Material leicht wie der Schauraum eines Möbelgeschäfts aussieht. Ältere Stücke kann man mit einem besonderen Finish oder mit speziellen Farbeffekten aufmöbeln, damit sie zum Raumkonzept passen oder einen interessanten Kontrast darstellen.

### *Stauraum schaffen*

In fast allen Wohnungen, in denen es eine Fülle verschiedenartiger Dinge gibt, die irgendwo untergebracht werden müssen, heißt es, aus freistehenden und Einbaumöbeln ein Stauraumsystem zu schaffen, das so flexibel wie möglich ist. Nutzen Sie alle Möglichkeiten, die verstellbare Regalbretter, auf Schienen laufende Schrankfächer, Kleiderstangen und Schubladen bieten, die in Geschirrschränken, Kleiderschränken und Einbauschränken eingebaut sind.

**Maßnehmen.** Um den vorhandenen Platz maximal zu nutzen und ein wirklich funktionierendes System aufzubauen, muß der Stauraum von innen nach außen geplant werden. Das bedeutet, daß man alles, was untergebracht werden muß, ausmißt und die Ergebnisse mit der Breite, Tiefe, Höhe und Stärke der Schubladen (die Stabilität der Gleitschienen ist hier besonders wichtig), der Schrankfächer und Schränke in Relation bringt. Messen Sie die Höhe und Tiefe von Tellerstapeln, von Flaschen und Gläsern, die Länge und Breite der großen Servierplatten; die Ausmaße der Bücher, der Schachteln mit Gesellschaftsspielen, der Plattenhüllen, der Tonbänder und der Kassetten; die Länge der Kleider, Mäntel, Röcke und Hosen und die Breite der Bügel; die Breite, Tiefe und Höhe der Koffer; den Umfang der Sport- und Hobbyausrüstungen, der Haushaltsmaschinen und der Kochutensilien; den Umfang der gestapelten Konservendosen, Küchentücher und so weiter.

**Einen Plan erstellen.** Messen Sie den Platz, der Ihnen für Ein- und Anbauschränke zur Verfügung steht, Raum für Raum, und fertigen Sie einen maßstabgetreuen Grundriß an (siehe Seite 36); und vielleicht auch einen Aufriß im gleichen Maßstab, damit Sie sehen können, wieviel Platz Ihnen in der Höhe zur Verfügung steht. Zum Schluß können Sie die Kapazität Ihrer Schränke und Regale errechnen.

Beachten Sie beim Ausmessen auch die Tiefe und Breite von Fußleisten und von Tür und Fensterrahmen, wenn Sie Nischen ausmessen, in die Sie möglicherweise Regale oder Schränke einbauen. Da Wände selten ganz gerade sind, mißt man Nischen in verschiedenen Höhen – falsche Maße können dazu führen, daß bei Regalen die Gleitschienen schief laufen, die herausziehbaren Drahtkörbe sich nur mit Mühe bewegen lassen und Deckel gegen Fensterbänke stoßen. Verwenden Sie ein Senkblei und achten Sie darauf, daß bei Ihren Einbauten die Vertikale und die Horizontale genau stimmen. Wenn Sie einen Schreiner mit der Konstruktion beauftragen, lassen Sie ihn messen, damit Sie nicht für mögliche Fehler verantwortlich gemacht werden können.

Lassen Sie genügend Platz zum Öffnen von Türen und Schubladen. Achten Sie darauf, daß geöffnete Türen genügend freien Raum haben und man sich trotz geöffneter Türen frei bewegen kann. Ist der Platz beschränkt, bieten sich Schiebetüren, Falttüren oder Tambourtüren an, die sich aufrollen; auch horizontal zweigeteilte »Stall«-türen sind praktisch. Verspiegelte Türen oder Türen mit glänzender Oberfläche vergrößern einen kleinen Raum optisch und vervielfältigen das Licht. Für vorübergehende Lagerung könnte man Vorhänge, Rollos oder Lamellenjalousien wählen, sie nehmen weniger Platz ein als Türen.

Unterschätzen Sie nie die Innenseite einer Schranktür – man kann sie mit schmalen Leisten und Haken oder Regalbrettern versehen und sie zum Aufbewahren von Kochutensilien, Putzzeug und sonstigem Zubehör, von Gürteln, Krawatten und Schals verwenden. Wenn Sie schwere Gegenstände an eine Tür hängen wollen, müßten Sie die Scharniere verstärken.

**Beleuchtung.** Planen Sie gleichzeitig mit dem Stauraum auch die Beleuchtung. Das Innere der Schränke kann man automatisch beleuchten, ein Schalter am Türpfosten schaltet das Licht ein, sobald die Tür geöffnet wird. In die Decke eingelassene Strahler über verspiegelten Kleiderschranktüren geben gutes Licht zum Ankleiden; Kosmetik oder Badezimmerschränke sind bereits mit beleuchteten Spiegeln ausgestattet. Bücherregale, Aktenschränke und die Materialablage im Hobbyraum oder in der Werkstatt müssen gut beleuchtet werden, damit man den gesuchten Buchtitel, die Akte oder das erforderliche Werkzeug auf den ersten Blick findet. Regale, auf denen man Objekte ausstellt, kann man

### *Tips fürs Facelifting*

❍ *Wenn es um vorübergehenden Stauraum geht, kann man stapelbare Kästen (man kann sie mit einem Stoffvolant tarnen), auseinanderfaltbare Pappkartons und Schubladen verwenden oder weiche Behälter, die man unter ein Bett legen oder hinter die Tür hängen kann.*

❍ *Wenn Sie eine längerfristige Lösung suchen, könnten Sie sich bei Auktionen, in Trödelläden oder bei Ramschverkäufen nach geeigneten Möbeln umsehen, die sie, falls erforderlich, selbst aufmöbeln könnten.*

❍ *Mit ein paar neuen Griffen, ein paar Zierleisten oder anderem schmückenden Zubehör, vielleicht sogar mit neuen Türen (die man für bestimmte Schrankmodelle einzeln kaufen kann – andernfalls könnten Sie die Türen mit selbstklebendem Laminat bekleben) könnten Sie einem alten Schrank ein zweites Leben schenken.*

❍ *Eine abgenutzte, alte Kommode, ein Schrank oder ein Stapel Schubladen läßt sich mit dekorativen Maltechniken völlig verwandeln, zum Beispiel durch Schablonieren, Marmorieren, Maserieren oder mit Découpagen (siehe Seite 112).*

❍ *Untersuchen Sie ein Second-Hand-Möbelstück und prüfen Sie, ob es aus Massivholz oder furniertem Holz ist. Ein bemaltes Furnier können Sie nicht abbeizen, denn die Beize löst mit der Farbe auch das Furnier – aber Sie könnten es übermalen.*

*In diesem Speisezimmer wurden die Nischen rechts und links vom Kamin maximal genutzt. Es wurden unauffällige, weiße Tablare installiert, auf denen eine große Auswahl von dekorativen, blau/weißen Porzellanobjekten gestapelt und ausgestellt sind.*

mit Akzentbeleuchtung ausstatten: das ist besonders effektvoll bei Glasregalen, die von oben beleuchtet werden, so daß die Gegenstände zu schweben scheinen.

***Natürliche Gegebenheiten nutzen***

Versuchen Sie immer, vorhandene Gegebenheiten, die sich als Stauraum anbieten, so zu nutzen, daß die Einbauten verhältnismäßig unauffällig sind und nicht zu weit in den Raum hineinragen. In eine Nische läßt sich leicht ein Regal einbauen; ein Unterschrank oder eine als Sitzbank verwendete Truhe mit Deckel kann man unter einem Erkerfenster oder einem Dachgaubenfenster unterbringen; ebenso einen Schreibtisch oder eine Spielecke. Zwei Unterschränke, nebeneinander unter das Fenster gestellt, kann man ein wenig auseinanderrücken und mit einer Deckplatte verbinden; darüber – rechts und links vom Fenster – kann man Regalbretter installieren. In enge, ungünstige Ecken zwischen Fenster und Wand kann man schmale Regalbretter einbauen (Vorhänge sind problematisch). Auch der Platz über Türen, über niedrigen Möbeln oder unter Objekten, die an der Wand befestigt sind, kann für den Einbau von Regalbrettern, Schränken oder Schubladen genutzt werden. Der dreieckige Raum unter einer Dachschräge eignet sich vorzüglich für maßgeschneiderte Einbauten. Auch der Raum unter der Treppe kann optimal genutzt und umgebaut werden.

**Eine Nische ausbauen.** Einer der praktischsten Orte für Einbauregale oder -schränke ist die Nische rechts und links neben dem Kamin, die man häufig in Wohn- oder Schlafzimmern findet. Man muß sie sehr genau ausmessen – die Nische im Schlafzimmer ist zum Beispiel nicht breit genug, um Kleider hineinzuhängen. Man kann aber Schränke in die Nische einbauen, die in den Raum hineinragen und sie – wenn kein Kamin vorhanden ist – durch Regalbretter miteinander verbinden, um die Lücke zu schließen. Oder man baut einen flachen Einbauschrank in jede Nische und hängt die Bügel parallel zur Wand. Solche Nischen gibt es manchmal auch in Speisezimmern oder in Küchen, dort wo einst ein altmodischer Herd gestanden hat. Wenn statt dessen kein neuer Herd oder kein Kamin eingebaut wurde, kann man den Vorbau öffnen, damit eine Nische entsteht (vergewissern Sie sich zuerst, daß die Kaminöffnung oben geschlossen oder durch eine Haube abgedeckt ist), die man mit dramatisch beleuchteten Regalbrettern oder mit einem Einbauschrank füllen kann. Im Wohnzimmer kann man diesen ungenutzten Platz durch Türen schließen und den Fernseher (auf einem herausziehbaren, schwenkbaren Brett, so daß man von allen Seiten gut sehen kann), die HiFi-Anlage, den Videorecorder, die Bänder, CDs und Kassetten dort unterbringen – oder eine Bar mit Flaschen und Gläsern.

# Stauraum – Raum für Raum

*Abgesehen von dem Bedarf an allgemeinem Stauraum stellt jeder Raum ganz spezifische Anforderungen. Es bietet sich zum Beispiel an, Kleidung und persönliche Dinge im Schlafzimmer oder im Ankleidezimmer aufzubewahren; Straßenkleidung und Schirme neben der Eingangstür; Koch, Bügel und Putzutensilien in der Küche und/oder im Besenschrank; Gläser, Geschirr und Tischwäsche in der Nähe des Eßtisches. Das bedeutet, man muß für jeden Raum einen Plan mit dem vorhandenen Stauraum machen, aufschreiben, was man in dem Raum unterbringen möchte, und dann beide Seiten zusammenbringen.*

**Der Wohnbereich**

Welche Art von Stauraum im Wohnbereich benötigt wird, hängt davon ab, wie Sie das Wohnzimmer benutzen. In den meisten Fällen braucht man Stauraum für Bücher, CDs, Videobändern und Kassetten, vielleicht auch für Gläser und Flaschen, um Drinks servieren zu können. In einem Wohnraum mit Doppelfunktion muß vielleicht auch das Porzellan und die Tischwäsche untergebracht werden, außerdem die Hobbyutensilien, die Gesellschaftsspiele und das Spielzeug der Kinder. Ein Teil des Stauraumes kann eingebaut werden, der Rest wird von Anbaumöbeln und freistehenden Möbeln zur Verfügung gestellt. Ein Mix verschiedenartiger Stücke gibt dem Raum Charakter und bereichert das Erscheinungsbild. Wenn man die Einbaumöbel in der Farbe der Wände anstreicht, verschmelzen sie mit dem Hintergrund.

Nutzen Sie Nischen für Regale, Anbauschränke und Schränke, damit Fernseher, HiFi-Anlage und Schreibtisch in erreichbarer Nähe untergebracht werden können. Nischen sind auch ein idealer Platz für Schubladen, Schränke oder Regale für Flaschen, Gläser und Porzellan. In einer Truhe/Sitzbank mit Deckel unter dem Erkerfenster kann man die Spielsachen der Kinder am Abend verstauen.

Ein Regal von Wand zu Wand ist eine Alternative für einen Raum ohne Nischen. In einem multifunktionalen Raum lassen sich Regale als Raumteiler verwenden. Kommoden und Unterschränke kann man Rücken an Rücken aufstellen, so daß ein Teil vom Wohnraum aus zugängig ist, der andere vom Eßbereich. Die gemeinsame Oberfläche kann als An-

*Für Räume ohne Nischen ist eine ganze, mit Regalen verkleidete Wand die Lösung, wie in diesem Wohnzimmer. Das Regal beherbergt außer Büchern auch dekorative Objekte und wird von oben durch Spots beleuchtet, die an einer Schiene befestigt sind. Auch der Raum oberhalb der Türen wird maximal genutzt. Ein um den ganzen Raum herumlaufendes Tablar schließt auch den oberen Abschluß des Regals und der Türrahmen ein.*

*Einbauschränke bedecken beide Wände dieses langen Korridors. Alle Schranktüren und Schubladen sind in der gleichen Farbe wie die übrigen Flächen gestrichen, so daß der Raum keineswegs beengend wirkt. Auch Spiegel könnte man hier sehr wirkungsvoll einsetzen.*

***Kreative Ausstattungsideen***

- *Wenn das Wohnzimmer auch von einem Kleinkind als Spielzimmer benutzt wird, kann man die Spielsachen abends in eine Truhe räumen, die gleichzeitig als Sitzbank dient, oder in eine große, dekorative Kiste oder einen Überseekoffer. Man könnte für diesen Zweck auch eine Sitzbank mit Deckel unter einem Erkerfenster aufstellen.*
- *In einem langen Flur oder in einer Diele ist vielleicht Platz für ein Bücherregal, das vom Boden bis zur Decke reicht oder für Anbauschränke von Wand zu Wand – die Türen könnte man verspiegeln oder mit Trompe l'œil-Malereien dekorieren, damit der Raum nicht noch länger erscheint als er ist.*
- *Ein freistehender Schrank oder ein Einbauschrank für Mäntel mit verspiegelten Türen läßt den Raum größer erscheinen.*
- *Selbst in einer kleinen Diele ist Platz für einen großen Krug oder einen Schirmständer in der Nähe der Eingangstür, in dem man Spazierstöcke, Tennisschläger oder Schirme deponieren kann.*

richte benutzt werden (für die Beleuchtung braucht man einen separaten Stromkreis). Wenn Sie in einem Wohnraum mit Eßbereich einen Schreibtisch unterbringen müssen, könnten Sie die Nische neben dem Kamin dafür nutzen und über dem Schreibtisch ein Regal für Bücher und Ablagen einbauen; in der anderen Nische könnten Sie Video und Musikkassetten, CDs, Flaschen und Gläser aufbewahren und darüber das Pendant zu dem anderen Regal, um optisch eine Verbindung herzustellen. Wenn der Platz sehr begrenzt ist, kann man den Eßtisch auch als Schreibtisch benutzen; als Unterkunft für Ablagen, Computer oder Schreibmaschine müßte ein Sideboard verfremdet werden.

### *Die Diele und der Treppenabsatz*

Dieser Bereich ist gewöhnlich nicht sehr geräumig, dennoch muß man die Mäntel der Besucher aufhängen können; sorgen Sie für die Schirme und Spazierstöcke – vergessen Sie die Ablage von Schlüsseln, Briefen, Kleiderbürsten und so weiter. In einer sehr engen Diele ist vielleicht nur für eine Pinnwand, eine Garderobenleiste, Haken für Hüte und sonst für gar nichts Platz; ein Eckregal kann sehr platzsparend sein. In einer größeren Diele könnten Sie einen Kleiderständer oder einen restaurierten Garderobenständer unterbringen; wenn nicht, versuchen Sie es mit freistehenden Möbeln oder einer Kommode. Vielleicht ist sogar Platz vorhanden für einen eingebauten Schreibtisch mit einem Wandregal darüber, das sehr praktisch ist, wenn das Telefon seinen Platz in der Diele hat.

Auf dem Treppenabsatz – vorausgesetzt es ist genügend Platz vorhanden – bietet ein geräumiger Wäscheschrank oder eine Kommode reichlich Raum für Bettwäsche und Handtücher. Ist der Schrank sehr groß, kann man auch das Putzzeug unterbringen. Befindet sich auf dem Treppenabsatz ein Fenster, läßt sich darunter eine Truhe mit Deckel als zusätzlicher Stauraum und Sitzbank unterbringen. Sie darf natürlich nicht so breit sein, daß sie den freien Zugang zur nächsten Treppe behindert.

In vielen Häusern bleibt der Platz unterhalb der Treppe völlig ungenutzt; und selbst wenn dort ein Schrank steht, ist er in kurzer Zeit mit allerlei Krimskrams gefüllt. Manchmal ist es möglich, diesen Bereich völlig neu zu gestalten und ihn als Stauraum auszubauen, mit Schreibtisch, Regalen und Cocktailschrank mit Servierfläche, in dem Flaschen und Gläser Platz haben und der Wohnraum und Küche entlastet. Auch Staubsauger, Bügelbrett und Mäntel lassen sich hier unterbringen, und Strom und Warmwasserzähler, die dort ihren Standort haben, ließen sich in einen schmalen Schrank einbauen und das Ganze mit ausziehbaren Fächern und Schubladen kombinieren. Wenn der alte Schrank stehenbleiben soll, organisieren sie ihn wenigstens gut, bringen Sie Leisten mit Haken an für Besen, Bürsten und Putzutensilien.

### *Das Schlafzimmer*

Das Schlafzimmer ist der Raum, wo man gewöhnlich Kleidung, persönliche Dinge, Gepäck und vielleicht auch Sport und Hobbyausrüstungen unterbringt. Ausreichenden Stauraum bieten Einbauschränke, die eine ganze Wand einnehmen oder die Nischen rechts und links vom Kamin ausfüllen. Solche Einbauten lassen sich bis in die Ecken weiterführen. Unter dem Fenster werden sie zum Frisiertisch und/oder Schreibtisch – oder enden als Sitzbank mit abnehmbarem Deckel. Für freistehende Möbel und Kleiderschränke braucht man mehr Platz. Welche Art von Stauraum Sie für Ihre Kleidung auch verwenden: Sie müssen genau ausmessen, was Sie unterbringen möchten. Messen Sie die Breite und die Länge umfangreicher Mäntel und langer Kleider (auf dem Bügel); die Breite, Tiefe und Höhe von Etuis und Behältern; und die Maße von Sportausrüstungen wie Golfschläger, Skier und Tennisschläger. Das Innere der Schränke kann nach Wunsch ausgestattet werden mit Gleitschienen, Fächern, herausziehbaren Schubladen und Halterungen.

Eine preiswerte und meist nur vorübergehende Hängevorrichtung ist ein tragbarer Wäschetrockner, den man in einer Nische aufbewahren kann, hinter einem Vorhang oder einem Rollo. Verwenden Sie den ungenutzten Raum unterhalb von hoch angebrachten Kleiderstangen für Schuhregale

*In Räumen mit Dachschrägen sind Einbauschränke praktischer als freistehende Möbel, denn man kann die Bestandteile einzeln auf den Dachboden tragen und sie an Ort und Stelle zusammensetzen. In diesem märchenhaften Spielzimmer hat man die Einbauschränke mit Aquariumszenen bemalt, damit sie mit dem Hintergrund verschmelzen.*

und den ungenutzten Raum unter kurzen Kleidungsstücken für herausziehbare Drahtkörbe oder Fächer für Pullover, Unterwäsche und Accessoires. Die Fächer oberhalb der Kleiderstangen kann man für Hüte, Gepäck oder Handtaschen benutzen. Auf der Rückseite der Türen kann man schmale Ablagen anbringen oder Accessoires aufhängen.

Der Platz unter dem Bett wird häufig gar nicht als möglicher Stauraum wahrgenommen; es gibt Betten, die mit eingebauten Schubladen für Bettzeug ausgestattet sind, aber es gibt keinen Grund, weshalb man diesen Raum nicht zum Aufbewahren anderer Dinge benutzen sollte. Man kann Schubladen mit Rollen unter das Bett stellen, ebenso weiche Plastikhüllen oder stapelbare Plastikbehälter und sie mit einem Volant an der Bettkante verdecken.

In Kinderzimmern wird der Stauraum eher so aussehen wie in multifunktionalen Räumen. Wenn Sie ein Kinderzimmer einrichten wollen, wählen Sie möglichst Anbaumöbel, die sich ergänzen lassen, wenn das Kind heranwächst. Ältere Kinder fühlen sich wohler in einer Teenagerbude – die darf mit Regalen ausgestattet sein, wie sie in der Industrie verwendet werden oder mit Regalen aus zusammengestecktem Stahlrohr. Auch Aktenschränke aus Metall, die mit der Spritzpistole lackiert werden, alte Küchenschränke oder bemalte Second-Hand-Möbel sind ideale, budgetbewußte Lösungen.

### *Die Küche*

Wieviel Stauraum in der Küche erforderlich ist, hängt hauptsächlich vom Koch oder der Köchin ab – aber auch davon, ob alle Eßutensilien in der Küche untergebracht werden müssen und ob die große Wäsche ebenfalls in diesem Bereich stattfindet. Stellen Sie alles zusammen, was in der Küche untergebracht werden muß und messen sie es genau aus, auch die Geschirrtücher, die Konservendosen, Gläser und Flaschen, bevor Sie sich für bestimmte Küchenschränke entscheiden.

Der größte Teil des Küchenstauraums besteht aus Unter- und Oberschränken und hohen Geschirrschränken, alles Teile einer Einbauküche, bei der die Einzelteile durch kontinuierliche Arbeitsplatten verbunden sind. Diese Anbauschränke sind mit vielerlei Einbauten ausgestattet, damit man den Stauraum optimal nutzen kann. Mit drehbaren Fächern, auch Karussells genannt, die die Ecken optimal nutzen; mit herausziehbaren Drahtkörben und Schubladen; mit verstellbaren Fächern und eingebauten Holzbrettern zum

### ***Stauraumvorschläge***

- *Wenn Sie einen Kleiderschrank in eine Nische einbauen, sollten Sie wissen, daß er zum Aufhängen von Kleidung mindestens 53 cm tief sein muß.*
- *Hohe Kleiderschränke kann man dazu benutzen, um einen Raum, wenn nötig, in zwei Teile zu teilen, oder um in einem großen Schlafzimmer einen Bereich zum Ankleiden abzuteilen. Die Rückseite des Kleiderschrankes kann man mit Stoff verkleiden, der zum Dekorationskonzept des Raumes paßt.*
- *Küchenmesser kann man in einem Messerblock unterbringen, wo sie sicherer aufgehoben sind als in der Schublade.*
- *Eingekerbte, schmale Holzleisten, die man auf den Schrankfächern befestigt, ein paar Zentimeter vom Rand entfernt, sorgen dafür, daß die Flaschen nicht umherrollen.*
- *Flaschengestelle sind praktisch zum Aufbewahren von Flaschen. Man kann sie auch als Einzelteile kaufen und selbst in Schränke einbauen. Es gibt auch recht dekorative, freistehende Flaschenständer, die man unter Arbeitsplatten stellen kann, und dreieckige Flaschenständer, die in entsprechende Lücken passen.*
- *Der Wäschetrockner, der an der Decke befestigt wird und je nach Bedarf rauf und runtergelassen werden kann, kommt als eigenständiges, dekoratives Ausstattungsstück wieder in Mode. Er läßt sich nicht nur als Wäschetrockner verwenden, sondern auch um Körbe und große Pfannen oder getrocknete Kräuter und Blumen aufzuhängen.*
- *Der altmodische, hölzerne Tellertrockner, der heute zwar nicht mehr zum Trocknen von handgewaschenen Tellern benutzt wird, läßt sich gut zum Aufbewahren von Tassen, Bechern und Tellern verwenden.*
- *Glastablare wirken leichter und dekorativer als Holztablare und passen gut ins Badezimmer. Verwenden Sie starke Konsolen, die sich speziell für Glasplatten eignen, und Glasplatten, die stark genug sind für das, was Sie daraufstellen möchten.*

*Eine Ansammlung von Küchenutensilien kann die Atmosphäre und den Stil eines funktionellen Raumes bereichern. Hier wird die Notwendigkeit zur Tugend – je kleiner der Raum, desto größer der Effekt. Ein offener Schrank beherbergt Gläser mit Bohnen, Kräutern, Gewürzen und Flaschen mit Öl – quer über die Tablare gespannte Gurtbänder sollen verhindern, daß die kleinen Gläser umkippen und herunterfallen. Auf dem Tellerregal werden Teller und Krüge getrocknet und aufbewahrt; an einer Halterung, die an der Decke befestigt ist, hängen Teekannen und Töpfe an Fleischerhaken.*

Schneiden und Hacken. Viele dieser Einbauten gehören zur Ausstattung der Schränke, andere können auf Wunsch später eingebaut werden.

In einigen Punkten bietet die nicht eingebaute Küche (siehe Seite 40) mit ihren Regalen, Speisekammerschränken und freistehenden Küchenschränken mehr flexiblen Stauraum als die Einbauküche. In den Schränken lassen sich Hängevorrichtungen, Körbe und herausziehbare Fächer einbauen. Wenn Sie sich für eine solche Küche entscheiden, könnten Sie alte Möbelstücke verwenden und sie in diversen Maltechniken mit Farbeffekten, Schablonenmalerei, mit Beizen oder anderem Dekor aufmöbeln, um sie zu einer Einheit zusammenzufassen.

Der Stauraum in Anbauschränken und freistehenden Küchenschränken wird häufig nicht ausgenutzt. Auf der Rückseite der Türen kann man schmale Regalbretter oder Hängevorrichtungen zum Aufbewahren von kleineren Küchenutensilien, Besen oder Körben anbringen. Schubladen und Regalbretter lassen sich in Fächer für Kasserollen, Deckel, Teller, Gläser und Becher unterteilen. Auch Flaschen und Behälter mit Reinigungsmitteln kann man in entsprechend ausgestatteten Schubladen so unterbringen, daß sie aufrecht stehen können.

In verglasten Schränken und offenen Regalen kann man Porzellan und hübsche Vorratsgläser aufbewahren oder zur Schau stellen. Eine Konsole mit Delfter Porzellan, die rund um den Raum läuft, erfüllt einen ähnlichen Zweck. Für Töpfe, Pfannen und Kochutensilien gibt es spezielle Hängevorrichtungen: magnetische Halter, Drahtgitter für die Wand, Regalbretter mit verstellbaren Haken, Bretter mit Holzpflöcken oder schwere Metallketten, die an Haken an die Wand oder an die Decke gehängt werden. Da es sich um verhältnismäßig schwere Gegenstände handelt, müssen auch die Befestigungen stabil sein; außerdem sollten sie in der Nähe des Kochherdes oder der Arbeitsplatte plaziert werden, wo das Essen zubereitet wird.

### *Das Badezimmer*

Einige Küchenausstattungsideen lassen sich auf Badezimmer übertragen, und es gibt Küchenhersteller, die ihr Know-how für die Produktion von Badezimmereinrichtungen genutzt haben. Im Badezimmer müssen die verschiedensten Dinge untergebracht werden: Kosmetikartikel, Toilettenpapierrollen, Handtücher und Bettwäsche, Seife, Rasierzeug, Badeschaum und Arzneien. Dort ist auch fast immer Platz für Stauraum – neben oder unterhalb der Badewanne (verdeckt durch eine Blende) oder als Teil der Blende selbst: Es gibt fertig ausgestattete Blenden, andere kann man selbst anpassen und mit Türen versehen. Man kann einen kleinen Schrank unter ein an der Wand befestigtes Waschbecken stellen oder – falls genügend Platz vorhanden ist – ein Regal über dem Handwaschbecken, der Badewanne oder der Toilette anbringen. Allerdings muß man die Regale hoch genug hängen, damit sich niemand den Kopf daran stößt. Eckregale sind da vielleicht praktischer.

Einen Trockenschrank im Badezimmer zu installieren, der auch den Warmwassertank (er kann sich auch auf dem Treppenabsatz oder im Schlafzimmer befinden) enthält, ist nicht überall möglich. Er ist ideal zum Aufbewahren von Haushaltswäsche auf Lattenrosten, damit die warme Luft zirkulieren kann. Allerdings darf man Wäsche nicht für lange Zeit in einer warmen Umgebung aufbewahren, sie verblaßt mit der Zeit und beginnt zu modern. Der Trockenschrank muß so groß sein, daß er den größten Teil der Haushaltswäsche faßt: Stapel von Laken, Handtüchern, Kopfkissenbezügen, Bettbezügen und Decken für Einzel- und Doppelbetten. Messen Sie Höhe, Tiefe und Länge der Stapel.

Ein großzügig geschnittenes Badezimmer bietet genügend Platz für eine Kommode oder einen freistehenden Kleiderschrank, einen Waschständer oder Waschtisch mit Wasseranschluß und Abflußrohr. Budgetbewußte können die Regale, die Wäschebehälter oder die Drahtkörbe zum Aufbewahren der Wäsche hinter einem Stoffvorhang verbergen.

# REGALSYSTEME

*Es gibt vielerlei Arten von Regalsystemen, angefangen bei fest installierten und für bestimmte Zwecke angefertigten Holzregalen bis zu einfachen Wandregalen zum Einhängen für kleine Ecken. Verstellbare Regale, wie man sie hauptsächlich in Nischen einbaut, bestehen aus Schienen, die an die Wand geschraubt werden und verschieden starken Konsolen, die in die Schienen eingehängt werden und die Tablare tragen. Die Konsolen lassen sich in jeder Höhe einhaken. Andere Systeme funktionieren nach dem Modulsystem und sind völlig freistehend.*

### *Regalsysteme*

Regale können rein funktional oder hochdekorativ sein. Auch die Konsolen sind zuweilen verziert, und in Verbindung mit Glastablaren, die von unten oder von oben beleuchtet werden, können magische Effekte entstehen. Glasregale, auf denen man farbige Gläser, Porzellanobjekte oder Pflanzen ausstellt, kann man quer über einem Fenster anbringen, das nie geöffnet wird.

Das andere Ende der Skala bilden die Winkelschraubregale, wie man sie in der Industrie verwendet; sie bestehen aus eingekerbtem Winkeleisen, das mit Hilfe von Schrauben, Muttern und Eckverbindungsplatten zu freistehenden Regalen zusammengeschraubt wird. Man kann sie mit Tablaren aus Holz, Laminat oder Metall kombinieren. Solche Regale eignen sich für Garagen, Pflanzschuppen und Werkstätten, weil sie schwere Lasten aushalten und man Handwerkszeug und Arbeitsmaterial darauf unterbringen kann. Sehr avantgardistisch wirken sie in einem Wohn-/Schlafzimmer für Teenager, wenn man sie in bunten Primärfarben anstreicht. Werkstattregale haben den Vorteil, daß sie sehr flexibel sind – man kann die Schrauben und Muttern herausnehmen, das Regal abbauen und woanders wieder aufstellen. Das Winkeleisen kann man mit einer Bügelsäge absägen oder überlappen lassen.

### *Regale aufstellen*

Regale aufstellen ist eine der einfachsten Do-it-yourself-Aufgaben – und eine der populärsten. Selbst wenn Sie freistehenden Möbeln den Vorzug geben, brauchen Sie garantiert irgendwann einmal ein Wandregal – ob in der Küche, im Kinderzimmer in einer Wohnzimmernische, in einem Schrank oder in der Garage. Die einzige Voraussetzung, die Sie erfüllen müssen, ist die Fähigkeit, eine feste Verdübelung zustande zu bringen. Da Regale häufig schwere Lasten wie Bücher, Schallplatten oder HiFi-Anlagen zu tragen haben, wäre es eine Katastrophe, wenn ein Regal zusammenbricht. Feste Dübel bedeuten sichere Regale.

*Vorgefertigte Regale können Stauraumprobleme schnell und unproblematisch lösen. Hier ein paar dieser Regale für dekorative Objekte, die man im Handumdrehen installieren kann. Wichtig ist, daß die Regalschienen absolut senkrecht (mit Hilfe eines Senkbleis) angebracht und fest genug verdübelt werden.*

***Tips zur Konstruktion von Regalen***

*❍ Eine sichere Konstruktion ist das wichtigste bei Regalen. Wenn Sie ein verstellbares Regal anbringen wollen, achten Sie darauf, daß die Konsolen (die in die Schienen eingehakt werden) breit genug sind, um die Regalbretter zu tragen. Bei nicht verstellbaren Regalen werden die Regalbretter an die Konsolen angeschraubt.*

*❍ Prüfen Sie, ob die Wände für die Dübel, die Regalbretter und die Lasten, die sie tragen sollen, stabil genug sind; Zwischenwände sind ungeeignet.*

*❍ Kaufen Sie die für die Konsolen und die Wände geeigneten Dübel und Schrauben.*

*❍ Kaufen Sie die für die Regalschienen und Tablare geeigneten Konsolen; für Glastablare sind spezielle Konsolen erforderlich.*

*❍ Wenn Sie Glastablare verwenden wollen, achten Sie darauf, daß das Glas die erforderliche Stärke hat; lassen Sie die Kanten vom Glaser polieren oder lassen Sie sich beraten, wie man das macht. Man kann auch klares Plexiglas oder Acrylglas verwenden, aber es ist teuer und bekommt leicht Kratzer.*

*❍ Wählen Sie die Konsolen und die Stärke der Regalbretter nach der Last aus, die sie tragen sollen – und berücksichtigen Sie auch das Gewicht der Tablare. Bücher sind schwer. Sechs durchschnittlich dicke Taschenbücher wiegen 1 kg; sechs durchschnittlich dicke Hardcoverbücher wiegen 2 kg. Gußeiserne Kochtöpfe, Stapel von Tellern, Flaschen und Konservendosen sind besonders schwer. Falls erforderlich, wiegen Sie die Last.*

*❍ Kontrollieren Sie Ihre Maße zweimal, bevor Sie Holz, Glas, Konsolen und die Regalschienen bestellen; richten Sie die waagrechten und horizontalen Teile mit dem Senklot oder der Wasserwaage aus.*

*❍ Bringen Sie feste Regale nach Beendigung der Dekorationsarbeiten an; streichen Sie die Konsolen und die Schienen so an, daß sie mit dem Hintergrund verschmelzen und streichen Sie die Regalbretter, bevor Sie sie anbringen.*

***Wandregale***

Es gibt verstellbare und nicht verstellbare Wandregale. Bei den nicht verstellbaren wird jedes Tablar, unabhängig von den anderen, von zwei oder mehreren Konsolen getragen, die an der Wand und auf der Unterseite des Tablars selbst befestigt werden. Bei verstellbaren Regalen werden die Tablare von Konsolen getragen, die in die Kerben der senkrechten Regalschienen gesteckt werden; die Schienen werden mit Schrauben an der Wand befestigt.

**Feste Konsolen** sind ideal, um einzelne Tablare anzubringen, zum Beispiel über einem Heizkörper. Wenn Sie jedoch mehrere Tablare aneinanderreihen wollen, muß jedes einzelne an der Wand befestigt werden, und es ist gar nicht so einfach, sie so anzubringen, daß alle folgenden Tablare mit dem ersten in einer Linie sind. Wenn die Tablare eines Regals erst einmal befestigt sind, kann man an den Abständen nichts mehr ändern – und das ist ärgerlich, wenn Ihr Bedarf an Stauraum sich irgendwann einmal verändert. Feste Konsolen werden in verschiedenen Formen und Farben hergestellt. Die gebräuchlichsten sind aus Metall; Holzkonsolen verwendet man für Tablare aus Massivholz und furniertem Holz.

**Verstellbare Regalsysteme** sind flexibler. Man muß nur die erforderliche Anzahl von Dübeln an der Wand anbringen, um die Regalschienen an der Wand befestigen zu können, ganz gleich, wieviel Tablare benötigt werden. Die Tablare selbst können in jeder Höhe und in jedem beliebigen Abstand plaziert werden und können jederzeit höher oder niedriger eingehakt werden.

Verstellbare Regalsysteme sind meist durch und durch aus Metall, mit farbiger oder Metallic-Lackierung; eine oder zwei Versionen sind auch in Holz verfügbar. Es gibt Regalschienen mit dicht plazierten Kerben und kontinuierlich eingekerbte Schienen, bei denen die Konsolen in jeder gewünschten Höhe eingehängt werden können. Die Schienen werden in Standardlängen verkauft; mit zwei oder mehr Längen kann man ein Regal bauen, das vom Boden bis zur Decke reicht.

Die Regalbretter können aus Holz oder jedem beliebigen industriell gefertigten Material sein. Fertige Tablare gibt es überall zu kaufen; sie sind gewöhnlich aus furniertem Holz oder beschichteten Spanplatten, sie sind meist weiß oder mit Laminat in Holzmaserung beschichtet, seltener sind Primärfarben und Pastelltöne. Wenn Sie die Regalbretter selbst schneiden möchten, sind Spanplatten, Sperrholz und massive Holzbretter das geeignete Material.

***Planen der Regale***

Am besten machen sie eine grobe Skizze Ihres geplanten Regals, wobei Sie auch die Höhe der Bücher oder anderer Dinge berücksichtigen sollten, die sie verstauen oder zur Schau stellen wollen. Wenn Sie mehrere Tablare installieren möchten, plazieren Sie die Dinge, die Sie täglich brauchen, in leicht erreichbarer Höhe – in der Praxis sind das 0,75 m bis 1,50 m über dem Fußboden. Plazieren Sie die tieferen Regalbretter nahe am Fußboden, dann haben Sie eine bessere Übersicht. Zwischen der Oberkante der größten Objekte und dem nächsten Regalbrett sollte ein Abstand von mindestens 25–50 cm sein, damit man die Objekte leicht herausnehmen und wieder einsortieren kann.

Berücksichtigen Sie auch das Gewicht. Wenn Sie schwere Dinge auf das Regal stellen wollen, wählen Sie das Material der Regalbretter sorgfältig aus – dünne Tablare biegen sich durch, wenn sie nicht entsprechend abgestützt werden.

***Tablare mit festen Konsolen***

Es gibt eine unendliche Auswahl an Konsolen, und die einzelnen Schritte der Installation sind sehr einfach. Wenn Sie Ihre Tablare selbst schneiden wollen und sich für ein industriell gefertigtes Produkt entscheiden, vergessen Sie nicht, die Schnittkanten zu verdecken – vielleicht mit einer Zierleiste.

Berechnen Sie, wieviel Konsolen erforderlich sind, um die Last zu tragen (siehe unten). Markieren Sie die Positionen der Konsolen auf der Unterseite der Regalbretter und schrauben Sie sie mit kurzen Schrauben an. Ziehen Sie mit Hilfe einer Wasserwaage eine waagrechte Linie an der Wand, dort wo das Regalbrett angebracht werden soll.

Halten Sie das Regalbrett an die Linie (vielleicht brauchen Sie dazu jemanden, der Ihnen hilft) und markieren Sie die Positionen der erforderlichen Dübel. Bohren Sie Löcher in die Wand und führen Sie die Dübel in die Löcher ein (siehe gegenüberliegende Seite). Bitten Sie Ihren Helfer, das Brett ruhigzuhalten, während Sie die Schrauben anbringen.

***Wie viele Konsolen?***

*❍ Bei 12 mm starken Spanplatten, furnierten oder laminierten Regalbrettern müssen die Konsolen für schwere Lasten in Abständen von 45 cm, für leichte Lasten in Abständen von 60 cm angebracht werden.*

*❍ Bei 19 mm starken Spanplatten oder 12 mm starken Sperrholzplatten kann man die Abstände auf 60 cm bzw. 75 cm vergrößern. Bei 19 mm starken Sperrholzplatten oder massiven Holzplatten kann man die Abstände auf 75 cm für schwere Lasten und 90 cm für leichte Lasten erweitern.*

### *Regale in Nischen anbringen*

Nischen rechts und links vom Kamin eignen sich hervorragend für den Einbau von Regalen, da man Rückwand und Seitenwände als Stützen verwenden kann. Man hat die Wahl, ob man ein festes Regal oder ein Regal mit verstellbaren Tablaren konstruieren will. Noch einfacher und noch billiger ist es, wenn man Holzleisten an den Wänden der Nische anbringt und die Tablare darauflegt.

Man muß nur die Höhe der Regalbretter an der Wand markieren und die Holzleisten in entsprechender Länge an der Wand anschrauben. Das Regalbrett in der erforderlichen Länge schneiden – die einzige Schwierigkeit ist, die Bretter so zu schneiden, daß sie gut in die Nische passen, denn die Nischenwände verlaufen nicht immer genau im rechten Winkel, und man muß den Abstand der Seitenwände vorn und hinten messen. Das Regalbrett auf die Leisten gleiten lassen. Sie können es zusätzlich annageln, anschrauben oder ankleben.

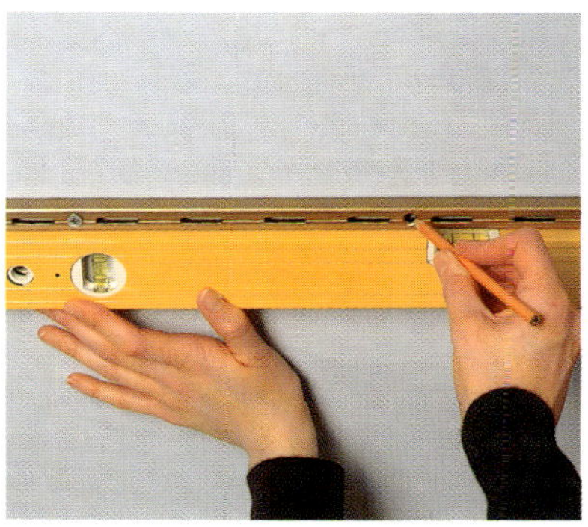

Die Position des Regalbrettes mit der Wasserwaage auf allen drei Wänden markieren. Die Leiste für die Rückwand messen, schneiden und anschrauben, danach die Leisten für die Seitenwände. Die Vorderkanten der Leisten abschrägen. Die Nische ausmessen und das Regalbrett schneiden und einpassen.

### *Ein verstellbares Regal konstruieren*

Die diversen verstellbaren Regalsysteme, die auf dem Markt sind, funktionieren im großen und ganzen nach dem gleichen Prinzip. Legen Sie zuerst die Positionen und den Abstand der Regalschienen fest. Der Abstand hängt vom Material der Tablare ab, das Sie verwenden wollen und von der Last, die sie tragen müssen (siehe Seite 238). Dann hängen Sie die Schienen vollkommen senkrecht und in gleicher Höhe auf; zum Schluß hängen Sie die Konsolen ein und legen die Tablare darauf.

Ziehen Sie eine waagrechte Linie, richten Sie das obere Ende der Schienen danach aus und markieren Sie den Abstand. Halten Sie die Schienen mit dem oberen Ende an die eingezeichnete Linie und markieren Sie die Position der obersten Schraube. Bohren Sie die Löcher für die Dübel, schrauben Sie die Schrauben zur Hälfte ein, so daß die Schienen frei schwingen können.

Richten Sie die Schienen mit der Was-

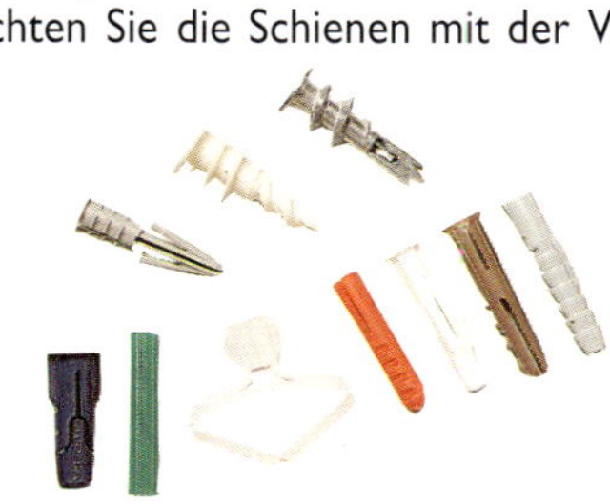

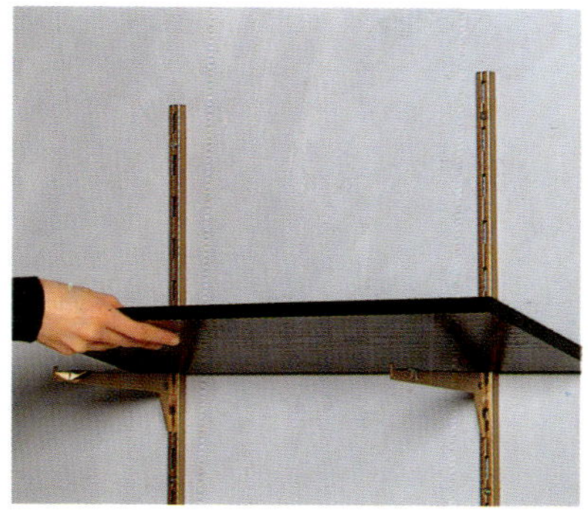

serwaage so aus, daß sie vollkommen senkrecht sitzen und markieren Sie die Positionen der übrigen Schrauben. Schwingen Sie die Schienen an ihrer obersten Schraube nach außen, damit Sie die markierten Löcher bohren können. Stecken Sie die Dübel in die Löcher und ziehen Sie alle Schrauben, einschließlich der oberen, fest an.

Hängen Sie die Konsolen ein, legen Sie die Tablare darauf und markieren Sie die Position der Konsolen auf den Tablaren. Schrauben Sie die Konsolen an die Tablare an. Hängen Sie die Konsolen zusammen mit den Tablaren in die Schienen ein. Wenn Sie möchten, daß die Tablare plan mit der Wand abschließen, schneiden Sie kleine Einkerbungen für die Schienen hinein.

Eine **besonders einfallsreiche Halterung** für ein einzelnes Tablar ist eine speziell geformte Schiene. Sie wird in der gewünschten Höhe waagrecht an die Wand geschraubt und das Tablar mit einem Hammer vorsichtig hineingeklopft. Das Tablar wird ohne jede weitere Stütze von der Schiene gehalten und kann erstaunlich schwere Lasten tragen. Diese Schiene gibt es in verschiedenen Längen und Varianten, auch für Glastablare und Ecktablare.

### *Dübel anbringen*

#### *Mauerwerk*

*Wählen Sie Schrauben in der richtigen Länge; für Regalbretter müssen sie mindestens 5 cm lang sein; 6,5 cm ist besser für schwere Lasten. Wählen Sie einen für die Wand geeigneten Dübel in der richtigen Länge, der die Schraube fest umschließt. Bohren Sie ein Loch mit parallelen Wänden senkrecht in die Wand, das etwas tiefer ist als die Länge der Schraube. Markieren Sie die Positionen aller Schrauben an der Wand – bei verfliesten Wänden kleben Sie Abklebeband über die markierten Stellen. Verwenden Sie einen Bohrer in der für den Dübel erforderlichen Stärke; markieren Sie an dem Bohrer mit Klebeband, wie tief das Loch sein soll. Führen Sie den Dübel in das Loch ein, dann stecken Sie die Schraube durch den Gegenstand, den Sie anschrauben wollen, und in das Loch und ziehen die Schraube an. Wenn sie sich dreht, müssen Sie eine größere nehmen.*

#### *Gipskartonplatten mit Holzrahmen*

- *Schrauben Sie stabile Regalschienen für die Regalbretter direkt in den Holzrahmen.*
- *Für leichtere Lasten verwenden Sie Hohlwanddübel, die für Trennwände aus Gipskartonplatten geeignet sind; sie halten die Gipskartonplatte von der Rückseite, wenn die Schraube angezogen wird.*
- *Es gibt Hohlwanddübel verschiedener Stärke. Bei Dübeln für größere Lasten bohrt man ein Loch in die Gipskartonplatte, steckt den Dübel durch den Gegenstand, den man befestigen will und durch die Gipskartonplatte. Die Flügel entfalten sich hinter der Platte und halten sie fest.*
- *Hohlwanddübel für schwere Lasten werden auf ähnliche Art und Weise angebracht. Die Flügel des Dübels fallen nach unten, sobald man ihn durch die Platte gesteckt hat. Die Schraube wie üblich anziehen.*
- *Stecken Sie die Dübel durch die Platten, ziehen Sie die Schrauben an.*

# DIE PERSÖNLICHE NOTE

*Bei der Ausstattung eines Raumes einen bestimmten Look zu kreieren, scheint beim ersten Versuch eine ziemlich heikle Angelegenheit zu sein – aber wenn Sie wissen, welchen Charakter der Raum haben soll, sind Sie auf dem besten Weg. Möchten Sie ein kuscheliges, ungekünsteltes Durcheinander, angefüllt mit Nippes oder – am anderen Ende der Skala – coolen Minimalismus, vielleicht mit einem großen, speziell ausgewählten Bild, das eine Wand schmückt? Wenn Sie einen Raum kreieren möchten, in dem Sie leben können, müssen Sie Bilder und Objekte auswählen, die Sie lieben. Schauen Sie sich Schaufenster an, blättern Sie in Zeitschriften für Innenausstattung und schauen Sie sich in fremden Wohnungen um. Und wenn Ihnen etwas besonders gut gefallen hat, versuchen Sie, es in Ihrem eigenen Heim nachzugestalten.*

***Bilder zur Schau stellen***

Eine kahle Wand ist irgendwie unvollständig. Ohne Bilder, Wandbehänge, Spiegel oder ein paar dekorative Objekte – wie bescheiden auch immer – gleicht eine Wand einer leeren Leinwand. Obwohl es manchmal auch ein wenig bedrückend sein kann, sich auf ihre Verschönerung einzulassen, sollten Sie es als eine ausgezeichnete Gelegenheit betrachten, Ihren Geschmack verwirklichen zu können, zu experimentieren und sich auf ein Abenteuer einzulassen.

Die wichtigsten Kriterien sind richtige Größenverhältnisse und Ausgewogenheit. Symmetrische Arrangements schmeicheln immer dem Auge, ob bei der Plazierung von Bildern, Möbeln oder Zimmerpflanzen; asymmetrische Anordnungen sind nicht weniger effektvoll und meist sogar noch aufregender. Lassen Sie sich auf Experimente ein, probieren Sie verschiedene Anordnungen, entweder um mehr Ausgewogenheit zu schaffen oder um die Gewichtung von zwei Elementen zu verändern – so lange bis Sie mit dem Resultat zufrieden sind.

Wenn Sie eine Ansammlung von Bildern zur Schau stellen wollen, erzielen Sie die beste Wirkung, wenn Sie sie in Gruppen zusammenfassen, anstatt sie gleichmäßig über den ganzen Raum zu verteilen. Die einfachste Anordnung sind Serien von verwandten Bildern, zum Beispiel Graphiken – von ähnlichem Format und mit den gleichen Rahmen aus Holz oder Metall. Je nachdem, wieviel Platz Ihnen zur Verfügung steht, können Sie sie in einer einzigen, senkrechten Reihe oder in einer waagrechten Reihe aufhängen (was wiederum den Raum länger oder breiter erscheinen läßt).

Man kann die Graphiken auch in Reihen gruppieren, ebenfalls mit Betonung der Vertikalen oder der Horizontalen. Sechs Graphiken kann man zum Beispiel in zwei Reihen zu je drei oder in drei Reihen zu je zwei Exemplaren hängen.

Solche symmetrischen Arrangements sind auch mit völlig verschiedenen Bildern in völlig verschiedenen Formaten möglich; ein großes Bild kann man in die Mitte hängen, die kleineren rechts und links davon.

Asymmetrische Arrangements, zum Beispiel in L-Form oder Kreuzform, sind interessante Alternativen zur Symmetrie, und außerdem bieten sie ein Überraschungsmoment. Arrangieren Sie die Bilder genau entlang der Linien der von Ihnen gewählten Form. Wenn Sie mit verschiedenen Formaten und verschiedenen Formen arbeiten, müssen Sie genau überlegen, wo Sie das wichtigste (mit anderen Worten das größte) Bild aufhängen. Auch wenn es der geeignete Platz zu sein scheint – vermeiden Sie, das größte Bild in die Mitte zu hängen und alles andere drum herum. Sie werden sehen, daß das Arrangement viel wirkungsvoller ist, wenn das dominierende Bild am Rand des Arrangements oder dicht neben der Mitte hängt.

Bilder für die Wand beschränken sich nicht auf Zeichnungen, Graphiken und Gemälde. Man kann auch Poster, Postkarten, Fotos, gerahmte Stickereien oder Tapisserien aufhängen. Ein kleines Stück eines besonderen Stoffes oder ein Stück handbedruckte Tapete machen sich in einem Rahmen auch sehr gut. Auch gerahmte Silhouetten können sehr wirkungsvoll sein: Sie können natürlich auch Ihre eigene Silhouette »im Stil der Zeit« produzieren, Sie kopieren einfach ein Original aus dem achtzehnten oder neunzehnten Jahrhundert auf schwarzen Karton und schneiden es aus.

Wenn Sie eine Ansammlung von Bildern verschiedener Kategorien in verschiedenen Formaten zu einem Arrangement kombinieren möchten – wie Fotografien, Zeichnungen, Gemälde, Postkarten und Graphiken – oder sie mit dekorativen Objekten wie Tellern oder Tonreliefs kombinieren wollen, entscheiden Sie zuerst, wie Sie sie arrangieren wollen – zum Beispiel als Dreieck, Rechteck oder als Kreis. Wenn Sie präzise sein wollen – und das sollten Sie, wenn Sie Löcher in die Wand schlagen wollen – probieren Sie eine oder zwei Methoden zum Entwurf des Layouts aus. Erstens: Umranden Sie die Bilder auf Schrankpapier, schneiden Sie sie aus und kleben Sie sie mit einem leicht entfernbaren Kleber an die Wand. Wenn Ihnen das Arrangement gefällt, markieren Sie die Positionen der einzelnen Bilder und beginnen mit dem Hämmern. Zweitens: Schneiden Sie die Formen aus, legen Sie sie auf den Boden und die Bilder darauf; probieren Sie mehrere Positionen aus, bis Sie das richtige Arrangement gefunden haben.

Große Bilder, einzeln gehängt, wirken am besten über dem Kamin oder zentriert über einem wichtigen Möbelstück wie einem Sofa oder einem Sideboard. Das Bild darf aber nicht größer sein als das Möbelstück, und hängen Sie es nicht zu tief über das Sofa – damit niemand mit dem Kopf dagegenstoßen kann.

### *Wie man andere Objekte präsentiert*

**Wandbehänge** aus Stoff sind eine ideale Lösung, wenn man große Wandflächen zu dekorieren hat – außerdem ver-

*LINKS: Bei dieser altmodischen, wie zufällig wirkenden Hängung von Bildern der verschiedensten Kategorien wurde rigide Symmetrie absichtlich vermieden. Die etwas exzentrische Anordnung, die in der linken und mittleren Reihe Harmonie verspricht, nur um dieses Versprechen in der rechten Reihe durch respektlose Asymmetrie zu brechen, wurde nur inszeniert, um mehr Aufmerksamkeit auf diesen Bilder- und Epochenmix zu lenken.*

*RECHTS: Im achtzehnten Jahrhundert hängte man die Bilder gern an Bändern und Schleifen auf – eine Art der Dekoration, die noch heute beliebt ist und die sich besonders für traditionelle Interieurs und Bilder eignet. Außerdem läßt sich auf diese Art und Weise eine Ansammlung ungleicher Objekte zusammenbringen. Hängen Sie die Bilder in einer Reihe an die Wand, dann verbinden Sie sie mit Bändern, die angeklebt oder angenagelt werden. Bringen Sie als zusätzliche Dekoration eine Schleife über den Bildern an.*

#### *Kreative Dekorationsideen*

- *Hängen Sie Bilder nicht zu hoch und nicht zu weit auseinander. Versuchen Sie, sie in Augenhöhe zu hängen und überlegen Sie, ob man sie an dieser Stelle eher im Stehen oder eher im Sitzen betrachtet.*
- *Wenn Sie eine Gruppierung arrangieren, achten Sie auf die Ausgewogenheit der Formen im Raum: Sie können zum Beispiel ein großes Bild auf einer Seite mit zwei kleinen auf der anderen Seite konfrontieren. Der Abstand zwischen den Bildern sollte überall ungefähr der gleiche sein – etwa die halbe Breite des kleinsten Bildes der Gruppierung.*
- *Bilderrahmen gibt es in den verschiedensten Ausführungen, angefangen von Glasrahmen mit Klammern zum Befestigen der Bilder bis zu prächtigen, antiken Rahmen. Schauen Sie ab und zu in Trödelläden nach alten, gerahmten Bildern; das Bild können Sie wegwerfen und den Rahmen für Ihr eigenes Bild verwenden.*
- *Glatte, flache Holzrahmen können gebeizt oder bemalt werden – sehr wirkungsvoll, wenn Sie Ihre Bildersammlung zu einer Einheit stilisieren wollen.*
- *Fotografien wirken am besten in einfachen schwarzen oder verchromten Rahmen.*
- *Eine Reihe verschiedener Graphiken lassen sich durch gleichfarbige Passepartouts zu einer Einheit zusammenfassen.*
- *Ähnliche Bilderrrahmen können völlig verschiedene Bilder zu einem Arrangement verbinden.*
- *Für schmale Budgets sind Poster ihr Geld wert. Kleben Sie sie mit einem Spray auf Pappe oder stecken Sie sie in einen Wechselrahmen aus Glas.*
- *Das Graphikkabinett, das im achtzehnten Jahrhundert in Europa in Mode kam, erlebt eine Wiedergeburt. Es ist jetzt im Einheitspack, inklusive Trompe-l'œil-Rahmen und dekorativen Bordüren im Handel erhältlich.*

*Eine Ansammlung blau/weißer Porzellanobjekte aus den verschiedensten Epochen und in den verschiedensten Ausführungen erhält Zusammenhang und gewinnt an Bedeutung, wenn man sie in einem bemalten Kabinettschrank zur Schau stellt. Es macht Spaß und ist nicht schwierig, solche Kollektionen zusammenzubringen: man wühlt sich durch Berge von erschwinglichen Porzellangegenständen in Antiquitäten- und Second-Hand-Läden und sucht nach Objekten, die die Phantasie anregen. Der Erfolg einer solchen Sammlung hängt davon ab, daß man bei einem festgelegten Farbkonzept bleibt, das der Sammlung den Anschein von Geschlossenheit gibt, und davon, daß man die passende Möglichkeit findet, sie zu präsentieren. Dieser Schrank in einem kräftigen, warmen Pfirsichton, kombiniert mit gedämpftem Gelb, bringt die Blautöne der Sammlung durch die Kontrastwirkung der Farben wirkungsvoll zur Geltung.*

bergen sie eine Menge Unebenheiten und häßliche Flecken auf der Wand. Auch alte Quilts und folkloristische Teppiche sind sehr beliebte Wandbehänge, sind aber sehr gesucht und daher auch ziemlich teuer. Bei schmalem Budget kann man auf moderne Volkskunst ausweichen, deren Muster zum großen Teil traditionell sind, bei Teppichen wie bei Stoffen. Die Vielfalt ist enorm groß, man kann für jeden Stil das Passende finden, von opulenten Damast- und Seidenstoffen bis zu farbenfrohen indischen Baumwollgeweben und Baumwollstoffen. Bei diesen preiswerten Stoffen kann man die Dekoration mit der Jahreszeit ändern – etwas Warmes, Schweres in satten Farben für den Winter und einen duftigen, leichten Stoff für den Sommer.

**Spiegel** sind sehr vielseitig. Mit einem hübschen Holzrahmen oder einem vergoldeten Rahmen, sind sie überaus dekorativ; sie reflektieren das Licht und erwecken die Illusion von mehr Raum. Ein großer Spiegel am Ende eines dunklen, schmalen Durchgangs öffnet den Raum dramatisch, besonders wenn man einen oder zwei Scheinwerfer auf den Spiegel richtet. In einem kleinen Raum macht ein Spiegel gegenüber dem Fenster oder der Fenster den Raum weiter und luftiger; bei zwei nebeneinanderliegenden Fenstern eröffnet ein zusätzlicher, kleinerer Spiegel zwischen den Fenstern eine weitere Dimension. Wenn der Spiegel die Aussicht ins Freie reflektiert, spiegelt er das Grün der Bäume und der Pflanzen wieder, was die Ausstattung des Raumes beeinflussen kann. Ein großer Spiegel über einem Kamin oder einem größeren Möbelstück, zum Beispiel einem Sofa, wird häufig zum Blickpunkt des Raumes. Besonders prächtige Spiegel, paarweise aufgehängt, wirken meist besonders stilvoll, während ein einzelner Spiegel eher wie ein Bild funktioniert und auch so gerahmt und gehängt werden kann.

**Persönliche Sammlungen präsentieren**

Was immer wir zur Schau stellen – ob es sich um ein kostbares Porzellanobjekt, eine Tonvase, um etwas sehr Kurzlebiges oder um eine mit Liebe zusammengetragene Sammlung handelt – es ist ein wichtiges Signal, das anderen etwas über unseren Geschmack und unsere Interessen mitteilt, und es ist wichtig, daß diese Dinge besonders vorteilhaft präsentiert werden.

Größere Skulpturen oder Holzschnitzereien präsentiert man am wirkungsvollsten, wenn man sie einzeln ausstellt. Stellen Sie sie auf den Boden, auf einen Sockel, auf einen kleinen Tisch oder an eine Ecke des Kaminsimses.

Die beste Wirkung erzielen Sie, wenn Sie eine thematische Sammlung – ob Porzellan, Gläser, Parfümflakons, Schnupftabakdosen oder altes Spielzeug – zu Gruppierungen zusammenfassen, ob in einem verglasten Kabinettschrank, auf einem Wandregal oder einem niedrigen Tisch. Selbst völlig uninteressante Objekte wie eine Sammlung von Seemuscheln, Ton- oder Zinngefäßen kann man interessant gestalten, wenn man sie zu einem Stilleben stilisiert und mit ein paar anderen Objekten, zum Beispiel einem Stück Treibholz, kombiniert. Sammlungen können ganz persönliche Erinnerungsstücke quer durch das Gemüsebeet enthalten, aber sie müssen mit Liebe und Begeisterung zusammengetragen sein und durch eine verbindende Idee zusammengehalten werden. Jedes Arrangement wirkt interessanter, wenn die zu Gruppen zusammengefaßten Dinge einen gemeinsamen Nenner haben, sei es Form, Textur oder Farbe; sonst könnte eine Sammlung leicht wie willkürlich zusammengewürfeltes Zeug aussehen.

**Wandschirme** sind sehr anpassungsfähig. Man kann sie anstelle von zugezogenen Vorhängen am Fenster verwenden, sie können eine häßliche Ecke oder einen unaufgeräumten Arbeitsplatz verdecken, man kann sie als nützliche, dekorative Barriere verwenden, hinter der man Dinge aus dem Weg räumen kann, oder als Raumteiler. Vielleicht gelingt es Ihnen, einen Wandschirm günstig in einem Trödelladen zu ergattern, sonst können Sie ihn auch selbst basteln. Aus ein paar Holzleisten können Sie zwei oder drei Rahmen machen und sie mit Scharnieren zusammensetzen. Dann beziehen Sie die Rahmen mit Tapete oder Stretchstoff oder mit einem Baumwollstoff, den Sie mit dem Tacker befestigen (die Klammern können mit Borte verdeckt werden) oder Sie fälteln oder kräuseln einen Stoff und befestigen ihn ebenfalls mit dem Tacker. Ganz einfach und sehr flexibel ist diese Möglichkeit. Drapieren Sie ein Stück Stoff über die Rahmen, dann können Sie ihn je nach Bedarf wechseln.

*Man kann fast alles sammeln und effektvoll ausstellen, wie diese hübsche Kollektion alter Messingleuchter auf dem kleinen Beistelltisch in der Diele beweist. Hier spielt Symmetrie eine wichtige Rolle: die Leuchter sind der Größe nach aufgestellt, mit dem kleinsten in der Mitte der Komposition, die demonstriert, wie verschieden Form und Stil der einzelnen Stücke sind. Ein hübscher alter, bemalter Kasten in gedämpftem Rotbraun eröffnet einen weiteren Aspekt: sein Material kontrastiert wirkungsvoll mit dem matten Schimmer des Messings.*

### *Gardinenringe zum Anklipsen*

*Mit einem Wandbehang kann man eine Wand mühelos zum Blickpunkt machen. Die hier gezeigte, fast »ohne Stich«-Methode ist der einfachste Weg, ein großes Stück Stoff in einen Wandbehang zu verwandeln. Oberkante und Saum des Stoffes umkippen und säumen. Entlang der Oberkante in regelmäßigen Abständen Ringe anklipsen. Die Ringe auf eine Gardinenstange fädeln, die in der gewünschten Höhe an der Wand angebracht ist. Diese Methode eignet sich außer für besonders schwere Stoffe für alle Materialien, einschließlich Baumwolle, Seide, Wolle, Quilts und Tapisserien. Der unten abgebildete, halbdurchsichtige, indische Baumwollmadras paßt ins Bad und ins Schlafzimmer, er legt sich in weiche, bauschige Falten, die die Wand auflockern ohne verspielt zu wirken.*

### *Kreative Ausstattungsideen*

- *Objekte, die auf kleinem Raum auf einem Regal ausgestellt sind, wirken optimal, wenn man hinter dem Regal einen großen Spiegel anbringt, der sie reflektiert.*
- *Ein alter Setzkasten ist der ideale Platz, um kleine Objekte aller Art zu präsentieren, von winzigen Muscheln bis zu Miniaturpuppen.*
- *Ein Stück Thaiseide, über einen Rahmen gespannt, ist eine exquisite Dekoration für die Diele oder das Speisezimmer.*
- *Garnieren Sie die Wand mit dekorativen Tellern, Hüten, Körben, alten Küchenutensilien oder Werkzeugen.*
- *Hängen Sie Bouquets aus getrockneten Blumen und Kräutern an die Decke der Küche oder des Frühstückszimmers. Binden Sie die Kräuterbündel mit einem langen Bindfaden zusammen.*
- *Befestigen Sie Ringe an einem schweren Dekorationsstoff und hängen ihn an eine hübsche Vorhangstange oder befestigen Sie kleine Ringe auf der Rückseite des Stoffes und hängen Sie sie an die Nägel in einer Holzleiste, die an die Wand geschraubt ist.*
- *Für leichte Stoffe gibt es eine Alternative zu Vorhangringen. Man näht eine Reihe von Stoffschlaufen in einer kontrastierenden Farbe an die Oberkante des Stoffes und steckt eine dünne Gardinenstange hindurch. Eine andere Möglichkeit wäre, einen Teil eines Klettverschlusses an eine Holzleiste zu kleben, die an der Wand befestigt ist, und den anderen Teil auf der Rückseite der Oberkante des Stoffes anzunähen.*

# DEKORIEREN MIT FRISCHEN BLUMEN

*Blumen füllen einen Raum mehr als alles andere mit Farbe und Lebensfreude. Durch ihre graziösen Formen wirken alle Linien weicher, und wenn's drauf ankommt, lassen sie sich zu spektakulären Blickpunkten hochstilisieren. Man kann Blumen zu formellen oder informellen Arrangements zusammenstellen, je nach dem Stil des Raumes und je nach Anlaß.*

### *Formelle Blumenarrangements*

Auch wenn formelle Blumenarrangements im allgemeinen nicht zum Alltag gehören, so sind sie doch zu besonderen Zeiten, wie zu Weihnachten, Geburtstagen und sonstigen Feierlichkeiten höchst willkommen. Bei solchen Anlässen wünscht man sich ein Arrangement, das ungewöhnlich, festlich und spektakulär ist. Natürlich müssen formelle Blumenarrangements nicht unbedingt auf bestimmte Anlässe beschränkt sein – zum Beispiel wenn man Gäste erwartet – eine geschmackvoll zusammengestellte Komposition, die einen Tisch in der Diele oder ihm Wohnzimmer schmückt, verbreitet immer ein besonderes Flair. Beim Zusammenstellen von formellen Arrangements muß man ein wenig über die Zutaten nachdenken – über das Behältnis, die Blumen, das Grün und die Accessoires wie Bänder oder Schleifen – und darüber, wie das Ganze arrangiert werden soll.

Bei einem formellen Arrangement überlegt man zuerst, wo man es aufstellen will – in der Diele, in der leeren Kaminöffnung des Wohnzimmers oder auf der gedeckten Tafel. Wichtig ist auch, wie groß das Arrangement sein soll, ob man es nur von vorn sieht oder von allen Seiten. Als nächstes wählt man die Farben. Am besten wirkt eine Farbe, die mit der Umgebung kontrastiert, da das die Blicke auf sich zieht. Wenn zum Beispiel in Ihrer Diele Grün vorherrscht, sollten Sie Rot oder Rosa wählen, wenn in Ihrem Wohnzimmer Apricot überwiegt, würden Sie mit Blautönen die besten Wirkungen erzielen. Von diesen Überlegungen ausgehend, können Sie dann – je nach Jahreszeit – die entsprechenden Blumen und das dazu passende Grün wählen. Auch das Behältnis ist wichtig, denn es verleiht dem Arrangement einen bestimmten Charakter. Wenn es auf die Höhe des Arrangements ankommt, wählen Sie ein hohes, eckiges oder rundes Gefäß; soll sich das Arrangement eher zu den Seiten ausdehnen, wäre eine breite, flache Schale das Geeignete.

*Untertriebene Eleganz ist das Motto dieser eher formellen Blumenarrangements. Ein paar hochreichende, filigrane Bambuszweige bilden das Gegengewicht zu einem Armvoll Hortensienblüten, deren Farbe passend zu den neutralen Tönen ausgewählt wurde, die dieses Interieur auszeichnen. Die beiden identischen Lilienbouquets in den hohen, schlanken Vasen auf dem Kaminsims beleben das Bild durch einen willkommenen Farbakzent, der um so überraschender und wirkungsvoller in einem Raum ist, dessen Wirkung auf einem so zurückhaltenden Farbkonzept aufgebaut ist.*

Es gibt drei klassische Formen für formelle Blumenarrangements, die den meisten Anforderungen genügen: das Dreieck, den Kreis (oder die Kuppel) oder eine schöne S-Kurve, bekannt als Hogarth-Kurve (benannt nach dem britischen Maler). Zuerst sollten Sie den Boden des Gefäßes mit Maschendraht oder angefeuchteter Steckmasse füllen. Dadurch werden die Stiele und die Zweige festgehalten, und das Arrangement behält seine Form. Am besten stecken Sie das Grün oder die Zweige zuerst hinein, sie sind das Gerüst, das dem Ganzen Halt gibt. Dann plazieren Sie die großen Blüten, dann die mittelgroßen und schließlich die kleinen. Als allgemeine Regel gilt: die ideale Größe eines Arrangements ist: einzweidrittelmal die Höhe und die Breite des Gefäßes – aber lassen Sie sich dadurch nicht vom Experimentieren abhalten. Gehen Sie immer wieder ein paar Schritte zurück, schauen Sie sich Ihr Werk kritisch an und korrigieren, falls nötig. Glauben Sie nicht, daß nun alles perfekt ist – Sie werden noch einiges zurechtzupfen wollen, wenn das Arrangement endlich an seinem Platz steht.

***Wie man Schnittblumen haltbar macht***

*Die richtige Behandlung von Schnittblumen beginnt bereits im Blumenladen. Wählen Sie stets gesund aussehende Blumen mit vielen Knospen und tragen Sie sie so schnell wie möglich nach Hause. Behandeln Sie die Stiele je nach Pflanzenart (siehe rechts), entfernen Sie alle Blätter, die in der Vase unter der Wasseroberfläche bleiben und stellen Sie die Pflanzen in einen Eimer mit lauwarmem Wasser, damit sie sich vollsaugen können, bevor Sie sie arrangieren. Wenn das Blumengeschäft eines der handelsüblichen Mittel für die Haltbarkeit der Blumen mitliefert, tun Sie es in das endgültige Blumenwasser – es wird die Lebensdauer der Pflanzen erheblich verlängern.*

- *Die meisten Stiele, auch die holzigen und die harten, werden ganz einfach schräg angeschnitten. Bearbeiten Sie die holzigen Stiele nicht mit dem Hammer und spalten Sie auch die harten Stiele – zum Beispiel von Chrysanthemen und Rosen – nicht, denn wissenschaftliche Untersuchungen haben ergeben, daß sich dadurch nichts an der Wasseraufnahme der Pflanzen ändert.*
- *Die hohlen Stiele von Rittersporn, Amarillys und Lupinen sollte man mit Wasser füllen und die Enden mit einem kleinen Stück Watte verschließen.*
- *Mohnblumen und Wolfsmilchgewächse halten länger, wenn man ihre saftigen Stiele ansengt, das gleiche gilt für Clematis.*
- *Einige, wenige Pflanzen wie Nelkenwurz, Baldrian, Sommermalve, Stockrose und Sommerflieder halten sich am besten, wenn man ihre Stiele 5–10 Sekunden in kochendes Wasser hält.*

*Tulpen lassen leicht die Köpfe hängen. Man kann diese Eigenschaft dekorativ durch niedrige Vasen betonen. Die gebogenen Stengel und gebeugten Blüten wirken attraktiv. Hohe Vasen stützen die Tulpen, so daß die Farbkomposition der Blütenblätter und deren Form betont wird. Die Blumen sollten vor dem Arrangieren gut gewässert sein. Handelsübliche Pflanzennährstoffe verlängern die Haltbarkeit.*

***Ideen für Arrangements***

- *Wenn Sie ein buntes Bouquet von Blüten verschiedener Größen zusammenstellen, versuchen Sie, die Proportionen aufeinander abzustimmen. Ein gemischtes Potpourri, das aus einigen großen Blüten besteht – die man am besten in der Mitte des Arrangements plaziert, um die Aufmerksamkeit nach innen zu lenken – aus einer größeren Anzahl mittelgroßer Blüten und Mengen von kleinen Blüten und Grünzeug wirkt harmonischer als ein Bouquet aus vielen großen Blüten, das kopflastig wirkt und bei dem an dem ergänzenden Pflanzenmaterial gespart wurde.*
- *Blumenarrangements in Farben, die miteinander harmonieren sind immer schön: Blautöne, die in Mauve- und Pinktöne übergehen oder Orangetöne, die in Rot-, Gelb- und Goldtöne übergehen.*
- *Eine Komposition ganz in Weiß in der richtigen Umgebung kann zauberhaft wirken, besonders in Kombination mit verschiedenen Grünpflanzen. Man kann natürlich auch mit subtilen Creme-, Rosa- oder Grünnuancen arbeiten. Solche Arrangements sind ideal für dunkle Plätze, wo die blassen Farben der Blüten besonders gut zur Geltung kommen.*
- *Eine gute Inspirationsquelle für üppige Blumenarrangements sind die wundervollen Blumenstilleben holländischer und flämischer Meister des sechzehnten und siebzehnten Jahrhunderts.*
- *Es ist praktisch, immer ein paar Behältnisse für Blumenarrangements parat zu haben, zum Beispiel eine Auswahl an Ton- und Porzellangefässen in verschiedenen Größen und Formen oder eine Amphore und Metallgefäße aus Zinn, Messing und Kupfer.*
- *Girlanden und Kränze aus immergrünem Material sind um die Weihnachtszeit aktuell. Man kann ein paar Kiefernzapfen, gebündelte Zimtrollen, Nüsse, kleine, getrocknete Zierkürbisse oder andere Früchte der Saison mit einbinden. Schleifen aus Tartanstoff runden die Dekoration ab.*

# INFORMELLE BLUMENDEKORATIONEN

*Ein informelles Blumenarrangement soll locker und ungekünstelt wirken. Auch wenn Sie nicht auf dem Land wohnen und Feldblumen en masse zur Verfügung haben, müssen Sie nicht auf unkonventionelle, rustikale Arrangements verzichten – man kann genausogut Blumen aus dem Garten oder aus dem Blumenladen verwenden, und damit ländliches Flair und all die Assoziationen von Hausgemachtem in das urbanste Ambiente zaubern.*

Der Trick dabei ist, die richtigen Blumen und das richtige Gefäß zu wählen. Wählen Sie Blumen, wie man sie in einem ländlichen Garten findet: Narzissen, Mohnblumen, Rittersporn, Löwenmäulchen, Kornblumen, Ranunkeln, Disteln, Schwarzkümmel, Levkojen, Hahnenfuß, Skabiosen (Witwenblumen) und natürlich Rosen (je aufgeplusterter, desto besser). Fast alle diese Blumen kann man während der Frühlings- und Sommermonate bei allen guten Floristen kaufen und sie mit Blumen und Grünzeug aus dem Garten auffüllen – falls Sie einen haben. Wenn nicht, bekommt man schließlich überall ein paar grüne Kräuter wie Lavendel und Dill, die zum Teil sehr dekorativ sind und ein ländliches Arrangement wirkungsvoll ergänzen können. Schalen und Krüge aus Metall, Holz, Stein, Zinn und Ton runden das rustikale Thema ab.

Frische Blumen erscheinen uns manchmal fast wie ein Luxus, aber man kann auch beim Blumeneinkauf sparen. Blumen der Jahreszeit sind immer besonders preiswert – zum Beispiel sind zwei oder drei Bund Narzissen im Frühling besonders billig. Wenn Sie einen Garten oder sonstigen Zugang zu Pflanzen haben, verwenden Sie Gartenblumen und Grünzeug, um Ihre Arrangements zu füllen. Bei Vasen mit engem Hals brauchen Sie nur wenige Blüten, um eine große Wirkung zu erzielen – zum Beispiel Sonnenblumen, Gerbera oder Rosen. Wenn Sie ein Arrangement vor einen Spiegel stellen, erzielen Sie den doppelten Effekt.

Informelle Arrangements reichen von einem winzigen Veilchen- oder Stiefmütterchenstrauß in einer zierlichen Vase bis zu üppigen Blumenbündeln in einem großen, lebhaft gemusterten Krug. Man kann die Bouquets entweder in der Hand zusammenstecken oder Stengel für Stengel in die Vase stecken. Große, völlig ungekünstelt wirkende Arrangements mit vielen verschiedenen Pflanzen brauchen manch-

*Ein informelles Blumenarrangement beruht auf der Qualität und der Menge der verwendeten Blumen. Hier wurden zwei generöse Bündel Pfingstrosen in identischen Behältern nebeneinander arrangiert. Die kühne Kombination von rosa Blütenblättern und gelben Staubgefäßen ist ein spektakulärer Blickpunkt, der die Aufmerksamkeit in diesem ruhigen, kühlen Interieur auf sich zieht. Eine kleinere, bescheidenere Darbietung von Blumen wäre in einer derartig eleganten, großzügigen Umgebung verlorengegangen.*

*Wicken und Anemonen sind eine wunderbare Kombination für ein Arrangement in Pink und Violett. Wenn man sich ausschließlich auf zwei Farben konzentriert, die eng verwandt sind – wie Grün und Gelb, Gelb und Orange oder Orange und Rot – ist der Erfolg garantiert. Und wenn Sie sich außerdem auf eine oder zwei Blütenarten beschränken, ist die Wirkung um so stärker. Eine spezielle Note bei diesem Arrangement sind die verschiedenen Gefäße in brillanten, türkisblauen Tönen – eine kühne Note, die die Wirkung des Hauptfarbkonzepts unterstreicht.*

mal eine Stütze. Mit etwas Maschendraht am Boden des Gefäßes lassen sich widerspenstige Stile bändigen ohne daß man das natürliche Aussehen opfern muß. Auch hier lassen sich die Grundprinzipien für formelle Arrangements (siehe Seite 244) anwenden: Beginnen Sie mit ein paar grünen Zweigen, die dem Arrangement Form und Halt geben sollen, erst dann folgen die von Ihnen ausgewählten Blumen.

Wenn Sie ein ganz spontanes, ungekünsteltes Resultat erzielen möchten, brauchen Sie nicht gegen die natürliche Neigung der Pflanzen anzukämpfen – lassen Sie die schweren Köpfe der Rosen sich verneigen, die Grashalme strammstehen, tränende Herzen sich nach unten stürzen und Rittersporn sich in den Himmel recken. Die Grundregel, wonach ein Arrangement einzweidrittelmal so hoch sein sollte wie das Gefäß, darf man bei ländlichen Blumendekorationen nicht so genau nehmen. Ein Arrangement, bei dem alle Blüten sich dicht über dem Rand des Gefäßes öffnen oder wo die Blumen sich großzügig über den Rand des Gefäßes bis fast zur Tischplatte neigen, kann einfach hinreißend aussehen. Dennoch – lassen Sie die Regeln der Ausgewogenheit nicht völlig außer acht, wenn Sie ein Blumenarrangement kreieren. Es muß schon eine Form haben, darf aber nicht steif wirken. Ein bißchen Grünzeug, Zweige oder Knospen müssen immer irgendwo den Umriß unterbrechen.

**Dekorationsideen**

- *Die einfachsten Arrangements sind häufig die effektvollsten. Ein paar altmodische Krüge oder grob geformte, farbige Gläser kann man immer mit ein paar Blumen der Saison oder mit Laub füllen – entweder von der gleichen Pflanze oder jedes Gefäß mit einer anderen Pflanzenart.*
- *Bei Arrangements, die aus den Blüten einer einzigen Pflanzenart bestehen, kann man absolut nichts falsch machen – ob ein großes Bündel Narzissen, ein Büschel Schneeglöckchen oder ein Armvoll altmodischer Rosen.*
- *Im Spätherbst oder im Winter, wenn es schon fast eine Herausforderung ist, Material für ländliche Arrangements aufzutreiben, versuchen Sie es mit Zweigen immergrüner oder herbstlich gefärbter Bäume und Sträucher und Beeren. Oder arrangieren Sie ein Stilleben aus den Gemüsen der Saison: Zierkürbisse, süße Paprikaschoten und Flaschenkürbisse.*
- *Kletterpflanzen und Klimmer, wie Wilder Wein, sind wertvolles Füllmaterial für unkonventionelle Arrangements. Sie verwischen die Umrisse und führen die Arrangements über den Rand des Behälters fort. Man kann den Behälter auch damit umwickeln und aus der Vase eine vegetabile Skulptur machen.*
- *Mit doppelseitig klebbarem Klebeband kann man Moos, Zweige und anderes Trockenmaterial an den Behälter kleben.*

# DEKORIEREN MIT GETROCKNETEN BLUMEN

*Getrocknete Pflanzen bieten der Kreativität genauso viele Möglichkeiten wie frische Pflanzen – und noch dazu können Sie das Resultat Ihrer Bemühungen länger genießen. Trockenblumen sind besonders willkommen, wenn frisches Material knapp ist. Die hervorragende Auswahl getrockneter Pflanzen umfaßt nicht nur Blumen, sondern auch Blätter, Gräser und Getreide, Beeren und Hagebutten, Zierkürbisse und Samenkapseln.*

Getrocknete Blumen, Blätter und Beeren kann man für kleine und große Arrangements, für Kränze, Girlanden und »Bäume« verwenden. Sehr praktisch beim Arrangieren von getrockneten Pflanzen ist trockene Steckmasse, die sich auch durch ein Stück zusammengedrückten Maschendraht ersetzen läßt. Zu den schönsten Trockenpflanzen gehören Immortellen, Schafgarbe, Lavendel, Stranddisteln, Mondviolen, Rosen, Strohblumen, Lampionblumen, Heidekraut, Hahnenfuß, Disteln, Goldrute, Rittersporn und Hortensien.

### *Blumen trocknen*

Die meisten Pflanzen kann man trocknen, indem man kleine Bündel an einem trockenen, luftigen Ort aufhängt. Wenn die Pflanzen getrocknet sind, kann man sie in Behältern arrangieren oder sie zur Dekoration in der Küche, im Schlafzimmer oder im Wohnzimmer aufhängen.

Zerbrechliche Blumen kann man in einem Gefäß mit Trocknungsmitteln trocknen, zum Beispiel mit Borax und Alaun, zu gleichen Teilen gemischt. Schütten Sie eine Lage Trocknungsmittel (etwa 3,5 cm hoch) in einen luftdichten Behälter. Stecken Sie die Blüten hinein (der Stiel muß 2,5 cm unterhalb der Blüte abgeschnitten werden – man kann ihn später mit Draht verlängern), füllen Sie das Gefäß mit dem Trocknungsmittel auf. Runde Blüten steckt man mit dem Kopf nach unten hinein; bei Blüten mit vielen Blütenblättern bedeckt man die erste Lage Trocknungsmittel mit Maschendraht als Stütze für die Blüte. Den Deckel zumachen und trocknen lassen. Das Trocknen dauert einen Tag bis zwei Wochen.

*Blumen an der Luft trocknen ist nicht nur praktisch, es erfreut auch das Auge. Jeder trockene, luftige Platz eignet sich für diese Prozedur, und das bedeutet, man kann fast alle Räume des Hauses dafür benutzen – außer der Küche und dem Badezimmer. (Wenn Sie Trockenblumenarrangements in diesen Räumen anbringen möchten, trocknen Sie sie woanders und bringen Sie sie dann dort an.) Es sieht immer gut aus, wenn man die Blumen zu bunten Sträußen bindet – und mehrere Sträuße nebeneinander sind besonders wirkungsvoll.*

***Kränze aus Trockenmaterial***

Ein Kranz aus getrockneten Blumen ist eine hübsche Dekoration für eine Wand oder ein Tablar; er ist haltbar und läßt sich leicht selbst binden. Unser Kranz erinnert an Sommerferien auf einer Insel, er enthält Pflanzen, die an der Küste vorkommen, und Meeresfrüchte. Sie könnten sich natürlich auch von Ihrem Lieblingsgarten inspirieren lassen oder von einem anderen Ort, an den Sie sich gern erinnern. Aromatische Pflanzen wie Lavendel, Thymian oder Rosmarin sollten bei so einem Kranz nicht fehlen – Düfte erwecken Erinnerungen.

Das Schöne an unserem Kranz ist, daß man die Pflanzen nicht einzeln mit Draht befestigen muß, denn er ist so dicht mit Moos und Pflanzen bepackt, daß man nichts weiter zu tun braucht, als die kurzen Stengel in den Unterbau zu stecken.

Sie brauchen:

- einen doppelten Drahtring mit 37 cm Durchmesser
- einen kleinen Beutel Torfmoos
- Blumendraht
- Bast
- je ein kleines Bund Majoran, Oregano, Lavendel, Riedgras, Schafgarbe, Sumpfgarbe, Hahnenfuß, Mohnblumen, Scabiosen, Trockenblumen, Stranddisteln
- einen kleinen Beutel Rentiermoos
- einen Seefächer (Gorgonia flabellum)
- 3 kleine Seesterne
- 3 kleine Kammuscheln

Wenn Sie keinen fertigen Drahtring bekommen können, basteln Sie einen Ring aus Maschendraht; anstelle von Blumendraht kann man auch Elektrodraht nehmen.

Befestigen Sie das Torfmoos an dem Ring, indem Sie jeweils eine Handvoll in den Rahmen drücken und beides mit Blumendraht umwickeln. Fortfahren, bis der ganze Ring mit Torfmoos bedeckt ist.

Mischen Sie jeweils eine Handvoll Lavendel und Majoran und befestigen Sie beides mit Bast an dem Moosring. Der Umriß muß jetzt noch nicht gleichmäßig sein, der Kranz wird nach und nach von immer mehr Pflanzenmaterial bedeckt.

Nun fügen Sie den Rest der Trockenpflanzen hinzu. Beginnen Sie an der Außenkante. Glätten Sie den äußeren Umfang des Kranzes mit Distelgras. Verteilen Sie Blüten und Samenkapseln regelmäßig; füllen Sie Unregelmäßigkeiten am äußeren Rand mit kurzen Stengeln Torfmoos auf. Zerbrechen Sie den Seefächer und stecken Sie die Stücke in den Kranz, dann verteilen Sie die Seesterne und die Muscheln. Binden Sie Bast um zwei entgegengesetzte Arme eines Seesterns, legen ihn auf den Kranz und binden den Bast auf der Rückseite zu. Die Muscheln bleiben von selbst in dem Kranz stecken, aber wenn Sie ganz sicher sein wollen, können Sie sie ebenfalls mit Bast befestigen.

***Dekorationsideen***

❍ *Ein kunstvoll gestylter »Baum« ist leicht zu machen. Man braucht nur eine Kugel aus Steckmasse und eine Handvoll getrocknete Blumen – Rosenblüten oder Strohblumen – deren Stengel auf 5 cm gekürzt werden. Ein Stück Bambusrohr in der gewünschten Länge schneiden, mit Band umwickeln oder bemalen und in die Kugel aus Steckmasse stecken. Den Bambus in einen Behälter stecken und mit Sand, kleinen Kieselsteinen oder Kies auffüllen, bis der Bambus geradesteht. Die Oberfläche mit Moos bedecken, falls das Füllmaterial nicht attraktiv genug ist. Zum Schluß die getrockneten Blüten in die Steckmasse stecken.*

❍ *Eine Schale mit einem Potpourri aus getrockneten Blüten sieht hübsch aus und duftet phantastisch. Wählen Sie einige aromatische Kräuter und Gewürze wie Lavendel, Thymian, Rosmarin, Nelken oder Zimt als Basis, dann Blütenblätter in verschiedenen Farben zur Dekoration daruntermischen. Ein paar Tropfen ätherisches Öl hinzufügen und das Gefäß auffüllen.*

❍ *Blüten, die von den Stengeln gefallen sind, nicht wegwerfen. Ein Tropfen starker Klebstoff reicht, um sie an Bilder- oder Spiegelrahmen, Kästchen oder Lampenschirme zu kleben.*

❍ *Arrangements aus getrockneten Blumen wirken am besten in natürlichen Behältnissen, zum Beispiel in geflochtenen Körben aus Zweigen, in irdenen Krügen oder Schalen, in Holz-, Kupfer- oder Zinngefäßen oder in Drahtkörben. Die Form von Fahrradkörben eignet sich gut zum Ausstellen auf dem Kaminsims.*

❍ *Für die Weihnachtsdekoration wirken getrocknete Kiefernzapfen, Nüsse, Samenkapseln von Lotusblumen, Mohnblumen und Kardedisteln besonders dekorativ, wenn man sie mit Gold- oder Silberfarbe besprüht. Man kann sie leicht in Kränzen und Girlanden aus getrockneten Pflanzen oder immergrünen Pflanzen befestigen. Als Farbtupfer kann man ein paar Schleifen aus Tartanstoff hinzufügen.*

# Mit Pflanzen dekorieren

*Zimmerpflanzen kann man auch als lebendige Ornamente bezeichnen, und es gibt kaum einen leeren Platz in einem Raum, den man nicht mit irgendeiner Pflanze verschönern könnte. Sie spenden das ganze Jahr über Freude für wenig Geld, und wenn sie wachsen, verändern sie sich kaum merklich. Sie tragen viel dazu bei, zuviel Geradlinigkeit zu mildern und eine steife Atmosphäre aufzulockern.*

Bei der Wahl der Pflanzen für Ihr Heim gibt es ein paar wichtige Dinge zu beachten. Erstens, den Ausstattungsstil: Bei einem vorwiegend traditionellen oder klassischen Konzept könnten Pflanzen, die durch ihre bizarren Formen wirken, wie Yucca, Drachenbaum (Dracena) oder Bromelia, fehl am Platz sein, aber für ein modernes Interieur mit klaren Linien sind sie perfekte Ergänzungen. Wo möchten Sie Ihre Pflanzen hinstellen? Um eine dunkle Ecke aufzupeppen, eignen sich Pflanzen, die schattige Orte mögen, wie Farn oder Philodendron; ins Badezimmer paßt eine Pflanze, die Feuchtigkeit braucht. Möchten Sie, daß Ihre Pflanzen, außer dekorativ zu sein, noch einen anderen Zweck erfüllen? Sie könnten sie als Raumteiler verwenden. Hier bieten sich hochgewachsene Pflanzen wie Palmen oder Gummibäume an. Wenn Sie wenig Zeit haben und schon mehrmals Pech mit Zimmerpflanzen hatten, sollten Sie Pflanzen meiden, die viel Pflege erfordern und statt dessen robustere Arten wie Efeugewächse oder die immergrüne Graslilie wählen.

Große, ausgewachsene Pflanzen wie zum Beispiel die herrlich geformte Königspalme oder die Rizinuspflanze ziehen alle Blicke auf sich. Zwei Pflanzen der gleichen Art wir-

*Die Kombination einer hohen, graziösen Palme mit einem kräftigen Gummibaum bringt einen erfrischenden, dramatischen Akzent in dieses Minibad. Obwohl wegen der Umweltbedingungen in einem Badezimmer – die plötzliche Entwicklung von Wasserdampf und die mit Düften und Sprays angefüllte Luft – und der meist gedämpften Beleuchtung nicht viele Zimmerpflanzen in Frage kommen, sind Gummibäume und Palmen tolerant genug, um solche widrigen Bedingungen zu verkraften. Allerdings braucht der Gummibaum eine gewisse Menge an natürlichem Licht, wenn er gedeihen soll; deshalb steht er hier in der Nähe des Fensters.*

### *Kauf und Pflege von Zimmerpflanzen*

*❍ Kaufen Sie Zimmerpflanzen nur im gut geführten Fachgeschäft. Sie sollten zugfrei und hell stehen und gepflegt wirken. Lehnen Sie welkende, angegilbte und angetrocknete Pflanzen ab.*

*❍ Beachten Sie die Pflegehinweise. Zimmerpflanzen sollten ein Umfeld haben, das ihrem natürlichen ähnlich ist. Viele passen sich niedrigeren als den empfohlenen Temperaturen an. Thermostaten regeln die Temperaturen oft nicht dem Tagesrhythmus der Pflanzen entsprechend.*

*❍ Sobald die Pflanzen welken, sofort sorgfältig zurückschneiden.*

*❍ Zugluft ist ein Todfeind vieler gesunder Zimmerpflanzen, der andere ist knallige Sonne. Die meisten benötigen helle Standorte, doch nicht direkt am Fenster, es sei denn, ausgesprochene Sonnenfresser.*

*❍ Prüfen Sie die Blumenerde jeden zweiten Tag wegen Gießens. Geben Sie in Wachstumsphasen regelmäßig handelsüblichen Dünger.*

*❍ Topfen Sie jedes Frühjahr um und schneiden Sie unansehnliche und kranke Triebe zurück.*

*❍ Untersuchen Sie regelmäßig auf Schädlinge und Krankheiten und ergreifen Sie sofort Gegenmaßnahmen.*

ken besonders stilvoll in einem formellen Ambiente; zum Beispiel ein Baum je rechts und links von einer Tür oder vom Kamin oder auf einem Beistelltisch. Füllen Sie eine Jardinière mit verschiedenen Topfpflanzen und stellen Sie sie vor ein Fenster oder postieren Sie eine einzelne Pflanze auf einen Ständer, damit sie die Aufmerksamkeit auf sich zieht. Kleine und mittelgroße Pflanzen wirken besser zu zweit oder zu dritt, und sehr kleine Pflanzen, wenn sie in größeren Gruppierungen auftauchen. Nutzen Sie die natürlichen Gewohnheiten verschiedener Zimmerpflanzen: Kletterpflanzen sehen hübsch aus, wenn man sie rund um eine Fensternische oder am Rand eines Tablars entlang führt, während rankende Pflanzen ihre attraktiven Ranken von hängenden Körben oder an der Wand befestigten Pflanzentrögen herabhängen lassen. Drei kleine Primelpflanzen oder fleißiges Lieschen in einem Korb bringen mit ihren Farben einen Hauch von Frühling in den Raum.

Wenn Sie Pflanzen für einen praktischen Zweck nutzen möchten, zum Beispiel als Raumteiler, nehmen Sie entweder hochwachsende Pflanzen oder Bäume oder Sie setzen ein paar mittelgroße Pflanzen in einen Pflanzentrog. Eine andere Möglichkeit wären Kletterpflanzen, die Sie an einer Stütze hochziehen – etwa an einem Gartenspalier, das Sie durch einen Farbanstrich etwas aufpeppen. Das wäre eine hübsche Idee für einen Wintergarten, wo Kletterpflanzen und rankende Pflanzen als »Raumtextilien« fungieren könnten.

### *Einen Blumentopf bemalen*

*Blumentöpfe aus Ton sind nicht nur hübscher anzuschauen als die heutigen Plastiktöpfe, man kann sie sogar mit Wasserfarben dekorieren. Spezielle Farbeffekte – mit dem Schwamm aufgetupft (hier mit einem Grundanstrich in dunklem Terrakotta und einer aufgetupften Schlußlackierung in hellem Orange), mit dem Pinsel gestupft, gesprenkelt oder mit dem Lappen gewickelt – sind interessante Dekorationen. Sie könnten es auch mit einem Streifenmuster versuchen (hier mit weißen Streifen auf zitronenfarbenem Grund), mit Tupfen oder Wellenlinien. Wählen Sie Farbkombinationen, die zu den Farben der Pflanzen passen – das weiche Grün der Farne erfordert ähnlich weiche Farbtöne, während eine bizarre Yuccapalme kräftige, glühende Farben vertragen kann. Vergessen Sie nicht, den inneren und äußeren Rand des Untersatzes in die Dekoration mit einzubeziehen. Wenn Sie fürchten, daß Wassertropfen Ihrem Dekor schaden könnten, versiegeln Sie den Topf mit ein oder zwei Schichten klarem, mattem Firnis.*

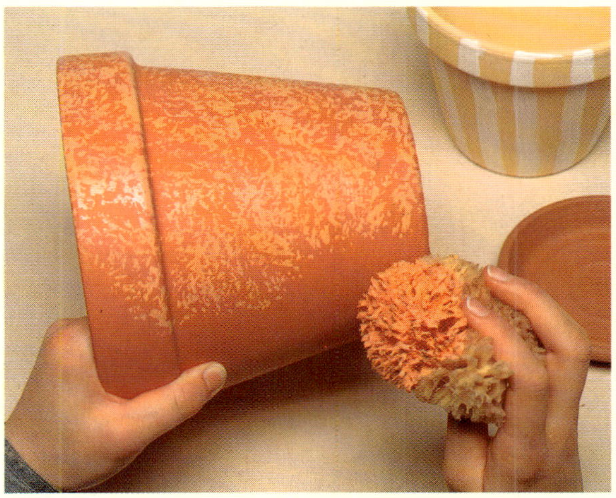

### Dekorationsideen

*❍ Verwenden Sie blühende Topfpflanzen als Ergänzung der Grünpflanzen, die man wegen Ihrer Blätter zieht und die das ganze Jahr über interessant sind. Blühende Topfpflanzen sind meist nur kurzlebig, aber Sie haben eine angenehme, warme Ausstrahlung und sind nicht so teuer wie Schnittblumen.*

*❍ Schalen mit Zwiebelgewächsen gleicher Art bringen den Frühling ins Haus und verbreiten meist noch einen wunderbaren Duft. Hyazinthen, Traubenhyazinthen oder Narzissen müssen zu Beginn der Pflanzsaison gepflanzt werden.*

*❍ Die herkömmlichen terrakottafarbenen Tontöpfe sind hübscher als die Plastiktöpfe, in denen die Pflanzen verkauft werden. Es lohnt sich also, die Pflanzen sofort umzutopfen.*

*❍ Sie können es auch mit ungewöhnlichen Behältnissen versuchen, zum Beispiel mit einem Weidenkorb, einem Papierkorb, einem Vogelkäfig, einem galvanisierten Eimer, mit Porzellan- oder Tonschalen. Wenn der Behälter nicht wasserdicht ist, können Sie ihn mit Plastik ausschlagen oder einen kleineren Tontopf in das dekorative Gefäß hineinstellen. Wenn der Topf keinen Abfluß hat, wenig und häufiger gießen.*

*❍ Töpfe mit Küchenkräutern auf der Fensterbank in der Küche sind nützlich und dekorativ zugleich.*

*❍ Man kann Pflanzen auch verwenden, um einen häßlichen Ausblick zu verstellen. Befestigen Sie ein schmales Brett quer über dem Fenster und stellen Sie rankende Pflanzen wie Efeu und Graslilie darauf, ihre hängenden Ranken verstellen die Aussicht.*

*❍ Eine Kakteensammlung kann sensationell aussehen. Präsentieren Sie sie alle zusammen auf einem Tablett – so wirken sie am meisten, und außerdem erleichtert das die Pflege.*

*❍ Wenn Sie Pflanzen ins Badezimmer stellen möchten, beleuchten Sie sie mit speziellen Glühbirnen, die Tageslicht ausstrahlen.*

# REGISTER

# DANKSAGUNGEN UND QUELLENANGABEN

Der Verlag dankt den folgenden Firmen, die ihre Artikel freundlicherweise für Fotos zur Verfügung gestellt haben:

*Ausrüstung zum Fliesenverlegen:* Cintride Ltd.
*Badezimmer-Waschbecken:* C. P. Hart
*Bürsten und Badezimmerausrüstung:* L.G. Harris & Co Ltd. (wir danken auch Hamilton Acorn Ltd.)
*Elektrische Werkzeuge:* Black and Decker
*Farben:* Crown Berger (wir danken auch FADS und Dulux)
*Fliesen:* Corres Tiles (außerdem danken wir Walton Ceramics, Knightsbridge)
*Fußbodenbelag:* Hartholzboden aus Eiche von Junkers Ltd.;
*Fußboden und Fliesenkleber:* Evode Ltd.
*Gardinenstangen und Zubehör:* Harrison Drape Ltd. (wir danken außerdem Chesil Court Studios für das Ausleihen von Schmuckenden und Accessoires)
*Holzvertäfelung:* Wicanders
*Kleidung für abgebildete Personen:* Bhs (zusätzlich: eigene Kleidung der Stylisten)
*Korkfliesen:* Wicanders
*Kunstobjekte:* Daler-Rowney Ltd.
*PVC und andere Bodenbeläge mit Schaumstoffbeschichtung:* Forbo-Nairn Ltd.
*Regale:* Sainsbury's Homebase
*Stuhl:* Paperchase
*Tapeten:* Osborne & Little plc
*Teppich:* von The Carpet Studio and Heal's
*Trockenblumen:* The Hop Shop
*Volkskunst* (Möbel, Gläser und Tonwaren): Nice Irma's Ltd.
*Werkzeuge:* Stanley Tools

*Wir danken den Models:* P. M. Glarvey, Caroline Jones, Jennifer Jones, Stewart Walton, Susie Hedley-Smith

*Unser besonderer Dank gilt* Joanna Gilbert, P. M. Glarvey, Miles Newby und Top Layer für Beratung und Hilfe, und auch D. R. Hayes.

*Stoff- und Tapetenmuster:* Unser Dank gilt den folgenden Stoff- und Tapetenhäusern, deren Muster im Buch abgebildet sind: Brunschwig & Fils; Nina Campbell; Jane Churchill; Colefax & Fowler; Cooks Mills; The Design Archives; Designers Guild; Donghia; Firifiss Contemporary Textiles; Christian Fischbacher (London) Ltd.; Forbo Lancaster; Pierre Frey; G.S.W. Co. Ltd.; Anya Larkin Ltd. at Donghia (UK) Ltd.; Harlequin Wallcoverings; Liberty Retail Ltd.; John Lewis; Ian Mankin; Andrew Martin; Monkwell Fabrics & Wallpaper; Mulberry Company (Design) Ltd.; Nice Irma's Ltd.; The Nursery Window; Les Olivades (UK) Ltd.; Osborne & Little plc; Percheron; Peter Jones; Ramm, Son & Crocker Ltd.; Arthur Sanderson & Sons Ltd.; Ian Sanderson (Textiles) Ltd.; John Stefanidis; Titley & Marr; Today InterTors; Vymura plc; Warner Fabrics; Watts & Co Furnishings Ltd.; Zoffany.

*Fotos:* Der Verlag dankt den folgenden Fotografen und Firmen für die Nachdruckerlaubnis folgender Fotos: The English Stamp Company 35; Explorer 12; P Roy 11 oben; Loirat 12; J B Laffitte 101; Fired Earth 134; Michael Freeman 18; Robert Harding Syndication/IPC Magazines 52, 64, 69, 100, 178; Insight Picture Library/Michelle Garrett 247 u. 245; The Interior World/Simon Brown 27; The Interior World/Fritz Von Der Schulenburg 8, 9 left, 16 Rupert Cavendish 36, Osborne & Little 37, Mimmi O'Connell 38, Bingham Land 41, danet Fitch 42, Osborne & LitVe 46, Miani d'Angoris 53 links, Sissi Edmiston rechts Bingham Land 545, Julia Boston 57 oben, 60, Osborne & Little 62 oben Jill de Brand 66, Moltons 67, Bingham Land 73, Mimmi O'Connell 75, 80, Cristabel Bielenberg 81, John Stefanidis 87 u. 88, Mimmi O'Connell 96, Richard Mudditt 90, 109, Mimmi O'-Connell 110, Janet Fitch 128, Anna Fendi 151, David Milnaric 158 links, Monika Apponyi 164, Kelly Hoppen 165, Osborne & LitVe 170, Michael Cooper 171, Mimmi O'Connell 172, Osborne & Little 177, Fee Tussling 186, Christophe Gollut 190, 192, 194 rechts, Vicky Rothco 195, Stephen Ryan 200, Monika Apponyi 202, Cristabel Bielenberg 206, John Stefanidis 212, Mimmi O'Connell 213, Conrad Jameson 216, Mimmi O'Connell 223, Anouska Hempel 224, 226, Meltons 227, Monika Apponyi 228, Meltons 229, 232, Mimmi O'Connell 236, Juliette Mole 240, Jeannie Chesterton 242, Barry Ferquson 244, Jeremiah Goodman 246, Jeannie Chesterton 250, Ken Turner/Peter Wolozynski 22, 47, 49, 56, 61, rechts, 68, 82, 84, 89, 120, 1267, 157, 161, 176, 203, 210, 222; Erica Lennard/Roberto Bergero 198; Marianne Majerus 15, 78, 86, 112 links, 234, 235; Marston & Langinger Conservatories, 192 Ebury St, London, SW1W 8UP 0171 823 6829 79; Mike Newton 13 links, 97, 102 unten, 105 unten, 118 rechts, 129 unten, 135 unten, 130 unten, 145 oben rechts, 147 unten rechts, 149 oben rechts, 153 oben rechts, 154, 155 oben rechts; Hugh Palmer 70; Parkertex (Key Largo) 184 links; David Parmiter 20, 32, 44, 57 rechts, 104, 113, 116, 130, 142, 156, 166, 168, 248; Ianthe Ruthven 13 rechts, 19, 21 links, 24, 30, 31, 33, 40, 102, 159, 160, 243 links; Paul Ryan/International Interiors 7, 14 Sasha Waddell, 17, 23 rechts, 26, 45 Charles Rutherford, 48 Jan des Bouvrie, 59, 61 links, 62 rechts Charles Rutherford, 71 Sasha Waddell, 72, 76, 83, 137 Kirstina Ratia, 158 rechts, 174, 180, 183, 208, 210, 233; Christian Sarramon 6, 10, 11 rechts, 21 rechts, 23 links, 28 Margaret Behrers, 29 Paul de Lusonet, 74 N Robbins, 144, 148 C Bataille, 152, 182 N Wotternck, 183, 230 Maison Lang, 241; Wicanders Cork 146.

***Impressum***
*Englische Ausgabe:*
*Stewart Walton: The Complete Home Decorator. 1000 Design Ideas for the Home*
*© Collins & Brown Ltd. 1995*
*London House, Great Eastern Wharf, Parkgarte Road, London SW1 14NQ*
*Buchidee: Amazon Publishing Ltd.*
*Lektorat: Carole McGlynn*
*Gestaltung: Ruth Prentice*
*Spezielle Fotoarrangements: John Freeman*
*Zeichnungen: Vanessa Luff*
*Bilddokumentation: Julia Pashley*
*Farbauszüge: J. Film Process, Singapur*
*Druck und Buchbinderei: New Interlitho SpA, Mailand*

*Die Deutsche Bibliothek – CIP-Einheitsaufnahme*

Perfekt Wohnen und Einrichten :
*1000 Design-Ideen für Ihr Zuhause / Stewart Walton. Übertr. aus dem Engl. von Jutta Fanurakis... – Herford : Busse Seewald, 1997*
*Einheitssacht.: The complete home decorator <dt.>*
*ISBN 3-512-03170-6*
*NE: Walton, Stewart; Fanurakis, Jutta [Übers.]; EST*

*Deutsche Ausgabe:*
*© Verlag Busse + Seewald GmbH, Herford 1997*
*Übertragung aus dem Englischen von Jutta Fanurakis, Siglinde Summerer und Gerda Kurz*
*Lektorat: Dieter Erb*
*Herstellung: Richard Brüll*
*Satz: Busse Druck, Herford*
*Druck und Buchbinderei: New Interlitho SpA, Mailand*
*Umschlagfotos: Schulenburg/Interior Archive, Entwurf: Mimmi O'Connell (Vorderseite); John Freeman (Mitte Rückseite); Ed Alwright (Detailfotos Rückseite)*

*ISBN 3-512-03170-6*